홍익인간 7만년 역사

韓·中·日
역사 연대기 중심 총망라

4

■ 조홍근(曺洪根)

경남 밀양(密陽) 무안(武安) 삼강동(三綱洞)이 고향이며, 마산(馬山)고등학교를 졸업하고, 서울대학교에서 섬유공학을 전공, 법학을 부전공하였다. 대검찰청, 서울지방검찰청, 서울북부검찰청 등에서 13년간 근무하였으며, 미국 애리조나 폴리그래프 스쿨을 수료하고, 한국방송대학교에서 법학, 중어중문학, 영어영문학, 미디어영상학, 국어국문학을 전공하였다.

1980년경부터 40여 년 동안 족보(族譜)와 한중일(韓中日) 역사를 연구해 오면서, 부도지(符都誌), 한단고기(桓檀古記), 규원사화(揆園史話), 단기고사(檀奇古史) 등 귀중한 역사자료를 통하여, 우리역사 1만년을 넘어 마고(麻姑) 시대를 포함한 72399년의 역사를 밝히고 정립하는 데 총력을 기울이고 있다.

홍익인간 7만년 역사 4

© 조홍근, 2021

1판 1쇄 인쇄_2021년 10월 1일
1판 1쇄 발행_2021년 10월 3일

지은이_조홍근
펴낸이_이종엽
펴낸곳_글모아출판
　　　　등록_제324-2005-42호

공급처_(주)글로벌콘텐츠출판그룹
　　　　대표_홍정표 이사_김미미 편집_하선연 권군오 최한나 문방희 기획·마케팅_김수경 이종훈 홍민지
　　　　주소_서울특별시 강동구 풍성로 87-6
　　　　전화_02) 488-3280 팩스_02) 488-3281
　　　　홈페이지_http://www.gcbook.co.kr
　　　　이메일_edit@gcbook.co.kr

값 28,000원
ISBN 978-89-94626-88-8 04910
ISBN 978-89-94626-92-5 04910(전5권 세트)

홍익인간

韓 中 日
역사 연대기 중심 총망라

7만년 역사

④

조홍근(曺洪根) 편저

한국시대 9족(九族)의 분포지역

글모아출판

天符經

中	本	衍	運	三	三	一	盡	一
天	本	萬	三	大	天	三	本	始
地	心	往	四	三	二	一	天	無
一	本	萬	成	合	三	積	一	始
一	太	來	環	六	地	十	一	一
終	陽	用	五	生	二	鉅	地	析
無	昂	變	七	七	三	無	一	三
終	明	不	一	八	人	匱	二	極
一	人	動	妙	九	二	化	人	無

右欄：人二三大三合六生七八九運三四成環五七一妙衍萬往萬來用變不動本本心本太陽昂明人中天地一一終無終一

左欄：一終無終一一地天中人明昂陽太本心本動不變用來萬往萬衍妙一七五環成四三運九八七生六合三大三二人

우리 역사 속 10대 대발견

❶ 홍익인간(弘益人間) 천부(天符)의 역사는 마고성(麻姑城:파미르고원)의 마고(麻姑)시대인 서기전 70378년 계해년(癸亥年)부터 시작되었음을 최초로 밝혔음.

❷ 역법(曆法)이 시작된 해는 마고성(麻姑城)의 황궁씨(黃穹氏) 시대인 서기전 25858년 계해년(癸亥年)임을 밝혔으며, 서기전 70378년 계해년이 마고(麻姑) 기원(紀元:천부 天符)임을 밝혔음.

❸ 황궁씨를 이은 나반(那般:那般尊者:獨聖者)이 한국(桓國)시대 한인씨(桓因氏) 이전의 임금이던 유인씨(有因氏)이며, 한인씨 7대(代)가 약 1,000년을 다스렸다는 것임을 밝혔음.

❹ 윷놀이판의 모습이 천부경(天符經)의 무극, 삼태극, 운삼사성환오칠의 무한조화순환역(無限造化循環易) 및 음양오행(陰陽五行), 태양태음성력(太陽太陰星曆)이자 단군조선의 정치행정 구조를 나타낸 것임을 밝혔으며, 하도(河圖)와 낙서(洛書)가 배달나라 시대의 음양오행수리역(陰陽五行數理易)이며, 태호복희 8괘역과 윷놀이판의 역(易)이 지구의 자전(自轉)과 공전(公轉)을 기반으로 한 무한순환 역(易)임을 밝혔음.

❺ 천제(天帝), 천황(天皇: 天王), 천군(天君), 천공(天公), 천후(天侯), 천백(天伯), 천자(天子), 천남(天男)의 위계질서를 최초로 밝히고, 천제자(天帝子)와 천자(天子)의 차이점을 최초로 밝혔으며, 태호복희씨(太皞伏羲氏)가 일반 천자(天子)가 아니라 천지인(天地人) 삼신(三神)에게 제(祭)를 올리는 권한을 가진 제사장인 천군(天君)임을 밝혔음.

❻ 아리랑(阿里嶺) 민요의 원천이 되는 최초의 역사적 사실이 서기전 2333년 10월 3일 조선을 건국하기 이전에 있었던 당요(唐堯)의 전란(戰亂)으로 인하여 단군왕검(檀君王儉)께서 동북의 아사달로 이동한 과정임을 밝혔음.

❼ 고대중국의 천자로 불리는 황제헌원(黃帝軒轅) 및 요순우(堯舜禹)와 고대 일본 왜(倭)의 시조 신무왕(神武王)이 배달, 단군조선의 제후인 천자(天子)로서 독립을 시도한, 홍익인간 왕도 정치권에서 이탈한 역천자(逆天者)임을 밝혔음.

❽ 우비(禹碑:우 치수기념 부루공덕비)의 비문을 국내 최초로 역사적 해석을 하였는 바, 우비는 서기전 2267년 이후 우(禹)가 치수에 성공한 후 치수법(治水法)을 전수해 준 단군조선 태자 부루의 공덕을 새겨 남악(南嶽) 형산(衡山)에 세운 것임을 밝혔음.

❾ 일본 국조신(國祖神)인 천조대신(天照大神)의 사당인 이세신궁(伊勢神宮)에 소장된 원시 한글 축문을 국내 최초로 완벽 해독하고, 요하유로 기록된 천조대신이 단군조선 두지주(묘只州) 예읍(濊邑)의 추장(酋長)인 두지도리의 후손임을 밝혔음.

❿ 명도전(明刀錢) 등에 새겨진 문자를 단군조선 문자로서 최초로 해독한 학자 허대동 선생 〈저서 고조선 문자〉의 가림토(加臨土)의 연구에 검증차 참여하여 첨수도(尖首刀), 명도전이 단군조선의 화폐이며 그 위에 새겨진 문자가 단군조선의 상형 및 표음 문자임을 밝혔으며, 배달시대부터 상음문자(象音文字)가 사용되었고 숫자 등 기본 한자(漢字)의 원발음이 단군조선 시대의 가림토식 음독(音讀)임을 밝혔음. 그 외 다수

『홍익인간 7만년 역사』를 쓴 이유

一. 홍익인간 실현의 우리 상고사 상식화

二. 연대기 역사 중심의 신화가 아닌 사실적
　　역사 강조

三. 아놀드 토인비의 한국사 지위 설정 오류의
　　교정 및 올바른 세계사 정립

목 차

(5권에 계속)

제5편
북부여 후삼한 시대

단군조선 ~ 고구려 수도

북부여-후삼한 시대
위씨조선(衛氏朝鮮) 연대기

1. 제1대 위만왕(衛滿王:서기전 194년~?)

(1) 위만의 망명

서기전 195년 병오년(丙午年)에 연왕(燕王) 노관(盧綰)이 한(漢) 나라를 배반하고 흉노(匈奴)로 망명하니, 그의 무리인 위만(衛滿)은 북부여에 망명을 요구하였으나 해모수(解慕漱) 천왕께서 이를 허락하지 않으셨는데, 천왕께서 병으로 인하여 스스로 결단을 내리지 못하고 있을 때, 번조선왕(番朝鮮王) 기준(箕準)이 크게 실수하여 마침내 위만을 박사로 모시고 패수(浿水) 건너 상하운장(上下雲障)을 떼어서 위만에게 봉해 주었다.[1]

여기서 노관이 왕으로 있던 연나라는 유방(劉邦)이 세운 한(漢) 나라의 제후국이며, 이때는 제2대 혜제(惠帝) 1년이 된다.

흉노족은 서기전 121년에 혼사왕과 휴도왕이 무리를 이끌고 한무제에게 항복하려 하다가 혼사왕(混邪王)이 휴도왕(休屠王)을 죽이는 일이 발생하였는데, 이때 휴

---

1) 전계 한단고기 〈북부여기 상〉, 128쪽 참조

도왕의 태자이던 김일제(金日磾)가 항복하여 한나라로부터 산동지역에 투후(秺侯)로 봉해졌으며, 후대에 이 김일제 일족의 후예들이 한(漢) 나라와 왕망(王莽)의 신(新)나라와의 교체 혼란기에 한반도의 남부지역으로 대거 이동하여 변한을 이어 서기 42년에 가야(伽倻)를 세우게 되는 것이다.

기준왕은 번조선의 마지막 왕이 되는데, 서기전 194년에 위만에게 속아 나라를 빼앗기고 배를 타고 한반도의 평양에 도착하였으나, 토착인의 저항에 부딪혀 다시 남하하여 서남쪽의 금마(金馬:益山)에 정착하여 마한왕(馬韓王)이 되었던 것이며, 1년만인 서기전 193년에 붕(崩)하고 중마한(中馬韓)이 되는 월지(月支:目支는 오기로 보임.)인 직산(稷山)에 정착한 번조선 출신의 상장군(上將軍) 탁(卓)이 대를 이어 마한왕이 되어 대대로 한반도 삼한(三韓)의 종주(宗主)가 되어 진왕(辰王)이라 불렸던 것이다.

상하운장은 서기전 195년경에 번조선의 서쪽 변경 지역에 있던 방어기지로서 당시 패수(浿水)이던 지금의 난하(灤河) 중하류 지역의 바로 동쪽에 남북(南北:上下)의 두 군데로 나뉘어져 위치하였던 것이 된다.

(2) 위만의 번조선 탈취

서기전 194년 정미년(丁未年)에 위만이 번조선왕 기준을 호위한다 속이고 군사를 이끌고 험독(險瀆)을 공격하니, 기준왕이 패하여 바다로 배를 타고 들어가 돌아오지 못하였다.[2]

험독은 당시 번조선의 수도로서 난하의 동쪽에 위치하여 번조선 오덕지(五德地)인 5경(京)의 하나로서 지금의 산해관(山海關) 자리가 분명하다. 험독을 비롯한 번조선의 다섯 곳의 수도를 왕검성(王儉城:왕험성은 오기가 됨.)이라 부른다.

기준왕이 바다로 배를 타고 들어가 돌아오지 못하였다 하는 것은 위만에게 나라

---

2) 전게 한단고기 〈북부여기 상〉, 129~130쪽 참조

를 빼앗겨 도로 찾지 못하고 한반도로 망명한 것을 나타낸다.

2. 제2대 차왕(次王:?~?)

차왕의 이름과 사망연도가 불명이다.

3. 제3대 우거왕(右渠王:?~서기전 108년)

(1) 북부여에게 남여성을 잃다

서기전 128년 계축년(癸丑年)에 북부여 제3대 고해사(高奚斯) 천왕이 몸소 보병(步兵)과 기병(騎兵) 만명을 이끌고 위씨의 도적들을 공격하여 남여성(南閭城)에서 쳐부수고 관리를 두었다.[3]

(2) 예왕 남여가 우거왕을 배반하다

서기전 128년 예왕(濊王) 남여(南閭) 등이 우거를 배반하고 28만명을 데리고 한나라의 요동(遼東)으로 와서 소속되자 한무제(漢武帝)는 그 땅을 창해군(蒼海郡)으로 삼았다가 몇 해 뒤에 없앴다.

이때 예왕 남여의 예(濊)라는 국명 또는 지명은 번조선 부근에 있던 것이며, 백두산의 동쪽지역이나 한반도 동북에 위치하였던 예(濊)가 아니다. 예(濊)는 바다 가까이에 있기 때문에 붙여진 이름이 되는데, 곧 서기전 128년에 북부여가 번조선 영역이 되는 남여성(南閭城)을 공격하여 빼앗자 이때 남여성의 성주 또는 왕이 무리들을 대거 이끌고 번조선 영역을 떠나 한(漢) 나라에 붙은 것이 되고, 이를 남여 등이

---

3) 전계 한단고기 〈북부여기 상〉, 131쪽 참조

우거왕을 배반하였다 기록한 것이 된다.

남여성은 번조선과 북부여의 사이에 있던 성(城)이 되는데, 발해만 가까이에 있는 것이 되어 단군조선의 군국(君國)이던 진번(眞番) 땅의 남쪽이나 진번의 남쪽 지역이 되는 임둔(臨屯)지역에 있었던 것이 된다. 그래서 예왕이라 기록된 남여성의 성주가 28만의 무리를 이끌고 번조선 영역을 떠나 서쪽으로 패수인 난하를 건너 한나라의 요동군 땅으로 들어간 것이 된다.

창해군은 한나라 요동군 땅의 남쪽에 해당하는 지역으로서 대요수(大遼水)이던 지금의 영정하(永定河)와 패수(浿水)이던 난하(灤河) 사이로 발해만 유역에 위치한 것이 된다.

(3) 북부여의 해성(海城) 이북 50리를 탈취하다

서기전 118년 계해년(癸亥年)에 우거왕의 군사들이 북부여에 대거 침략하니 북부여 군대가 크게 패하여 해성 이북의 50리의 땅이 모두 우거왕의 땅이 되었다.[4] 이때 위씨조선의 세력이 강하였던 것으로 보이는데, 상대적으로 북부여의 국력은 쇠퇴하여 있었던 것이 된다.

(4) 해성(海城)을 지키다

서기전 117년 갑자년(甲子年)에 북부여가 장군을 보내 해성(海城)을 공격해 왔으나 석 달이 걸려도 이기지 못하였다.

(5) 북부여에게 해성을 도로 내주다

서기전 115년 북부여 제4대 고우루(鼓于婁) 천왕이 몸소 정예군 5,000을 이끌

---

4) 전계 한단고기 〈북부여기 상〉, 131~132쪽 참조

고 습격하여 해성(海城)을 격파하고 살수(薩水)에 이르니, 구려하(九黎河) 동쪽이 모두 북부여에 항복하였다.[5]

해성은 말기 단군조선의 수도이던 장당경인 지금의 심양 남쪽에 위치한 땅으로서 이궁을 둔 곳으로 당시 평양(平壤)이라 불렀다.

살수는 한반도의 청천강이 아니라 장당경(藏唐京:심양) 남쪽에 위치한 해성(海城) 부근인 지금의 요동반도 내에서 북쪽에서 남쪽으로 흐르는 강이며, 고구려 을지문덕 대모달이 살수대첩을 펼친 곳이다.

구려하(九黎河)는 서압록(西鴨綠)이었던 지금의 서요하(西遼河)의 상류지역에 위치한 여러 갈래의 강을 가리키며, 단군조선의 군국(君國)이던 구려(句麗)의 동부지역에 위치한 지금의 적봉(赤峯)을 포함한 지역에 위치한 강이 된다. 단군조선의 구려국(句麗國)은 서쪽으로는 소요수(小遼水)가 되는 지금의 청수하(清水河)를 건너 대요수가 되는 지금의 영정하 최상류 지역에 위치한 대동(大同)으로부터 동쪽으로는 지금의 적봉에 이르는 광대한 지역으로서, 단군조선의 영역으로 볼 때 동서(東西)의 중앙에 해당하는 지역이 된다.

이리하여 당시 북부여가 위씨조선에 잃었던 남여성과 해성을 수복하고 서쪽으로 나아가 구려하 지역까지 수복한 것이 된다.

(6) 한나라 사신 섭하가 우거왕의 비왕 장을 죽이다

서기전 109년 한(漢) 나라 사신 섭하(涉何)가 우거왕을 찾아와 한무제의 조서를 내렸으나 우거왕이 이를 거절하므로, 섭하는 국경 근처로 가서 패수에 임하여, 자신을 따라온 부하에게 시켜 마중 나온 위씨조선의 비왕(裨王) 장(長)을 죽인 다음, 바로 달려서 새방(塞方)으로 들어갔다.[6]

---

5) 전계 한단고기 〈북부여기 상〉, 132쪽 참조
6) 사마천, 사기 〈조선전〉 및 전계 조선전 〈조선전, 사기〉, 16쪽 참조

위씨조선의 제도에 비왕(裨王)을 둔 것이 되는데, 이는 단군조선의 한(韓) 또는 비왕(裨王) 제도를 답습한 것이 된다. 이때 한나라는 국경이던 패수까지 장성(長城)을 쌓은 것이 아니며, 새(塞)인 성채(城砦)를 구축한 것이 된다. 또 패수이던 지금의 난하를 건너 산해관까지 이어지는 장성은 서기전 109년을 지난 후대에 세워진 것이 된다.

(7) 위씨조선이 요동 동부도위 섭하를 죽이다

서기전 109년 한나라 무제는 섭하를 요동 동부도위로 삼았는데, 위씨조선은 군사를 내어 섭하를 공격하여 죽였다.[7]

한나라의 요동은 지금의 난하 서쪽에 설치된 군(郡)이며, 위씨조선의 우거왕이 군사를 보내어 난하를 건너서 섭하를 공격하여 죽인 것이 된다.

(8) 한나라 누선장군 양복과 좌장군 순체가 위씨조선 공격에 실패하다

서기전 109년 가을에 한무제는 누선장군 양복을 보내어 제(齊)나라로부터 발해를 건너게 하고 군사 5만을 거느리게 하였다. 또, 좌장군 순체(荀彘)는 요동으로 나와 우거를 치니, 우거도 군사를 내어 험한 곳에서 이를 막았고, 이에 순체의 군사들이 패하여 흩어지니 도망하여 돌아간 자가 많았는데, 이들은 모두 법으로 다스려 죽였다.

누선장군 양복은 제나라 군사 7천명을 거느리고 먼저 왕검성에 이르니 우거가 성을 지키고 있었으며, 우거가 누선장군의 군사가 적은 것을 탐지하고, 곧 성에서 나와 누선장군의 군사를 습격하자 패하여 흩어졌다.

누선장군 양복은 군사들을 잃고 산속으로 들어가 숨은 지 10여일만에 차츰 흩어

---

7) 사마천, 사기 〈조선전〉 및 전계 조선전 〈조선전, 사기〉, 16쪽 참조

진 군사들을 수습하여 다시 모이게 하였다. 좌장군 순체도 위씨조선의 패수(浿水) 서쪽의 군사를 쳤으나 깨치고 나가지는 못하였다.

(9) 한무제가 위산을 위씨조선에 사신으로 보내다

한무제는 누선장군 양복과 좌장군 순체가 모두 전쟁에 이롭지 못하자 하여 위산(衛山)을 시켜 군사의 위엄을 보이고 가서 우거왕을 타이르게 하였다. 이에 우거왕이 항복하겠다 하면서 태자를 보내었고, 이때 태자는 말 5,000필과 군량과 군사 만여 명이 모두 병기를 지니고 패수를 건너려 하였는데, 사자 위산과 좌장군 순체는 의심하여 태자에게 병기를 갖지 말게 하라 하였다.

이때, 태자는 역시 사자 위산과 좌장군 순체가 자기를 속여 죽이지 않을까 의심하여 드디어 패수를 건너지 않고 군사를 이끌고 되돌아 가버렸다.

(10) 한무제가 위산을 처형하다

이에 사자 위산은 한무제에게 가서 이를 보고하자 한무제는 책임을 물어 위산을 참수하였다.

(11) 우거왕의 수성(守城) 작전

좌장군 순체는 패수 위의 군사를 격파하고 앞으로 성 밑에 나가 그 서북쪽을 포위하고 누선장군 양복도 역시 가서 성 남쪽을 점령하자 우거는 하는 수 없이 굳게 성을 지키니 여러 달이 되어도 성을 함락시키지 못하였다.

(12) 한무제가 제남태수 공손수를 파견하다

한무제는 좌장군 순체와 누선장군 양복이 우거왕의 성을 포위하고 있으나 서로 생각을 달리하고 있어 어떻게 할지 결정짓지 못하므로 이에 제난태수 공손수를 보내어 일을 바로 잡도록 하였다.

(13) 한무제가 공손수를 벌하다

공손수는, "누선장군이 위씨조선의 항복을 약속받았으나 만나주지 않아 항복을 받지 못한 것이다. 누선장군이 변을 일으키는 것만이 아니라 조선과 함께 군사를 합쳐 우리를 멸할 것이다"라고 하는 좌장군 순체의 말을 믿고서, 누선장군 양복을 체포하고, 누선장군의 군사를 좌장군이 군사에 합친 후, 이를 한무제에게 보고하니, 한무제는 공손수를 벌하였다.

(14) 위씨조선의 대신들이 항복하다

좌장군 순체는 합친 군사로써 조선을 급히 치기 시작하였다. 이에 위씨조선의 정승 노인, 정승 한도, 니계상 삼, 장군 왕협이 서로 의논한 후 항복하기로 하였고, 노인, 한도, 협은 도망하여 한나라에 항복하였는데, 노인은 도중에서 죽었다.

(15) 위씨조선이 망하다

서기전 108년 여름에 위씨조선의 니계상 삼은 사람을 시켜 우거왕을 죽이고 한나라에 항복했다. 그러나, 왕검성은 함락되지 않았는데, 좌장군 순체는 우거왕의 아들 장(長)과 항복한 정승 노인의 아들 최(崔)를 시켜 대신(大臣) 성기(成己)를 죽이니 위씨조선이 이에 완전히 망하였다.

(16) 한무제가 위씨조선의 대신들을 제후로 봉하다

이에 한나라는 사군(四郡)을 만들고, 니계상이던 삼은 회청후에 봉하고, 정승이던 한도는 추저후에 봉하고, 장군이던 왕협은 평주후에 봉하고, 우거왕의 아들 장(長)은 기후(幾侯)에 봉하고, 죽은 노인의 아들 최는 온양후에 봉하였다.

(17) 한무제가 순체와 양복을 벌하다

한무제는 좌장군 순체를 불러 들여 모든 계획을 잘못 한 죄를 물어 기시(棄市)의 형에 처했고, 누선장군 양복은 서인(庶人)으로 폐하였다.

이로써 한무제의 사람으로서 사신 섭하는 위씨조선에 의하여 살해되었고, 좌장군 순체는 한무제로부터 기시의 형을 받았으며, 누선장군 양복은 강등되어 서인이 되었고, 사신 위산은 처형을 당하였으며, 제남태수 공손수도 처벌을 받았는바, 아무도 제후로 봉해지지 못하였다.[8]

(18) 북부여 졸본 출신의 동명왕 고두막한이 의병을 일으키다

서기전 108년 위씨조선이 한나라에 망하자 땅을 수복하기 위하여 북부여 졸본 출신의 고두막한이 의병을 일으켜 한나라 침략군과 전쟁하며 연파하였다. 이에 그 지방의 백성들 모두가 사방에서 일어나 호응함으로써 싸우는 군사를 도와서 크게 떨쳐 보답하였다.[9]

(19) 소위 한사군 문제

서기전 108년에 한(漢) 나라는 위씨조선을 멸망시키고 위씨조선의 땅에 소위 한사군을 설치하였는데, 한사군은 낙랑군(樂浪郡), 현도군(玄免郡), 진번군(眞番郡), 임둔군(臨屯郡)이다.

낙랑군은 서기전 108년에 설치하고 현도군은 서기전 107년에 설치하였으며, 진번군과 임둔군은 언제 설치된 것인지 명백한 기록이 없으나 서기전 108년에 낙랑군과 함께 설치된 것으로 기록되고 있다.

그런데, 서기전 108년에 북부여의 졸본한(卒本汗)이던 고두막(高豆莫)이 동명

---

8) 사마천, 사기 〈조선전〉 및 전계 조선전 〈조선전, 사기〉, 15~21쪽 참조
9) 전계 한단고기 〈북부여기 상〉, 132~133쪽 참조

왕(東明王)이라 칭하며 의병을 일으켜 북부여를 부흥시키려 다물업(多勿業)을 열었는데, 이때 소위 한사군의 단군조선 유민들이 호응하였다. 그리하여 소위 한사군은 사실상 유민들의 자치가 행해졌던 것이 되며, 고두막한은 서안평까지 진출하여 단군조선의 구려 땅을 수복하였던 것이다.

낙랑군은 지금의 난하 중류 지역의 동서에 걸치며 서쪽으로 고하 부근까지가 되고 낙랑군의 서북지역으로서 구려의 남부지역이 현도군이 되며, 진번군은 낙랑의 동쪽으로 지금의 요하 서쪽 사이 땅이 되고, 임둔군은 진번군의 남쪽으로 발해만 유역이 된다.

이후 서기전 82년에 진번군과 임둔군을 낙랑과 현도에 붙였다라고 고대중국의 기록에서 적고 있으나 이는 춘추필법에 의한 역사은닉으로서 실제로는 이때 진번과 임둔은 고두막(高豆莫) 천왕의 북부여에 수복된 것이 된다. 이는 서기전 42년에 졸본에서 독립하려고 북부여를 떠나 진번(眞番)의 패대(浿帶)지역으로 간 소서노(召西弩)가 땅을 개척하여 나라를 열어 고구려 고주몽 성제로부터 어하라국(於瑕羅國)으로 봉해진 것으로 보아 드러나는 사실이 된다.

패대지역의 패(浿)는 패수를 대(帶)는 대수를 가리키는데, 패수(浿水)는 곧 지금의 난하(灤河)를 가리키고, 대수(帶水)는 지금의 요하 중하류지역에 동쪽에서 서쪽으로 흘러 합류하는 강이 된다. 즉, 어하라국은 패수의 동쪽으로 진번 땅을 포함하며 나라의 중심지는 대수(帶水) 남쪽으로 지금의 요동반도 중남부지역으로서 지름 500리의 땅이 된다.

소위 한사군 중 낙랑군과 현도군은 서기 313년에 고구려의 미천제(美川帝)에 의하여 낙랑군과 서기 204년에 낙랑군에서 분리되어 설치된 대방군이 완전히 축출되고, 현도군도 정벌 당하여 이후 고구려의 역사에서 사라지게 된다.

소위 한사군의 지명과 위치 및 생몰 등의 문제에 대하여 뒤에서 더 자세히 살펴보기로 한다.

한사군(漢四郡)의 문제

1. 소위 한사군 설치 문제

(1) 소위 한사군(漢四郡)

서기전 108년에 한(漢) 나라는 위씨조선(衛氏朝鮮)을 멸망시키고 위씨조선의 땅에 소위 한사군을 설치하였다 하는바, 원래 위씨조선 땅은 단군조선 땅이었던 것이 된다.

서기전 194년에 시작된 위씨조선은 험독(險瀆)을 수도로 삼았으며, 나중에 서북쪽에 있던 낙랑(樂浪)과 동북쪽에 있던 진번(眞番), 그리고 동쪽에 있던 임둔(臨屯)의 땅을 차지하였던 것이 된다.

위씨조선은 우거왕 때인 서기전 118년부터 서기전 115년까지 지금의 요동반도에 있던 심양(瀋陽:藏唐京)의 남쪽에 위치한 땅인 해성(海城)을 점령한 적도 있다.

소위 한사군으로 기록되는 것은 낙랑군(樂浪郡), 현도군(玄免郡), 진번군(眞番郡), 임둔군(臨屯郡)이다. 한사군이라 불리는 낙랑군, 현도군, 진번군, 임둔군이 실제로 설치되었는지 여부에 대하여는 여전히 의문점이 있으나, 한(漢) 나라가 위씨조선을 침략하여 멸망시킨 사실, 위씨조선 땅을 당시 북부여(北夫餘)가 지배하지 못하고 서기전 108년에 위씨조선이 망하였을 때 고토회복 전쟁을 하였다는 사실,

그리고 고대중국의 기록에서 서기전 108년에 낙랑군을 설치하고 서기전 107년에 현도군을 설치하였으며 진번군과 임둔군은 서기전 82년에 폐지하여 낙랑군에 붙였다 하는 등의 기록을 볼 때, 일단은 한(漢) 나라가 위씨조선을 멸망시키고 북부여나 고구려의 지배력이 미치지 못하였던 옛 위씨조선 땅을 지배하였을 가능성은 농후한 것이 된다.

(2) 군명(郡名)의 유래

소위 한사군에 해당하는 낙랑, 현도, 진번, 임둔이라는 명칭은 한(漢) 나라가 위씨조선을 멸망시키고 처음으로 만들어낸 지명이 아니라, 이미 위씨조선 시대에 있던 명칭이며, 더 나아가 단군조선 시대에 이미 존재하던 명칭이 된다. 즉, 낙랑국, 현도국, 진번국, 임둔국이라는 단군조선의 제후국이 되는 것이다. 기록상으로는 낙랑과 진번은 100% 단군조선의 봉국인 것이며, 현도와 임둔도 단군조선의 수많은 제후국(諸侯國)들 중의 하나라고 보이는 것이다.

한(漢) 나라는 이미 있던 단군조선의 군후국(君侯國)의 국(國)에 해당하던 명칭이나 북부여의 군명(郡名)을 한(漢) 나라의 군명(郡名)으로 대체한 것이 된다.

(3) 한사군의 설치 시기

낙랑군은 서기전 108년에 설치하고 현도군은 서기전 107년에 설치하였으며, 진번군과 임둔군은 언제 설치된 것인지 명백한 기록이 없으나 서기전 108년에 낙랑군과 함께 설치되었다는 취지로 기록되고 있다.

2. 소위 한사군 위치 문제[10]

가. 낙랑군

한무제(漢武帝)가 서기전 108년에 설치하였다고 기록되는데, 원래 낙선(樂鮮)으로서 유주(幽州)에 붙였다 하는 바, 여기서 낙선은 곧 낙랑조선(樂浪朝鮮)이라는 말이며 이는 조선에 속하는 낙랑 땅이라는 말이 된다.

(1) 소속 현의 위치

1) 한서 지리지의 낙랑군 소속 현

(가) 조선(朝鮮)

낙랑군의 조선현을 주나라 무왕(武王)이 기자(箕子)를 봉한 땅이라고 하나, 은나라 왕족인 기자 서여(胥餘)는 서기전 1120년에 주나라의 신하가 되기를 거부하고 단군조선 영역으로 도피한 인물인 바, 주무왕이 기자를 제후로 봉하였던 것이 아니며, 망명 기자는 곧 단군조선의 제후로서 그 정착지는 지금의 태항산 서쪽이던 서화(西華)라고 불리던 지역인 것이고, 후대에 기자의 후손들이 동쪽의 번한 땅으로 이주하여 읍차(邑借) 기후(箕詡)라는 자가 번조선왕이 된 이후 기준왕(箕準王)에 이르게 되었는데, 이에 주무왕이 기자를 봉하였다는 조선과 여기 낙랑군의 조선현은 아무 상관성이 없는 것이다.

(나) 남감(枏邯)

(다) 패수(浿水)

패수라는 강은 서쪽으로 흘러 증지(增地)에 이르러 바다로 들어갔다라고 하고, 왕망(王莽)이 이곳을 낙선정(樂鮮亭)이라 하였다 한다.

---

10) 반고, 한서 〈지리지〉 및 전게 조선전 〈지리지, 한서〉, 24~27쪽 및 범엽, 후한서 〈군국지 동이전〉 및 전게 조선전 〈군국지 동이전, 후한서〉, 40~42쪽 참조

그러나, 낙랑군에 속하는 패수현의 패수는 지금의 난하(灤河)이며, 낙선정의 낙선(樂鮮)은 곧 낙랑조선(樂浪朝鮮)이라는 말로서 단군조선의 봉국(封國)이던 낙랑(樂浪)을 가리키는 것이 되고, 패수의 흐름으로 보면 중하류 지역에서 서쪽으로 흐르는 것이 아니라 서북에서 동남으로 흐르다 동쪽으로 하여 바다에 들어가는 모양을 가진다.

패수의 상류나 중상류 지역으로 보면 증지(增地)라는 땅 부근에서 서쪽으로 흐를 가능성을 배제할 수는 없는 것이 된다.

후한서(後漢書) 군국지(郡國誌) 동이전(東夷傳)에서는 구수(俱水)라고 적고 있는데, 이는 패수(浿水)의 오기가 된다.

(라) 함자(含資)

후한서 군국지 동이전에서는 탐자(貪資)라고 적고 있는 바, 함자나 탐자 중 어느 하나가 오기가 된다.

(마) 대수(帶水)

대수라는 강은 서쪽으로 흘러 대방(帶方)에 이르러 바다로 들어갔다. 대수는 서쪽으로 흐르는 강으로서 대방지역을 지나는 바, 서기 204년에 공손강(公孫康)이 낙랑군의 남부지역을 나누어 대방군(帶方郡)을 설치하였던 것인데, 이 대방군은 곧 지금의 난하 하류지역의 서쪽으로 당산(唐山) 사이에 있는 것이 된다.

후한서 군국지 동이전에서는 낙랑군에 대수현이 제외된다.

(바) 점제(黏磾)

후한서 군국지 동이전에서는 점선(占蟬)이라고 적고 있는데, 점제의 오기가 된다. 소위 한사군의 낙랑군에 속하는 점제현은 위치상으로 난하 유역에 있는 것이며, 한반도의 평양 부근에 있는 것이 아닌 것이 명백하다.[11]

(사) 수성(遂成)

(아) 증지(增地)

왕망은 증지를 증토(增土)라고 하였다. 증지라는 땅이 패수(浿水)가 흘러 서쪽으로 지나는 지역에 있는 것이라면, 증지는 패수가 서쪽으로 흐르는 곳으로서 패수중류의 북쪽에 위치한 것이 된다.

(자) 대방(帶方)

대수(帶水)가 흘러 지나는 땅이 되므로, 패수(浿水)이던 지금의 난하(灤河) 바로 서쪽으로 당산(唐山) 사이에 있는 땅이 된다.

(차) 사망(馴望)

(카) 해명(海冥)

왕망은 이 해명현 땅을 해환(海桓)이라고 하였다. 즉, 왕망은 어둡다는 뜻을 가진 명(冥)을 밝다는 뜻을 가진 환(桓)으로 고친 것이다.

(타) 열구(列口)

열구(列口)는 지금의 고하(沽河) 지역에 있는 땅이 된다. 고하는 옛날의 열수(列水)가 되며, 습수(濕水), 열수(列水), 산수(汕水) 등의 강이 있는 것이 된다. 여기서 습수는 습여수(濕餘水)이다.

---

11) 소위 점제현 신사비는 일제가 날조를 위한 역사적 증거로 옮겼던 것으로 된다. 그렇지 않다면 낙랑군 점제현에 살던 어떤 사람이 대동강 평양 부근으로 이주할 때 이동시킨 것일까? 또 평양 일대에서 발견된 목간도 한의 낙랑군 관련 유물이 되는데, 어떤 연유로 대동강 평양 일대에서 나타나는지 역사적으로 반드시 진실이 밝혀져야 할 일이다. 서기 302년에 고구려 미천제가 현도군을 정벌하여 포로 8,000여명을 평양으로 이주시킨 사실이 있는 것으로 보아, 서기 313년에 낙랑군 포로 2,000여명을 대동강 평양으로 이주시킨 것으로 추정되기도 하는데, 이것이 사실이라면 낙랑군 목간은 수수께끼가 풀릴 수 있다. 그러나, 일제의 역사적 증거 조작일 가능성이 짙다.

(파) 장잠(長岑)

　장잠이라는 말은 장령(長岺)이라는 글자와 뜻이 같은데, 난하 중류지역의 동쪽으로 장령이라는 지명이 있으며, 이곳이 낙랑군 장잠현이 되는 것이다.

(하) 둔유(屯有)

둔유현은 대방현 부근에 있는 것이 된다.

(거) 소명(昭明)

남부도위가 다스렸다 하므로 낙랑군의 남쪽에 위치한 현이 된다.

(너) 누방(鏤方)

낙랑군의 동북에 위치한 현이 되어 패수인 난하의 동쪽에 위치한 것이 된다.

(더) 제해혼미(提奚渾彌)

(러) 탄열(呑列)

　분여산(分黎山)이 있고, 열수(列水)가 탄열현에서 시작되어 서쪽으로 흘러 점선(黏蟬)에 이르러 바다로 들어갔다 한다. 즉, 탄열현은 열수 즉 지금의 고하(沽河)가 시작되는 곳에 위치한 것이 된다.

(머) 동이(東暆)

(버) 불이(不而)

동부도위가 다스렸다 하므로, 낙랑군의 동부지역에 해당하는 것이 된다.

(서) 잠태(蠶台)

(어) 화려(華麗)

(저) 사두매(邪頭昧)

(처) 전막(前莫)

(커) 요조(夭祖)

2) 한서 지리지의 낙랑군 소속 현 외 군국지 동이전에 기록된 현

(가) 구수(俱水)

구수는 한서 지리지에 낙랑군에 속한 현으로 기록된 패수(浿水)의 오기가 된다.

(나) 탐자(貪資)

탐자는 한서 지리지에 낙랑군에 소속된 현으로 기록된 함자(含資)의 오기가 된다.

3) 점선(占蟬)

점선은 한서 지리지에 낙랑군에 소속된 현으로 기록된 점제(黏磾)의 오기가 된다.

(라) 낙도(樂都)

단군조선 시대에 봉국(封國)으로서의 낙랑(樂浪)의 수도(首都)가 있던 곳을 가리키는 것이 아닌가 한다.

(2) 낙랑군의 위치

낙랑군은 옛 단군조선의 봉국이던 낙랑홀 땅을 중심으로 하는 지역이 되는데, 패수(浿水)이던 지금의 난하(灤河)의 중하류를 중심으로 하여 동서지역에 걸친 것이 되는 바, 서쪽으로는 고하(沽河)의 중상류에 이르고 동쪽으로는 대릉하 상류지역에 이르는 것이 된다.

낙랑군의 서쪽에는 요동군(遼東郡)과 우북평군(右北平郡)이 위치하고, 서북쪽에는 현도군(玄菟郡)이 위치하며, 동쪽으로는 남방에 임둔(臨屯), 북쪽에 진번(眞番)이 위치한다.

나. 현도군(玄菟郡)

한무제(漢武帝)가 서기전 107년에 설치하였다고 기록된다.

(1) 소속 현의 위치

1) 한서 지리지의 현도군 소속 현

(가) 고구려(高句麗)

현도군의 고구려현에서 요산(遼山)과 요수(遼水)가 나온다.

요수(遼水)는 백평동(白平東:皐東) 또는 위백평산(衛白平山)에서 나오고, 요산(遼山)은 소요수(小遼水)에서 나왔다라고 하는 바, 요수는 원래의 대요수(大遼水)를 가리키며 소요수는 요산에서 시작되어 서남쪽으로 흘러 요대(遼隊)에 이르러 대요수에 합류하는 강을 가리키는 것이 된다.

지금의 영정하가 여기 요수인 대요수가 되고, 지금의 장가구(張家口) 부근에서 서남쪽으로 영정하에 합류하는 청수하(淸水河)가 여기의 소요수가 된다. 그리하여 요산은 소요수의 상류에 위치하는 것이 된다. 이로써 소요수의 동남지역과 대요수의 북동지역이 곧 원래의 요동(遼東)이 되며 그 서쪽이 원래의 요서(遼西)가 되는 것이다. 그래서 고구려현은 서쪽으로는 대요수가 되는 영정하의 상류지역과 동쪽 또는 동북쪽으로는 소요수가 시작되는 서안평 가까운 곳에 걸치는 지역이 된다. 현도군 서개마현의 서쪽에 위치하는 것으로 되며, 단군조선의 구려국 땅이 된다. 단군조선의 구려국은 서쪽으로 대동(大同)에서 동쪽으로 적봉(赤峯)에 걸치는 광대한 지역이 된다.

(나) 상은대(上殷臺)

왕망은 상은대를 하은대(下殷臺)라고 하였다. 즉, 상(上)을 하(下)로 격하시킨 것이 된다.

(다) 서개마(西蓋馬)

왕망은 이곳을 현도정(玄菟亭)이라 하였는데, 서개마현에 있는 마자수(馬訾水)는 서북쪽으로 흘러 염난수(鹽難水)에 합류하고 서남쪽으로 흘러 서안평(西安平)에 이르러 바다로 들어갔다라고 한다.

여기 서안평은 바다 근처에 있는 것이 아니라 왕망이 이름붙인 소위 북안평(北安平)으로서 그 북쪽에 소수맥(小水貊)이라는 호수가 있는 곳이며, 이에 서개마현은 요동군(遼東郡)에 속하는 서안평의 동북쪽에 위치하는 것이 된다.

서개마는 지금의 대흥안령산맥의 서쪽지역을 가리키는 것이 되는데, 단군조선 시대에는 구려국(句麗國)에 속한 땅이 되며, 현도군 고구려현의 동쪽에 위치한 것으로 된다. 단군조선의 구려국은 서쪽으로 대동(大同)에서 동쪽으로 적봉(赤峯)에 걸치는 광대한 지역이 된다.

2) 한서 지리지의 현도군 소속 현 외 군국지 동이전에 기록된 현

(가) 고현(高顯)

이전에는 요동군에 소속되어 있었다. 서기 107년에 한(漢) 나라 안제(安帝)가 고현을 요동군에서 제외하고 현도군에 붙인 것이 된다.

현도군 고현은 대요수와 소요수의 동쪽에 위치한 땅이 된다.

(나) 후성(候城)

이전에는 요동군에 소속되어 있었다. 서기 107년에 한(漢) 나라 안제(安帝)가 후성을 을 요동군에서 제외하고 현도군에 붙인 것이 된다.

현도군 후성은 대요수와 소요수의 동쪽에 위치한 땅이 된다.

(다) 요양(遼陽)

이전에는 요동군에 소속되어 있었다. 서기 107년에 한(漢) 나라 안제(安帝)가 요양을 요동군에서 제외하고 현도군에 붙인 것이 된다.

요양은 요의 남쪽 또는 주나라 역(易)의 방위해석으로 보면 동쪽이라는 뜻을 가지는 글자인데, 소요수의 남쪽과 대요수의 동쪽에 위치한 것이 된다.

(2) 현도군의 위치

현도군은 대체적으로 낙랑군의 서북에 위치하고 요동군의 북쪽 또는 동북에 위치한 것이 된다.

다. 진번군(眞番郡)

진번군은 낙랑군이 설치되던 해인 서기전 108년에 설치되었다는 취지로 기록되고 있는데, 진번군에 소속된 현에 관한 기록은 보이지 않으며, 진번군의 위치는 원래의 번한(番韓) 땅이 아닌 진번국(眞番國)의 땅으로서, 대체적으로 지금의 요하 서쪽으로 대릉하 중상류에 걸치는 지역이라고 보면 된다.

서기전 82년에 폐지되어 낙랑군에 붙였다고 하나, 이때 북부여의 고두막(高豆莫) 천왕(天王)의 수복정책에 따라 북부여(北夫餘)에 귀속된 것으로 보인다.

라. 임둔군(臨屯郡)

임둔군은 진번군과 마찬가지로 낙랑군이 설치되던 해인 서기전 108년에 설치되었다는 취지로 기록되고 있는데, 임둔군에 소속된 현에 관한 기록은 보이지 않으며, 임둔군의 위치는 원래의 번한(番韓) 땅이 아닌 진번국(眞番國)의 남쪽 땅이거나 별도로 봉해졌을 수 있는 임둔국(臨屯國)의 땅으로서, 대체적으로 지금의 요하 하류지역의 서쪽으로 대릉하 하류지역에 걸치는 땅이라고 보면 된다.

서기전 82년에 폐지되어 낙랑군에 붙였다고 하나, 이때 북부여의 고두막(高豆莫) 천왕(天王)의 수복정책에 따라 북부여(北夫餘)에 귀속된 것으로 보인다.

3. 소위 한사군의 변동 역사

(1) 북부여 동명왕 고두막한의 의병전쟁

서기전 108년에 북부여의 졸본한(卒本汗)이던 고두막(高豆莫)이 동명왕(東明王)이라 칭하며 의병을 일으켜 북부여를 부흥시키려 다물업(多勿業)을 열었는데, 이때 소위 한사군의 단군조선 유민들이 호응하였다. 그리하여 소위 한사군은 사실상 유민들의 자치가 행해졌던 것이 되며, 고두막한은 서안평(西安平)까지 진출하여 단군조선의 구려 땅을 수복하였던 것이다.

(2) 진번군과 임둔군의 폐지 문제

서기전 82년에 진번군과 임둔군을 낙랑과 현도에 붙였다라고 고대중국의 기록에서 적고 있으나 이는 춘추필법에 의한 역사은닉으로서 실제로는 이때 진번과 임둔은 고두막(高豆莫) 천왕의 북부여에 수복된 것이 된다.

이는 서기전 42년에 졸본에서 독립하려고 북부여를 떠나 진번(眞番)의 패대(浿帶)지역으로 간 소서노(召西弩)가 땅을 개척하여 나라를 열어 고구려 고주몽 성제로부터 어하라국(於瑕羅國)으로 봉해진 것으로 보아 드러나는 사실이 된다.

(3) 한사군과 진번백제(眞番百濟)

패대지역의 패(浿)는 패수를 대(帶)는 대수를 가리키는데, 패수(浿水)는 곧 지금의 난하(灤河)를 가리키고, 대수(帶水)는 지금의 요하 중하류지역에 동쪽에서 서쪽으로 흘러 합류하는 강이 된다. 즉, 어하라국은 패수의 동쪽으로 진번 땅을 포함하며 나라의 중심지는 대수(帶水) 남쪽으로 지금의 요동반도 중남부지역으로서 지름 500리의 땅이 된다.

(4) 소위 한사군의 소멸

소위 한사군 중 낙랑군과 현도군은 서기 313년에 고구려의 미천제에 의하여 낙랑군과 서기 204년에 낙랑군에서 분리되어 설치된 대방군이 완전히 축출되고, 현도군도 정벌 당하여 이후 고구려의 역사에서 사라지게 된다.

4. 원래 조선 땅인 요동군과 요동속국 문제[12]

가. 요동군(遼東郡)

요동군은 진(秦)나라 때 설치하여 유주(幽州)에 예속시켰다 하는 바, 원래 단군조선의 땅이 된다. 즉, 원래 단군조선의 땅이던 것을 진나라 이전의 주나라 전국시대에 연(燕)나라가 점차 동진하여 확보한 땅을 진나라가 이어받거나 별도로 설치한 것이 된다.

이 요동군은 서기전 281년경에 연나라 진개가 번조선과 경계를 삼았던 만번한(滿番汗)의 서쪽으로서 당시 대요수(大遼水)이던 지금의 영정하(永定河)의 동쪽 지역이 된다. 만번한은 패수(浿水)이던 지금의 난하(灤河) 서쪽으로 지금의 고하(沽河) 사이에 위치하는 것이 된다.

(1) 한서 지리지의 기록

(가) 양평(襄平)
신(新)나라의 왕망(王莽)은 창평(昌平)이라고 했다.

(나) 신창(新昌)

---

12) 반고, 한서 〈지리지〉 및 전게 조선전 〈지리지, 한서〉, 22~24쪽 및 범엽, 후한서 〈군국지 동이전〉 및 전게 조선전 〈군국지 동이전, 후한서〉, 39~40쪽 및 42쪽 참조

(다) 무려(無慮)

의무려(醫無閭)라고도 한다.

(라) 망평(望平)

대요수(大遼水)가 요동군 망평현이라는 새방의 밖에서 나와서 남쪽으로 안시(安市)에 이르러 바다로 들어갔다.

망평이 요동군에 속하므로 대요수의 동쪽에 위치한 것이 되며, 대요수인 영정하가 남류하는 지역에 안시(安市)가 있는 것이 된다. 한편, 후대에 고구려의 안시성(安市城)이 되는 곳은 패수이던 지금의 난하 중하류에 위치한 단군조선의 탕지성(湯池城)이 있던 안촌홀(安村忽)로서, 여기 요동군 안시현의 안시(安市)와는 다른 곳이 된다.

(마) 방(房)

후한(後漢)시대에는 요동군에서 폐지되어 요동속국으로 편입된 것으로 된다.

(바) 후성(候城)

중부도위가 다스렸다.

(사) 요대(遼隊)

요대를 요수(遼遂)라고도 한 것이 되는데, 대(隊)는 수(遂)의 오기일 수 있는 것이 된다. 왕망(王莽)은 요대를 순목(順睦)이라 하였다. 후한시대에는 요동군에서 제외된 것으로 된다.

(아) 요양(遼陽)

대량수(大梁水)가 서남쪽으로부터 동북쪽으로 흘러 요양(遼陽)에 이르러 요수(遼水)로 들어가는데, 왕망은 이를 요음(遼陰)이라고 하였다.

여기서 대량수는 대요수(大遼水)인 지금의 영정하(永定河)에 합류하는 강이 되며, 요양(遼陽)이라는 말은 요수(遼水)의 남쪽이나 동쪽이라는 것이 되고, 요음(遼陰)은 요수의 북쪽이나 서쪽이라는 것이 된다. 즉, 요양(遼陽)이라는 땅은 대량수(大梁水)라는 강이 서남쪽에서 동북쪽으로 흘러 대요수에 합류하는 지역에 있으며, 서북쪽에서 동남쪽으로 흐르는 요수의 흐름으로 보아 요수의 남쪽 또는 동쪽에 위치하였던 것이 된다.

요양은 요의 남쪽 또는 주나라 역(易)의 방위해석으로 보면 동쪽이라는 뜻을 가지는 글자인 바, 결국 소요수(小遼水)의 남쪽과, 대량수(大梁水)가 그 지류가 되는 대요수(大遼水)의 동쪽에 위치한 것이 된다. 후한시대에는 요동군에서 제외시키고 현도군에 편입된 것으로 된다. 단군조선 시대에는 구려국에 속하는 땅으로서 고죽국의 북쪽이자 번한의 서북쪽에 위치한 것이 된다.

(자) 검독(儉瀆)

위만조선의 수도라고 하나, 위만의 수도인 험독은 패수인 난하의 동쪽에 있어 요동군에 속할 수 없는 땅인 바, 이 검독은 요동군이 되는 곳에 있는 땅으로서 위만조선의 수도인 험독과는 다른 곳에 있는 지명이 된다.

즉, 서기전 221년경 진(秦)나라 때 요동군에 검독현이 소속되었다는 것인 바, 이 시기 이후까지 번조선과 위만조선은 건재하였던 것이므로, 패수가 되는 지금의 난하 서쪽으로 단군조선 번한의 수도이던 오덕지(五德地) 중 지금의 영정하 가까이에 위치하였던 것이 되는 한성(汗城)일 가능성이 많은 것이 된다.

후한시대에 요동군에서 제외되어 요동속국에 편입된 것으로 되는데, 요동속국에서는 험독(險瀆)이라 기록되고 있다.

(차) 거취(居就)

실위산과 실위수가 거취에서 나왔다 하며, 실위수는 북쪽으로 양평에 이르러 대량수로 합류하는 것이 된다. 후한시대에는 거취현이 요동군에서 제외되었다.

(카) 고현(高顯)

후한시대에는 요동군에서 제외되어 현도군에 편입되었다.

(타) 안시(安市)

대요수(大遼水)가 요동군 망평현이라는 새방의 밖에서 나와서 남쪽으로 안시(安市)에 이르러 바다로 들어간다고 하므로, 이 안시는 대요수인 지금의 영정하 하류에 위치한 것이 되어, 지금의 난하 유역에 위치하였던 고구려의 안시성(安市城)이 되는 단군조선의 번한 오덕지(五德地) 중의 하나인 탕지(湯池)와는 다른 곳이 된다.

(파) 무차(武次)

왕망은 이 무차를 환자(桓次)라고 하였다. 후한시대에는 요동군에서 제외되었다.

(하) 평곽(平郭)

이 평곽에는 철관과 염관이 있다 하는 바, 철과 소금은 특별관리 대상으로서 이 평곽이라는 현에 관리인을 두었다는 것이 된다.

(거) 서안평(西安平)

왕망은 이 서안평을 북안평(北安平)이라 하였다 하는 바, 남쪽에 또 다른 안평(安平)이 있다는 것이 된다.

서안평 현의 북쪽에 소수맥(小水貊)이라는 강이 있고, 여기에는 구려(句麗)의 일족이 살았으며, 소수맥 강이 남쪽으로 흘렀던 것이 되는데, 이 소수맥이라는 강이 곧 소요수(小遼水)에 연결되고 서안평의 북쪽에서 서남쪽으로 흘러 대요수(大遼水)에 합류하는 강으로서, 이에 따라 서안평이 요동(遼東) 땅이 되는 것이며, 소요수는 지금의 영정하(永定河)에 합류하는 청수하(淸水河)가 되는 것이다.

(너) 문(文)

왕망은 이 문(文)이라는 현을 수정(受亭)이라고 하였다.

(더) 번한(番汗)

이 번한이라는 현(縣) 땅에 흐르는 패수(沛水)가 새방 밖에서 나와 서남쪽으로 흘러 바다로 들어갔다 하며, 이 패수는 한수(汗水)라고도 기록되고 있다. 위 문(文)이라는 현 땅과 이 번한이라는 현 땅이 서기전 281년경에 연(燕)나라 진개(秦開)가 번조선과 국경을 삼은 만번한(滿番汗) 지역이 된다.

(러) 답씨(沓氏)

답수(沓水)라고도 한다.

(2) 후한서 군국지 동이전의 기록

(가) 양평(襄平)

(나) 신창(新昌)

(다) 무려(無慮)

(라) 망평(望平)

(마) 후성(候城)

(바) 안시(安市)

(사) 평곽(平郭)

유철(有鐵)이라고도 한다.

(아) 서안평(西安平)

서안평 현의 북쪽에 소수맥(小水貊)이라는 강이 있고, 여기에는 구려(句麗)의 일족이 살았으며, 소수맥 강이 남쪽으로 흘렀던 것이 되는데, 이 소수맥이라는 강이 곧 소요수(小遼水)에 연결되고 서안평의 북쪽에서 서남쪽으로 흘러 대요수(大遼水)에 합류하는 강으로서, 이에 따라 서안평이 요동(遼東) 땅이 되는 것이며, 소요수는 지금의 영정하(永定河)에 합류하는 청수하(淸水河)가 되는 것이다.

(자) 문(汶)

(차) 번한(番汗)

(카) 답씨(沓氏)

나. 요동속국(遼東屬國)[13]

옛날의 한향(邯鄕)이었던 창요, 빈도, 도하 등 요서군(遼西郡)의 일부 땅과, 무려, 검독, 방 등 요동군(遼東郡)의 일부 땅을 한(漢) 나라 안제(安帝:서기 106년~서기 125년) 때 요동속국이라 하였던 것이 된다.

여기서 요동속국에 해당되기 이전의 원래 요서군이 되는 창요, 빈도, 도하 등의 땅은 서기 120년경의 한나라 안제 때 요동이 되는 대요수인 지금의 영정하 동쪽 유역에 있었던 것이 된다.

원래의 대요수는 지금의 영정하인 사실을 염두에 두면 한나라 안제 이전에 일시적으로 고대 중국측에서 요수(遼水)라 한 강이 영정하 동쪽으로 옮겨졌던 것이 되어 고하(沽河)나 난하(灤河)였을 가능성이 있게 된다.

즉, 이전에는 요서군에 속하였다가 요동속국에 속한 것이 되는데, 대요수인 지금

---

13) 범엽, 후한서(後漢書) 〈군국지(軍國誌) 동이전(東夷傳)〉 및 전게 조선전 〈군국지 동이전, 후한서〉, 42쪽 참조

의 영정하 동쪽에 위치한 땅이 되어, 연(燕)과 진(秦)나라 때에는 요동군에 속하였다가, 요수가 동쪽으로 고하(沽河)나 난하(灤河)로 옮겨진 때에는 요서군에 속하였던 것이, 다시 요수가 서쪽으로 고하(沽河)나 영정하(永定河)로 옮겨진 때에는 요동에 속한 것이 되는 것이다.

1) 창요(昌遼)

옛날의 천요(天遼)이며 요서군(遼西郡)에 속하였다. 요수(遼水)가 동쪽이나 서쪽으로 이동됨에 따라, 원래 요동에 속하였다가 다시 요서에 속하였으며, 이때에 이르러 다시 요동에 속한 것이 된다.

2) 빈도(賓徒)

옛날에는 요서군(遼西郡)에 속하였다. 요수(遼水)가 동쪽이나 서쪽으로 이동됨에 따라, 원래 요동에 속하였다가 다시 요서에 속하였으며, 이때에 이르러 다시 요동에 속한 것이 된다.

3) 도하(徒河)

옛날에는 요서군(遼西郡)에 속하였다. 요수(遼水)가 동쪽이나 서쪽으로 이동됨에 따라, 원래 요동에 속하였다가 다시 요서에 속하였으며, 이때에 이르러 다시 요동에 속한 것이 된다.

4) 무려(無慮)

무려 현에 의무려산(醫無慮山)이 있다고 하며, 진(秦)나라 때 설치된 원래의 요동군(遼東郡)에 속하였다. 이 무려라는 땅은 원래부터 요동에 속하였으며, 이때에 이르러 요동속국에 속한 것이 된다.

5) 험독(險瀆)

위만(衛滿)이 도읍하였던 왕검(王儉)이라 하나, 위치상으로는 위만의 수도이던 험독(險瀆)이 아니라, 패수(浿水)이던 난하(灤河)의 서쪽으로 지금의 영정하(永定河) 또는 고하(沽河)의 동쪽에 위치하면서 당시까지 왕검성(王儉城)이라 불렸던 단군조선 번한(番韓)의 다섯 수도인 오덕지(五德地) 중의 하나가 된다. 한성(汗城)일 가능성이 많다.

서기전 221년경 진(秦)나라가 설치한 요동군(遼東郡)에 속하였던 검독(儉瀆)을 가리키는 것이 된다. 즉, 검독은 험독(險瀆)의 오기(誤記)이거나 다른 표기가 되는 것이다.

6) 방(房)

원래 진(秦)나라 때 설치된 요동군(遼東郡)에 속하였다. 방이라는 땅은 원래부터 요동에 속하였으며, 이때에 이르러 요동속국에 속한 것이 된다.

홍익인간

韓中日

역사 연대기 중심 춘망라

7만년 역사

홍익인간
7만년역사

韓中日
역사 연대기 중심 총망라

제6편
고구려 신라 백제 가야의
사국시대(四國時代)

사국(四國)시대
역사 개관

북부여와 후삼한 시대 뒤에는, 북부여(北扶餘)를 계승한 고구려와, 단군조선의 마한(馬韓) 땅이던 한반도에 세워진 진한(辰韓), 마한(馬韓), 변한(弁韓)의 후삼한 (後三韓)을 계승한 신라, 백제, 가야로 이어지는 사국시대(四國時代)가 된다. 서기 42년부터 서기 562년까지 520년간이며, 소위 삼국시대는 서기전 18년부터 서기 42년까지 60년간과 서기 562년부터 서기 660년까지 98년으로 약 160년밖에 안 되는 바 이를 포함하여 통칭 사국시대라 하겠다.

한편 고구려와 돌궐(畎族)의 시대는 단군조선 후예의 동서국(東西國) 시대에 해당하며, 이와는 달리 한(漢), 신(新), 위진(魏晉) 남북조(5胡16國), 수(隋), 당(唐)은 배달겨레 방계국, 또는 단군조선 방계국이 된다.

1. 고구려(高句麗) 역사 개관

가. 건국

고구려 개국시조는 고주몽(高朱蒙) 동명성제(東明聖帝)이다.

서기전 239년 4월 8일에 시작된 북부여는 서기전 58년에 북부여 제7대 고무서

(高無胥) 천왕의 유언을 받들어 단군이 된 고주몽에 이르렀고, 이에 고주몽이 서기전 57년에 즉위하여 이후 서기전 108년에 시작된 동명왕(東明王) 고두막한(高豆莫汗)의 다물업(多勿業)을 계승하고 실현하기 위하여 나라의 살림을 불리고 군사력을 증강시켰다.

특히, 연타발은 서기전 86년생으로서 고주몽 성제보다 7세 위가 되는데, 뒤에 무리를 이끌고 구려하(九黎河:서압록 최상류, 지금의 서요하 상류)로 옮겨 고기잡이와 소금 장사를 하게 되더니 고주몽 성제가 서기전 27년에 북옥저를 정벌할 때 양곡 5,000석을 바쳤다. 또, 서기전 26년에 서울을 눌현으로 옮길 때는 앞질러 자납(自納)을 원하여 유망민(流亡民)을 초무하고 왕사(王事)를 권하여 공을 세웠으니 좌원(坐原)에 봉작을 받았다.

고주몽 단군은 서기전 37년에 고구려를 창건하여, 본격적으로 단군조선의 고토를 회복하기 위한 다물정책(多勿政策)을 시행하였다. 서기전 28년부터 본격 시작된 다물정책은 고구려의 일관된 정책으로서 계속되었다.

나. 과정

고구려 역사에서 소위 요동요서(遼東遼西) 지역에 대한 고구려의 정책은 제2대 유리명제가 국내성으로 천도하고, 제3대 대무신열제가 평양의 낙랑국을 멸망시키고, 제5대 모본제(慕本帝)가 요동지역을 회복하고, 제6대 태조무열제가 서기 55년에 요서10성을 축조하여 현도군과 낙랑군을 공격하고, 제7대 차대제가 서기 168년에 요동을 정벌하고, 제10대 산상제가 서기 197년에 요동, 현도, 낙랑을 정벌하고, 제11대 동천제가 서기 242년에 서안평을 공격하고, 제12대 미천제가 서안평을 점령하고 서기 313년에 대방군, 낙랑군, 현도군을 완전히 축출하는 등 요동요서 지역에서 명멸하였던 여러 나라들과의 전쟁 속에서 절대 포기되지 않았으며, 결국 서기 313년에 서기전 108년부터 거론되는 낙랑군, 현도군과 서기 204년에 설치된 대방군을 완전히 축출시켰던 것이다.

제11대 동천제가 서기 246년에 위(魏)나라 관구검의 공격을 받아 환도성이 점령

당하여 평양으로 천도하고, 제16
대 고국원제가 서기 342년에 선
비족인 전연(前燕)의 침입을 받
아 환도성이 함락되기도 하고 백
제의 근초고왕에게 한강전투에
서 전사하기도 하였으나, 제19대
광개토호태황(廣開土好太皇) 때
에 이르러 거란, 비려, 백제, 가
야, 신라, 이왜를 아우르는 광대

고구려의 수도 5경(五京)

한 영역을 확보하였으며, 제21대 문자제(文咨帝) 때인 서기 494년에 고구려의 서
부에서 활동하던 동부여를 멸망시켜 복속시키고, 백제 땅이던 요서군과 진평군과
산동~양자강 유역의 제노오월(齊魯吳越)의 땅을 복속시켜 최대 판도를 이루었다.

또, 제25대 평강제 때인 서기 576년에는 북주(北周)를 대파하여 산서성(山西省)
의 유림진(楡林鎭) 이동을 평정하였으며, 제26대 영양제 때는 산동지역의 등주(登
州)와 요서지역을 공격하고, 수(隋)나라의 3차에 걸친 침입을 막아내면서 을지문덕
의 살수대첩으로 수나라 군사를 몰살시키는 등으로 결국 수나라가 망하게 하였으
며, 제28대 보장제 대에는 대막리지 연개소문이 서기 645년에 당나라의 침입을 역
공으로 반격, 추격하여 당나라 장안(長安)에 입성하고서 이세민으로부터 항복을 받
아 산서, 강좌, 하북, 산동 등을 고구려에 복속시켰고, 연이은 당나라의 침입을 실패
하게 하였다.

고구려의 서쪽에 위치한 부여는 서기 22년부터 서기 494년까지 존속하였는데,
처음 고구려의 연나부 낙씨의 부여로 출발하여 서기 120년경에 독립하였다가 서기
494년에 고구려에 완전히 편입되었다.

다. 수도

고구려의 수도는 국내성이 대표적이나 초기 수도로 홀본(졸본)과 상춘(눌견)이 있었고, 여기에 남쪽 대동강의 평양(平壤)과, 서쪽 해성(海城)의 평양(平壤)[14]을 합하면 모두 5경(京)이 된다. 특히 환도성은 국내성 산 위에 쌓은 성으로 비상시에 활용하였고 동서남북중의 5경을 두어 상황에 따라 골고루 활용한 것이 되는데 모두 8번에 걸쳐 천도하였다.

(1) 동경 홀본(졸본)

고구려의 첫수도이자 동경(東京)이 되는 홀본(忽本:졸본)은 고주몽 단군이 서기전 58년에 북부여(졸본부여)의 대통을 이은 후, 고주몽 동명성제 원년 서기전 37년에 고구려를 창건할 때부터 비류국과 북옥저를 병합한 후 서기전 26년까지 수도이다.

(2) 북경 상춘

북경(北京)이 되는 상춘(常春)은 눌현(訥見:눌견)이라고 하는데 상춘과 눌견은 모두 늘봄[15]이라는 말의 이두식 표기이며, 서기전 26년부터 서기 3년까지 수도이다.

(3) 중경 국내성(환도성)

중경(中京)이 되는 국내성(國內城)은 제2대 유리명제 22년 서기 3년에 천도하여 제10대 산상제 2년 서기 198년에 국내성 산 위에 환도성(丸都城)을 축조하였다. 여기서 국내(國內)는 나라안이라는 뜻으로 고구려말로는 집안(輯安)이다. 즉 나라

---

14) 해성의 평양은 서기전 425년 단군조선이 수도를 장당경(개원.심양)에 두면서 그 남쪽의 해성 (海城)에 이궁을 짓고 평양이라 불렀다.

15) 늘봄 즉 항상 봄이라는 뜻으로 쓴 것인지, 아니면 넓은 벌판이라는 뜻으로 쓴 것인지 불명이다.

의 수도를 집안이라고 한 것이다.

(4) 환도성(국내성)

서기 209년 10월에 환도성으로 옮겼다. 이후 제11대 동천제 20년 서기 246년에 위 관구검이 환도성을 함락하고 성을 파괴하였으므로 서기 247년에 남경 평양으로 천도하였다.

(5) 남경 평양

남경(南京)이 되는 대동강 평양(平壤)은 제11대 동천제 21년 서기 247년에 천도하였는데, 단군조선 시대 마한(馬韓)의 수도였던 백아강(白牙岡)이며 왕검성(王儉城)이라고도 전하는 곳으로 진한(眞韓)의 이궁(離宮)을 두기도 하였고, 서기 37년에 고구려 제3대 대무신열제가 최씨의 낙랑국(樂浪國)을 멸한 곳이기도 하다. 제16대 고국원제 4년 서기 334년에 평양성을 증축하였고 서기 342년 2월에는 환도성을 수리하고 국내성을 축성(보수증축)하였다.

(6) 환도성(국내성) 환도

고국원제 12년 서기 342년 8월에 환도성으로 환도(還都)하였는데, 환도 후 3달째에 전연의 선비족 모용황이 환도성을 함락하여 성을 파괴하고 미천제릉을 도굴하였다. 이에 다음해인 서기 343년에 서경의 평양으로 천도하였다.

(7) 서경 평양

서경(西京)이 되는 평양(平壤)은 심양(審陽) 남쪽의 해성(海城)으로 단군조선 말기의 수도 장당경(藏唐京:심양)의 남쪽 해성에 이궁(離宮)을 축조하여 평양(도)이라 부른 곳이다. 고국원제 13년 서기 343년 7월에 서경 평양의 동황성(東皇城)으

로 천도하여 서기 427년까지 수도로 삼았다. 동황성이 불리는 것은 평양의 목멱산
(木覓山) 동쪽에 있기 때문이다.

(8) 남경 평양

이후 제20대 장수제 15년 서기 427년에
남하정책 실시로 대동강 유역의 남경(南
京) 평양(平壤)에 천도하였고, 제24대 양원
제 8년 서기 552년에 장안성을 축조하였
다. 이 장안성은 평양에 새로이 축성한 것
으로 된다.

산동성에서 출토된 고구려 유물 추정 옥갑
– 대련 고려박물관 소장

(9) 장안성(평양)

제25대 평강상호태열제 28년 서기 586
년에 장안성(長安城)으로 옮긴 후 서기
668년 9월 21일까지 수도였다. 이 장안성
이 대동강의 남경 평양에 있었는지 해성의
서경 평양에 있었는지 불명인데, 서기 612
년에 있었던 을지문덕의 살수대첩이 해성
근처에 있었던 것을 고려하면 남경 평양이
확실하다.

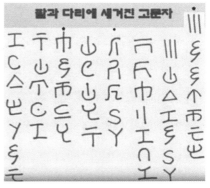

고구려 유물 추정 옥갑에 새겨진
가림토계통의 문자

라. 역년

서기 657년에 대막리지 연개소문이 세상을 떠난 후 비밀에 부쳐졌다가 나당연합
군이 서기 668년에 고구려를 총공격하게 되었는데, 이에 고구려는 1년을 항전한

끝에 서기 668년 9월 21일에 제28대 보장제(寶藏帝)가 나당연합군에 항복함으로써, 서기전 239년부터 시작된 고구려의 역사는 907년으로 마감하였던 것이다.

이후 서기 670년에 고연무와 검모잠이 안승을 왕으로 세워 고구려 부흥운동이 일어났으나 안승(安勝)이 검모잠을 살해함으로써 실패하였고, 보장제가 별도로 펼친 부흥운동은 서기 677년까지 펼쳐졌으나 실패함으로써 이에 고구려는 서기 668년에 후고구려라 칭한 대중상(大仲象)에 의하여 대조영(大祚榮)의 대진국(大震國)으로 계승되었던 것이 된다.

2. 신라(新羅) 역사 개관

가. 건국

서기전 209년에 시작된 진한(辰韓)은 서기전 57년에 6부(部)의 촌장이던 소벌도리(蘇伐都利)가 13세이던 박혁거세(朴赫居世)를 거서간(居西干)으로 추대함으로써 신라(新羅)로 계승되었다.

박혁거세는 북부여 고두막 천왕 시절에 거서간이었던 아버지의 직을 세습한 것이 되는데, 박혁거세의 어머니 파소가 어린 혁거세와 측근의 일행을 데리고 북부여를 떠나 한반도의 진한 땅으로 왔던 것이며, 박혁거세의 출신성분을 알고 있던 진한의 6부 촌장들이 화백(和白)을 통하여 왕(王)으로 옹립한 것이 된다. 거서간(居西干)이라는 직책은 북부여의 서부(西部)를 방어하던 방어장(防禦長)으로서 북부여 천왕(天王)의 제후가 되는 천자(天子)에 해당한다.

나. 과정

신라는 박혁거세 거서간 시대부터 서기 500년경까지 소지 마립간 시대까지 줄곧 왜(倭)의 침입을 받으면서, 왜와 수호를 맺거나, 고구려의 광개토호태황의 구원으로 백제, 가야, 왜의 연합군을 물리치기도 하였다.

서기 512년에 제22대 지증왕 때 이사부가 우산국을 정벌함으로써 울릉도와 독도를 영토로 확보하였으며, 서기 532년에 제23대 법흥왕이 금관가야를 통합하고, 서기 551년경에 제24대 진흥왕이 비사벌가야를 평정하고, 서기 562년에 제24대 진흥왕 때 사다함이 대가야를 평정함으로써, 가야를 모두 신라에 통합시켰다.

진흥왕은 서기 551년에 단양적성비를 건립하였으며, 서기 561년에는 청녕순수비를 세웠고, 서기 568년에는 북한산비, 황초령비, 마운령비 등의 순수비를 각각 건립하였다.

진흥왕은 서기 576년에 신라의 화랑제도를 시작하였는데 먼저 원화(源花)를 설치하였다.

서기 660년에 신라는 당나라와 연합하여 백제를 멸망시키고, 서기 668년에는 고구려를 멸망시켰으며, 서기 676년에 당나라 세력을 모두 축출함으로써, 북쪽의 고구려의 계승국인 대진국과 남북국 시대를 열게 되었다. 서기 676년부터 702년까지 신라는 당나라와 국교를 단절하기도 하였다.

서기 685년에 신라는 9주(州) 5소경(小京) 제도를 시행하였다. 5소경은 금성 외에 5곳의 작은 수도를 둔 것인데, 김해의 금관경, 남원의 남원경, 청주의 서원경, 충주의 중원경, 원주의 북원경이다.

다. 수도

신라의 수도는 줄곧 서라벌(徐羅伐:서울) 즉 금성(金城)으로서 동경(東京:새벌:서라벌)이었다. 한반도 남반부의 통일 후에는 5소경(小京)을 두어 백제와 고구려 땅이던 지역의 정세를 안정시켰다.

신라후기에 들어 잦은 반란이 있었으며, 결국 서기 892년에는 견훤이 후백제를 시작하였고, 서기 901년에는 궁예가 후고구려를 시작하여 소위 후삼국시대가 되었다.

라. 역년

신라는 서기전 57년에 시작되어 서기전 935년에 제56대 경순왕이 고려 태조 왕건에게 귀부함으로써 종말을 고하였는데 992년의 역사를 가진다.

3. 백제(百濟) 역사 개관

가. 건국

서기전 42년에 고주몽의 북부여 시대에 졸본(卒本)을 떠난 고주몽의 제2부인인 소서노(召西弩)는 진번(眞番) 땅의 패대(浿帶)지역에 자리잡아 개척하여 서기전 31년에 고구려의 고주몽 성제로부터 어하라(於瑕羅)로 책봉되어 제후국의 왕이 되었다.

서기전 19년에 소서노가 훙(薨)하자 우태와의 사이에 난 장자 비류(沸流)가 대를 이었는데, 이때 고주몽과의 사이에 난 온조(溫祚)는 측근을 데리고 다시 남하하여 한반도의 한강유역으로 옮겨와 마한(馬韓)으로부터 땅을 할양받아 하남(河南)에 위지성(尉支城)을 쌓고 나라를 세웠으니, 10명의 신하와 함께 세운 나라로서 십제(十濟)라 한다.

이후 비류의 어하라국은 계속 흥하지 못하고 온조의 나라인 십제에 귀부하게 되니 온조 백제(百濟)라 부르게 된다.

온조는 고주몽(해주몽)의 아들이므로 해씨(解氏)이기도 하나, 고구려가 아닌 그 이전의 졸본 땅 부여에서 나왔으므로 부여씨(夫餘氏)를 성씨로 삼았다.

나. 과정

서기전 18년에 온조왕은 동명왕묘를 세우고, 서기전 2년에는 국모(國母)가 되는 소서노(召西弩)의 제사를 모셨으며, 서기 9년에는 마한(馬韓)을 멸망시켰다.

서기 246년에는 제8대 고이왕이 위나라 관구검이 고구려를 칠 때 낙랑군(樂浪郡)을 습격하기도 하였으며, 서기 286년 제9대 책계왕은 대방군(帶方郡)을 원조하였고, 서기 304년에 제10대 분서왕이 낙랑군의 서쪽 현(縣)을 습격하여 공취하였다가 낙랑군의 자객에게 피살되었다.

제13대 근초고왕은 대방군의 옛 땅을 점령하였고, 마한을 완전히 정복하였으며, 탐라(耽羅:제주도)를 복속시켰으며, 요서지역과 산동지역과 왜(倭)를 식민지로 삼았다.

서기 392년에 제16대 진사왕이 고구려 광개토호태황의 군사 4만에게 10개성을 함락당하고 한수(漢水:아리수:한강) 이북을 잃었으며, 서기 395년에는 패수(浿水)에서 8,000명이 전사하였고, 서기 397년에는 제17대 아신왕이 58개성을 잃었다.

서기 433년에 고구려의 장수제가 남하정책을 펼치자 신라의 눌지왕과 동맹을 맺었으며, 서기 475년에는 제21대 개로왕이 고구려 장수제에게 전사하였다.

서기 498년에 제24대 동성왕이 신라의 제21대 소지왕과 결혼동맹을 맺었으며, 제25대 무령왕은 22담로를 설치하였다.

서기 554년에는 제26대 성왕이 신라의 관산성(옥천)을 공격하다 전사하여 나제동맹이 결렬되기도 하였다. 서기 636년 제30대 무왕 때 신라에 잠입하였던 우소가 옥문지에서 사로잡히기도 하였다.

서기 660년에 나당연합군의 침입을 받아, 제31대 의자왕이 항복한 후, 복신과 도침이 왜에서 돌아온 왕자 풍(豊)을 옹립하여 부흥운동을 펼치며 왜의 원조를 받고, 흑치상지가 임존성에서 부흥운동을 펼쳤으나, 복신이 도침을 살해하고 왕자 풍이 복신을 살해하고 서기 663년 8월에 백강전투에서 백제와 왜의 연합군이 나당연합군에 패하고 9월에 주류성이 항복함으로써, 또 흑치상지의 부흥운동에 실패함으로써, 백제의 부흥운동이 모두 실패로 끝났다.

이에 왕자 풍은 왜(倭)로 되돌아갔으며, 서기 672년에 천무왕(天武王)이 되어 국호를 왜(倭)에서 일본(日本)으로 고쳤다.

다. 수도

서기전 18년에 한산(漢山) 아래 하남(河南)에 자리잡은 위지성(尉支城)에서 서기전 5년에 한성(漢城)으로 천도하였으며, 서기 371년에 한산(漢山)으로 천도하였고, 서기 475년에 웅진(熊津:곰나루)으로 천도하였으며, 서기 538년에 사비(부여)로 천도하여 국호를 남부여(南夫餘)라 하였다.

여기서 위지성은 몽촌토성으로 추정되고 한성은 풍납토성으로 보이며, 한산은 지금의 남한산성 지역이 되고, 웅진은 지금의 공주(公州:公山城:공산성)가 되며. 사비는 지금의 부여(夫餘)가 된다. 이리하여 지금의 서울인 한성(漢城) 지역에서의 수도는 서기전 18년부터 서기 475년까지 493년의 역사를 가진다.

백제 초중기에 위지성(위례성), 한성(漢城), 한산(漢山)의 3경이 있었던 것이고, 후기에 웅진과 사비가 수도가 되어 백제에는 모두 5개의 수도가 있었던 것이 된다. 이는 한배달조선 시대의 오가(五加)즉 오부(五部)제도와 번한 5덕지(五德地:5경)와 고구려의 수도 5경, 대진국의 5경제도, 신라의 5소경 제도와 일맥상통하는 것이 된다.

왜의 역사는 서기전 660년에 단군조선에 반역하여 신무왕이 왕조를 시작하였던 것이 되는데, 고구려와 신라와 백제와 가야의 사국시대에 이르러 백제의 전성기 때에 백제의 후국(侯國)이 되었으며, 결국에는 서기 660년 백제가 망한 뒤 백제 왕족이 일본 왕족이 되었던 것이 된다.

라. 역년

백제는 서기전 18년에 온조왕에 의하여 시작되어 서기 660년까지 31대 678년의 역사를 가진다. 여기에 백제 부흥운동 가간을 합하면 서기 663년까지 681년의 역사가 된다.

4. 가야(伽倻) 역사 개관

가. 건국

서기전 209년경 진한(辰韓)과 거의 동시에 세워진 변한(弁韓)은 9간(干)의 화백 정치로 이어져 오다가 서기 42년에 김수로왕과 그 5형제에 의하여 금관가야(金官伽倻), 대가야(大伽倻:임나가라), 아라가야(阿羅伽倻:안라), 소가야(小伽倻), 성산가야(星山伽倻), 고령가야(古寧伽倻) 등의 6가야가 되었다.

김수로왕은 서기전 121년에 한무제(漢武帝)에게 항복한 흉노(匈奴) 휴도왕(休屠王) 금류(金留)의 아들 금륜(金倫)의 6세손(世孫)이다. 금륜은 한무제의 유조(遺詔)로 투후(秅侯)에 봉해졌던 휴도왕의 태자 김일제(金日磾)의 아우이다.

김수로왕은 서기 23년 3월 3일생이며 20세이던 서기 42년 3월 15일에 금관가야왕이 되었고, 서기 48년에 26세에 아유타국 후예로서 가야로 온, 서기 33년 7월 7일생으로 16세이던 허황옥(許黃玉)[16]과 혼인하여 모두 12명의 왕자와 2명의 공주를 두었다. 거등왕자가 태자이며, 어떤 기록에는 둘째 왕자가 서기 65년경에 신라의 서라벌인 경주 땅에 진출하여 경주김씨의 시조가 된 김알지(金閼知)라고도 전한다.[17]

또, 2명의 왕자는 어머니 허황옥의 성씨를 받아 허씨가 되었으며, 7 왕자는 외삼촌인 장유화상을 따라 지리산으로 들어가 칠불이 되었는데 지금의 칠불사(七佛寺)에 모셔져 있다고 한다.

나. 과정

서기 162년에 거등 태자가 섭정을 하였는데 이때 김수로왕은 140세였으며, 서

---

16) 보주태후라고 하여 사천성 보주(普州) 출신이라고도 한다.
17) 실제로 김알지는 김수로왕의 방계혈족이 된다.

기 189년 3월 1일에 허황옥 황후가 157세로 돌아가시고, 서기 199년 3월 23일에 태상황으로 38년 재위하여 합158년 재위한 김수로왕은 177세로 붕하였다.

신라와 전쟁을 하기도 하고 신라를 괴롭히던 왜(倭)를 치기도 하였는데, 고구려의 광개토호태황 시절에는 안라(安羅:아라가야)가 왜와 더불어 신라를 괴롭혀 토벌을 당하였고, 급기야는 서기 400년에 고구려의 광개토호태황이 신라를 도와 왜(倭)와 안라(安羅)를 토벌하면서 지금의 대마도(對馬島)까지 평정하고, 이어서 구주(九州:큐슈), 본주(本州:혼슈)까지 정복하여 복속시켰던 것인데, 이때는 대마도 및 구주의 안라(아라가야)와 본주의 왜가 고구려의 표적이 되었던 것이 된다.

서기 481년에는 고구려와 말갈이 신라의 북변을 공략할 때 백제와 가야가 연합하여 고구려를 격파하기도 하였다.

서기 506년 제9대 겸지왕 때에 신라의 제22대 지증왕이 소가야(고성)를 정벌하였으며, 서기 515년에는 신라의 제23대 법흥왕이 아라가야(함안)를 토벌하였고, 서기 532년에 신라 법흥왕이 금관가야의 항복을 받았고, 서기 551년경에 비사벌가야(창녕)를 병합하였으며, 서기 562년에 대가야(임나가라)를 완전히 토벌하여, 이에 가야는 모두 신라에 병합되었다. 고령가야, 성산가야는 금관가야가 항복한 서기 532년 이전에 이미 망한 것으로 된다.

다. 수도

6가야는 하나로 통일된 국가가 아니라 이전의 9간(干)이 화백(和白)으로 다스리던 변한(弁韓)시대의 정치체제를 유지한 것으로 되는데, 이에 따라 최소한 6개의 수도가 있었던 것이 된다.

금관가야의 수도는 김해(金海), 대가야의 수도는 고령(高靈), 성산가야의 수도는 성주(星州), 아라가야의 수도는 함안(咸安), 소가야의 수도는 고성(固城), 고령가야의 수도는 진주(珍州)이다. 6가야 외에 기록되는 비사벌가야의 수도는 지금의 창녕(昌寧)이다.

라. 역년

가야라는 명맥이 이어진 역사는 서기 42년부터 대가야가 멸망한 서기 562년까지 521년이 된다. 김수로왕의 금관가야는 서기 42년부터 서기 532년까지 10대왕 491년의 역사가 된다.

마. 진골(眞骨) 편입

가야세력은 신라에 병합되면서 그 왕족은 신라의 종종(宗姓)인 김씨(金氏)로 사성 받거나 하여 진골로 편입되었던 것이 된다. 금관가야의 왕족인 김씨는 신라의 김씨와 원래부터 종성이면서 진골로 편입된 것이 된다.

창녕에 위치하였던 비사벌가야(比斯伐伽倻:빛벌가야:비자발)는 그 전신이 후삼한 시대 변진(弁辰) 24국 중의 불사국(不斯國)으로서 초기 6가야에는 속하지 아니하나 가야세력에 포함된 것으로 되는 바, 아마도 가야시대 초기에는 대가야 세력에 포함되었다가 후기에 이르러 독자적으로 활동한 것으로 추정되며, 그 왕족은 원래 조씨(曺氏)로서 서기 551년경에 신라에 병합될 당시에 진흥왕으로부터 김씨(金氏)를 사성 받아 진골(眞骨)로 편입되었다가, 서기 631년 2월에 진평왕으로부터 원래 성씨인 조씨(曺氏)로 사성받아 복원(復元)되었던 것이 된다.

가야를 병합한 신라는, 선덕여왕 시대에 가야세력이 신라의 중추세력으로 자리를 잡으면서 고구려, 백제로부터의 생존위협을 벗어나, 군사적으로는 김유신이, 외교적으로는 김춘추가 활약하여 나당연합군을 결성하고 한반도 중부 이남지역을 통일함으로써 동족간의 전쟁을 마감하게 되었는데, 고구려의 계승국인 북국인 대진국(大震國:발해)과는 서기 720년경까지 대적적이었으나, 황제국(皇帝國)으로서 해동성국(海東盛國)이라 불리던 대진국에 조공을 하였던 것이 된다.

5. 한(漢) 이후 고대중국과 왜(倭)의 역사와 우리역사의 구분 문제

한(漢) 나라 이후 중국의 역사는 중원(中原)대륙을 차지한 나라를 중심으로 하여 큰 줄기로 보면 위(魏), 진(晉), 5호16국, 수(隋), 당(唐), 5대10국, 송(宋), 요(遼), 금(金), 원(元), 명(明), 청(淸)으로 이어진다.

그러나, 단군조선 삼한(三韓)의 후예로서 중원 중국과 대립한 고구려 및 대진국(발해)과 고구려와 대진국의 영토 안에 존재하였던 요(거란), 금(여진), 원(元), 청(淸)은 후기 신라와 고려, 조선의 북국의 역사가 된다. 또한 단군조선의 후예가 되는 선비, 흉노, 돌궐(견족, 견이의 후예)이 북중국에 세운 나라의 역사도 우리의 역사가 된다.

하(夏)나라 시조 우(禹)가 서기전 2224년에 단군조선을 반역하여 독립적인 왕조를 시작하여 정치적으로 독립한 자칭 천자국이 된 이후, 은나라는 서기전 1766년에 단군조선의 지원으로 세워진 제후국(천자국)이며, 주나라 또한 단군조선의 천자국으로 인정받은 제후국이었으나, 전국시대(戰國時代) 이후 진(秦), 한(漢)을 거치면서 완전한 독립국으로서 행세하며, 군사부(君師父)에 대한 신제자(臣弟子)의 도(道)를 벗어나 군사력으로 예의신선국(禮義神仙國)인 단군조선 삼한(三韓) 관경의 나라를 무도하게 침략하는 일을 서슴지 않게 되었던 것이다.

수나라와 당나라는 그 왕족이 단군조선의 후예인 선비족과 한족의 혼혈족으로서 우리 역사의 일부이기도 한 바, 순수한 한족(漢族) 계통이 아니나, 중원 대륙을 차지하여 한(漢)의 역사를 이은 나라임을 부정할 수 없다.

원나라는 단군조선의 후예인 몽골족이 세운 나라로서 우리 역사의 일부이기도 하며, 한편 지금도 몽골국이 존재하고 있으므로 중국의 역사만이 아니라 몽골의 정통역사가 되는 것이다. 중국의 역사가 되는 원나라의 역사는 원나라의 역사 중 중국의 영토 내에 한정되는 것이 된다. 몽골제국의 여러 한국(汗國) 중에서 쿠빌라이가 다스린 원나라의 역사 중의 한족이 지배받던 역사가 중국의 역사가 되는 것이다.

명나라는 주원장이 원나라를 공격하면서 세운 나라이나, 주원장이라는 개인은 그 출신이 중원대륙이 아니라 고려 출신임이 거의 확실한데18), 만약, 주원장이 고려 출신이라는 것이 역사적으로 증명되는 때에는 혈연적으로 조선(朝鮮)의 북국의 역사로 편입되어야 할 것이다.

청나라는 만주족이 세운 나라로서 여진족의 후예인 바, 고구려와 대진국과 신라의 후예이므로 명백히 조선의 북국의 역사가 된다. 청나라의 역사가 중국의 역사가 되는 부분은 중국의 영토 내에 한정되는바, 청나라의 역사 중 한족이 지배받던 역사가 중국의 역사가 되는 것이다.

그 외 지금까지 중국의 역사로 기술되어 있는 나라라 할지라도, 그 왕족이 단군조선 삼한의 후예이거나, 단군조선 삼한 영역 안에서 명멸한 나라로서 고구려와 대진국의 영역 내에 있었던 나라는 모두 우리 역사로서 기술되어야 한다.

그리하여, 중국의 진한(秦漢) 이후 지금의 영정하(永定河)의 동서(東西)가 되는 요동요서(遼東遼西) 지역과 발해만 유역 그리고 산동지역에서 명멸하였던 나라들의 역사는 우리 역사로도 기술되어야 하는 것이다. 즉, 단군조선의 후예가 되는 흉노, 선비, 돌궐, 거란, 여진의 역사는 단군조선 삼한 중 진한, 번한 땅에 걸쳐 있어 마한 땅이던 한반도의 북쪽에 위치하여 모두 우리 북국의 역사가 된다.

물론 혈연적으로 따지면 사국시대에 존재하였던 한(漢), 진(晋)의 고대중국은 배달나라 시대인 서기전 3500년경 태호복희씨로부터 시작된 배달겨레의 지손(支孫)이며, 수(隋), 당(唐)은 단군조선 선비족과 한(漢)의 혼혈족으로서 단군조선의 후예이기도 하고, 왜(倭:일본)는 단군조선 시대인 서기전 900년경 대일령(大日靈:오하류:요하유:천조대신의 원명)으로부터 시작되어 단군조선의 지손(支孫)이 된다.

여기에서는 포괄적 배달겨레19)의 지손의 역사가 되는 한, 진, 위진 남북조시대,

---

18) 신교총화(神敎總話)라는 책에서는 주원장이 고주몽의 후예라고 한다.

19) 고대중국은 배달나라 시대인 서기전 3500년경의 태호복희씨에서 출발한 역사가 되어 엄밀히

수, 당 등 고대중국의 역사와 단군조선 후예[20]로서 동진(東晉)시대의 5호 16국에 해당하는 흉노 및 선비의 역사는 다음 기회로 미루어 생략하며, 고구려의 제후국이었다가 독립한 후 고구려에 편입된 동부여의 후예인 연나부 낙씨 부여(夫餘)와 왜(倭)의 연대기를 정리해 본다.

따지면 배달겨레의 역사가 되는데, 이후 중원대륙에 존재한 나라는 혈연적으로 배달겨레의 역사로서, 중원대륙에 살았던 사람들을 포괄적 배달겨레 즉 배달겨레 방계(傍系)라 할 수 있는 것이다. 종주국이 되는 배달나라 정통계승국인 단군조선의 백성들은 배달나라 종손(宗孫) 즉 직계(直系)라 할 수 있다. 또, 단군조선의 일부 족속이 되는 흉노, 선비, 돌궐, 왜(倭)는 단군조선의 후예로서 지손(支孫) 즉 방계(傍系)가 된다.

20) 단군조선의 정통계승국인 부여와 고구려는 단군조선의 장손 즉 직계(直系)의 나라가 되고, 신라, 백제, 가야는 단군조선 지손(支孫)의 나라가 되며, 고구려의 정통성을 이은 고려와 이를 이은 조선은 곧 단군조선의 직계로서 장손의 나라가 되는 것이다. 청나라는 여진(금)의 후예이면서 신라의 후예인 바 그 백성들은 단군조선의 직계이며 왕족은 방계가 되는 것이다. 단군조선 시대 이전의 배달나라 시대에 갈라져 나와 이어져 온 고대중국의 하(夏), 주(周), 진(秦), 한(漢), 진(晉), 수(隋), 당(唐)은 포괄적 배달겨레의 지손 즉 방계가 된다.

사국시대(四國時代)
고구려(高句麗) 연대기

1. 제1대 고주몽(高朱蒙) 동명성제(東明聖帝:서기전 37년~서기전 19년)

서기전 80년 7월경 북부여의 제후인 옥저후(沃沮侯) 고모수(高慕漱:해모수, 일명 불리지)가 서압록(西鴨綠)을 지나다 하백(河伯)의 딸 유화(柳花)를 만나 혼인하였다.

여기서 고모수는 곧 해모수로서 북부여 시조 해모수(解慕漱)의 증손(曾孫)으로서 이름이 같은데, 해모수의 둘째 아들인 고구려후(高句麗侯) 즉 고리군왕(藁離郡王) 고진(高振)21)의 손자가 된다.

여기의 서압록은 지금의 요하(遼河)를 가리키며, 지금의 압록강은 당시 동압록(東鴨綠)이다. 지금의 요하는 서기 980년 이후에 거란의 요(遼)나라가 원래의 수도이던 난하 최상류의 임황(臨潢) 즉 서안평(西安平)에서 수도를 동쪽으로 옮기면서 서압록이 요하라고 불린 것이 된다. 이로써 요하 동쪽의 반도가 요동반도로 불리는 것이다. 한편, 서압록(西鴨綠)이 압록(鴨綠)의 서쪽 지역을 가리키는 것이라면, 동압록인 지금의 압록강의 서쪽 지역을 뜻하는 것일 수도 있다.

---

21) 전게 한단고기 〈북부여기 상〉, 131~132쪽 참조

단군조선의 옥저국(沃沮國)은 동압록 즉 지금의 압록강 이북 지역에 위치하는 제후국이 되는데, 부여(夫餘)와 숙신(肅愼)의 남쪽이자 동개마(東蓋馬)인 백두산 동쪽에 있는 예국(濊國)의 서쪽에 위치하고, 지금의 요동반도 동쪽에 해당하는 지역이 된다.

북부여 시대의 옥저국이 단군조선 땅의 옥저와 동일한 것인지가 불명인데, 서기전 80년경의 북부여 시대에 옥저후 불리지가 관할하던 옥저 땅이 서압록 북부지역이었을 가능성을 전혀 배제할 수는 없는 것이 된다. 왜냐하면, 북부여 시대에 정책적으로 옥저라는 땅의 명칭을 동쪽에서 서쪽으로 옮길 수도 있는 문제이기 때문이다. 한편, 서압록(西鴨綠)이 압록(鴨綠)의 서쪽 지역을 가리키는 것이라면, 동압록인 지금의 압록강의 서쪽 지역을 뜻하는 것일 수도 있어, 북부여 시대의 옥저와 단군조선 시대의 옥저 땅이 일치하게 된다. 당시에 위 하백(河伯)은 옥저후 불리지가 지나가던 서압록(西鴨綠)의 물을 담당한 벼슬이 된다.

(1) 고주몽 탄생

서기전 79년 임인년(壬寅年) 5월 5일 고주몽(高朱蒙, 해주몽)이 탄생하였다. 이때는 한(漢) 나라 제7대 소제(昭帝) 8년으로 원봉(元封) 2년이 되는 해이다.[22]

아마도 고주몽은 어머니 유화부인의 친정이 되는 하백의 집에서 태어난 것이 될 것이다. 서기전 79년에 동부여 땅인 분릉(芬陵)에서 태어났다라고 하거나, 동부여 왕 해부루(解夫婁)가 유화부인을 궁으로 데리고 가서 깊숙한 곳에 가두어버렸다고 하는 기록이 있으나, 이들 기록은 정확한 것이 아닐 것인데, 동부여에서 유화부인이 닷 되(五升)되는 알을 낳았다라는 기록이 비유적으로 5세였다는 것을 나타내는 것이 되기 때문이다.[23] 즉, 유화부인은 고주몽이 어릴 때 불리지의 고향이 되는 북부

---

22) 전게 한단고기 〈북부여기 하〉, 137쪽 및 〈태백일사/고구려국본기〉, 259쪽 참조
23) 되(升)는 도이 또는 '돌'라는 말로서 만(滿)으로 치는 나이를 뜻한다.

여의 웅심산 지역의 서란(舒蘭)으로 간 것이며, 이후 고주몽을 데리고 사방을 주유하다가 고주몽의 나이가 5세일 때 해부루를 따라 동부여로 간 것이 된다.

(2) 동부여에서의 생활

서기전 75년경 불리지(弗離支)가 죽으니 유화부인은 아들 주몽을 데리고 북부여의 웅심산(熊心山)의 서란(舒蘭)으로 돌아왔으며, 고주몽이 성장하자 사방을 주유하다가 가섭원(迦葉原:동부여 길림)을 택하여 살게 되었다.

여기서, 불리지가 죽은 것은 고주몽이 어릴 때가 되는데, 아마도 고주몽이 5세가 되는 서기전 75년경으로 이때는 북부여 제6대 고두막 천왕 시절이 되는 바, 아마도 불리지는 한(漢) 나라와의 전쟁에서 전사한 것이 아닌가 한다. 한편, 이규보 선생이 지은 동명왕편(東明王篇)의 기록을 고려하면, 불리지가 유화부인의 아버지인 하백(河伯)과 술내기로 술을 마시거나, 도술(道術) 시합 또는 대련(對鍊)을 하던 중 사망하였을 가능성도 배제할 수는 없게 된다.

웅심산(熊心山)은 서기전 239년 5월 5일에 군사를 일으켜 북부여를 시작한 해모수의 근거지였는데, 개마산(蓋馬山)이라고도 하며 지금의 대흥안령산맥에 있고 상춘의 서쪽에 위치한 것이 된다.

유화부인이 남편 불리지가 사망하자 아들 고주몽을 데리고 웅심산의 서란으로 가서 살았던 것이며, 고주몽이 성장하자 사방을 돌아다니며 살았던 것이 되고, 고주몽이 5세 때에 동부여왕 해부루를 만나 가섭원으로 따라가 동부여에 살게 되었던 것이 된다. 고주몽의 아버지 불리지(고모수, 해모수)는 동부여왕 해부루와는 6촌 형제가 된다.

(3) 7세에 백발백중

서기전 73년 동부여에서 고주몽이 7세가 되자 활을 스스로 만들어 쏘니 백발백중이었다. 이로써 이름이 주몽(朱蒙)이 되었다. 주몽이라는 말은 활을 잘 쏘는 사람이라는 뜻이다.

(4) 말지기 생활

서기전 65년경 고주몽이 약 15세가 되자 동부여 왕실의 말지기로 임명되었다. 이때 동부여왕은 해부루이다. 동부여 제1대 왕인 해부루는 서기전 86년부터 서기전 48년까지 재위하였다.

이후 고주몽은 동부여의 왕실과 관료들로부터 시기의 대상이 되어 미움을 싸게 되고 급기야 신변의 위협을 받게 되었다. 이때 동부여 왕은 해부루이며, 왕자로는 양자(養子)인 금와(金蛙)가 있고, 금와의 아들로는 대소(帶素)와 그 형제들이 있었다.

이때 금와는 고주몽과 거의 연배가 비슷하였던 것이 되는데, 서기전 77년에 해부루왕이 산천에 기도하러 갔다가 금와를 얻었는데, 이때 금와는 어렸을 것임이 분명하므로 3세~10세였다고 보면, 서기전 80년~서기전 86년생이 되어 고주몽보다는 1세~8세정도 많은 것이 된다. 서기전 60년에는 고주몽이 20세이며, 금와는 21세~28세 정도로서 아들을 여럿 두었던 것이 되는데, 큰 아들이 5세 정도에서 많아도 10세 정도 될 것인 바, 금와의 큰 아들인 대소(帶素)는 고주몽과는 10세~15세 정도 차이가 나게 된다.

(5) 동부여를 탈출하다

서기전 59년 고주몽이 21세 때에, 고주몽은 어머니 유화부인의 명을 받아 예씨부인과 아들 유리(琉璃)를 동부여에 어머니와 함께 둔 채, 동부여에서 사귄 오이(烏伊), 마리(摩離), 협보(陜父)와 함께 남동쪽으로 피하였다.[24]

이리하여 남동쪽으로 피하여 가던 중 분릉수(芬陵水:엄리대수, 엄사수)에 이르

---

24) 전게 한단고기 〈북부여기 하〉, 137~138쪽 및 〈태백일사/고구려국본기〉, 259쪽 및 광개토호태황비문 등 참조

러 건너려고 하였으나, 다리가 없으므로 뒤쫓아 오는 군사들에게 몰리던 차에, 고주몽이

"나는 천제자(天帝子)요, 하백(河伯)의 외손(外孫)이다! 오늘 도주함에 추격병이 다가오는데 어찌하란 말이냐?"

하며 큰 소리로 외치니, 마침 그곳에서 고기를 잡던 배들이 몰려와서 무사히 구원을 하였던 것이다.

고기잡이 백성은 하백(河伯)의 다스림을 받으므로 고주몽의 외침에 상조(相助)한 것이 되는데, 이러한 역사적 사실을 하백신(河伯神)의 다스림을 받는 물고기와 자라 따위가 떠오르고, 갈대가 엮여져 다리를 만들었다라고 비유적으로 신비적으로 적기도 한 것이 된다.

분릉수는 분릉 즉 동부여 지역을 흐르는 강이 되는데 지금의 길림을 통하는 강이 되며, 엄리대수(淹利大水)라고도 불렸던 것이 된다. 엄리대수를 엄사수라고도 적는데, 엄리는 크다라는 뜻을 가진 어리, 아리의 이두식 표기가 아닌가 한다. 엄리대수의 대수(大水)가 곧 아리수, 큰강을 뜻하는 말이기도 한데, 분릉수 중에서 특별히 붙인 강이름이 될 것이다. 실제로 길림의 남동쪽에는 큰 호수가 있으며 남쪽 또는 남동쪽으로 강이 이어져 있다.

(6) 일곱 의인(義人)의 다물흥방 맹세

서기전 59년 고주몽과 오이, 마리, 협보가 함께 졸본으로 가던 중, 모둔곡(毛屯谷)에서 재사(再思), 무골(武骨), 묵거(黙居)를 만났으며, 이 7명의 의인(義人)이 덕우(德友)가 되어 무리들에게 천명(天命)을 받들고자 한다며 알리고서, 소와 돼지와 양의 피로써 삼신(三神)에게 제(祭)를 올려 고하며 다물흥방(多勿興邦)을 맹세하였던 것이다.[25]

(7) 다물흥방 고천문(告天文)

한한상존(桓桓上尊)이시여!

구한(九桓)에 비추어 내리시사, 밭을 일구고 황무지를 바꾸어, 우리 땅에 우리 곡식으로, 오직 우리 진한(辰韓)이 융성하고 부강하게 하소서!

7인이 같은 덕(德)으로 큰 원(願)을 회복하고자 맹서하며, 도적들을 물리쳐, 우리 옛 강토를 완전하게 하고, 오래된 숙병(宿病)을 제거하며, 우리의 누적된 원한을 풀고, 기근과 병란을 일거에 없애며, 도(道)를 따라 백성을 사랑하고, 삼한(三韓)이 함께 다스려져, 서에서 동으로, 북에서 남으로, 어려서는 반드시 전(佺)을 따르고 늙어서는 종(倧)이 있을 바이다!

노래와 춤으로 마땅히 취하고 배부르게 되오며, 구한(九桓)이 하나의 땅으로서 오래오래 계승되오리다!

이제 소자 과덕하여 근면에 힘씀에, 머리를 조아려 받드니, 신(神)께선 흠향을 마다하지 마시고, 소자들이 가는 정벌에 이롭게 하시고, 공을 빛나게 하소서! 우리나라를 도우시사 우리 백성들이 오래 살게 하소서!

(桓桓上尊 照臨九桓 畇畇闢荒 我土我穀 惟我辰韓 旣殷且富 七人同德 誓復弘願 斥逐寇掠 完我舊疆 去彼宿病 解我積寃 飢饉兵亂 一幷掃盡 引道愛民 三韓同治 自西而東 自北而南 幼必從佺 老有所倧 以歌以舞 且醉且飽 九桓一土 齊登壽域 今朕寡德 甚勤而時 叩頭薦供 神嗜飮食 以利我征 俾光我功 佑我國家 壽我人民)

고천문을 낭독한 뒤, 이어 7인이 피 속에 손을 넣고 맹세하여 가로되,

"7인이 같은 덕(德)으로써 가히 다물흥방(多勿興邦)이로다! 그 능력에 따라 각기

---

25) 을파소 전수, 참전계경 총론 참조 〈별첨 부록 참조〉

일을 말노라!"

하였다.

(8) 북부여 고무서 천왕의 사위가 되다

이리하여, 고주몽 등 7인은 함께 졸본천(卒本川)에 이르렀는데, 이때 북부여 고무서(高無胥) 단군 천왕이 고주몽이 보통 사람이 아님을 알고서, 딸 소서노(召西弩)를 주어 사위로 삼았다.

서기전 58년에 고무서 천왕이 붕(崩)하니, 대를 이을 자가 없으므로, 유언에 따라 나라 사람들이 의논하여 사위인 고주몽이 대통(大統)을 이었다.[26]

(9) 제8대 북부여(졸본부여) 단군 즉위와 연호 다물(多勿)

서기전 58년 계해년[27]에 고주몽이 22세에 졸본(卒本)에서 북부여 단군으로 즉위하였다.[28] 연호를 다물(多勿)이라 하였다.

북부여 단군은 고리국 출신인 시조 해모수(解慕漱), 모수리(慕漱離), 고해사(高奚斯), 고우루(高于婁, 해우루), 고유루의 아우 해부루(解夫婁, 동부여 시조), 졸본의 한(汗)이던 고두막(高豆莫, 豆莫婁), 고무서(高無胥), 옥저후 고모수(高慕漱, 해모수, 일명 불리지)의 아들인 고주몽(高朱蒙)의 순서가 된다.

(10) 동명 고두막한의 업과 고주몽 동명성제의 업

대개, 동명(東明)은 서업(緖業)을 열었고, 주몽(朱蒙)은 그 여파를 이었다라고 하는데[29], 여기 서업은 고토회복의 실마리를 뜻하는 바, 곧 서기전 108년에 서쪽의

---

26) 전게 한단고기 〈북부여기 하〉, 137~138쪽 참조
27) 고주몽 단군이 즉위한 해로서 다물(多勿)이라는 연호를 시작한 해이다.
28) 전게 한단고기 〈북부여기 하〉, 138쪽 참조

단군조선 땅을 차지하고 있던 위씨조선(衛氏朝鮮)이 한(漢) 나라에 망하자, 당시 북부여 졸본의 제후이던 고두막한(高豆莫汗)이 북부여의 부흥을 꾀하여 스스로 동명왕(東明王)이라 칭하면서 의병(義兵)을 일으켜 한나라와 전쟁을 하면서 단군조선의 영토를 수복하고자 하였던 것이며, 이후 동명성제(東明聖帝)라 불리는 고주몽(高朱蒙)이 동명왕 고두막한이 열었던 업의 여파(餘波)를 계승하여 본격적으로 단군조선의 고토를 수복하려 다물정책(多勿政策)을 펼쳤던 것이 된다.

(11) 소서노가 비류와 온조를 데리고 졸본을 떠나다

서기전 42년 기묘년(己卯年)[30] 3월에 소서노(召西弩)가 패대(浿帶)의 땅이 기름지고 물자가 풍부하고 살기 좋다는 말을 사람들에게서 듣고 비류(沸流)와 온조(溫祚)를 데리고 진번(眞番) 사이의 땅에 이르러 나라를 개척하였다.[31]

여기서 패대(浿帶)의 땅이란 패수(浿水)와 대수(帶水)의 땅이라는 말이며, 패수는 지금의 난하(灤河)가 되고, 대수는 진번(眞番) 사이의 땅에 있는 강으로서 지금의 요하 중류지역에 동에서 서로 흘러 합류하는 강이 된다. 진번 사이의 땅은 진한(眞韓) 즉 진조선(眞朝鮮)과 번한(番韓) 즉 번조선(番朝鮮)의 사이의 땅으로서, 진번(眞番) 부근이 될 것인데, 지금의 요하 중하류 지역이 되어 지금의 요동반도 중남부의 서부지역이 되는 것이다.

한편, 대수(帶水)라는 강은 난하의 서쪽에도 있었던 것이 되는데, 대방(帶方)이라는 지명이 나오는 곳이며, 이 대방은 서기 204년에 공손강(公孫康)이 낙랑군(樂浪郡)의 남부지역을 나누어 설치하였던 곳이다.

---

29) 을파소 전수, 참전계경 총론 참조 〈별첨 부록 참조〉

30) 서기전 42년은 고주몽 단군이 서기전 58년에 즉위하였으므로 다물17년이 되는 해이다. 평락(平樂)이라는 연호는 고구려를 창건한 서기전 37년에 사용하였다. 〈正本 桓檀古記, 太白逸史 高句麗國本紀第六, 百十四쪽, 흔뿌리, 참조〉

31) 전게 한단고기 〈태백일사/고구려국본기〉, 290~291쪽 참조

(12) 고구려를 건국하다

다물22년 서기전 37년에 북부여의 고주몽 단군이 국호를 고구려(高句麗)라 하고 연호를 평락(平樂)이라 하였다. 이해 43세였다.[32)

고구려라는 말은 천제(天帝)의 큰 태양(大日)이 높게 크게 빛나며 비치는 세계의 중심(中)[33)이라는 뜻을 가진다. 즉 고구려는 하늘의 태양이 밝게 비치는 중앙의 나라 즉 중국(中國)이라는 말이다. 단군조선의 군국(君國)이던 구려(句麗)가 가운데 땅이라는 말인데, 이에 고구려는 고씨(高氏)의 구려로서 고(高)는 즉 해(日)이며, 해는 곧 태양(太陽)이므로, 태양이 높게 밝게 비치는 가운데 나라가 되는 것이다.

고주몽 성제(聖帝)가 고구려라는 나라를 건국한 것은, 단군조선의 군국(君國)이던 고씨(高氏)의 구려(句麗)를 부활시킨 것으로서 북부여 시조 해모수의 고구려(高句麗)를 계승한 것이 되는데, 단군조선의 중부와 동부에 중심을 두었던 부여를 넘어서서, 서쪽으로 단군조선의 고토를 회복하겠다는 의지를 담은 것이 된다. 이러한 고토회복의 정신으로 나온 정책이 곧 다물정책(多勿政策)인 것이다.

서기전 32년에 행인국을 정복하였다.

(13) 어하라국 – 소서노의 나라

서기전 31년에 소서노가 고주몽으로부터 어라하국에 봉해졌는데. 남쪽은 대수(帶水)에 이르고 동쪽은 큰 바다에 접하였다.[34)

---

32) 서기전 37년은 고주몽 단군이 서기전 58년에 즉위하였으므로 다물22년이 되는 해로서, 평락(平樂) 원년이다. 〈正本 桓檀古記, 太白逸史 高句麗國本紀第六, 百十四쪽, 흔뿌리, 참조〉. 윤복현 선생은 러시아에 있는 기록을 언급하면서 거란의 태종 야율덕광이 고구려 동명성제를 동명재제(東明大帝)로 시호를 올리고, 청(淸) 강희제(康熙帝)는 추모대동명광현고황제(鄒牟大東明光賢高皇帝)로 시호(諡號)를 올리고 고조(高祖)라 묘호(廟號)를 올렸다고 한다.

33) 高句麗天帝大日高大光輝世界之中

34) 전게 한단고기 〈태백일사/고구려국본기〉, 290~291쪽 참조. 여기서는 북쪽은 대수에 이르고 서쪽의 큰 바다에 접한다라고 오기됨. 1911년 발행본에는 위 본문과 같이 기록됨.

여기서, 대수(帶水)는 난하 부근의 대방지역에 흐르는 강이 되고, 동쪽의 큰 바다는 지금의 발해만으로서 난하 하류의 동쪽 바다가 된다. 즉, 어하라국은 지금의 요하 서쪽으로 난하 동서 사이의 땅으로 단군조선 시대의 진번 땅을 중심으로 한 땅으로서 500리에 걸치는 땅이 된다. 이 나라가 소위 진번백제이다. 뒤에 온조백제가 요서, 진평을 경영하는 근거이기도 하다.

(14) 비류국 병합

고주몽성제 평락10년 다물31년 서기전 28년에 비류국의 왕 송양(松壤)이 항복하므로 그 땅을 다물도(多勿都)라 하고 송양을 다물후(多勿侯)로 봉하였다.[35]

(15) 다물오계(多勿五戒)

이에 고주몽 성제께서 다물오계(多勿五戒)를 세우시니, 사친이효(事親以孝), 사군이충(事君以忠), 교우이신(交友以信), 임진무퇴(臨陣無退:臨戰無退), 살생유택(殺生有擇)이다.[36]

이 다물오계는 곧 신라(新羅)에서 행한 화랑(花郎)의 세속오계(世俗五戒)와 똑같다. 이는 신라의 화랑과 고구려의 조의선인이 그 뿌리를 같이하는 것을 나타내는 것이다. 즉 신라의 화랑도(花郎徒)와 고구려의 선인도랑(仙人徒郎)은 단군조선의 국선(國仙), 천지화랑(天指花郎), 국자랑(國子郎)에서 나온 것이며, 한국(桓國) 시대의 천왕랑에 뿌리를 둔 것으로서, 서기전 3897년 배달나라 시조 한웅천왕이 수립한 천웅도(天雄道)에 연원(沿源)을 둔 것이 된다.

---

35) 다물34년인 서기전 25년 병신년은 평락13년으로 병인년이 아니다. 한단고기 〈태백일사/고구려국본기〉, 289쪽 참조
36) 전계 참전계경 총론 참조 〈별첨 부록 참조〉

(16) 고주몽 성제의 조서(詔書)

서기전 37년경 고주몽 성제께서 조서를 내리셨다.

천신이 만인을 하나의 모습으로 만드시고, 골고루 삼진을 나누어 주시니, 이에 사람이 하늘을 대신하여 능히 세상에 섰도다. 하물며 우리나라의 선조는 북부여로부터 나시어 천제의 아들이 되었도다. 철인은 비우고 고요한 계율로 오래도록 사악한 기를 끊어 그 마음이 편안하고 태평하다. 스스로 뭇사람들과 함께하여 일마다 마땅함을 얻는다. 군사를 쓰는 것은 침범을 늦추기 위함이며, 형을 집행하는 것은 죄악을 없애는 것을 기하기 위함이다. 그러므로 비움이 지극하면 고요함이 생기고, 고요함이 지극하면 앎이 충만한다. 앎이 지극하면 덕이 융성한다. 그러므로 비움으로써 가르침을 듣고, 고요함으로써 조용히 재며, 앎으로써 사물을 다스리고, 덕으로써 사람을 구제한다. 이것이 곧 신시의 개물교화이며, 천신을 위하여 본성을 통하고, 중생을 위해 법을 세우고, 선왕을 위해 공을 완수하고, 천하만세를 위하여 지혜와 삶을 함께 닦음을 이루는 교화이다.

(檀君高朱蒙 詔曰 一神造萬人一像 均賦三眞 是其代天 而能立於世也 況 吾國之先 出自北夫餘 爲天帝子之乎 哲人虛靜律身 其心神安泰 自與衆人 事事得宜 用兵所以緩侵伐也 行刑所以期無刑也 故 虛極靜生 靜極知滿 知極德隆也 故 虛以聽敎 靜以결矩 知以理物 德以濟人 此乃神市開物施化 爲天神通性 爲衆生立法 爲先王完功 爲天下萬世 成智生雙修之化也〈參佺戒經總論, 乙巴素傳受〉)[37]

(17) 극재사의 삼일신고(三一神誥) 독법(讀法)

극재사가 삼일신고 독법을 지어 올렸다. 마의(麻衣) 극재사(克再思)는 고구려 시조 고주몽(서기전 79년-서기전 19년) 등 7인(주몽, 오이, 마리, 협보, 재사, 무골, 묵

---

37) 전계 참전계경 총론 및 전계 한단고기 〈태백일사/고구려국본기〉, 262쪽 참조

거)이 고구려(서기전 37년-서기 668년)를 건국할 때의 한 사람으로서 삼일신고를 읽는 방법을 아래와 같이 쓰고 있다.

"나는 무리들에게 말한다. 신고(神誥)를 읽으려면 반드시, 먼저 깨끗한 방을 택하여, 진리도[원리도]³⁸⁾를 벽에 걸고, 손을 씻고 양치질을 하고, 몸을 깨끗이 하여, 옷과 관(冠)을 가지런히 하고, 냄새나는 술[냄새나고 더러운 것]을 끊고, 향을 피우고, 무릎을 모아 꿇어 앉아, 조용히 일신(一神, 한얼, 하늘님)에게 기도해야 한다. 큰 믿음과 맹세를 세우고, 모든 사악한 생각을 끊고, 366알의 대단주(大檀珠)를 지니고서, 한마음으로 바른 글인 366자의 말씀의 진리[원리]를 읽어, 위 아래로 철저히 조합하여 일관되게 해야 한다. (읽기를) 3만회에 이르면 액(厄)이 점차 소멸하고, 7만회에 이르면 질병과 전염병이 침범하지 못하고, 10만회에 이르면 칼과 병기를 피할 수 있으며, 30만회에 이르면 날짐승과 길짐승이 길들여져 엎드리고, 70만회에 이르면 사람과 귀신이 공경하여 두려워하며, 100만회에 이르면 영철(靈哲. 神將과 神官. 武와 文에 해당)이 지도하고, 366만회에 이르면 366개의 뼈를 바꾸어 366개의 혈(穴)을 모으게 하고 366도(度)를 회전시켜, 고통을 떠나 즐거움(쾌락)으로 나아가는데, 그 신묘함을 다 적을 수 없다. 만약 입으로만 외우고 마음으로는 거슬리면 사악한 견해가 생기게 된다. 외설되고 게으름이 있으면 비록 억만번을 읽더라도 바다로 들어가 호랑이를 잡는 것과 같이 끝내는 성공치 못하고 도리어 목숨과 복록이 감소하여 잘라져 나가고, 재앙과 피해가 다가와 이르러 고통과 어두움의 세계로 굴러 떨어져, 아득하게 벗어날 기회도 없게 된다. 가히 두려워 하지 않으랴. 힘쓰고 힘써야 한다."

(克再思 制進 三一神誥 讀法 曰 我言衆 必讀神誥 先擇淨室 壁揭原理圖 盥漱潔身 整衣冠 斷葷穢 燒栴檀香 斂膝跪坐 黙禱于一神 立大信誓 絶諸邪想 持三百六十六顆 大檀珠 一心讀之 正文 三百六十六言之原理 徹上徹下 與

---

38) [ ]안의 내용은 타본(他本)의 글을 옮긴 것임.

珠 合作一貫 至三萬回 災厄漸消 七萬回 疾疫不侵 十萬回 刃兵可避 三十萬回 禽獸馴伏 七十萬回 人鬼敬畏 一百萬回 靈哲指導 三百六十萬回 換 三百六十六骨 湊 三百六十六穴 會 三百六十六度 離苦就樂 其妙 不可彈記 若 口頌心違 起邪見 有褻慢 雖 億萬斯讀 如入海捕虎 了沒成功 反爲 壽祿減削 禍害立至 轉墮 苦暗世界 杳無 出頭之期 可不懼哉 勖之勉之)[39]

위 삼일신고 독법의 글에서, 신선(神仙)의 경지와 오늘날의 무속(巫俗)의 경지가 상호 관련성이 있음을 엿볼 수 있다. 삼일신고를 통하여 건강을 얻고, 무(武)에 통달하게 되고, 짐승을 임의대로 부리고, 사람과 귀신이 두려워하며, 신령이 지도하는 단계를 거쳐 환골탈태(환골이신, 뼈를 바꾸어 신선으로 됨))하게 되는데, 환골탈태하면 철인(哲人) 즉 신선(神仙)이 되는 것이며, 신령이 지도하는 단계가 무(巫)의 단계가 된다. 신령이 지도하게 되면 다른 사람이나 만물의 과거 미래를 훤히 볼 수 있게 된다. 이러한 경지의 내용을 알려주는 글이 대진국(大震國) 문적원(文籍院)의 감(監)이던 임아상의 삼일신고 주해이다.

삼일신고주해(三一神誥注解)[40]는 대진국(大震國:발해) 자완대부(紫緩大夫) 선조성(宣詔省) 좌평장사(左平章事) 겸 문적원(文籍院)의 감(監)이던 임아상(任雅相)이 천통(天統. 대조영, 태조 성무고황제의 연호) 16년(서기 714년) 10월에 대조영

---

39) 전계 참전계경 총론 참조

40) 일단 삼일신고 주해는 임아상이 삼일신고의 가르침을 깨우치고 직접 체험한 후 지은 것으로 보이는데, 만약 직접 지은 것이 아니라면 다른 사람이 지은 것을 옮긴 것이 될 것이다. 직접 지은 것이라면 임아상은 이미 대신기(大神機)를 발(發)하는 신선(神仙)의 경지를 체험한 인물이 된다. 삼일신고의 가르침의 완전한 이해는 한웅, 발귀리, 태호복희, 여와, 자부선인, 단군왕검, 대련, 을보륵, 유위자 등 신선의 경지를 체험한 사람만이 할 수 있다 할 것이며, 그 풀이 또한 신선의 경지를 체험한 사람만이, 또는 이러한 신인(神人)이나 선인(仙人)들을 통하여 할 수 있다 하겠다. 임아상은 삼일신고의 가르침 중 세계편에서 ...행저화유재 물번식(行翥化游栽物繁殖)...의 화(化)를 화학작용을 일으키는 물질이 되는 금속류(金屬類)라고 풀이하고 있는데, 오물(五物)의 특성으로 보아 변태동물을 가리키는 것으로 이해된다. 삼일신고의 완전한 풀이가 누군가에 의하여 완성되리라 본다.

이 본 삼일신고를 찬(贊)할 때 대조영의 명(命)을 받들어 쓴 것이다. 서문(序文)은 천통 17년(서기 715년) 3월 3일에 반안군왕(盤安郡王) 대야발(大野勃)이 썼다고 전한다. 삼일신고주해의 풀이 글은 부록으로 붙이기로 한다.

(18) 북옥저 정벌

고주몽성제 평락11년 다물32년 서기전 27년(平樂21년) 갑오년(甲午年)[41] 10월에 북옥저를 정벌하여 병합하였다.

(19) 수도를 상춘으로 옮기다

고주몽성제 평락12년 다물33년 서기전 26년 을미년(乙未年)에 졸본(홀본)으로부터 서울을 **눌현(訥見)**으로 옮겼다. 눌현은 지금의 상춘 주가성자(朱家城子)이다.[42] 이 눌현이 곧 눌견으로서 상춘(常春)의 훈독(訓讀)인 늘봄이 된다.

(20) 개국공신 연타발의 사망

서기전 25년 병신년(다물34년) 3월에 졸본 출신으로서 남북의 갈사를 오가면서 재물을 모아 부(富)를 이루어 은밀하게 주몽을 도와 창업입도의 공을 세웠던 연타발(延他勃)이 80세로 죽었다.[43] 즉 연타발은 서기전 104년생으로서 고주몽 성제보다 25세 위가 된다.

---

41) 서기전 27년은 고주몽 단군이 기전 58년에 즉위하였으므로 다물32년이 되는 해로서, 평락(平樂) 11년이다. 평락은 고주몽 단군이 고구려를 창건한 서기전 37년에 사용한 연호가 된다. 평락 21년이라고 한 기록은 평락11년의 오기이다. 〈正本 桓檀古記, 太白逸史 高句麗國本紀第六, 흔뿌리, 百一쪽 및 百十四쪽 참조〉

42) 전게 한단고기 〈태백일사/고구려국본기〉, 259쪽 참조. 주가성자란 고주몽의 집(나라)인 도성(都城)이라는 말이다. 고구려는 수도를 집안(輯安=國內)이라고 하였다. 국내는 나라안이라는 말이기도 하나 고구려말로 집안이라는 말이 된다.

43) 전게 한단고기 〈태백일사/고구려국본기〉, 289~290쪽 참조

연타발은 무리를 이끌고 구려하(九黎河:서압록 최상류, 서요하 상류)로 옮겨 고기잡이와 소금장사[44]를 하게 되더니 고주몽 성제가 서기전 27년에 북옥저를 정벌할 때 양곡 5,000석을 바쳤다.

또, 서기전 26년에 서울을 눌현으로 옮길 때는 앞질러 자납(自納)을 원하여 유망민(流亡民)을 초무하고 왕사(王事)를 권하여 공을 세웠으니 좌원(坐原)에 봉작을 받았다.[45] 자납(自納)이란 스스로 재물을 헌납하는 등 공납을 바쳤다는 것을 의미한다. 유망민은 집을 떠나 떠도는 유랑민을 가리킨다.

여기 좌원(坐原)은 서기전 1286년에 단군조선의 종실로서 해성(海城)의 욕살(褥薩)이었다가 제21대 소태(蘇台) 천왕으로부터 살수(薩水)의 섭주(攝主)인 기수(奇首)로 봉해졌으나, 우현왕(右賢王) 색불루(索弗婁) 등의 상소로 서인(庶人)으로 폐해졌던 서우여(徐于餘)가 이에 불만을 품고 몰래 군사를 일으킨 곳이기도 하며, 또 위씨조선의 우거왕이 서기전 118년에 차지하였던 해성(海城) 부근 지역을 서기전 115년에 북부여 제4대 고우루 천왕이 수복한 후, 서기전 114년에 목책(木柵)을 설치한 곳이기도 한데, 좌원(坐原)은 해성(海城)의 서쪽에 위치한 것이 되는 바, 번한(番韓) 또는 진번(眞番) 땅에 있는 것이 되어 아마도 험독(險瀆)이 되는 지금의 산해관(山海關)과 해성(海城)의 자리가 되는 지금의 요동반도 안산(鞍山) 사이에 있었던 것으로, 지금의 대릉하의 좌(左)측 즉 동쪽에 위치한 땅이 될 것이다.

(20) 유화부인을 졸본으로 모셔와 장사지내다

평락14년 다물35년 서기전 24년 정유년에 유화부인이 동부여에서 돌아가시자 고구려는 호위병 수만으로 졸본으로 모셔와 장사지냈는데, 명을 내려 황태후의 예로써 산같이 만든 릉(陵)으로 옮기게 하고 그 옆에 사당을 짓게 하였다.

---

44) 서압록이던 지금의 요하 지역에 염수(鹽水)가 있어 소금이 난다. 시라무렌강이라고 한다.
45) 전게 한단고기 〈태백일사/고구려국본기〉, 289~290쪽 참조

(21) 태자 유리(琉璃) 즉위

평락19년 다물40년 서기전 19년 9월에 고주몽 성제께서 붕어하시니 태자 유리가 즉위하였다.

(22) 제후국 어하라국의 태자 비류의 즉위

서기전 19년에 어하라국 왕 소서노(召西弩)가 훙(薨)하니 태자 비류가 즉위하였다.[46] 어하라라는 말은 어라하로 적히기도 하는데 어륙(於陸)과 같은 말로서 어른(長)이라는 뜻으로 작은 나라의 왕[47]이란 말과 통한다.

2. 제2대 유리명제(琉璃明帝:서기전 19년~서기 18년)

서기전 17년에 유리명제[48]가 황조가를 지었다.

(1) 선비족의 토벌

서기전 9년에 선비족이 침입하였다. 4월에 부분노의 계책으로 선비족을 항복시켰다.

---

46) 전게 한단고기 〈태백일사/고구려국본기〉, 290~291쪽 참조

47) 신라는 왕의 칭호를 초기에는 거서간(居西干), 차차웅(次次雄), 니사금(尼斯今), 마립간(麻立干)이라고 하였는데 고구려에서는 신라왕을 매금(寐錦:닝금;임금:니사금;닛금;님금)이라고 적는다. 거서간은 서방을 지키는 방어장(干=汗)이라는 뜻이며, 차차웅은 스승(師)의 이두식 음차 표기로 추정되며, 니사금은 임금(王)을 표기한 글자가 되고, 마립간은 머리간, 마루간, 마루칸, 마루한 즉 우두머리 간이라는 뜻이 된다. 매금은 마이금이란 말로 마립간의 다른 말로 보이기도 하나 임금을 훈차(넘=님), 음차(금) 표기한 이두식 글자로 보인다.

48) 윤복현 선생은 러시아에 있는 기록을 언급하면서 거란의 태종 야율덕광이 고구려 유리명제를 유류명효문태황제(儒留明孝文太皇帝)로 시호를 올리고, 청(淸) 강희제(康熙帝)는 태종(太宗)이라 묘호(廟號)를 올렸다고 한다.

(2) 대소왕의 즉위

서기전 7년 갑인년(甲寅年)에 동부여왕 금와가 훙하니 태자 대소가 즉위하였다.[49]

(3) 동부여와의 국교

서기전 6년 을묘년(乙卯年) 봄 정월에 동부여왕 대소가 사신을 고구려에 보내와 국교를 청하고 왕자를 인질로 삼자고 하였다. 이에 고구려 제2대 유리명제가 태자 도절을 인질로 삼으려 하였으나 도절이 가지 않으매 왕이 그를 꾸짖었다. [50]

(4) 동부여 대소왕의 고구려 침공 실패

서기전 6년 가을 10월에 대소왕이 병력 5만을 이끌고 가서 졸본성을 침략하였으나 큰 눈이 와서 많은 동사자만 내고는 퇴각하였다.[51]

(5) 국내성으로 천도하다

유리명제 19년 서기전 1년~서기 3년[52]에 눌현(상춘=늘봄)으로부터 **국내성(집안)**으로 수도를 옮겼다. 이를 황성(皇城)이라고도 한다. 성안에 환도산(丸都山)이 있고 산 위에 성[53]을 쌓고 일이 있으면 여기서 머물렀다.[54] 이를 환도성이라 한다.

---

49) 전게 한단고기 〈가섭원부여기〉, 141쪽 참조
50) 전게 한단고기 〈가섭원부여기〉, 141~142쪽 참조
51) 전게 한단고기 〈가섭원부여기〉, 142쪽 참조. 이로 보면 졸본은 길림의 서편이자 상춘의 동편 사이에 위치한 것으로 되는데, 고주몽이 동부여 길림에서 남쪽으로 또는 동남쪽으로 도망하여 엄리대수를 건너고 다시 서쪽의 비류곡과 모둔곡을 지나 졸본에 도착한 것으로 보면, 국내성의 동북쪽에 위치한 것으로 보인다.
52) 삼국사기 고구려본기에서는 서기 3년이라 기록하고 있다.
53) 제1차 환도성이 된다
54) 전게 한단고기 〈태백일사/고구려국본기〉, 259쪽 참조. 고구려 첫수도는 졸본(홀본), 둘째 수도는 눌견(눌현,상춘,늘봄), 셋째 수도는 국내성이 된다. 환도성은 국내성 안의 산에 쌓은 성이 된

유리왕이 사냥을 즐기자 협보가 간하였으나 유리왕은 협보의 관직을 낮추었다. 이에 협보는 남쪽으로 떠나 다파라국(多婆羅國)으로 갔다.[55]

서기 3년에 위나암성을 축조하였다.

서기 4년에 유리명제는 태자 도절이 갑자기 죽자 둘째 아들 해명을 태자로 삼고 졸본을 다스리게 하였다[56]. 해명태자가 황룡국을 자극한다고 유리명제가 자결을 명하였다.

(6) 동부여 신하가 고구려에 투항하다

서기 9년에 동부여의 신하가 무리를 이끌고 와서 고구려에 투항하였다.

동부여의 신하란 동부여 조정의 관리를 가리키는 것인데, 고구려에 투항하였다는 것에서 아마도 동부여 조정에 내분이 있었던 모양이다.

(7) 동부여 대소왕의 고구려 침공 실패

서기 13년 계유년(癸酉年)에 대소왕이 고구려를 침략하였으나 학반령 밑에 이르러 무휼 왕자의 복병을 만나 크게 패하였다.[57]

무휼 왕자는 서기 4년생이므로 서기 13년은 10세였던 것이 된다. 즉 10세에 무휼 왕자가 군사를 이끌고 가서 동부여 대소왕의 군사를 직접 격파한 것이 된다.

다. 국내성을 기준으로 하면 졸본은 동경, 눌견은 북경, 국내성은 중경이 되고 뒤에 평양은 남경이 된다. 서쪽에도 수도가 있어 서경이 있는 것이 되는데 장당경(심양)의 남쪽에 위치한 해성(海城)이 평양으로도 불렸던 것이다.

55) 전게 한단고기 〈태백일사/고구려국본기〉, 265~266쪽 참조. 다라한국(多羅韓國)이라고도 한다. 다파라국은 구주(九州)의 아소산(阿蘇山)에 있었으며 대마도의 임나(任那)를 병합하였으며 대마도에 3국, 구주 내륙에 7국으로 하여 연정(聯政)하였다.

56) 졸본이 태자의 궁, 소위 동궁(東宮)이 있는 곳이 된다. 고주몽성제의 릉이 있는 곳이 이 졸본의 동강(동쪽 언덕) 용산(龍山)이다.

57) 전게 한단고기 〈가섭원부여기〉, 142쪽 참조

(8) 무휼 왕자가 태자가 되다

서기 14년에 유리명제는 무휼을 태자로 삼았다. 이때 태자는 11세이다.

(9) 왕망의 신나라 양맥과 고구려현을 점령하다

신나라 왕망이 흉노족을 치려고 고구려에 사신을 보내어 군사를 내라 하니, 이에 유리명제가 오이, 마리에게 군사 2만을 주어 왕망에게 가다가 군사를 돌려 양맥58) 과 고구려현을 쳐서 점령하였다.

왕망은 서기 8년에 한(漢) 나라를 차지하여 신(新)을 세웠고 15년만인 서기 23년에 후한에게 망하였다.

3. 제3대 대무신열제(大武神烈帝:서기 18년~서기 44년)

무휼 태자가 15세의 나이로 즉위하였다.59)

(1) 동부여 정복, 대소왕의 전사

서기 22년 임오년(壬午年) 2월에 고구려가 나라의 힘을 다 모아서 동부여를 치니, 대소왕은 몸소 무리를 이끌고 출전하였는데, 진흙탕을 만나 대소왕의 말이 빠져 나오지 못하고 있을 때 고구려의 대장군 괴유가 바로 앞에 있다가 대소왕을 살해하였다. 동부여군은 이에 굴하지 않고 여러 겹으로 포위하였는데 큰 안개가 7일 동안이나 계속되니 고구려 열제는 몰래 병사를 이끌고 밤에 탈출하여 샛길을 따라 도망쳐 달아나 버렸다.60)

---

58) 양맥(洋貊)은 양하지역을 가리키는데 양하는 대동부 쪽에서 동쪽으로 흘러 지금의 영정하 상류로 흘러드는 강이다.

59) 윤복현 선생은 러시아에 있는 기록을 언급하면서 거란의 태종 야율덕광이 고구려 대무신제를 대주류천효명세태황제(大朱留天孝明世太皇帝)로 시호를 올리고, 청(淸) 강희제(康熙帝)는 태종(世宗)이라 묘호(廟號)를 올렸다고 한다.

(2) 대소왕의 아우가 갈사국을 세우다

서기 22년 임오년 여름 4월에 동부여 대소왕의 아우는 따르는 무리 수백 인을 데리고 길을 떠나 압록곡에 이르러 해두왕이 사냥 나온 것을 보고 그를 죽이고 그 백성들을 취하여, 그 길로 갈사수의 변두리를 차지하고는 나라를 세워 왕이라 칭하니 갈사라 한다.61)

갈사국은 백두산의 동북쪽에 위치한 것이 되는데, 갈사수는 지금의 두만강 지류가 될 것이다.

(3) 대소왕의 종제를 연나부 왕으로 봉하고 낙씨를 하사하다

서기 22년 가을 7월에 동부여왕 대소의 사촌 동생이 여러 사람들에게 "선왕께서는 시해당하시고 나라는 망하여 백성들은 의지할 곳이 없다. 갈사는 두루 안락하기는 하지만 스스로 나라를 이루기 어렵고, 나 또한 재능과 지혜가 부족하여 나라를 새롭게 일으킬 수가 없으니, 차라리 항복함으로써 살기를 도모하리라"하고 옛 도읍의 백성 만여 명을 데리고 고구려에 투항하니, 고구려는 그를 봉하여 왕으로 삼고 연나부에 안치하였다. 이때 연나부 부여왕의 등에 띠와 같은 무늬가 있었던 까닭에 낙(絡)씨 성을 하사하였다.62)

대소왕의 사촌아우는 금와왕의 형제자매가 되고 해부루왕의 손자가 되는데, 해부루왕은 아들이 없어 금와를 양자로 삼았는바, 결국 해부루왕의 딸의 아들이 되는 셈이다.

한편, 갈사국은 압록곡 유역에 있는 나라가 되는데, 고구려 건국당시인 서기 37

---

60) 전계 한단고기 〈가섭원부여기〉, 142쪽 참조
61) 전계 한단고기 〈가섭원부여기〉, 142쪽 참조
62) 전계 한단고기 〈가섭원부여기〉, 142쪽 참조. 이 연나부 낙씨 부여가 서기 494년에 망한 부여이다. 연나부는 고구려의 서방에 위치한 지역으로서 나중에는 고구려로부터 독립하여 한(漢)과 친밀히 지내는 등 하며 고구려에게 부담을 주기도 하였다.

년에는 동부여의 남(동)쪽에 위치한 졸본(卒本)이 고구려의 수도였고, 서기전 26년에는 북부여 땅인 상춘(常春:눌현)으로 옮겨졌으며, 서기 3년경에는 제2대 유리명제가 압록강 중류지역의 국내성(國內城:집안)으로 옮겼는바, 갈사국은 국내성의 동쪽으로 백두산 동북쪽에 위치한 갈사수라는 강이 있는 지역이 된다. 갈사국은 서기 68년에 고구려에 망하여 혼춘(琿春)을 중심으로 하여 다시 동부여(東夫餘)로 봉해진다.

옛 도읍은 대소왕의 아우가 세운 갈사국 이전에 존재한 동부여의 도읍을 가리키는 것으로, 동부여의 원래 땅인 지금의 길림(吉林)을 가리킨다.

연나부(椽那部)는 고구려의 5부 중에서 서부(西部)를 가리키는데, 국내성을 기준으로 하면 지금의 요동반도를 포함한 서편의 땅으로서 한(漢) 나라와의 국경 동쪽 땅을 가리키는 것이 된다. 낙씨의 연나부 부여가 뒤에 연(燕)나라 땅에 가까운 백랑곡으로 옮겨갔다 하는바, 이 낙씨의 부여의 중심지는 지금의 난하 중류 동쪽 지역이 된다.

안치(安置)는 역사적인 뜻으로 보아 옮겨서 강제로 묶어두는 금치(禁置)와도 비슷한 것이 되는데, 이때 고구려는 대소왕의 사촌 동생인 낙씨(絡氏)를 서부(西部)지역인 연나부의 일부 땅에 왕으로 봉한 것을 안치라고 표현한 것이 된다.

낙씨의 부여는 서기 120년경 이후에는 고구려로부터 독립하여 독자적으로 한(漢) 나라와 교류하면서 고구려의 서쪽에서 독립국으로 존재하다가, 서기 494년에 고구려 문자제(文咨帝)에 의하여 고구려에 편입되어 나라가 사라졌는바, 서기 22년부터 서기 494년까지 473년의 역사를 가진 것이 된다.[63]

---

63) 대종교 측에서 세운 '밀양 영남루 천진궁'에 모셔진 부여의 위폐에는 합 77왕 1717년으로 새긴 것으로 기억이 나는바, 서기전 1223년부터 서기 494년까지 부여의 역사가 이어져 내려온 것으로 된다. 시간이 되면 밀양 영남루 천진궁을 다시 찾아 정확성 여부를 확인해야겠다.

(4) 개마국과 구다국을 정복하다

서기 26년에 개마국을 정복하니, 이웃의 구다국이 항복하였다.

여기 개마국은 서개마국 또는 북개마국으로서 고구려의 서북쪽에 있는 대흥안령 산맥 부근에 있는 개마국과 구다국이며, 특히 구다국은 구다천국으로서 옛 한국(桓國)시대부터 내려온 나라가 된다. 지금의 백두산 남쪽에 있던 단군조선의 개마국은 아마도 후대에 동예와 동옥저에 속한 것이 된다.

(5) 한나라의 침입

서기 28년에 한(漢) 나라의 요동태수가 수만의 군사로 침공하였다. 이때 한나라의 요동은 지금의 영정하와 난하 사이에 있는 군(郡)이 된다.

(6) 낙랑국의 자명고를 찢게 하다

대무신열제와 갈사국왕의 손녀 사이에 태어난 호동왕자가 최리의 낙랑국 공주와 혼인한 후, 공주로 하여금 자명고를 찢게 하였다.

여기 낙랑국은 최씨(崔氏)의 나라로서 북부여 시대인 서기전 195년에 난하유역의 낙랑홀에서 최숭(崔崇)이 보물을 배에 싣고 한반도의 대동강 평양으로 와서 세운 나라가 되는데, 서기전 169년경에는 북부여를 섬겼으나, 이후 북부여가 쇠퇴하자 독립국이 된 것으로 된다.

(7) 낙랑국을 공격하다

서기 32년에 호동왕자는 대무신열제와 함께 낙랑국을 공격하였다.

(8) 호동왕자의 자결

대무신열제의 첫째 왕비가 아들을 낳은 후 호동왕자를 모함하여 자결케 하였다.

(9) 낙랑국 멸망

서기 37년에 대무신열제가 낙랑국을 습격하여 멸망시키니 동압록(東鴨綠) 이남이 고구려에 속했는데, 오로지 해성(海城)의 남쪽 바다 근처의 여러 성들만은 아직 항복하지 않았다.[64]

여기서 해성(海城)은 장당경(藏唐京:심양) 남쪽에 있던 해성(海城)이 아니라, 지금의 압록강 이남에 있으면서 대무신열제가 멸망시킨 한반도 평양에 소재하였던 낙랑국의 남쪽에 위치한 성(城)으로서, 평양과 한강(漢江) 사이에 있는 지금의 해주(海州)를 가리키는 것이 된다.

4. 제4대 민중제(閔中帝:서기 44년~서기 48년)

태자 해우가 너무 어려 대무신열제의 아우 해색주가 즉위하였다.[65]

5. 제5대 모본제(慕本帝:서기 48년~서기 53년)

대무신열제의 태자 해우가 즉위하였다.

서기 49년 봄에 제5대 모본제(慕本帝)가 한(漢) 나라의 우북평(右北平), 어양(漁陽), 상곡(上谷), 태원(太原) 등지를 공격하여 빼앗았다.

서기 53년 11월에 두로는 모본제가 폭정을 하므로 시해하였다.

6. 제6대 태조무열제(太祖武烈帝:서기 53년~서기 146년)

유리명제의 손자 궁(서기 46년~서기 165년.120세)이 8세로 즉위하였으나 너무

---

64) 전게 한단고기 〈태백일사/고구려국본기〉, 259쪽 참조. 여기 해성은 동압록 이남에 위치하고 있는 지금의 황해도 해주 지역이 된다.

65) 윤복현 선생은 러시아에 있는 기록을 언급하면서 거란의 태종 야율덕광이 고구려 민중제를 가천덕광무정모본덕황제(可天德光武定慕本德皇帝)로 시호를 올리고, 청(淸) 강희제(康熙帝)는 중종(中宗)이라 묘호(廟號)를 올렸다고 한다.

어려 태후가 섭정하였다.

제6대 태조무열제가 서기 53년에 즉위하여 연호를 **융무(隆武)**66)라 하고, 졸본, 상춘, 국내성(환도성)으로써 3경(京)을 두었다.67) 옥저와 동예를 복속시켰다.

(1) 요서10성 축조

서기 55년 융무 3년 제6대 태조무열제가 요서지역에 10성을 축조하여 한(漢) 나라의 10성에 대비케 하였다. 고구려의 요서10성은 안시(安市), 석성(石城), 건안(建安), 건흥(建興), 요동(遼東), 풍성(豊城), 한성(韓城), 옥

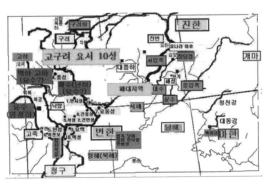

고구려 요서 10성

전보(玉田堡), 택성(澤城), 요택(遼澤)의 10성이다. 또 고려성(高麗城)을 하간현(河間縣) 서북 12리에 축조하였다.68)

여기서 안시성(安市城)은 개평(開平:蓋平:당나라의 蓋州)의 동북쪽 70리에 있으며, 지금의 천안(遷安)은 난하(灤河) 서편에 있었던 안시를 동쪽으로 옮겼다 하여 붙인 지명으로 추정된다. 고구려의 안시성은 단군조선의 요중 12성 중의 하나인 탕지성(湯池城)이며, 구안덕향이라 불리는 곳이고, 후대에 탕지보(蕩池堡)라고도 불린다. 서기전 339년에 연나라가 번조선을 침공하였을 때 안촌홀(安村忽)과 관련되

---

66) 윤복현 선생은 러시아에 있는 기록을 언급하면서 거란의 태종 야율덕광이 고구려 태조무열제를 국조대태조성무황제(國祖大太祖聖武皇帝)로 시호를 올리고, 청(淸) 강희제(康熙帝)는 세조(世祖)라 묘호(廟號)를 올렸다고 한다.

67) 고구려는 총 5경을 두었는데, 졸본은 동경, 상춘은 북경, 국내성은 중경, 해성 평양은 서경, 대동강 평양은 남경이 된다.

68) 전계 한단고기 〈태백일사/고구려국본기〉, 286~288쪽 참조

는 곳이 된다.

석성(石城)은 건안의 서쪽 50
리에, 건안(建安)은 안시의 남쪽
70리에 있으며 당산(唐山)의 경
내에 있다.

건흥(建興)은 난하의 서쪽에,
요동(遼東)69)은 창려(昌黎)의 남
쪽에, 풍성(豊城)은 안시의 서북
100리에, 한성(韓城)은 풍성의
남쪽 200리에, 옥전보(玉田堡)

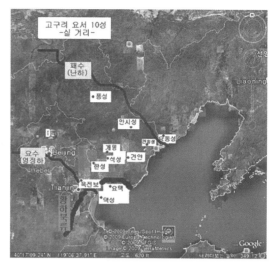

고구려 요서 10성의 실 거리

는 한성의 서남쪽 60리에 위치하며 옛 요동국70)이라고 한다.

택성(澤城)은 요택의 서남쪽 50리에, 요택(遼澤)은 황하의 북류좌안에 있다.71)

(2) 동옥저를 정복하다

서기 56년에 동옥저를 정복하여 창해(동해)를 확보하였다.

(3) 요서에 백암성과 통도성 축조

서기 57년 융무 5년 봄 1월에 백암성과 통도성(桶道城)을 축조하였다.72) 백암성
은 갈석산의 남쪽에 있으며, 당나라 때의 암주(岩州)이다. 갈석산의 북쪽에 요동성

---

69) 다른 산성과는 달리 평지에 있는 성이다.

70) 구요동국은 곧 옛날의 요동 땅의 나라로서 영정하 하류 지역의 바로 동편에 있었던 것이 된다.

71) 전계 한단고기 〈태백일사/고구려국본기〉, 288쪽 참조. 황하 북류좌안이라 함은 황하가 동쪽으
   로 흐르다 북으로 올라가면서 흐르는 지역의 왼쪽 언덕을 가리키는 것이 된다. 즉 요택은 황하 최
   단 하류의 왼쪽에 위치하며 원래 요수인 영정하의 하류지역이 된다.

72) 전계 한단고기 〈태백일사/고구려국본기〉, 288쪽 참조

이 있고 그 반대쪽에 백암성이 있는 것이 된다. 통도성은 고려진(高麗鎭)이라고 하는데, 북경(北京)의 안정문(安定門) 밖 60리 되는 곳에 있다.[73]

(4) 갈사국의 투항

서기 68년 신미년에 23세의 태조무열제가 갈사국을 침공하니, 8월에 갈사국의 도두왕이 고구려가 날로 강해짐을 보고 마침내 나라를 들어 항복하여, 3대 47년만에 나라가 망하였다.[74]

갈사국은 백두산의 동북쪽에 위치한 나라가 되는데, 지금의 두만강의 지류가 되는 갈사수를 중심으로 하던 나라가 되며, 고구려에 항복하여 두만강 유역의 혼춘(琿春)에 동부여로 봉해진다. 이 동부여는 서기 410년 광개토호태왕에게 완전히 망한다.

(5) 항복한 갈사국 도두왕을 동부여후로 봉하다

서기 68년에 고구려는 항복한 도두왕을 우태(于台)라 부르도록 하고 저택을 하사하더니 혼춘(琿春)을 식읍으로 삼게 하여 동부여후(東夫餘侯)로 봉하였다.[75] 혼춘은 백두산의 동북쪽의 두만강 유역에 위치하고 있다.

---

73) 전게 한단고기 〈태백일사/고구려국본기〉, 285~288쪽 참조
74) 전게 한단고기 〈가섭원부여기〉, 142쪽 참조
75) 전게 한단고기 〈가섭원부여기〉, 142쪽 참조

(6) 조나국 복속

서기 72년에 관나부 패자 달가를 보내어 조나국을 쳐서 왕을 사로잡고 복속시켰다. 관나부는 고구려의 남부(南部)가 된다. 연나부는 서부, 절노부는 북부, 계루부는 중부, 소노부는 동부이다76).

(7) 주나국 복속

서기 74년에 환나부 패자 설유를 보내어 주나국을 복속시켰다. 여기서 환나부는 관나부의 오기이거나 연나부의 다른 표기가 아닌가 한다.

(8) 고구려의 요동 정벌

서기 88년 봄에 고구려가 요동(遼東)에 들어가 6현을 침공하였다.

(9) 요동 6현을 빼앗다

서기 105년에 요동을 공격하여 6현을 빼앗았다. 얼마 안가 6현을 잃었다.

(10) 현도군을 정벌하다

서기 111년에 고구려가 한(漢) 나라 안제(安帝)에게 사신을 보내어 현도군을 내놓으라고 하였다.

서기 118년에 고구려가 현도군을 침공하여 화려성(華麗城)을 공격하여 빼앗았다.

---

76) 소노부의 소노는 사노, 새노(신라말로 서라)로서 동쪽땅이 되고, 절노부의 절노는 뒤노(뎔노, 뎌이노)로서 북쪽땅이 되며, 연나부의 연나는 하늬(한늬,한나,훈나,흉노)와 같은 말로 서쪽땅이 되고, 계루부의 계루는 거이루(가이루)로서 가운데땅이 되며, 관나부의 관나는 물나(마이나, 매나)로서 맞나와 같은 말로 남쪽땅이 된다.

(11) 수성의 현도와 요동 정벌

서기 121년 봄에 한나라가 유주자사 풍환과 현도태수 요광과 요동태수 채풍 등이 군사를 내어 국경지방에서 고구려를 치니, 이에 태조무열제가 아들 수성(遂成)을 시켜 군사 2,000명을 거느리고 역광(逆光) 등에게 사신을 보내어 거짓 항복을 하였는데, 광 등은 이것을 믿고 받아들이자 수성은 지세가 험한 곳에 웅거하여 큰 군사를 막고 비밀리에 3,000명의 군사를 보내서 현도와 요동을 쳐서 성곽을 불사르고 군사 2,000명을 살상하였다.

이에 한나라는 광양, 어양, 우북평, 탁군 등 속국의 군사 3,000명을 모아 함께 이를 구원하기 위하여 보냈으나, 이때 고구려 군사들은 이미 가버린 뒤였다.

(12) 고구려가 요대(遼隊:요수(遼隧))를 정벌하다

서기 122년 여름에 다시 고구려가 요동과 선비(鮮卑)의 군사 8,000명을 내어 요수(遼隧:요대(遼隊))77)를 쳐서 관리와 사람들을 죽이고 재물을 약탈하자 한나라의 요동태수 채풍 등이 이를 추격했으나 신창(新昌) 땅에서 전사했는데, 이때 태수 아래 직속부하들이 몸으로 채풍을 막았으나 모두 칼에 맞아 죽었으며, 이 싸움에서 죽은 자가 백여 명이었다.

(13) 고구려와 연나부 낙씨 부여의 전쟁

서기 122년 가을에 고구려 태조무열제가 군사 수천을 이끌고 현도를 포위하였다.78) 이에 부여왕이 아들 위구태를 보내어 군사 2만여 명을 거느리고 현도군의 군사와 힘을 합하여 고구려를 쳐서 500명의 머리를 베었다.

이로써, 고구려가 서기 22년에 연나부에 봉하였던 낙씨 부여는 고구려에서 독립

---

77) 영정하 중상류 지역에 있는 지명으로 영정하가 곧 원래의 대요수인 것이다.
78) 이때 현도는 한(漢)의 군(郡)이 된다.

하여 한(漢) 나라에 동조한 것이 된다.

(14) 고구려의 요동 정벌

서기 132년에 한나라 순제(順帝)가 현도군에 6부를 두었다. 이때 고구려가 신안 (新安)을 넘어서서 다시 요동(遼東) 서안평(西安平)을 침공하여 대방현(帶方縣)의 현령을 죽이고 낙랑태수의 처자들을 잡아갔다79).

7. 제7대 차대제(次大帝:서기 146년~서기 165년)

태조무열제의 아우 수성이 태조무열제를 위협하여 즉위하였다.

서기 147년에 차대제80)는 자신의 음모를 태조무열제에게 밀고하였던 우보 고복 장을 처형하였다. 이때 좌보 목도루는 사직하였다.

서기 148년에 태조무열제의 태자 막근을 죽였고 아우 막덕은 자결하였는데, 이 소식을 들은 태조무열제가 슬퍼하였다.

> *서기 155년에 한(漢) 나라에서는 조조(曹操)가 출생하였다.81)
> *서기 161년에 유비(劉備)가 한(漢) 나라의 탁주(涿州)에서 출생하였다.
> *서기 162년에 한나라 운성(運城)에서 관우(關羽)가 출생하였다.

---

79) 여기 낙랑은 평양의 낙랑국이 아니라 서안평 근처에 있는 대방현 인근의 낙랑군을 가리키는 것이 된다. 서안평은 고구려 기준으로 지금의 난하 상류의 동쪽에 있어 요동이 되며, 난하 중하류지역 인근에 대방현과 낙랑군이 있는 것이다.

80) 윤복현 선생은 러시아에 있는 기록을 언급하면서 거란의 태종 야율덕광이 고구려 차대제를 공무현혜차대태황제(恭武玄慧次大太皇帝)로 시호를 올리고, 청(淸) 강희제(康熙帝)는 현종(賢宗)이라 묘호(廟號)를 올렸다고 한다.

81) 이하에서는 *를 표시하여 고대중국 위오촉의 삼국시대 관련 역사를 참고적으로 연대기로 적어 본다.

서기 165년에 태조무열제가 120세로 붕하였다.

*이해에 한나라에서는 탁주(涿州)에서 장비(張飛)가 출생하였다.

서기 165년 겨울에 연나부 조의 명림답부가 폭정을 하던 차대제를 시해하였다. 이에 차대왕의 아우 백고는 도피하였다가 77세의 나이로 즉위하였다.

8. 제8대 신대제(新大帝:서기 165년~서기 179년)

차대제의 아우 백고가 77세로 즉위하였다.[82]

(1) 국상 명림답부

좌우보 제도를 폐지하고 명림답부를 국상으로 임명하였다.

(2) 요동정벌

서기전 168년에 제8대 신대제(新大帝)가 요동을 정벌하였다.

(3) 한나라의 고구려 침공

서기 169년에 한(漢) 나라의 현도태수 경림(耿臨)이 고구려를 쳤다.

(4) 고구려의 역공 격파

서기 172년 겨울에 한나라가 대군으로 고구려를 침공하였다가, 명림답부의 계책으로 한나라를 추격하여 좌원에서 대승하였다.

---

82) 윤복현 선생은 러시아에 있는 기록을 언급하면서 거란의 태종 야율덕광이 고구려 신대제를 태강상무현신대황제(太康上武顯新大皇帝)로 시호를 올리고, 청(淸) 강희제(康熙帝)는 인종(仁宗)이라 묘호(廟號)를 올렸다고 한다.

서기 179년에 국상 명림답부가 113세로 졸하였다.

9. 제9대 고국천제(故國川帝:서기 179년~서기 197년)

신대제의 둘째 아들 남무 태자가 즉위하였다. 이에 맏이 발기가 소나부의 3만여 가구를 거느리고 한나라 요동태수 공손찬에게 투항했는데, 공손찬이 믿지 못하고 거절하자 발기는 비류수 상류로 돌아와 머무니, 고국천제[83]가 이를 용서하였다.

> *서기 181년에 한(漢) 나라에서 제갈량(諸葛亮)이 출생하였다.
> *서기 182년에 한나라 오(吳) 땅에서 손권이 출생하였다.

(1) 한나라 요동태수의 침입 격퇴

서기 184년에 한나라 요동태수가 침공하였으나, 고국천제가 몸소 적들을 섬멸하였다. 이때 요동태수는 공손찬(公孫瓚) 또는 공손탁이 된다. 서기 197년에 고구려의 산상제의 아우 계수가 토벌한 요동태수는 공손탁(公孫度)이다.

> *서기 184년에 한(漢) 나라에는 황건적의 난이 일어났다. 이때 조조(曹操)는 30세,
> 유비는 24세, 관우는 23세, 장비는 20세, 제갈량은 4세, 손권은 3세였다.
> *서기 189년에 한(漢) 나라에서는 동탁을 타도하는 반동탁 연합군이 결성되었다.

(2) 외척의 반란

서기 190년에 중외대부 패자 어비류와 평자 좌가려가 연나부의 무리를 이끌고 반란을 일으켜 서기 191년에 왕성을 공격하였으나, 고국천제가 이를 진압하였다.

---

83) 윤복현 선생은 러시아에 있는 기록을 언급하면서 거란의 태종 야율덕광이 고구려 고국천제를 세무국현천호태황제(世武國賢天浩太皇帝)로 시호를 올리고, 청(淸) 강희제(康熙帝)는 문종(文宗)이라 묘호(廟號)를 올렸다고 한다.

(3) 을파소의 등용

국상으로 천거 받은 안류가 을파소를 천거하니 고국천제가 을파소를 국상에 임명하였다.

(4) 진대법 실시

서기 194년 가을에 고국천제가 을파소의 의견에 따라 진대법을 실시하였다.

*서기 196년에 원술이 한(漢) 나라 옥새를 차지하였다.

서기 197년에 고국천제가 아들이 없이 갑자기 붕하시니, 왕후가 아우(세째 왕자) 발기를 찾아갔으나 거절하여, 연우(고국천제의 둘째 아우:네째 왕자)를 찾아가서 의논하여 유언을 받았다라며 즉위하였다.

*서기 197년에 유비가 여포에게 서주와 소패를 잃고 조조에게 의탁하였다.

10. 제10대 산상제(山上帝:서기 197년~서기 227년)

서기 197년에 고국천제의 아우 연우가 즉위하였다.[84]

(1) 발기의 반란

이에 셋째 발기가 군사를 일으켜 왕성을 포위하였으며 산상제의 처자를 죽였다. 발기는 한나라 요동태수 공손탁(公孫度)을 찾아가 투항한 후 한나라 군사 3만을 이끌고 고구려를 침공하였다. 그러나, 막내 계수에게 대패하여 달아나다가 발기는 결

---

84) 윤복현 선생은 러시아에 있는 기록을 언급하면서 거란의 태종 야율덕광이 고구려 산상제를 호상대함산상문황제(浩上大咸山上文皇帝)로 시호를 올리고, 청(淸) 강희제(康熙帝)는 예조(睿祖)라 묘호(廟號)를 올렸다고 한다.

국 자결하였다. 가을에 발기의 시신을 찾아와 왕족의 예로 장례를 치렀다.

(2) 계수의 요동 평정

서기 197년 산상제의 아우 계수(罽須)를 파견하여 후한의 장수 공손탁(公孫度)을 공격하여 격파하고 현도와 낙랑을 정벌하여 이를 멸망시켜 요동을 평정했다.

〈환도성 축조〉

서기 198년에 **환도성**을 축조하였다.[85]

* 서기 199년에 원소가 유주(幽州)의 공손찬(公孫瓚)을 멸하였다. 이해에 오(吳)나라에서는 노숙이 18세의 손권을 만났다.

* 서기 200년에 한나라에서는 조조와 원소 사이에 관도대전이 있었다. 유비가 유표에게 의탁하였다.

(3) 을파소 국상(?~서기 203년)

을파소 선생은 일찍이 다음과 같이 무리에게 말하였다.

신시이화의 세상엔 백성들의 지혜가 열림으로 말미암아 날로 지극한 다스림에 이르렀는 즉, 만세에 걸쳐 바뀌지 않는 표준인 까닭이 있다. 참전에 계가 있어 신의 계시를 들어 무리를 교화하고, 한맹에 율이 있어 하늘을 대신하여 공을 행한다. 모두 스스로 마음을 세우고 힘을 써서 뒤의 공을 마련함이라.

(乙巴素 嘗言於衆 曰 神市理化之世 由民開智 日赴至治 則有所以 亘萬世 不可易之 標準也 參佺有戒 聽神以化衆 寒盟有律 代天行功也 皆 自立心作

---

85) 처음 축성한 환도성이 된다. 국내성 안에 있는 환도산 위에 축성한 것이다.

力以 備後功也)[86]

서기 200년경 산상제 때 을파소가 국상이 되더니 나이 어린 준걸을 뽑아서 선인 도랑이라 하였다. 교화(敎化)를 관장하는 자를 참전(參佺)이라 하는데 무리들이 뽑아 계율을 지키고 신(神)을 위하는 일을 맡으며, 무예(武藝)를 관장하는 자를 조의(皂衣)라 하는데, 몸을 단련하고 규율을 만들며 공적인 일을 위하여 몸을 바친다라고 하였다. 을파소는 제2대 유리명제 때의 대신이던 을소(乙素)의 손자가 된다.

〈을파소 선생이 전수한 참전계경〉

을파소 선생이 일찍이 백운산(白雲山)에 들어가 하늘에 기도하고 천서(天書)를 얻으니 참전계경(參佺戒經)이라 했다[87]. 참전계경은 모두 366조목으로 되어 있으며, 성(誠), 신(信), 애(愛), 제(濟), 화(禍), 복(福), 보(報), 응(應)의 8개 항목의 계율로 되어 있어 팔훈(八訓), 팔리훈(八理訓)이라고도 한다.[88] 참전계경의 366조 중 8강(綱)을 발췌하여 부록에 붙이기로 한다.

(4) 산상제가 산천에 제를 올리다

서기 203년에 산상제가 산천에 제를 올렸다.

＊서기 203년 봄에 조조가 원소의 기주(冀州)의 업성(鄴城)을 공략하였다.

---

86) 전계 한단고기 〈태백일사/고구려국본기〉, 262~263쪽 참조
87) 을파소 선생이 수도하던 굴의 벽에 참전계경 366조가 새겨져 있었던 것을 발견하여 전하였다라고 한다. 을파소 선생이 전수한 참전계경(參佺戒經) 총론(總論)에는 한.배달.조선.고구려의 역사를 총괄하고 있다.
88) 전계 한단고기 〈태백일사/소도경전본훈〉, 256~257쪽 참조

(5) 공손강이 대방군을 설치하다

서기 204년에 공손강(公孫康)이 대방군(帶方郡)을 설치하였다. 공손연(公孫淵)은 공손강의 아들이며, 공손강은 공손탁(公孫度)의 아들이고, 공손탁은 공손찬(公孫瓚)의 아들이다. 즉 공손찬, 공손탁, 공손강, 공손연의 순이 된다.

대방군은 낙랑군(樂浪郡)의 남부 지역을 나누어 설치하였다. 낙랑군은 난하 중류 지역에서 동서로 걸친 것이 되는데, 대방은 대수(帶水)가 있는 지역으로서 난하(灤河)의 서쪽으로 고하(沽河) 하류 동쪽에 위치하는 것이 된다.

> *서기 207년에 27세의 제갈량이 유비에게 등용되어 유비에게 천하경영의 계책을
> 말하였다. 이해에 조조가 하북을 평정하였다.

(6) 산상제가 주통촌에서 소후를 얻다

서기 208년에 산상제가 주통촌 후녀를 임신시켜 소후로 봉하였다.

> *서기 208년에 한(漢) 나라에서는 조조가 화타를 죽였으며, 10월에는 적벽대전이
> 있었다. 유비는 유표가 죽고 유표의 차남 유종이 조조에게 항복하니 번성에서 백
> 성을 이끌고 남하하였다. 이해에 오나라의 노숙이 46세로 죽었다.

(7) 제2환도성을 수도로 삼다

서기 209년 10월에 **환도성(丸都城)**을 수도로 삼았다. 환도성은 국내성(國內城) 산 위에 있다.

> *서기 209년에 한(漢) 나라에서는 조조와 손권의 합비전투가 있었다. 이해에 49세
> 의 유비가 20세가 안 된 오나라의 손부인과 정략 결혼하였다.
> *서기 211년에 유비가 익주를 공략하였다.

*서기 214년에 유비가 방통을 잃고 낙성을 함락하였다. 이해 여름에 유장이 유비에게 익주를 바쳤다.

*서기 215년에 유비가 촉을 차지하자 오나라의 손권이 형주를 반환할 것을 요청하였다.

*서기 216년 5월에 조조가 한(漢)의 헌제(獻帝)로부터 위왕(魏王)에 봉해졌다.

*서기 217년에 위왕 조조가 황제처럼 행세하였다.

*서기 219년 5월에 조조가 한중을 포기하고 퇴각하였다. 이해에 58세의 관우가 오(吳)나라 손권에게 거짓으로 항복한 후 몰래 도망하다 붙잡혀 죽었다. 이해에 유비가 한중왕(漢中王)이 되었다.

*서기 220년에 조조가 66세로 죽었다. 이해에 장비가 58세로 죽었다.

*서기 222년에 촉나라 유비가 형주를 탈환함으로써 관우의 원수를 갚기 위하여 오나라를 공격하였다. 이해 10월 28일에 한(漢) 나라 헌제가 조비에게 강압에 의하여 선양하였다.

*서기 223년에 촉나라 유비가 오나라와의 전쟁에서 패하고 백제성(白帝城)으로 피하여 63세로 죽고, 아들 유선이 즉위하였다.

*서기 227년에 제갈량이 제1차 출사표를 썼다.

11. 제11대 동천제(東川帝:서기 227년~서기 248년)

산상제와 소후의 아들 교체가 19세로 즉위하였다.

동천제[89]도 단군이라 한다. 한맹의 절기가 될 때마다 삼신을 평양의 기림굴(箕林窟)에서 제사하여 맞이하였다.

삼륜구덕의 노래가 있어 이를 권장하였으며, 조의선인은 모두 선택되었는바, 국인이 그 선출됨을 긍지로 여겼다.[90]

---

89) 윤복현 선생은 러시아에 있는 기록을 언급하면서 거란의 태종 야율덕광이 고구려 동천제를 현무천세동양태황제(現武天世東襄太皇帝)로 시호를 올리고, 청(淸) 강희제(康熙帝)는 명종(明宗)이라 묘호(廟號)를 올렸다고 한다.

(1) 우씨를 태후로 봉하다

서기 228년에 동천제가 산상제의 정비 우씨를 태후로 봉하였다.

  *서기 228년에 촉나라 제갈량이 제2출사표를 쓰고, 위(魏)나라를 치는 북벌을 시도
  하였다.

(2) 우씨 태후가 훙하다

서기 234년 우씨 태후가 훙하여 산상제릉 옆에 모셨다. 우씨는 고국천제의 왕비
였다가 산상제의 비가 되었고 동천제 때 태후가 되었다.

  *서기 234년에 촉나라의 제갈량이 10만 군사로 위(魏)나라를 치는 최후 북벌을 단
  행하여 오장원(五丈原)에 본진을 설치하였으며, 병으로 군중에서 54세로 죽었다.

(3) 위나라와 화친하고 오나라의 사신을 베다

서기 236년에 오나라 사신이 왔으나 목을 베어 위나라로 보냈다.

(4) 요동의 공손연 격파

서기 238년에 요동의 공손연(公孫淵)이 반란을 일으키자, 위(魏)나라의 사마의
가 군사를 이끌고 요동지역을 차지하고 있던 공손연을 공격하니 동천제가 구원병 1
천여 명을 보내 위나라를 도와 승리로 이끌었으나, 보답이 없었다.

(5) 위나라의 서안평 공격

서기 242년(위나라 정시 3년)에 고구려가 위나라의 요동 서안평을 공격하여 점

---

90) 전계 한단고기 〈태백일사/고구려국본기〉, 264~265쪽 참조

령하였다.

(6) 환도성 함락

서기 246년(위나라 정시 7년)에 위나라 유주자사(幽州刺史) 관구검이 군사 1만여 명으로 고구려를 침략하였으나, 동천제가 군사 2만으로 비류수에서 역습하여 위나라군 3,000여명을 참하고 다시 양맥에서 3,000여명을 죽여 대승을 거두었다. 이에 동천제가 진격하다 관구검이 필사적으로 반격하므로 패전하여 관구검이 환도성을 함락시켜 파괴하고 동천제를 쫓았다. 죽령 부근에서 밀우가 이를 막고 유옥구가 밀우를 구했다. 동천제가 남옥저로 향하니 유유가 계책을 내어 적장 왕기를 찾아가 살해하고 자결하였다. 이에 동천제가 추격군을 전멸시키고 환도성으로 진격해 관구검을 축출하였다.

환도성은 국내성 안에 있는 산성으로 고구려 때 환도성을 축성하여 적군의 침략으로 파괴될 때 수리하곤 하였다.

(7) 평양 천도

서기 247년에 **평양(平壤)**으로 천도하였다.

여기서 평양이 대동강 평양인지 아니면 국내성 또는 환도성 부근의 해성(海城) 평양인지 불명이나 환도성을 함락당한 당시 상황으로 보아 대동강 평양일 가능성이 더 농후한데, 관구검이 환도성을 파손하였던 것이 되며, 이를 복구하기 위하여 일시 천도한 것이 된다. 서기 293년에 선비족 족장 모용외가 침입한 도성은 국내성 서쪽에 있어 서경(西京)이 되는 해성(海城) 평양성이 될 것이고, 이곳 대동강 평양은 서기 339년에 환도성으로 천도하기까지 93년간의 수도였던 것이 될 것이다.

(8) 신라와 화친하다

서기 248년에 신라의 첨해왕이 사신을 보내와 화친하였다.

12. 제12대 중천제(中川帝:서기 248년~서기 270년)

동천제의 태자 연불이 24세로 즉위하였다.[91]

황비연씨와 관나부인의 상호 질투 속에서 관나부인이 황비연씨를 지나치게 모함하므로 관나부인을 바다에 버렸다.

＊서기 252년에 오(吳)나라의 손권이 71세로 병사하였다.

서기 259년에 위나라 위지해가 군사를 이끌고 침공하였으나, 중천제가 군사 5천으로 양맥 계곡에서 위나라 군사 8천을 죽이고 대승하였다.

＊서기 263년에 촉나라가 위(魏)나라의 사마소에게 멸망하였고, 유선은 사마소에 의하여 안락공에 봉해졌다.
＊서기 264년에 오나라 황제 손휴가 죽고 손호가 즉위하였다. 이해에 위(魏)나라의 사마소가 진왕(晉王)이 되었다.
＊서기 265년에 사마소가 죽고 장남 사마염(司馬炎)이 위(魏)나라 원제(元帝) 조환(曹奐)으로부터 강압적으로 선양받아, 국호를 진(晉)이라고 하였다.

서기 270년 10월에 중천제가 붕하였다.

13. 제13대 서천제(西川帝:서기 270년~서기 292년)

중천제의 둘째 아들 태자 약로(약우)가 즉위하였다.[92]

---

91) 윤복현 선생은 러시아에 있는 기록을 언급하면서 거란의 태종 야율덕광이 고구려 중천제를 천호성세중양태황제(天鎬成世中襄太皇帝)로 시호를 올리고, 청(淸) 강희제(康熙帝)는 영종(英宗)이라 묘호(廟號)를 올렸다고 한다.
92) 윤복현 선생은 러시아에 있는 기록을 언급하면서 거란의 태종 야율덕광이 고구려 서천제를 성

*서기 276년에 오(吳)나라의 손호가 진(晋)에 투항하였다.

서기 280년 겨울에 대장군 달가가 기병을 거느리고 숙신을 기습하여 추장을 죽이고 단로성을 점령하였다. 이에 7개부락이 항복하였고, 서천제는 달가를 안국군에 봉하였다.

여기서 숙신은 고구려의 동북쪽에 있는 부족으로서 단군조선의 숙신에서 유래된 나라이며, 고구려 때에는 길림에서 두만강에 걸치는 지역 즉 동부여의 동쪽에 위치하고 있었던 것이 된다.

*서기 280년 3월에 오(吳)나라가 진(晋)나라에 망하였다. 손호는 귀명후(歸命侯)에 봉해졌다.[93]

서기 286년 봄에 서천제의 아우 일우와 소발이 반란을 모의하다 발각되어 처형당했다.

14. 제14대 봉상제(烽上帝:서기 292년~서기 300년)

서천제의 태자 상부(삽시루)가 즉위하였다.[94]

봉상제가 숙부 안국군을 살해하였다.

서기 293년[95]에 선비족 족장 모용외가 도성(평양성)까지 침입하였고 이때 고노

문현중천서양태황제(成文玄中天西襄太皇帝)로 시호를 올리고, 청(淸) 강희제(康熙帝)는 정종(正宗)이라 묘호(廟號)를 올렸다고 한다.

93) 이상으로 위오촉의 삼국시대 역사의 연대기를 끝낸다.

94) 윤복현 선생은 러시아에 있는 기록을 언급하면서 거란의 태종 야율덕광이 고구려 봉상제를 주혜의문상국수무황제(柱慧議文上國殊武皇帝)로 시호를 올리고, 청(淸) 강희제(康熙帝)는 영종(永宗)이라 묘호(廟號)를 올렸다고 한다.

95) 서기 299년이 己未年인데 연가(延嘉) 7년이 고구려 봉상제의 연호인지 연구 대상이다.

자가 모용외를 축출하였다 .여기서 도성은 서기 247년에 천도한 대동강 평양인지 국내성 서쪽의 해성(海城) 평양인지 불명인데, 단군조선 말기인 서기전 425년에 장 당경의 남쪽에 위치한 해성(海城)을 평양이라 불렀던 사실을 보면 지금의 요하 동 쪽에 있는 해성의 평양일 가능성이 많다. 다만, 도성까지 침입하였다라는 글귀로 보 면 대동강 평양일 가능성도 전혀 배제할 수는 없다.96)

봉상제가 아우 돌고에게 역적모의를 하였다 누명을 씌워 사약을 내렸다. 이에 돌 고의 아들 을불이 도망하였다.

서기 296년에 선비의 모용외가 다시 고구려를 침입하여 고국원에 이르러 서천제 의 릉을 도굴시도 하였으며, 고노자가 신성의 태수로 봉해져 지키니 모용외는 다시 침범하지 않았다.

서기 298년에 궁전 증축을 감행하였다.

서기 300년에 가뭄이 들어 흉년이 들었다. 8월에 국상 창조리가 사냥나간 봉상 제를 체포하여 폐위하여 별궁에 가두고, 돌고의 아들 을불을 추대하였다. 이에 봉상 제는 아들과 함께 자결하였다.

15. 제15대 미천제(美川帝:서기 300년~서기 331년)

미천제97)의 업적은 막대하다.

(1) 현도군 정벌

서기 302년에 미천제가 3만여 군사를 이끌고 현도군을 공격하여 포로 8,000여

---

96) 봉황성(鳳凰城)을 평양(平壤)이라고도 주장하는데, 이 봉황성은 고구려의 오골성(烏骨城)이 될 것이다.

97) 윤복현 선생은 러시아에 있는 기록을 언급하면서 거란의 태종 야율덕광이 고구려 미천제를 영 성태문호양황제(英成太文好壤皇帝)로 시호를 올리고, 청(淸) 강희제(康熙帝)는 고종(高宗)이 라 묘호(廟號)를 올렸다고 한다.

명을 잡아 평양으로 이주시켰다.

여기 평양은 서기 247년부터 서기 339년까지의 수도이던 평양을 가리키는 것이 되는데, 대동강의 평양인지 아니면 국내성 부근에 있는 해성(海城) 평양인지 불명이다. 그러나, 서기 427년에 장수제가 수도를 대동강 평양으로 옮기기 전에 위나라 관구검의 침략으로 옮긴 수도는 당시 상황으로 볼 때 국내성에서 멀리 떨어진 남쪽에 위치하는 대동강 평양이 될 것이며, 미천제가 현도군 포로들을 이주시킨 곳은 거리상 해성 평양일 것이나 대동강 평양일 가능성도 배제할 수는 없다.

(2) 서안평 점령

서기 311년에 요동 서안평을 점령하였다.

(3) 낙랑군과 대방군의 완전 축출

서기 313년에 낙랑군을 멸망시켰다.

이후 고구려 역사에서 낙랑군의 지명이 등장하지 않게 된다. 이때 낙랑군 포로 2,000여명을 대동강 평양으로 이주시킨 것으로 추정된다.[98]

서기 314년에 대방군을 멸망시켰다. 이후 고구려 역사에서 대방군의 지명이 등장하지 않게 된다.

(4) 선비족 모용외의 침입

서기 319년에 모용외가 장군 장통을 보내어 고구려 하성을 기습 공격하여 고구려 장수 여노자를 생포하고 민가 1천여 호를 약탈하고 극성으로 돌아갔다. 이에 미천제가 군사를 보냈으나 모용외의 아들들에게 패하였다.

---

98) 대동강 평양 부근에서 출토된 한의 낙랑군 관련 목간 등의 유물은 이때 포로들의 소장품이었을까 아니면 일제의 역사날조를 위한 증거조작 작품일까? 다만 점제현신사비는 후대에 역사날조를 위한 증거로 만들려고 했던 일제의 조작일 가능성이 짙다.

서기 320년에 미천제가 요동을 지키고 있던 모용외의 아들 모용인을 축출하였다.

16. 제16대 고국원제(故國原帝:서기 331년~서기 371년)

미천제의 태자 사유가 즉위하였다. 연호를 연수(延壽)[99]라 하였다.

이때 5호16국 시대로 모용외의 아들 모용황이 연(전연)을 세웠다.

서기 334년에 평양성을 증축하였다. 이 평양성은 서경(西京)인 해성(海城) 평양인지 남경(南京)인 대동강 평양인지 불명인데, 동천제 21년인 서기 247년에 천도하여 현재 수도인 이 평양은 대동강 평양일 가능성이 농후하다.

서기 335년에 북쪽에 신성을 축조하였다.

(1) 전연의 침입

서기 339년에 전연의 모용황이 신성으로 침공하였다.

(2) 환도성 천도

서기 342년 2월에 환도성을 수리하고 8월에 **환도성**으로 천도하였다. 여기 환도성은 국내성 안에 있는 산성이다.

(3) 국내성 축성

서기 342년 2월에 국내성을 축성하였는데, 파괴된 것을 보수한 것인지 증축한 것인지 불명한데, 당시 상황으로 보면 보수하면서 증축한 것으로 추정된다.

---

99) 윤복현 선생은 요(遼:거란)의 태종(太宗) 야율덕광(耶律德光)이 고국원제를 국강상대소열무황제(國岡上大昭列武皇帝)로 시호를 올렸다고 러시아에 있는 기록을 언급하고 있다.

(4) 환도성 함락

서기 342년 11월에 전연의 선비족 모용황이 4만의 군사를 거느리고 남쪽으로 침입하고 나머지는 북쪽으로 침입하였는데, 고국원제의 아우 무가 5만의 군사로 북쪽을 지키고 고국원제는 1만 군사로 남쪽을 지키다, 모용황이 고국원제의 군사를 격파하고 환도성을 점령하였다. 이에 고국원제가 단웅곡으로 피하였다.

모용황은 미천제의 무덤을 파서 시체를 꺼내 싣고 태후와 왕비, 5만명의 백성을 포로로 잡아가고 궁궐에 불을 지르고 환도성을 헐어버렸다.

(5) 평양 천도

서기 343년 봄에 고국원제가 전연에 사신을 보내 미천제의 시체를 돌려받았다. 7월에 **평양 동황성(東皇城)**으로 도읍을 옮겼다.

여기 평양은 서기 247년부터 서기 339년까지 93년간의 수도이던 곳인지, 국내성 서편에 있는 해성 평양을 가리키는지 명확하지 않은 듯 하나, 전연에 사신을 보내어 미천제의 시신을 돌려받은 것과 광개토호태황 때인 서기 400년에 남쪽에 평양이 있었던 것을 고려하면[100] 해성 평양임이 분명하고, 기록에도 분명히 서경(西京) 동쪽의 목멱산(木覓山) 중에 있다고 밝히고 있다.

해성(海城)이 곧 고구려의 서경(西京)이 되는데, 해성은 서기전 425년에 단군조선의 대부여(大扶餘)라는 국호(國號) 시대에 수도 장당경의 남쪽에 소재한 해성(海城)을 평양(平壤)이라 부르고 이궁(離宮)을 지었다고 기록되고 있는 데서 명백하다.[101] 평양의 동쪽에 성이 있어 동황성이라 한 것이다.[102]

---

100) 광개토호태황비문에 ...九年己亥 百殘違誓 與倭和通 王巡下平穰而 新羅遣使 白王云 倭人滿其國境 潰破城池 以奴客爲民 歸王請命...이라 하여 왕이 아래로 평양을 순시하매 신라가 사신을 보내어 구원을 요청한 취지의 기록이 있다.

101) 전게 한단고기 〈단군세기〉 114쪽 (44세 구물단군) 참조.

102) ...十三年, 春二月, 王遣其弟, 稱臣入朝於〈燕〉, 貢珍異以千數. 〈燕〉王〈황〉乃還其父尸, 猶

(6) 전연의 침입

서기 345년에 전연의 모용황이 모용각을 보내어 고구려의 남소성을 함락시켰다.

(7) 모용황이 죽다

서기 348년에 전연의 모용황이 죽고 모용준이 왕이 되었다.

(8) 백제를 침공하다

서기 355년에 고국원제가 군사 2만으로 백제를 쳤으나 치양 싸움에서 크게 패하였다.

(9) 전연이 망하다

서기 370년에 전진이 전연을 멸망시켰다. 이에 전연의 태부 모용평이 고구려로 도망하여 왔으나 고국원제가 모용평을 전진으로 압송하였다.

(10) 근초고왕에게 전사하다

서기 371년에 백제의 근초고왕이 3만여 명의 군사를 거느리고 고구려의 **평양성**을 공격하였다. 한강 전투에서 백제 제13대 근초고왕에게 패하여 전사하였다. 여기 평양성은 한강의 북쪽에 위치한 대동강의 평양이 된다.

17. 제17대 소수림제(小獸林帝:서기 371년~서기 384년)

고국원제의 태자 구부가 즉위하였다.103)

留其母爲質. 秋七月, 移居〈平壤〉〈東黃城〉, 城在今〈西京〉東〈木覓山〉中. 遣使如〈晉〉朝貢. 冬十一月, 雪五尺...〈삼국사기 고구려본기 참조〉

103) 윤복현 선생은 러시아에 있는 기록을 언급하면서 거란의 태종 야율덕광이 고구려 소수림제를

(1) 불교 수용

서기 372년에 전진의 왕 부견이 사신과 함께 승려 순도를 보내 왔으며, 이에 불교를 수용하였다.

(2) 태학 설치

서기 372년에 태학(太學)을 설치하였다.

(3) 율령반포

서기 373년에 율령을 공포하였다.

(4) 유기 편찬

역사책 유기(留記) 100권을 편찬하였다.

(5) 초문사 창건

서기 374년에 동진에서 온 승려 아도의 건의로 최초의 절인 초문사를 창건하였다.

(6) 백제를 치다

서기 376년에 백제 북쪽의 옛 영토를 일부 수복하였다.

(7) 백제가 침공하다

서기 377년 10월에 백제가 3만 명의 군사를 이끌고 **평양성**까지 진격하였으나, 소수림제가 몸소 군사를 이끌고 가서 대승을 거두었다. 여기 평양성은 대동강 평양

소해주류대천황제(小解朱留大天皇帝)로 시호를 올리고, 청(淸) 강희제(康熙帝)는 소종(昭宗)이라 묘호(廟號)를 올렸다고 한다.

이 된다.

18. 제18대 고국양제(故國壤帝:서기 384년~서기 391년)

소수림제의 아우 이련이 즉위하였다.104)

(1) 후연의 요동과 현도 점령

서기 385년에 고구려가 전연의 왕족 모용수가 세운 후연의 용성으로 침공하여 요동과 현도를 함락시키고 포로 1만여 명을 잡아왔다.

(2) 요동과 현도를 잃다

서기 385년 11월에 후연의 모용농에게 요동과 현도를 다시 잃었다.

(3) 백제의 침공

서기 389년에 백제가 고구려의 남쪽 변방을 침입하여 약탈하였다.

서기 390년에 백제가 고구려의 도압성을 함락하고 2백 명을 포로로 잡아갔다. 고구려가 신라의 내물왕에게 사신을 보내어 인질을 보내면 도와주겠다 하니 실성을 인질로 잡히겠다 하였다.

19. 제19대 광개토경호태황(廣開土境好太皇:서기 391년~서기 412년)

서기 391년에 고국양제의 태자 담덕이 18세의 나이로 광명전(光明殿)에서 등극하였으며105), 연호를 영락(永樂)이라 하였다. 여기서 영락은 연호이므로 왕호로 하

---

104) 윤복현 선생은 러시아에 있는 기록을 언급하면서 거란의 태종 야율덕광이 고구려 고국양제를 국양상지목현태황제(國壤上持牧賢太皇帝)로 시호를 올리고, 청(淸) 강희제(康熙帝)는 목종(穆宗)이라 묘호(廟號)를 올렸다고 한다.

105) 전계 한단고기 〈태백일사/고구려국본기〉, 265~266쪽 참조

면 영락태왕106)이 된다.

(1) 어아가와 참성단 제천

군사들로 하여금 어아가(於阿歌)를 부르게 하고 사기를 돋우었다 말을 타고 순수하여 마리산에 이을 참성단에 올라 친히 삼신에게 제사지냈다.107) 여기서 어아가는 배달나라 시대부터 이어져 온 권선가(勸善歌)이며, 나라를 세운 조상들에게 감사드리는 노래이다. 특히 단군조선 제2대 부루 천왕 시대에 어아가가 많이 불려진 것으로 기록되고 있다.

〈어아가〉

어아어아 우리 대조신(大祖神) 큰 은덕 배달나라, 우리 모두 백백천천 잊지마세!

어아어아 착한 마음 큰 활 되고, 악한 마음 과녁이네, 우리 백백천천인 모두 큰 활줄 같은 착한 마음, 곧은 화살 한 마음 같네!

어아어아 우리 백백천천인 모두 큰 활 하나, 무리지은 많은 과녁 뚫어 부수니, 끓는 물 같은 착한 마음 속, 한 덩이 눈 같은 악한 마음이네!

어아어아 우리 백백천천인 모두 큰 활 굳고 굳은 같은 마음, 배달나라 광영일세, 백백천천년 큰 은덕 우리 대조신 우리 대조신!

(於阿於阿 我等大祖神 大恩德 倍達國 我等皆 百百千千 勿忘

於阿於阿 善心大弓成 惡心矢的成 我等百百千千人皆 大弓絃同善心 直矢一心同

於阿於阿 我等百百千千人皆 大弓一 衆多矢的 貫破 水沸湯同善心中 一塊

---

106) 윤복현 선생은 러시아에 있는 기록을 언급하면서 거란의 태종 야율덕광이 고구려 광개토제를 국강상광개토경평안영락호태황제(國岡上廣開土境平安永樂好太皇帝)로 시호를 올리고, 청(淸) 강희제(康熙帝)는 성조(聖祖)라 묘호(廟號)를 올렸다고 한다.

107) 전게 한단고기 〈태백일사/고구려국본기〉, 265~266쪽 참조

雪惡心

於阿於阿 我等百百千千人皆 大弓堅勁同心 倍達國光榮 百百千千年 大恩
德 我等大祖神 我等大祖神)

(2) 신라 실성을 인질로 삼다

서기 391년 신묘년(辛卯年) 봄 1월에 고구려가 신라에 사신을 보내자 신라 내물
마립간이 이찬 대서지의 아들 실성을 볼모로 주었다.

(3) 왜 격파

서기 391년 신묘년에 고구려군이 바다를 건너 왜를 격파하였는데, 백제가 왜를
사주하여 연속적으로 신라를 침범하게 하였다.108)

(4) 광개토호태황 친솔(親率) 수군의 백제 10성 점령

서기 391년 가을 7월에 광개토호태황은 몸소
수군을 이끌고 웅진, 임천, 와산, 괴구, 복사매, 우
술산, 진을례, 노사지 등 10성을 공격하여 정복하
고서, 도중에 속리산에서 이른 아침에 제천하고
돌아 왔다.109) 왜인은 백제의 보좌였는데, 백제가
먼저 왜와 밀통하여 왜로 하여금 신라의 경계를
계속해서 침범하게 사주하였던 것이다.

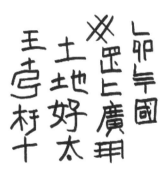

신라 땅 출토의 광개토호태황 호우

광개토호태황이 백제를 몸소 정벌활동을 수행한 것은 아버지 고국양제가 서기
390년에 신라의 내물왕에게 사신을 보내어 인질을 보내면 도와주겠다 하니 실성을

---

108) 전게 한단고기 〈태백일사/고구려국본기〉, 265~266쪽 및 광개토경평안호태황비 비문 참조
109) 전게 한단고기 〈태백일사/고구려국본기〉, 265~266쪽 참조

인질로 잡히겠다 하였고, 이에 따라 서기 391년 봄 1월에 고구려가 신라에 사신을 보내자 신라 내물 마립간이 이찬 대서지의 아들 실성을 볼모로 주었기 때문에 약속을 지킨 것이 된다.

(5) 백제 관미성 함락

서기 391년 겨울 10월에 광개토호태황은 군사를 7부대로 나누어 20일 동안 쉬지 않고 공격하여 백제의 관미성을 함락시켰다. 11월에 백제의 진사왕이 구원의 행궁에서 사망하고 조카인 아신왕이 즉위하였다.

(6) 거란 정벌

백제를 다시 공격할 때 거란이 침입하여 약탈하고 백성들을 잡아가므로 북쪽으로 향하니 거란군은 지레 겁을 먹고 달아나 백성들이 고구려로 되돌아 왔다.

(7) 백제, 신라, 가락, 거란, 평량, 임나, 이왜, 후연, 읍루 등 복속

이때 백제, 신라, 가락을 복속시켜 조공하도록 하였으며, 거란, 평량을 평정하여 굴복시키고, 대마도의 임나와 본주에 위치하였던 이왜(伊倭)를 복속시켜 신하로 삼았다.[110] 또, 후연을 격파하여 요동을 확보하였으며, 읍루를 정벌하였다.

(8) 관미성을 내주다

서기 392년 가을 8월에 백제 아신왕이 진부에게 관미성을 되찾으라 하니, 진무가 1만으로 고구려의 식량 길목을 끊으므로 관미성을 잃었다.

---

110) 전게 한단고기 〈태백일사/고구려국본기〉, 265~266쪽 참조. 고구려가 이왜(伊倭)를 복속시켜 신하로 삼았다라는 것은 서기 400년에 고구려가 일본 땅을 정복하여 군국(郡國)으로 삼은 것을 가리키는 것이 된다.

(9) 절을 짓다

서기 393년에 광개토호태황이 일반 백성들이 불교를 접할 수 있도록 평양에 9개의 절을 지었다.

(10) 백제 격파

서기 393년 7월부터 백제가 고구려의 수곡성, 패수를 공격하여 내침하므로 광개토호태황이 정예기병 5천을 이끌고 역공하여 패퇴시켰다.

서기 394년 가을 8월에 광개토호태황이 7,000의 군사로 패수에서 백제와 전쟁하여 패퇴시키고 8,000명을 전사시켰다. 겨울 11월에 백제 아신왕이 패수의 패전을 복수하고자 7,000 군사를 이끌고 한수와 청목령 아래를 지날 때 큰 눈이 내려 사졸들이 많이 얼어 죽으므로 군사를 돌렸다.

(11) 백제 58개성 함락

서기 396년에 백제의 일팔성(壹八城), 아단성(阿旦城)111), 국성(國城:수도:漢山城) 등 58개성을 함락시켰다. 58개의 성의 명칭은 서기 414년 9월 29일에 장수제가 세운 광개토경평안호태황비의 비문에 나타나고 있다.

(12) 후연의 침공

서기 399년에 후연의 왕 모용성이 신성과 남소성을 함락하였다.

(13) 신라구원 및 대마도, 구주의 안라, 본주의 왜 복속

서기 400년 영락 13년 신라를 도와 왜를 격퇴하고, 대마도(對馬島)에 임나가라

---

111) 온달장군이 전사한 아차산성(阿旦山城)이 분명하다. 아단의 단이 아침(아시,아츠) 단이므로 아단은 아츠단이라는 말로 단은 훈차표기가 되어 아차산의 아차와 통하는 소리가 된다.

(대가야)의 분국으로 존재하다가 신라에 속한 좌호가라(佐護加羅), 고구려에 속한 인위가라(仁位加羅), 백제에 속한 계지가라(鷄知加羅)의 삼가라(三加羅)를 모두 고구려에 복속시켰다.112)

고구려는 대마도를 복속시킨 후 이어서 고구려의 좌군(左軍)은 담로도(淡路島)를 거쳐 단마(但馬)에 이르고, 우군(右軍)은 난파(難波:지금의 大阪:본주의 오사카)를 거쳐 무장(武藏)에 이르렀으며, 광개토호태황의 친솔군대는 곧바로 안라(安羅)가 있는 구주(九州)의 축사(竺斯:지금의 福岡:구주의 후쿠오카)를 건너니 모든 적들이 모두 스스로 무너지고 나뉘어져서, 고구려의 군국(郡國)이 되었다.113)

여기서 고구려군은 지금의 일본 본토를 정복한 것이 되는데, 광개토호태황께서 직접 이끄는 군대가 건넜던 축사(竺斯)는 축자(築紫)로서 지금의 구주(九州:큐슈)에 소재한 복강(福岡:후쿠오카)이 되는 것이며, 고구려의 좌군이 도착한 단마(但馬)와 우군이 도착한 난파(難波)는 본주(本州:혼슈)의 이왜(伊倭)의 땅으로서, 이세(伊勢), 대왜(大倭), 기이(紀伊), 대화(大和)의 땅이 된다.

이로써 광개토호태황이 서기 400년에 대마도는 물론 왜(일본의 전신) 본토를 복속시킨 것이 사실로 드러나는 것이 된다. 이때 왜(倭)는 인덕왕(仁德王)이 서기 399년에 죽고 이중왕(履中王)이 서기 400년 2월에 섰는데, 이 이중왕 때 고구려가 정복한 것이 된다.

안라인 수병(戍兵)의 본국인 아라가야(阿羅加耶)는 지금의 함안(咸安)에 있던 가야인데, 신라의 매금 즉 내물왕(서기 356년~서기 402년)이 직접 고구려에 조공하기 이전에 고구려 광개토경호태왕에게 모두 신복하였던 것이다. 즉, 신라왕이 직접 고구려에 가서 조공하기 이전에 이미 아라가야는 고구려에 복속되어 있었던 것이 된다. 아마도 서기 391년 신묘년에 고구려가 신라 왕자 실성을 인질로 잡을 때, 바

---

112) 전계 한단고기 〈태백일사/고구려국본기〉, 265~266쪽 및 292쪽 및 광개토황비 비문 참조
113) 광개토경평안호태황비 비문 참조

다를 건너 왜를 격파한 사실이 있는데, 이때 고구려가 아라가야114)의 분국이 되는 왜 땅의 구주(九州)를 정복하였던 것이 되는데, 이를 두고 한 말이 될 것이다.

구다천국(勾茶川國)도 역시 고구려에 아라가야와 동시에 조공하였던 것이 되는데, 구다천국은 옛 한국(桓國)의 12한국 중 하나로서 서기전 5000년경 이전부터 존속해 온 나라이며 대흥안령 서편에 있는 나라로서 거란의 북쪽으로 비려(碑麗) 가까운 곳에 위치한 나라가 된다.

(14) 후연 정벌

서기 402년에 고구려는 빼앗긴 신성과 남소성을 되찾고 평주로 진격하니, 이에 놀란 평주자사 모용귀가 성을 버리고 도망하였다.

(15) 백제, 왜의 연합군 격퇴

서기 404년에 백제와 왜의 연합군을 격퇴하였다.

(16) 후연의 침공

서기 405년에 후연의 모득이 요동성을 공격하였으나 고구려에 패하였다. 후연

---

114) 한반도 남부의 함양에 자리한 아라가야는 지금의 구주를 개척하여 분국을 두었던 것이 되며, 광개토호태황비에 안라인 수병이라고 기록되는 수병을 구주에도 두고 있었던 것이 된다. 임나가라인 대가야는 지금의 대마도에 분국을 두고 있었던 것이 되는데, 처음에는 대마도의 서북지역을 차지하였으나 나중에 대마도 전체를 차지하여 대마도가 곧 임나가 되었던 것이다. 임나는 구주의 안라를 복속시켰다. 나중에 대마도의 임나는 고구려, 신라, 백제가 나누어 다스리게 되고 이어 서기 400년에 고구려 광개토호태황이 대마도 전체를 접수하였던 것이 되며, 구주 땅의 안라까지 정복하였던 것이 된다. 원래 구주의 안라국은 웅본성(熊本城)에 있었고 원래 홀본인으로 고구려와 친교가 있었으나 뒤에 임나에 복속하였다고 한다. 구주의 안라국과 이웃한 다라한국(협보의 다파라국)은 아소산(阿蘇山)을 중심으로 하였으며, 협보는 고주몽의 의형제로 고구려 개국 공신이며 홀본으로부터 온 자이다. 다라한국은 대마도의 임나를 병합하여 3국을 두고, 구주에 7국을 두어 연정을 실시하였다. 안라국의 동쪽에 왜가 있었다.

은 거란을 공격하였으나 거란에 밀려 고구려 쪽으로 후퇴하다 고구려의 목저성을 공격하였으나 패하였다.

(17) 후연의 멸망

서기 407년에 후연은 고구려와의 전쟁에서 국력을 소진하여 멸망하였다.

(18) 북연과 수호

서기 408년에 북연(北燕)과 수호하였다. 북연의 왕 고운은 후연 모용보의 양아들로서 고구려 출신이었다.

(19) 6성 축조 및 평양민 이주

서기 409년에 6성을 쌓고 평양 백성을 이주시켰다.

(20) 동부여 정벌

서기 410년에 동부여의 64개성을 함락시켰다[115].

(21) 광개토호태황의 붕어

서기 412년 10월에 39세로 붕하였다. 광개토호태황비의 비문에는 전쟁터를 누비다 수레를 탄 채로 돌아가셨다라고 기록되고 있다.

---

115) 여기 동부여는 혼춘을 식읍으로 하여 고구려의 동쪽에 위치한 동부여가 된다. 서기 68년에 동부여에 봉해져 나라를 키운 것이 된다. 서쪽의 연나부 부여는 동부여가 아니라 그냥 부여, 연나부 부여로 기록된다.

20. 제20대 장수홍제호태열제(長壽弘濟好太烈帝:서기 413년~서기 491년)

광개토호태황의 태자 거련이 20세로 즉위하였다. 연호를 건흥(建興)[116]이라 하였다. 인의로써 나라를 다스려 강역을 널리 넓혔다.

이에 웅진강(熊津江) 이북이 모두 고구려에 속하게 되었다. 웅진은 지금의 공주이다. 서기 475년에 백제는 웅진으로 천도하게 된다. 즉 이때까지 백제는 고구려의 속국이나 다름없는 것이 된다.

(1) 광개토경호태황비 건립

서기 414년 갑인년 9월 29일에 광개토경호태황릉을 산릉(山陵:산같이 만든 릉)으로 이장하고, 광개토호태황비를 건립하였다.

〈광개토경호태황비문〉

광개토경호태황비는 태황릉에서 동북쪽 200m되는 곳에 세워 져 있다. 비석의 글자 수는 모두 44행에 매행마다 41자로 전부 1,775자 또는 1,774자라 하며, 현재 1,590여 글자는 해독이 가능하다고 알려져 있는데, 실제로 매행마다 41자로 모두 44행이 되면 합1,804자에서 기사왈(其詞 曰) 아래 2자를 빼고 모두 1,802자가 되는 것이 타당할 것인바, 27자 또는 28자 정도가 차이가 나는 것이 된다. 과연 자연석에 새겼기 때문에 1802자에서 약 28자 정도가 자연

광개토경평안호태황비

---

116) 윤복현 선생은 러시아에 있는 기록을 언급하면서 거란의 태종 야율덕광이 고구려 장수제를 장수홍제호태열황제(長壽弘濟好太烈皇帝)로 시호를 올리고, 청(淸) 강희제(康熙帝)는 숙종(肅宗)이라 묘호(廟號)를 올렸다고 한다.

적 공간상의 이유로 새겨지지 아니한 것인지, 아니면 중도에 어떠한 이유로 하여 비석이 깨어져 나간 것인지는 더 연구해 보아야 할 것이다. 해독불능으로 된 부분[117] 이 실제로 있는바, 만약 이 부분이 누군가에 의하여 의도적으로 깨어진 것이라면 이는 아마도 일제(日帝)가 고구려가 바다를 건너 이왜를 정복한 사실이 새겨진 부분을 고의로 훼손한 것이라 의심되고도 남는다.

비문의 내용은 고구려 건국과, 호태황 일생의 업적, 묘를 지키는 제도와 관련법령으로 나누어져 있다. 여기서는 단락을 지어 풀이하고, 해독미완 또는 탈자 된 부분은, 서기 1895년경 계연수(桂延壽) 선생이 해독한 자료를 근거로 하여 단단학회(檀檀學會)에서 발행한 것으로 추정되는 이덕수(李德秀) 선생 고석본(考釋本)의 광개토경평안호태황비문[大高句麗帝國國罡上廣開土境平安好太帝聖陵碑 - 大韓民國臨時政府平安北道督辦碧山李德秀考釋, 大韓民國8年2月]을 주로 참조하여 합 1,802자로써 문맥에 일맥상통하도록 보완하였다[118]. 물론 조속한 시일 내에 모든 글자들이 정확히 해독되거나 정확히 밝혀지기를 바라며 이에 따라 정확한 해석이 이루어지기를 바라는 마음이다.

1. 옛날에 시조 추모왕에서 나라의 바탕을 여셨도다! 북부여에서 나시어 천제(天帝)의 아들이며, 어머니는 하백여랑(河伯女郎)이시다.

---

117) *해독불능자가 표시된 비문 일부 : 十年庚子敎遣步騎五萬往救新羅從男居城至新羅城倭滿其中官兵方至倭賊退□□□□□□□□來背急追至任那加羅從拔城城卽歸服安羅人戍兵拔新羅城□城倭滿倭潰城六□□□□□□□□□□□□□□盡吏□來安羅人戍兵滿□□□□其□□□□□□□□□□□□□□□□□□□□□□□□□□□□□□□□潰□以□□安羅人戍兵昔新羅寐錦未有身來朝□□□□□□開土境好太□□新羅寐錦□□僕勾□□□□朝貢

118) 단단학회(檀檀學會) 발행 이덕수 선생 고석본에서 보완된 글자는 (?)로, 필자가 보완한 부분은 [?]로 표시하였다. 이덕수 선생의 고석본과 해독불능 글자를 표시한 광개토호태황비문의 해독본을 참조자료로 별도로 붙인다.

(惟昔始祖鄒牟王之創基也 出自北夫餘 天帝之子 母河伯女郎〈25자〉).

추모왕(鄒牟王)은 고구려 시조 고주몽(高朱蒙) 성제(聖帝)를 가리킨다. 고구려는 서기전 37년에 졸본(卒本)에서 건국되었다. 고주몽은 서기전 79년 5월 5일생이며, 아버지는 북부여(北夫餘)의 옥저후(沃沮侯) 고모수(高慕漱)로 일명 불리지(弗離支)이고, 어머니는 하백녀 유화부인(柳花夫人)이다. 추모(鄒牟)는 주몽(朱蒙)과 같이 활 잘 쏘는 사람을 뜻하는 "튜모" 또는 "듀무"라는 소리를 적은 글자로서 이두식 표기가 된다. 고주몽의 아버지 고모수는 북부여 시조인 증조(曾祖) 해모수(解慕漱)의 성씨가 해씨(解氏)이므로 해모수이기도 하다. 그래서 고주몽의 아버지와 고조(高祖)가 모두 해모수(解慕漱)가 된다.

고주몽의 아버지 고모수(해모수)는 서기전 80년경 압록하에서 유화부인을 만나 혼인하였다가 처가에 남겨두고 북부여 조정(朝廷) 일을 보러 떠났던 것이며, 고주몽이 어릴 때 아버지를 잃어 만나지 못하였던 것이 되는데, 이에 어머니 유화부인이 약 5세 정도이던 어린 고주몽을 데리고 북부여의 첫 수도였던 난빈(蘭濱)의 웅심산(熊心山)으로 갔다가 다시 가섭원(迦葉原:분릉) 즉 지금의 길림에 위치한 동부여(東夫餘)로 가서 해부루왕(解夫婁王)의 왕실에서 자라게 되었다. 해부루왕과 고주몽의 아버지 고모수(해모수)는 6촌형제가 된다.

고주몽은 7세가 되자[119] 스스로 활을 만들어 쏘니 백발백중이었다. 크면서 재능이 출중하여 동부여의 조정(朝廷)이 고주몽을 모두 경계하게 되었던 것이며, 이에 고주몽은 유화부인의 명을 받들어 서기전 59년에 동부여를 떠나 졸본(卒本)으로 가게 되었던 것이다. 졸본에 도착한지 1년이 지난 서기전 58년에 고주몽이 졸본에서 북부여 고무서(高無胥) 천왕(天王)의 유언을 받들어 대통(大統)을 잇게 되었다.

---

119) 고주몽의 어머니 유화부인이 닷되들이 알을 낳았다라는 말은 고주몽이 5세가 되었다는 말을 가리킨다. 五升(닷되)는 다섯 도이(돌)이라는 말로서 만5세를 훈차한 이두식 표기이다.

그리하여 실제로 고주몽이 나라를 일으키기 시작한 때는 서기전 58년이 되는 것이다. 고주몽이 북부여 말기에 수도이던 졸본에서 대통을 이었으므로, 고구려 이전의 졸본부여(卒本夫餘)라고도 불린다.

북부여는 서기전 239년 4월 8일에 시작되었는데, 단군조선의 고씨(高氏) 단군천왕의 종실(宗室)이던 23세의 천왕랑(天王郎:천지화랑:국자랑) 해모수(解慕漱)가 군사를 일으켜 북부여 땅인 상춘(常春)의 웅심산(熊心山) 아래 난빈(蘭濱)에서 즉위하여 북부여 시조가 되었다.

천왕랑 해모수가 서기전 232년에 단군조선의 수도이던 장당경(藏唐京)으로 가서 오가(五加)들을 설득하여 오가공화정(五加公和政)을 철폐하고 추대되어 천왕(天王)으로 즉위하였다.

천왕이 붕(崩)하면 천제(天帝)로 받들어지는데, 북부여 시조 해모수는 고주몽의 고조로서 천제가 되는 것이며, 이에 고주몽은 천제(天帝)의 대를 이은 아들 즉 후손으로서 천제자(天帝子)가 되는 것이다.

여랑(女郞)은 여자 화랑(花郞)을 가리키며, 단군조선 시대에 미혼의 남자들만이 아니라 미혼의 여자들도 화랑(천지화랑:국자랑)에 속하여 여랑이라 불렸던 것이 되고, 유화가 하백(河伯)의 딸로서 차출되어 여랑으로 활동하였던 것이 된다. 하백(河伯)은 제후격에 해당하는 직책이 된다.

2. 알을 갈라 세상에 내려오니, 나면서 성스러운 덕[德?]이 있으셨다. 뒷날에 왕에서 어머니의 명을 받들어[後日王奉母命?] 가마를 타고 동남쪽 아래로 길을 가다 부여의 엄리대수를 만나니, 왕에서 나루에 임하여 말하여 가라사대, 나는 황천(皇天)의 아들이요, 어머니는 하백여랑이며, 추모왕이니, 나를 위하여 자라를 잇고 거북을 뜨게 하라 하셨으며, 소리에 응한 즉, 자라가 잇고 거북이 떠오르게 된 연후에 비류곡으로 건너게 되셨다. 홀본서성의 산위에 도읍을 세우셨다.

(剖卵降世 生而有聖德 後日王奉母命駕 巡東南下路 由夫餘奄利大水 王臨

津言曰 我是皇天之子 母河伯女郎 鄒牟王 爲我 連葭浮龜 應聲 即爲連葭浮龜然後 造渡於沸流谷 忽本西城山上而建都焉〈79자〉). (＊해독불능자가 표시된 비문 : 剖卵降世生而有聖□□□□□□命駕巡東南下路由夫餘奄利大水王臨津言曰我是皇天之子母河伯女郎鄒牟王爲我連葭浮龜應聲即爲連葭浮龜然後造渡於沸流谷忽本西城山上而建都焉).

알을 갈라 세상에 내려왔다라 하는 것은 어머니 뱃속에서 나와 출생하였다는 뜻이며, 태생(胎生)을 난생(卵生)[120]으로 표현하여 신비로움을 나타낸 것이 된다. 그리하여 태어나면서 성스러움 또는 성스러운 덕(德)이 있었다고 기록하는 것이 된다.

고주몽은 동부여에서 시기질투를 받아 목숨이 위태롭게 되었는데, 이에 어머니 유화부인이 고주몽에게 동부여를 떠나라고 명령하였던 것이며, 이에 고주몽은 예씨부인(禮氏夫人)과 아들 유리(琉璃)를 남겨두고, 오이(烏伊), 마리(摩離), 협보(陜父)와 함께 수레를 타고 동남쪽으로 길을 떠나 엄리대수를 건너 비류곡에 도착하게 되었다. 이로써 졸본 땅의 위치는 대체적으로 동부여의 동남쪽에 위치하는 것이 되며, 상춘(常春:늘봄:눌현)을 기준으로 하면 동동남쪽에 위치한 것이 된다.

한편, 수레를 타고 남쪽 아래 길을 순행하였다(駕巡幸南下路)라고 해석하는 경우가 있는데, 이는 동남(東南)을 행남(幸南)으로 오독한 것으로 연유한 것이 된다.

엄리대수[121]는 큰 강으로서 그냥 걸어서는 건널 수 없는 강이 되는데, 이에 고주몽이 산천(山川)에 자신의 신분을 밝히고 명령한 것이 된다. 이에 따라 자라와 거북에 비유되는 어부(漁父)들이 힘을 합쳐 배를 준비하여 다리처럼 엮어서 고주몽의 일행을 건너게 한 것으로 된다.

---

120) 아기를 알나, 을나라고 하는바, 알나가 곧 알(卵)에서 나다(生,出)라는 말이다.
121) 어리어리하게 큰 강이라는 말일까? 엄사수(奄沙水)라고도 하는데 어물어물한 큰 강을 나타내는 글자일까?

자라(鼇)를 갈대(葭)로 해독하기도 하는데122), 갈대는 물이 깊지 아니한 곳에 자라므로 늪을 가리키는 것이 되고 갈대가 이어지면 걸어서 건너는 데는 유리하게 된다. 여하튼 배나 뗏목을 모는 어부(漁夫)와 같은 사람들의 도움을 받아 강을 건넌 것이 된다.

고주몽 일행은 이어 졸본의 모둔곡(毛屯谷)에 도착하여 재사(再思), 무골(武骨), 묵거(墨居)라는 세 사람의 의인(義人)을 만났다. 이에 7 의인(義人)이 다물흥방(多勿興邦)을 맹세하며 하늘에 제(祭)를 올렸다.123)

〈다물흥방 고천문(告天文)〉

한한상존(桓桓上尊)이시여!
구한(九桓)에 비추어 내리시사, 밭을 일구고 황무지를 바꾸어, 우리 땅에 우리 곡식으로, 오직 우리 진한(辰韓:단군조선 眞韓)이 융성하고 부강하게 하소서!
7인(人)이 같은 덕(德)으로 큰 원(願)을 회복하고자 맹서하며, 도적들을 물리쳐, 우리 옛 강토를 완전하게 하고, 오래된 숙병(宿病)을 제거하며, 우리의 누적된 원한을 풀고, 기근과 병란을 일거에 없애며, 도(道)를 따라 백성을 사랑하고, 삼한(三韓)이 함께 다스려져, 서에서 동으로, 북에서 남으로, 어려서는 반드시 전(佺)을 따르고 늙어서는 종(倧)이 있을 바이다! 노래와 춤으로 마땅히 취하고 배부르게 되오며, 구한(九桓)이 하나의 땅으로서 오래오래 계승되오리다!
이제 소자 과덕하여 근면에 힘씀에, 머리를 조아려 받드니, 신(神)께선 흠향을 마다하지 마시고, 소자들이 가는 정벌에 이롭게 하시고, 공을 빛나게 하소서! 우리나라를 도우시사 우리 백성들이 오래 살게 하소서!

(桓桓上尊 照臨九桓 昀昀闢荒 我土我穀 惟我辰韓 旣殷且富 七人同德 誓復

---

122) ...連 葭 浮龜應聲卽爲連 葭 浮龜...
123) 이해가 서기전 58년으로 다물(多勿)이라는 연호를 사용한 것이 된다.

弘願 斥逐寇掠 完我旧疆 去彼宿病 解我積寃 飢饉兵亂 一幷掃盡 引道愛民
三韓同治 自西而東 自北而南 幼必從佺 老有所倧 以歌以舞 且醉且飽 九桓
一土 齊登壽域 今朕寡德 甚勤而時 叩頭薦供 神嗜飮食 以利我征 俾光我功
佑我國家 壽我人民)

이때, 졸본(卒本)에 수도를 두었던 북부여 고무서(高無胥) 천왕이 서기전 59년에
즉위하였는데, 고주몽을 보고 범상한 인물이 아님을 알고서 남편을 잃은 둘째딸인
소서노(召西努)를 시집보내어 사위로 삼았다. 이때 소서노는 전남편 우태(于台)와
의 사이에 비류(沸流)라는 아들을 두고 있었다. 우태는 동부여 해부루왕의 서손(庶
孫)이라고 하는데, 해부루왕이 아들이 없어 금와(金蛙)를 양자로 맞았으므로, 우태
는 해부루왕의 딸의 아들이 될 것이다.

서기전 239년 4월 8일에 해모수(解慕漱)에 의하여 시작된 북부여는 지명(地名)
이 국명(國名)이 된 것인데 당시의 단군조선의 국호는 대부여(大夫餘)였고, 서기전
108년에 졸본의 한(汗)이었던 고두막한(高豆莫汗)이 위씨조선이 한(漢) 나라에 망
하자 고토를 회복하고 북부여를 부흥시키기 위하여 동명왕(東明王)이라 칭하면서
의병(義兵)을 일으켜 한(漢) 나라와 전쟁을 하였던 것이며, 서기전 86년에 북부여
제5대 해부루 천왕을 동부여후(東夫餘侯)로 강등시켜 봉하고 북부여(北夫餘)라 칭
하며 천왕이 되었는바, 서기전 59년에 붕하자 고무서 천왕이 고두막 천왕을 졸본천
(卒本川)에 장사지내고 수도로 삼았던 것이 된다.

고주몽은 서기전 79년생이며, 소서노는 고주몽보다 9세가 많아 서기전 88년생
이 되고, 우태(于台)는 소서노보다 나이가 많았다고 보아 서기전 88년 이전 출생이
될 것인데, 비류(沸流)는 소서노가 약 25세이던 서기전 65년경 출생이 될 것이다.
온조(溫祚)는 고주몽이 소서노와 혼인한 서기전 59년 이후에 출생한 것이 되고, 비
류와 온조는 서기전 42년에 어머니 소서노를 따라 졸본을 떠나 패대지역으로 갔는
바, 이때 온조는 약 10여세 남짓한 것이 되며, 서기 28년까지 살아 약 80세 정도를

산 것으로 되고, 비류보다는 10여세가 적은 것이 된다.

서기전 58년에 북부여 고무서 천왕이 아들이 없이 붕하시니 고주몽이 유언에 따라 대통을 이었던 것이며, 이로부터 고구려 창건을 위하여 노력을 다하여 20여년이 지나 43세이던 서기전 37년에 북부여 졸본(卒本:홀본:忽本) 땅에 있던 홀본서성(忽本西城)의 산위에 도읍지를 정하고 고구려를 열었던 것이다.

서기전 58년에 대통을 이은 고주몽은 서기전 58년에 즉위한 것이 되는데, 서기전 58년은 신라 시조 박혁거세(朴赫居世)가 즉위한 서기전 57년의 1년 전인바, 박혁거세의 어머니 파소(婆蘇)는 소서노의 언니로서 북부여 고무서 천왕의 장녀가 틀림없는 것이 된다. 파소는 서기전 69년에 박혁거세를 낳았는데, 남편은 북부여의 거서간(居西干)으로서 박원달(朴元達)[124]로 기록되기도 하는데, 아마도 한(漢) 나라와의 전쟁 중에 전사(戰死)한 것으로 추정되며, 서기전 69년경에 북부여 제실(帝室)로 돌아온 파소는 당시 북부여 고두막 천왕의 태자이던 고무서의 딸로서 미래가 불투명하다고 판단하여 측근을 데리고 동옥저를 거쳐 배를 타고 한반도의 동쪽에 자리한 진한(辰韓)의 서라벌에 도착하였던 것이고, 이후 박혁거세가 13세이던 서기전 57년에 진한의 6부촌의 촌장이던 소벌도리(蘇伐都利:소벌公)의 추대로 거서간(居西干)으로 즉위한 것이 된다. 거서간은 서방(西方)에 머물며 지키는 간(干) 즉 천왕(天王)의 제후인 천자(天子)라는 의미가 된다. 신라와 백제는 처음부터 왕(王)이라 하지 않고 왕을 보좌(輔佐)하는 수장(首長)이라는 뜻으로서 간(干:居西干:麻立干), 어라하(於羅瑕:於陸:長:어른)라고 하였다.

해독불가로 표시된 "生而有聖□□□□□命駕"에 해당하는 부분을 단단학회 발행 비문의 글자는 "生子有聖德鄒牟王奉母命駕"라 하였는데, 앞부분의 "生子有聖德"의 子는 而의 오독(誤讀)이 분명하게 보이는 바, 이는 "剖卵降世 生子有聖"이 되어 앞뒤 문맥이 맞지 않게 되기 때문이다. 즉, 부란강세(剖卵降世)의 주체는 추모

---

124) 홍사환은(鴻史桓殷)이라는 책에 박혁거세의 아버지를 박원달이라고 적고 있다.

왕이고, 생자(生子)의 주체는 하백여랑이 되어 불일치하게 되는 것이다. 그 뒤 부분의 "鄒牟王奉母命駕"의 부분은 전체적인 내용에서 볼 때 사실적 역사에서 벗어나지 않는 것이 된다.

> **3. 세상의 자리를 즐거워하지 않자, 하늘이 황룡을 보내 내려오게 하여 왕을 영접하게 하였다. 왕은 홀본의 동강(東岡) 황룡산(黃龍山)의 머리(首:꼭대기)에서 하늘로 오르셨다. 고명세자 유류왕은 이도여치(以道興治) 하셨다.[125]**

> (不樂世位 天遣黃龍來下迎王 王於忽本東岡黃龍首昇天 顧命世子儒留王
> 以道興治〈34자〉).

세상의 자리를 즐거워하지 않자 하늘이 황룡(黃龍)을 내려 보내어[126] 왕을 맞이하도록 하였다는 것은, 고주몽 성제가 붕(崩)하려 한다는 뜻 즉 세상을 떠날 때가 되었다는 것이며, 홀본의 동강(東岡) 황룡산(黃龍山)의 머리(곡대기)에서 하늘로 오르셨다는 것은, 졸본의 동강(동쪽 언덕 들판)의 황부(黃部) 즉 중앙(中央)에 있는 용산(龍山)의 머리쪽에 왕릉을 만들었다는 것이 된다.

한편, 홀본 동강에서 용의 머리를 밟고 승천하였다[127]라고 해독해석하는 것도 일리는 있는 것이 된다.

고주몽 성제의 릉은 졸본(卒本)의 동강(東岡)이라는 땅의 중앙에 있는 용산(龍

---

125) 고명세자는 유언으로 나라의 뒷일을 부탁한 세자를 가리키는 말인데, 비류와 온조는 서기전 42년에 어머니 소서노를 따라 독립하였고 유리는 동부여에서 고구려로 와 명을 받든 것이 된다.

126) ...因遣黃龍來下迎王....로 해독하기도 하는데, ...황룡을 내려 보내어 왕을 영접하게 한 까닭으로...라고 해석이 되어, 황룡을 내려 보낸 주체가 나타나지 않아 문장상으로 불합리한 것이 된다.

127) ...忽本東岡 履 龍首昇天...으로 해독하기도 한다. 용의 머리는 용산의 정상이라는 뜻으로 이곳에 추모왕의 릉이 만들어졌다는 것을 가리킨다.

山)의 정상에 있는 것이 된다. 그래서 한반도 평양(平壤)에 있는 용산(龍山)이라는 땅은 후대에 지어진 이름이 되는데, 평양의 동명왕릉이 고주몽 성제의 유골을 이장하여 만든 것인지는 불명이다.

유류왕(儒留王)은 제2대 유리명제(琉璃明帝:서기전 19년~서기 18년)를 가리킨다. 고주몽 성제의 유언을 받아 세자 유리가 왕위에 올라 이도여치하였다는 것이 되는데, 유리왕이 유언을 받들어 이를 실천한 것이 되므로 고명세자(顧命世子)라 한 것이 된다.

이도여치(以道興治)는 도(道)로써 순방(巡訪)을 하며 다스린다는 의미이다. 순방 또는 순행의 제도는 서기전 7197년부터 이어져 온 전통으로서, 서기전 2333년에 조선을 개국한 단군왕검 천제(天帝)도 순방정치(巡訪政治)를 하셨던 것인 바, 100여년 사이에 가지 아니한 곳이 없었다라고 기록되고 있다.

4. 대주류왕께서 그 업을 이어셨으며, 전하여 17세손에 이르렀다. 국강상광개토경 평안호태왕은 18세에 즉위하여 연호(年號)를 영락(永樂)이라 하셨다.

(大朱留王 紹承基業 傳至十七世孫 國岡上廣開土境平安好太王 二九登祚 號爲永樂〈34자〉).

대주류왕(大朱留王)은 고구려의 제3대 대무신열제(大武神烈帝)를 가리키고, 서기 18년부터 서기 44년까지 재위하였으며, 서기 37년에 한반도의 평양에 있던 최씨(崔氏)의 낙랑국(樂浪國)을 멸망시켰던 임금이다.

광개토호태황은 고구려 제19대왕(代王)인데, 고구려의 제3대왕 대무신열제로부터는 제17세손(世孫)이 된다. 제19대왕은 고구려 건국시조 고주몽 성제로부터 19번째 왕이라는 것이며, 제17세손은 대무신열제로부터 17번째 왕임을 가리키는 것이 되어, 고주몽을 제1세로 하면 제19세손이 되는 것이다. 여기서 17세손의 세

(世)는 직계혈족(直系血族)으로 따진 것이 아니라 왕계(王系)로 따진 것이 된다. 직계혈족으로 따지면 제19대 광개토호태황은 고주몽의 13세손(世孫)이 된다.[128]

광개토호태황은 서기 374년에 탄생하여 이구(2x9) 18세인 서기 391년 신묘년(辛卯年)에 즉위하였으며, 39세인 서기 412에 붕(崩)하여 22년간 재위 하였다.

광개토호태황의 연호(年號)는 영락(永樂)이다. 제1대 고주몽 성제(단군:서기전 58년~서기전 37년. 聖帝:서기전 37년~서기전 19년)는 서기전 58년에 연호를 다물(多勿)이라 하고 서기전 37년에 평락(平樂)이라 하였으며, 제6대 태조무열제(太祖武烈帝:서기 53년~서기 146년)가 연호를 융무(隆武)라 하였고, 제19대 광개토경호태황(廣開土境好太皇:서기 391년~서기 412년)이 영락(永樂)이라 하였으며, 제20대 장수홍제호태열제(長壽弘濟好太烈帝:서기 412년~서기 491년)가 건흥(建興)이라 하였고, 제21대 문자호태열제(文咨好太烈帝)가 명치(明治)라 하였으며, 제23대 안원제의 연호가 연가(延嘉)[129]이며, 제25대 평강상호태열제(平岡上好太烈帝:서기 559년~서기 590년)가 대덕(大德)이라 하였고, 제26대 영양무원호태열제(嬰陽武元好太烈帝:서기 590년~서기 618년)가 홍무(弘武)라 하였으며, 제28대 보장제(寶藏帝:서기 642년~서기 668년)가 개화(開化)라 하였다.

5. 태왕의 은혜와 혜택은 황천(皇天)에 넘쳐 적시고 위무(威武)는 사해(四海)에 떨치고 덮어, 원한과 부끄러움을 없애고 그 업을 모두 평안하게 하며, 나라는 부강하고 백성들은 부유하며, 오곡은 풍년들어 익었도다.

(太王恩澤 洽于皇天 威武 拂被四海 掃除仇恥 庶寧其業 國富民殷 五穀豊熟 〈30자〉).

---

128) 북부여 시조 해모수를 1세로 보면 광개토경평안호태왕이 직계 17세손이 된다.
129) 연가(延嘉)라는 연호는 봉상제의 연호일 것으로 보았으나 제23대 안원제의 연호로 밝혀졌다.

황천(皇天)은 옥황상제가 계시는 하늘 즉 천상(天上)을 가리키고, 사해(四海)는 사방의 바다 즉 물(바다)로 둘러싸인 땅인 천하(天下)를 가리킨다. 즉, 광개토황의 은혜가 하늘을 적시며 위엄(威嚴) 있는 무력(武力)은 땅을 덮는다는 것이다. 이리하여 은혜로써 원한을 없애고, 위무(威武)로써 부끄러운 역사를 씻으며, 이로써 나라는 부강(富强)하고 백성들은 부유(富裕)하며, 곡식은 풍년들어 태평시대가 되었음을 나타내는 것이 된다.

6. 하늘이 돌보지 않아 39세에 수레를 탄 채 나라를 버리셨고, 갑인년(甲寅年:서기 414년) 9월 29일 을유일(乙酉日)에 산릉으로 옮겨 드렸으며, 이에 비를 세우고 공적을 새겨 후세에 보이노라. 그 글은 말한다.

(昊天不弔 卅有九 宴駕棄國 以甲寅年九月卄九日乙酉 遷就山陵 於是立碑 銘記勳績以 示後世焉 其辭曰〈42자〉).

여기서 광개토호태황의 39세 되는 해는 서기 412년 임자년(壬子年)이며, 갑인년(甲寅年)은 서기 414년을 가리키고 제20대 장수홍제호태열제 3년이 되는 해이다. 9월 29일은 음력이며 일진(日辰)이 을유일(乙酉日)이 된다. 즉 음력으로 서기 414년 9월 29일은 을유일이 되는 것이다.

광개토호태황의 시신을 릉으로 옮긴 해는 서기 414년 9월 29일 을유일이고, 붕하신 해인 서기 412년으로부터 약 2년이 지난 때이며, 이때 광개호태황릉을 완성한 것이 되고, 이어 광개토호태황비를 세운 것이 된다.

7. 영락5년 을미년(서기 395년)에 왕에서는 비려(碑麗)가 조공하지 않으므로, 군사를 정돈하여(整師?) 몸소 이끌고 가서 토벌하셨으니, 부산(富山)과 부산(負山)을 지나[過][130] 염수(鹽水) 위에 이르러 그 언덕에 있는 부락 6~7백 영(營)[131]을 쳐 부수었는 바, 소와 말과 무리의 양이 헤아릴 수 없는 숫자였다.

(永樂五年 歲在乙未 王以碑麗不貢 整師躬率住討 過富山 負山 至鹽水上 破
其丘部洛 六七百營 牛馬群羊 不可稱數〈46자〉). (＊해독불능자가 표시된 비문 :
永樂五年歲在乙未王以碑麗不貢□□躬率住討□富山負山至鹽水上破其丘
部洛六七百營牛馬群羊不可稱數).[132]

영락5년 을미년(乙未年)은 서기 395년이다. 그래서 광개토호태황은 서기 391년
신묘년(辛卯年)에 즉위한 것이 된다.

비려(碑麗)는 부산(富山)과 부산(負山)과 염수(鹽水)[133]가 있는 곳으로서 고구
려의 서쪽이나 북쪽 또는 그 사이에 위치한 것으로 되는데, 거란의 북쪽 지역으로서
지금의 대흥안령 서편이 될 것이다. 비려(碑麗)는 평량(平涼)과 유사한 소리의 글자
가 되는데, 동일한 곳을 가리키는 것으로 보이며, 이 평량은 거란에 인접해 있었던
것으로 된다.

한편, 비려(碑麗)는 비리(卑離)라는 글자와도 소리가 비슷한데, 비리국(卑離國)
은 한국(桓國)의 12한국 중의 하나로 서기전 5000년 이전부터 존속한 나라가 되는

---

130) 단단학회 발행본은 巨富山負山으로 해독하고 일부에서는 巴富山負山으로 해독하고 있는데,
바로 뒤에 至鹽水上이라는 문구가 있어 문맥에 맞도록 하려면 過富山負山이 타당하게 된다. 巨
富山負山이나 巴富山負山이 맞다라면, 거부산(또는 파부산)과 부산을 토벌하고 염수상에 이르
러 그 언덕 부락 6~700영(營)을 깨뜨렸다라고 해석된다. 거부산(파부산)과 부산에 있는 무리들
을 토벌하고 염수 지역의 6~700 무리를 깨부수었다라고 이해하면 조금 어색하긴 하지만 그리
틀린 문장은 아니게 된다.

131) 黨 또는 當이라고 하는 해독도 있으나 營이 맞는 것이 된다.

132) ...稗麗不□□□躬率...라고 해독하기도 하고, ...碑麗不息□□躬率...라고 해독하기도 하나
내용으로 보아 ...碑麗不貢 整師躬率...이 타당한 것이 된다. 또, 六七百黨의 黨을 營으로 해독
하기도 한다. 당은 무리를 뜻하고, 영은 병영(兵營)을 가리키는 것이 된다.

133) 시라무렌강이 염수라고 한다. 단군세기에서는 서기전 1652년에 우루국 사람 20家가 투항하
여 왔는데 이들을 염수에 정착하게 하였다고 기록하고 있다. 대진국(발해)본기에서도 우루국을
기록하고 있는데 염수에 정착한 우루인지 아니면 서기전 3897년 이전의 한국시대 12한국의 하
나인 우루국인지 불명이다.

데, 위치상으로 지금의 흑룡강 유역에 있었던 나라가 되고 지금의 브리야트공화국 자리가 되는 바, 부산(富山), 부산(負山)과 염수(鹽水)가 대흥안령산맥의 서북쪽 이나 북쪽에 위치한 것이라면, 이 비리국(卑離國)을 가리키는 것일 수도 있는 것 이 된다.

염수(鹽水)라는 강은 소금물이 흐르는 강이라는 뜻이 되는데, 서기전 1652년에 단군조선에 투항하였던 우루국(虞婁國) 20가(家)를 정착하게 한 곳도 염수(鹽水) 지역이 되는데, 대흥안령 서편으로 몽골 동부지역에 염수가 있었던 것이 틀림없는 것으로 된다. 1가(家)는 10호(戶)에 해당되고 1호에는 약 10명의 식구가 있고, 1가 에 4대(代)가 살아 약 150명 정도의 식구를 가지는 것이 되는 바, 20가는 약 200호 로서 약 3,000명 정도가 된다.

광개토호태황이 토벌한 비려의 부락이 6~700 곳이 되며 소와 말과 양의 숫자가 헤아릴 수 없이 많았던 것이 되는데, 1개 부락에 평균 10호가 있었다라고 하면, 모두 약 6,000호가 되고, 1호당 평균 10명씩 잡으면 총 6만 명 정도가 살았던 것이 된다.

8. 이에 수레를 돌려 가평도(곅平道?)를 지나는 길에 동쪽으로 오시는데, 액다력성 (額多力城?)의 북쪽은 오곡[五穀?]이 풍년들었으니, 오히려 토지의 경계를 둘러 보고 밭에서 사냥하고 돌아오셨다.

(於是旋駕 因過곅平道 東來 額多力城 北豐五穀 猶遊觀土境田獵而還〈28 자〉). (*해독불능자가 표시된 비문 : 於是旋駕 因過□平道東來□城力城北豐五 □□遊觀土境田獵而還)[134]

---

[134] 이하 해독불능(□)으로 표시된 부분은 단단학회(檀檀學會) 발행의 것을 많이 참조하여 보완해 보았다. ...北豐五□□遊...을 ...北豐五備海遊...로 해독하기도 하나, 문맥상 北豐五穀 猶遊가 타당하다고 생각된다.

비려(碑麗)를 토벌하고 돌아오는 길에 가평도(夻平道?)를 지나 동쪽으로 오니 풍년이 들어 있어 경계를 둘러보고 사냥하고 환도하였다는 것이다. 여기서 도(道)는 행정구역 단위가 되는데 이 도(道)라는 명칭은 서기전 192년에 해성(海城)을 평양도(平壤道)에 속하게 하였다고 하므로 이미 북부여 시대에 존재하였던 것이 된다.

9. 백잔과 신라는 예로부터 속민으로 조공을 하여 왔으며, 왜는 신묘년(서기 391년)이 오자 바다를 건너 쳐부수셨고, 백잔이 신라를 계속 침략하여 신민(臣民)으로 삼으려 하므로[135], 6년 병신년(丙申年:서기 396년)에 왕에서 몸소 수군을 이끌고 백잔국의 군대를 토벌하여 굴수(=斬首:참수)[136]가 있었으며, 일팔성(壹八城)[137], 구모로성(臼模盧城), 각모로성(各模盧城)[138], 간궁리성(幹弓利城?)[139], 상리성(上利城?), 관미성[關彌城][140], 모로성(牟盧城), 미사성(彌沙城), 고사조성(古舍蔦城?), 아단성(阿旦城)[141], 고리성(古利城), 곤리성(困利城?), 잡진성(雜珍城)[142], 오리성(奧利城), 구모성(勾牟城), 고모야라성(古模耶羅城?)[143],

---

135) 百殘新羅舊是屬民由來朝貢而倭以辛卯年來渡海破百殘聯侵新羅以爲臣民에서, 당시 백제가 왜, 가야 등과 聯侵으로 신라를 실제로 신민으로 삼았던 것이 아니라, 역사적으로 볼 때 왜를 사주하는 등으로 계속적으로 침공함으로써 신민으로 삼으려 하였다는 사실을 가리킨다. 정인보 선생도 聯侵으로 해독. 이 사실을 뒷받침하는 기록으로 …一自渡海所至擊破倭人倭人百濟之介也百濟先與倭密通使之聯侵新羅之境帝窮率水軍攻取…라 기록하여 백제가 왜를 사주하여 신라를 계속 침략하게 하였다는 취지의 聯侵이라는 문구가 있다〈전게 한단고기 태백일사 고구려국본기, 265~266쪽 참조.〉

136) 참수 즉 머리를 벰. 軍有屈首를 軍至窠臼(군이 소굴에 이르다 : 정읍 역사문화연구소 김재영 소장)로 해독하기도 한다.

137) 당팔성(堂八城)으로 해독하기도 한다.

138) 암모로성(岩模盧城)으로 해독하기도 한다.

139) 간저리성(幹氐利城)으로 해독하기도 한다.

140) 각미성(閣彌城)으로 해독하기도 하나 관미성이 맞다고 본다.

141) 아차성(阿且城)을 가리키는 것이 되는데, 아단성과 아차성 중 어느 것이 원래 이름이고 오기인지 아니면 다른 이두식 표기인지 불명이다. 이두식 표기로 보면 둘다 아침이라는 아차, 아츠를 표기한 것이 된다.

혈산성(頁山城?)144), 미성(味城?), 가고이야라성(家古而耶羅城?)145), 양성(楊城?)146), 취곡성(就谷城?), 사노성[沙奴城?]147), 두노성(豆奴城), 비내성(沸乃城?), 이성(利城), 미추성(彌鄒城), 야리성(也利城), 태산한성(太山韓城), 소가성(掃加城), 돈발성(敦拔城?), 보려성(輔呂城?), 구루매성(久婁賣城?), 산나성(散那城), 나단성(那旦城), 세성(細城), 모루성(牟婁城), 우루성(于婁城?), 소회성(蘇灰城), 연루성(燕婁城), 석지리성(析支利城), 암문지성(巖門至城?), 임성(林城), 성루성(盛婁城?), 남소성(南蘇城?), 누리성(婁利城?), 취추성(就鄒城), 거발성(居拔城?)148), 고모루성(古牟婁城), 윤노성(閏奴城), 관노성(貫奴城), 삼양성(彡穰城), 교성(交城?), 압본성(鴨本城?), 로성(盧城)149), 구천성(仇天城), 우산성(禹山城?), 문성(文城?), 기국성(其國城)150) 등 58개성을 공격하여 취하셨다.151)

---

142) 단단학회 발행본은 잡미성(雜彌城)으로 해독하고 있으나, 뒤에 나오는 연호 관련 글에서는 잡진성(雜珍城)으로 해독하고 있는데, 잡진성(雜珍城)이 맞는다고 보인다.

143) 고모용라성(고모龍라성)이나 고수야라성(고須야라성)으로 해독하기도 한다.

144) 막□□(莫□□)으로 해독하기도 한다.

145) 가고이용라성(가고이龍라성)으로 해독하기도 한다. 또는 글자 수가 한자가 적은 □而耶羅城으로 해독하기도 한다. 뒤에 나오는 연호(煙戶) 관련 글에 고가야라성(古家耶羅城)이 있어 가고이야라성이 맞는다고 보인다.

146) 전성(琢城)으로 해독하기도 한다. 이를 琢城(탁성) 또는 涿城(탁성)으로 해독할 수도 있겠다. 뒤에 나오는 연호 관련 글에서는 단단학회 발행본은 기존의 해독본의 琢城(전성)을 涿城(탁성)으로 해독하고 있다.

147) 단단학회 발행본에서는 사노성(沙奴城)을 두노성(豆奴城)과 비내성(沸乃城?) 사이에 적고 있는데, 두노성 앞에 오는 것이 맞다.

148) 거발성은 웅진성(熊津城) 즉 공주(웅진)의 공산성(公山城)을 가리키는 것이 된다.

149) 라성(羅城:나성)으로 해독하기도 한다.

150) 당시의 백제 수도인 한산(漢山)의 성(城)을 가리킨다. 백제는 위례성에서 서기전 5년에 한성으로, 서기 371년에 한산(漢山)으로 옮겼다. 몽촌토성이 위례성, 풍납토성이 한성, 지금의 남한산성이 한산이 된다.

151) 뒤에 나오는 연호(煙戶) 관련 글에서의 성(城) 이름과 비교하여 같고 다름을 분석 정리하는 것이 필요하다고 생각된다.

(百殘新羅 舊是屬民 由來朝貢而 倭以辛卯年來 渡海破 百殘聯侵新羅 以爲臣民 以六年丙申 王躬率水軍 討伐殘國軍 有屈首 攻取 壹八城 臼模盧城 各模盧城 幹弓利城 上利城 關彌城 牟盧城 彌沙城 古舍蔦城 阿旦城 古利城 困利城 雜珍城 奧利城 勾牟城 古模耶羅城 頁山城 味城 家古而耶羅城 楊城 就谷城 豆奴城, 沸乃城 利城 彌鄒城 也利城 太山韓城 掃加城 敦拔城 輔呂城 久婁賣城 散那城 那旦城 細城 牟婁城 于婁城 蘇灰城 燕婁城 析支利城 巖門至城 林城 盛婁城 南蘇城 婁利城 就鄒城 居拔城 古牟婁城 閏奴城 貫奴城 彡穰城 交城 鴨本城 盧城 仇天城 禹山城 文城 其國城〈232자〉). (*해독불능자가 표시된 비문: 百殘新羅舊是屬民由來朝貢而倭以辛卯年來渡海破百殘□□新羅以爲臣民以六年丙申王躬率水軍討伐殘國軍□□首攻取壹八城臼模盧城各模盧城幹弓利城□□城閣彌城牟盧城彌沙城□舍□城阿旦城古利城□利城雜珍城奧利城勾牟城古模耶羅城頁□□□□城□而耶羅城□城□□城□□□豆奴城沸□□利城彌鄒城也利城太山韓城掃加城敦拔城□□□□婁賣城散那城那旦城細城牟婁城于婁城蘇灰城燕婁城析支利城巖門□城林城□□□□□□利城就鄒城□拔城古牟婁城閏奴城貫奴城□穰城□□城□□盧城仇天城□□□□□其國城)[152].

　　여기서 백잔은 백제(百濟)를 잔인한 무리로 비하하여 부른 백제의 잔당(殘黨)이라는 뜻이 된다. 서기전 42년에 소서노(召西弩)가 비류와 온조를 데리고 졸본을 떠나 패대(浿帶)지역으로 가서 땅을 개척하여 서기전 31년에 고주몽 성제(聖帝)로부터 제후국인 어하라국(於瑕羅國)에 봉해졌으며, 서기전 19년에 소서노(召西弩)가 흥(薨)하자 비류가 이었고 이때 온조는 다시 배를 타고 한반도의 인천(미추홀:밑골)을 거쳐 한강을 따라 올라가 하남(河南) 위지성(尉支城:윗골)에 도읍을 정하니 십제(十濟)가 되었으며, 후에 비류의 나라를 합치어 백제(百濟)가 되었던 것이 된다. 이

---

152) 軍□□首를 軍至窠臼(군이 소굴에 이르다 : 정읍 역사문화연구소 김재영 소장)로 해독하기도 한다.

로써 백제는 어하라국의 후신으로서 고구려의 제후국에 해당하는 것이 되며 백제의 왕을 어하라 또는 어라하(於羅瑕:於陸:어른:長)라 하는 것이 된다.

신라는 서기전 209년에 세워진 진한(辰韓)을 계승한 나라로서 서기전 57년에 박혁거세가 추대되어 거서간(居西干)이 되었는데, 처음부터 북부여를 천왕(天王)의 나라로 섬긴 것이 되어 북부여를 계승한 고구려를 상국(上國)으로 자연히 받든 것이 된다. 신라의 왕을 매금(寐錦)이라고 적는데, 이는 "님금"으로 읽히어 임금 즉 이사금(尼斯今)을 다르게 적은 것이 된다.

이로써 백제와 신라는 고구려의 오랜 조공국이 되는 것이다. 즉, 예로부터 고구려에 속한 백성으로서 조공을 한 것이 된다. 서기 391년에 신라는 실성을 고구려에 인질로 잡혔다.

왜(倭)는 백제와 한통속으로서 백제의 사주를 받아 자주 신라를 침범하였는데, 고구려가 영락(永樂) 원년(元年)인 서기 391년 신묘년에 바다를 건너 왜(倭)를 쳐부수었던 것이다.

서기 391년에는 고구려 광개토호태황이 군사 4만으로 백제의 10개성을 함락시키고 한수(漢水) 이북을 점령하였던 것이 된다. 이해 10월에 고구려는 백제의 관미성(關彌城)도 함락시켰다. 이해 11월에 백제는 진사왕이 죽고 아신왕(阿莘王)이 즉위하였다.

백잔이 신라를 (계속 침략하여) 신민(臣民)으로 삼으므로, 영락(永樂)6년 병신년(丙申年:서기 396년)에 왕께서 몸소 수군(水軍)을 이끌고 백잔국의 군대를 토벌하여 머리를 (베고)153), 일팔성154) 등 58개성155)을 공격하여 탈취하였던 것이다. 여

---

153) 六年丙申王躬率水軍討伐殘國軍의 伐을 滅로 해독하기도 한다.

154) 당팔성(堂八城)으로 해독하기도 한다.

155) 관미성(關彌城)도 58개성에 들어가는 것이 되는데, 서기 391년에 고구려가 함락하였던 관미성을 서기 392년에 백제의 좌장군 진무 등에게 잃었다가 이때 다시 함락한 것이 된다. 백제의 수도를 거발성(居拔城)이라고도 하며 국성(國城)이라고도 하는데, 거발성은 서기 475년에 천도한

기서 관미성(關彌城)을 각미성(閣彌城)으로 해독하기도 하나, 이는 관미성(關彌城)을 잘못 해독한 것이 되는데, 서기 391년 10월에 고구려가 백제의 관미성을 함락하였다가 서기 392년에 백제의 진무가 고구려의 식량 길목을 끊어 관미성을 도로 찾았던 것을 고구려가 서기 396년에 다시 함락한 것이 될 것이다.

해독불가로 표시된 성(城)의 명칭이 해독가능자로 표기된 단단학회 발행 비문의 글자가 정확한지 여부는 다른 역사서에 표기된 각 성(城)의 명칭과 대조해 보면 가능하리라 본다.

10. 적들은 기가 죽지 않고 감히 백번을 싸우려 나오자, 왕에서는 위엄으로 불같이 노하시어, 아리수를 건너 자박성을 남겨두고 가로로 질러 바로 돌격하여 국성(國城)의 백제왕으로 하여금 곤궁에 빠지게 하여 남녀 1,000명과 가는 베 1,000필을 바치며 왕께 귀의토록 하셨다. 스스로 맹서하기를, 이제부터 영원히 노객이 되겠나이다 하니, 태왕에서 은혜를 베푸시어 이전의 허물을 사면하시고, 그 후의 순종의 정성을 기록하셨다. 이에 58개의 성(城)과 마을(村) 700개를 취하고, 백잔왕의 아우와 더불어 대신 10명을 데리고, 군사를 돌려 환도하셨다.

(賊不服氣 敢出百戰 王威赫怒 渡阿利水 遣刺迫城 橫截直突掠 使國城百殘王 困逼 獻出男女生口一千人 細布千匹 歸王 自誓 從今以後 永爲奴客 太王 恩赦 前迷之愆 錄其後順之誠 於是 取五十八城 村七百 將殘王弟幷大臣十人 旋師還都〈95자〉). (*해독불능자가 표시된 비문 : 賊不服氣敢土百戰王威赫怒渡阿利水遣刺迫城橫□□□□使國城百殘王困逼獻出男女生白一千人細布□□歸王自誓從今以後永爲奴客太王恩赦□迷之御錄其後順之誠於是□五十八城村七百將殘王弟幷大臣十人旋師還都)156).

고마성 즉 웅진성(공산성)이 되고, 서기 396년 당시의 국성은 백제의 수도인 한산(漢山)의 산성(山城)이 된다.

156) ...殘 不服 義 敢 出 □戰王威赫怒渡阿利水遣刺迫城橫□□□□ 便 □城 而 殘 主 困逼獻 □

이때 백제의 왕은 제17대 아신왕(阿莘王)이다. 서기 392년에 광개토호태황은 군사를 7부대로 나누어 20일 동안 쉬지 않고 공격하여 관미성(關彌城)을 함락시켰으며, 이때 백제의 진사왕이 죽고 조카인 아신왕이 즉위하였다.

이후 백제가 계속하여 신라를 괴롭히자 영락(永樂) 6년인 서기 396년에 백제를 대대적으로 토벌하였던 것이며, 58개성을 함락시키고 난 후에, 광개토호태황은 백제 국성(國城:도성:都城:漢山)의 군사들이 항복하지 않고 100번을 계속하여 전쟁하려 하자, 지금의 한강인 아리수를 건너서 자박성을 옆으로 남겨두고 가로로 질러 바로 국성(國城)을 돌격하였던 것이고, 이에 백제왕이 곤궁에 빠져 어쩔 수 없이 항복하였던 것이 된다.

백제 아신왕은 항복하는 뜻으로 광개토호태황에게 남녀 1,000명과 가는 베 1,000필을 바치며 광개토호태황 앞에서 무릎을 꿇고 영원히 노객이 되겠다 하며 맹서를 하였던 것이 된다. 이리하여 광개토호태황이 은혜를 베풀어 아신왕의 이전의 허물을 용서하였던 것이며, 이에 58개의 성(城)과 마을(村) 700개를 취하고, 백잔왕의 아우와 더불어 대신 10명을 데리고, 군사를 돌려 국내성(國內城)으로 환도하였던 것이다.

이때 백제의 수도는 한산(漢山)이었는데, 서기 371년에 한성(漢城) 또는 위지성(尉支城:尉禮城)에서 천도한 곳으로 백제의 세 번째 수도이다. 온조왕이 건국한 백제는 서기전 18년에 위지성에 수도를 두었고, 서기전 5년에 한성(漢城)으로 천도하였으며, 서기 371년에 한산(漢山)으로 천도하였고, 다시 서기 475년에 웅진(熊津:곰나루:공주)으로 천도하였으며, 서기 538년에 사비(부여)로 천도하였던 것이 된다.

男女生白一千人細布 千匹 □王自誓從今以後永爲奴客太王恩赦 先 迷之愆錄其後順之誠於是□五十八城村七百將殘 主 弟幷大臣十人旋師還都...으로 해독하기도 한다. 전체 맥락에서는 뜻에 큰 차이가 없다.

11. 영락 8년 무술년(서기 398년)에 편사(偏師)를 보내어 식신(息愼)의 땅과 골짜기를 관찰하도록 교시하시니, 막신라성(莫新羅城)을 편이하게 취하게 되어 태라곡(太羅谷)의 남녀 300인을 더하니, 이로부터 줄곧 조공을 논하는 일이 되었다.

(八年戊戌 教遣偏師 觀息愼土谷 因便抄得 莫新羅城 加太羅谷 男女三百餘 人 自此以來 朝貢論事〈39자〉). (*해독불능자가 표시된 비문 : 八年戊戌 教遣 偏師 觀息愼土谷 因便抄得 莫□羅城 加太羅谷 男女三百餘人 自此以來 朝 貢□事).

서기 398년에 광개토호태황이 군사를 편성하여 일부 군사를 식신(息愼) 땅으로 보내어 관찰하게 하니, 식신 땅에 있는 막신라성이 쉽게 손에 들어왔으며, 여기에 태라곡의 백성 300명을 또 얻으니, 이로부터 식신이 고구려에 조공하는 것을 줄곧 논하게 되었다는 것이다. 즉, 이로부터 식신이 고구려에 줄곧 조공을 바쳤다는 것이 된다.

여기서 식신은 단군조선 시대부터 내려온 숙신(肅愼)을 가리키는 것이 되는데, 숙신에서 나온 고구려 시대의 족속이 말갈(靺鞨)로 불리는 것이 된다.

12. 영락 9년 기해년(서기 399년)에 백잔(百殘)이 서약을 위배하여 왜(倭)와 화통하니, 왕께서 아래쪽 평양성[157]으로 순행하시자, 신라가 사신을 보내어 왕께 아뢰기를, 왜인들이 나라의 국경에 넘쳐 성과 못을 파괴하여 노객으로 백성을 삼았으니 왕께 돌아와 명을 청하옵니다 하였다. 태왕은 은혜를 베푸신 후, 그 충성이 특별하다 칭찬하시고서 사신으로 하여금 돌아가서 알리게 하고, 군사를 내게 윤허하셨다.

(九年己亥 百殘違誓 與倭和通 王巡下平穰而 新羅遣使 白王云 倭人滿其國

---

157) 대동강 평양이다.

境 潰破城池 以奴客爲民 歸王請命 太王恩後 稱其忠能特 遣使還告以兵許
〈60자〉). (＊해독불능자가 표시된 비문 : 九年己亥百殘違誓與倭和通王巡下平
穰而新羅遣使白王云倭人滿其國境潰破城池以奴客爲民歸王請命太王□□
稱其忠□□違使還告以□□).[158]

서기 399년에 왜와 화통한 백제가
왜를 사주(使嗾)하여 신라를 괴롭히
니, 이에 신라가 사신을 고구려에 보
내어 광개토호태황에게 구원해 달라
고 요청한 것이며, 이때 광개토호태황
이 신라의 충성을 칭찬하고 군사를 내
게 한 것이다. 이로써 고구려는 다음

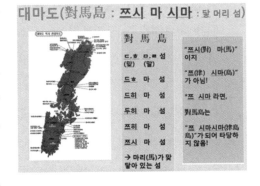

해인 서기 400년에 대마도는 물론 왜(倭)를 토벌하여 본토인 구주(九州)와 이왜(伊
倭)까지 정복하게 되는 것이다.

13. 영락 10년 경자년(서기 400년)에 교서(敎書)로 보기(步騎) 5만을 보내어 신라
로 가서 구하게 하시니, 남거성(南居城)으로부터 신라성(新羅城)까지 왜인들이
그 안에 넘쳤는데, 고구려의 관병이 바야흐로 이르러니 왜적들이 물러가고, 관병(官
兵)들이 뛰어 협곡을 넘어 공격하여 오며 뒤로 급박하게 임나가라(任那加羅)의 종
발성(從拔城)에 이르니 성은 즉시 귀복하였으며, 안라인 수병은 신라성을 빼앗고
도성(都城)에는 왜구들이 성을 크게 부수었으나[159], 아군의 공격을 크게 당하여

---

158) ...九年己亥百殘違誓與倭和通王巡下平穰而新羅遣使白王云倭人滿其國境潰破城池以奴
客爲民歸王請命太王□ 慈 矜 其忠 誠 □ 遣 使還 吉 以□□...로 해독하기도 한다. 違使還吉는
遣使還告의 오독, 오기가 된다. 矜은 문맥상으로 보아 稱의 오독이 된다.

159) 변조된 倭滿倭潰를 원래비문 탁본의 글귀인 倭寇大潰(정읍 역사문화연구소 김재영 소장)이
밝힘)로 수정함.

괴멸되어 남김이 없게 되니, 왜는 결국 나라로 쳐서 항복하거나 죽은 자가 10중 8~9
였으며, 모두 신하로서 따라왔다. 안라인 수병이 거짓으로 왜가 전쟁하려 한다는 생
각이 들도록 하고, 훼기탄(喙己呑)과 탁순(卓淳)의 모든 적들이 다시 거병을 모의
하니, 고구려의 관병이 먼저 제압하여 바로 탁순을 취하고 좌군(左軍)은 담로도(淡
路島)를 거쳐 단마(但馬)에 이르고, 우군(右軍)은 난파(難波)를 거쳐 무장(武藏)
에 이르렀으며, 왕에서는 곧바로 축사(竺斯)를 건너시니, 모든 적들이 모두 스스로
무너지고 나뉘어져 고구려의 군국(郡國)이 되었다. 안라인 수병은, 옛날에 신라매
금(新羅寐錦)이 아직 직접 조공하지 않다가 이제 조알을 시작하니, 광개토경호태
왕에서 능히 덕으로서 구제하고 교화하시어 모두 신복이 되었으며, 구다천(勾茶
川)도 역시 조공하여 왔다.

(十年庚子 敎遣步騎五萬 往救新羅 從男居城 至新羅城 倭滿其中 官兵方至
倭賊退 官兵踵躡而 越夾攻來背急追 至任那加羅 從拔城 城卽歸服 安羅人
戍兵 拔新羅城 都城 倭寇大潰城 大被我攻 盪滅無遺 倭遂以國 降死者十之
八九 盡臣隨來 安羅人戍兵 滿假改慮 倭欲敢戰 與喙己呑卓淳諸賊 謀更擧
官兵制先 直取卓淳而 左軍 由淡路島 到但馬 右軍經難波 至武藏 王直渡竺
斯 諸賊悉自潰 分爲郡國 安羅人戍兵 昔新羅寐錦 未有身來朝貢 今始朝謁
廣開土境好太王 能以德濟化 咸來臣僕 勾茶川 亦來朝貢〈203자〉). (*해독불
능자가 표시된 비문 : 十年庚子敎遣步騎五萬往救新羅從男居城至新羅城倭
滿其中官兵方至倭賊退□□□□□□□□來背急追至任那加羅從拔城城卽
歸服安羅人戍兵拔新羅□城倭滿倭潰城六□□□□□□□□□□□□□□□
□□□□盡吏□來安羅人戍兵滿□□□□其□□□□□□□□□□□□□□
□□□□□□□□□□□□□□□□□□□□□□□□□□□□潰□以
□□安羅人戍兵昔新羅寐錦未有身來朝□□□□□□開土境好太□□新羅寐
錦□□僕勾□□□□朝貢).[160]

---

160) ...官兵方至...를 ...官軍方至...로 해독하기도 한다. 뜻의 차이는 없다. ...盡吏能來安羅人戍
兵...을 ...盡吏□來安羅人戍兵...으로 해독하기도 하는데, 盡臣隨來 安羅人戍兵이 타당한 해

영락 9년에 고구려가 신라의 구원요청을 받아들여 다음해인 영락 10년인 서기 400년에 고구려가 백제, 왜, 가야의 연합군을 격파하여 구원한 기록이 된다. 이때 고구려는 대마도와 왜의 구주(九州:큐슈)와 본주(本州:혼슈)를 정복하여 복속시켰던 것이다.

서기 400년에 고구려 광개토호태황이 교서를 내려 보병과 기병 5만을 신라로 보내어 구하게 하였는데, 남거성(南居城)에서 신라성(新羅城)까지 사이에 왜인들이 넘치고 있었던 것이며, 고구려의 군사들이 이르자 왜적들이 물러갔고, 임나가라(任那加羅)의 종발성(從拔城)에 이르자 종발성이 곧 바로 고구려에 항복하였다.

이때 가라(加羅)의 하나인 안라(安羅:咸安:함안:아라가야)의 수병(戍兵:보초병)들이 신라성(新羅城)을 빼앗고 신라의 도성(都城)에는 왜구들이 성벽을 크게 무너뜨렸는데[161] 고구려군이 공격을 하니 크게 패하여 궤멸되었는바, 왜군의 수가 전체로 쳐서 항복하거나 죽은 자가 80%~90%였다는 것이다.

이에 안라인 수병이 거짓으로 생각을 고쳐먹고 왜가 훼기탄(喙己呑)과 탁순(卓淳)의 모든 적들과 감히 전쟁하려 다시 거병을 모의하였는데, 고구려의 관병이 먼저 제압하여 바로 탁순을 취하고, 좌군(左軍)은 담로도(淡路島)를 거쳐 단마(但馬)에 이르고, 우군(右軍)은 난파(難波:지금의 大阪:본주의 오사카)를 거쳐 무장(武藏)에 이르렀으며, 왕께서는 곧바로 축사(竺斯:지금의 福岡:구주의 후쿠오카)를 건너니 모든 적들이 모두 스스로 무너지고 나뉘어져서, 고구려에 속한 군국(郡國)이 되었다.

여기서 고구려군은 지금의 일본 본토를 정복한 것이 되는데, 광개토호태황께서

독이 된다. ...昔新羅寐錦 未有身來朝貢 今始朝謁 廣開土境好太境好太王 能以德濟化 咸來臣僕 勾茶川 亦來朝貢...과 ...昔新羅寐錦未有身來朝□□□□□開土境好太□□新羅寐錦□□僕勾□□□□朝貢...의 비교분석으로 어느 글귀가 광개토호태황비 비문의 원문인지 밝히는 것이 필요하다.

161) 倭人倭滿보다 倭寇大潰가 문맥상으로도 맞는 것이 된다.

직접 이끄는 군대가 건넌 축사(竺斯)는 축자(築紫)로서 지금의 구주(九州:큐슈)에 소재한 복강(福岡:후쿠오카) 지역이 되는 것이며, 고구려의 좌군이 거쳐 간 담로도(淡路島)는 지금의 오사카 바로 서남쪽의 스모토라는 지명이 있는 섬이고, 좌군이 도착한 단마(但馬)는 오키(億岐:隱岐)섬 남쪽의 북부 해안가에 있는 돗토리(鳥取) 지역이며, 우군(右軍)이 거쳐간 난파(難波)는 지금의 오사카(大阪) 지역이고, 우군이 도착한 무장(武藏)은 지금의 도쿄(東京) 지역이 된다. 이들 담로, 단마, 난파, 무장은 당시 왜의 중심지로서 이왜(伊倭)의 땅이며, 이세(伊勢), 대왜(大倭), 기이(紀伊), 대화(大和)의 땅이 되는 것이다.

이로써 광개토호태황이 서기 400년에 대마도는 물론 일본 본토를 복속시킨 것이 사실로 드러나는 것이 된다. 이때 왜(倭)는 인덕왕(仁德王)이 서기 399년에 죽고 이중왕(履中王)이 서기 400년 2월에 섰는데, 이 이중왕 때 고구려가 정복한 것이 된다.

안라인 수병(戍兵)의 본국인 아라가야(阿羅加耶)는 지금의 함안(咸安)에 있던 가야인데, 신라의 매금 즉 내물왕(서기 356년~서기 402년)이 직접 고구려에 조공하기 이전에 고구려 광개토경호태왕에게 모두 신복하였던 것이다. 즉, 신라왕이 직접 고구려에 가서 조공하기 이전에 아라가야가 고구려에 복속되었던 것이다.

구다천국(勾茶川國)도 역시 고구려에 아라가야와 동시에 조공하였던 것이 되는데, 구다천국은 옛 한국(桓國)의 12한국 중 하나로서 서기전 5000년경 이전부터 존속해 온 나라이며 대흥안령 서편에 있는 나라로서 거란의 북쪽으로 비려(碑麗) 가까운 곳에 위치한 나라가 된다.

14. 영락 14년 갑진년(서기 404년)에 왜가 법도를 어기고 대방의 경계를 침입하여 변민을 불사르고 약탈하고, 석성(石城)의 도련(島連)으로부터 배들이 바다를 덮어 크게 이르니, 왕께서 이를 듣고 노하시어, 평양의 군사를 보내어 곧 바로 싸우게 하고 왕당의 군사와 서로 만나게 하여 끊고 쓸어버리고 무찌르게 하시니, 왜구는 무

너져 패하고 무수히 참살 되었다.

(十四年甲辰而 倭不軌侵入帶方界 焚掠邊民 自石城島連 船蔽海大至 王聞之怒 遣平穰軍直欲戰 相遇王幢 要截蕩刺 倭寇潰敗 斬煞無數〈55자〉). (해독 불능자가 표시된 비문 : 十四年甲辰而倭不軌侵入帶方界□□□□□石城□連船□□□□□□□□平穰□□□□相遇王幢要截蕩刺倭寇潰敗斬煞無數), 162)

영락 14년인 서기 404년 갑진년에 고구려는 백제와 왜의 연합군을 격퇴하였다.

즉, 서기 404년에 왜가 대방(帶方)의 경계를 침입하여 불사르고 그곳 백성들을 약탈하였던 것이며, 석성(石城)인 도련(島連)에서부터 배로 바다를 덮으니, 광개토호태황께서 이 사실을 듣고서, 평양(平壤)의 군사를 보내어 왕당(王幢)의 군사와 서로 만나게 하여 왜구를 치게 하니, 이에 왜구는 궤멸되고 무수히 참살(斬煞)되었던 것이다.

여기서 왕당(王幢)은 왕의 군사로 편성된 것을 가리키는 것이 되는데, 각 장수들에 편성된 군사가 아닌 왕이 직접 인솔하는 직속 군사가 되는 셈이다.

15. 영락 17년 정미년(서기 407년)에 교서(敎書)로 보기 5만을 보내시어 숙군성(宿軍城)으로 가서 토벌케 하니, 태뢰(太牢)로써 군사를 내어 제(祭)를 지낸 후 합하여 싸워 참살하여 쓸어버리어, 갑옷을 노획한 것이 1만여이고, 군수물자와 기계등을 손에 넣은 것이 셀 수 없이 많았으며, 돌아와 사구성(沙溝城)과 누성(婁城)을 격파하고 군현(郡縣)을 삼았으며 독발(禿髮)을 항복시키고 이에 양주성(凉州城)을 기습하여 취하였다.

---

162) ...十四年甲辰而倭不軌侵入帶方界□□□□□石城□連船□□□□□ 率 □□□平穰□□□ 鋒 相遇王幢要截 盪 刺倭寇潰敗斬殺無數...라고 해독하기도 한다.

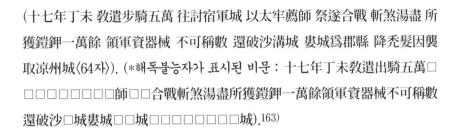

(十七年丁未 敎遣步騎五萬 往討宿軍城 以太牢薦師 祭遂合戰 斬煞湯盡 所獲鎧鉀一萬餘 領軍資器械 不可稱數 還破沙溝城 婁城爲郡縣 降禿髮因襲取涼州城〈64자〉). (*해독불능자가 표시된 비문 : 十七年丁未敎遣出騎五萬□□□□□□□□師□□合戰斬煞湯盡所獲鎧鉀一萬餘領軍資器械不可稱數還破沙□城婁城□□城□□□□□□□城).[163]

서기 407년에 광개토호태황이 교서(敎書)를 내려 보병과 기병 5만을 숙군성(宿軍城)으로 보내어 토벌케 하였는데, 이때 태뢰(太牢)로써 군사를 선발하게 하여 제(祭)를 지내고 합공하였던 것이다.

여기서 태뢰(太牢)는 큰 소 우리(牢)[164] 또는 큰 감옥을 뜻하는 것이 되는데, 큰 소들을 차출하여 군대로 편성한 것인지, 죄인들 중에서 차출하여 군사로 삼은 것인지 불명한데 아마도 전자가 아닌가 한다.

이에, 갑옷 1만여 벌과 군수물자, 기계 등을 무수히 획득하였던 것이며, 돌아오면서 사구성(沙溝城)과 누성(婁城)을 격파하여 군현(郡縣)으로 삼았고, 독발(禿髮:대머리)이라는 이름을 가진 자의 항복을 받아 양주성(涼州城)을 기습하여 취하였던 것이다.

16. 영락 20년 무술년(서기 410년)에, 동부여는 옛날에 추모왕의 속민이었다가 배반하여 조공하지 않으므로, 왕께서 몸소 군사를 이끌고 가서 토벌하셨는데, 군사가 여성(동부여성)에 이르니 동부여성의 국병이 준비가 안 되어 곤란을 당하자 드디어 항복하고 조공을 바치니, 왕의 은혜가 널리 퍼졌다. 이에 머리를 돌려 돌아오는데 그 숭모교화되어 고구려의 관리를 따라 온 자가 미구루압로, 비사마압로, 타사루압

---

163) ...十七年丁未敎遣出騎五萬□□□□□□□□□□師□□合戰斬殺湯盡所獲鎧鉀一萬餘領軍資器械不可稱數還破沙□城婁城□□城□□□□□那□城...으로 해독하기도 한다.

164) 울타리나 담을 치고 소를 기르는 곳인 외양간의 외자가 이 牢이며 두음법칙에 의하여 외로 발음하는 것이 된다.

로[165], 숙사사압로, 송사루압로인데, 무릇 공격하여 격파한 것이 성이 64개이며 마을이 1,400개이다.

(卄年 庚戌 東夫餘 舊是鄒牟王 屬民中叛不貢 王躬率往討 軍到餘城而 餘城國騈 無備遭難 遂降伏貢獻 王恩普處 於是旋還 又其慕化隨官來者 味仇婁鴨盧 卑斯麻鴨盧 椯社婁鴨盧 肅斯舍鴨盧 竦斯婁鴨盧 凡所攻破 城六十四 村一千四百〈95자〉). (＊해독불능자가 표시된 비문 : 卄年庚戌東夫餘舊是鄒牟王屬民中叛不貢王躬率往討軍到餘城而餘城國□□□□□□□□□□王恩普處於是旋還又其慕化隋官來者味仇婁鴨盧卑斯麻鴨盧椯社婁鴨盧肅斯舍鴨盧□□□鴨盧凡所攻破城六十四村一千四百).[166]

동부여는 서기전 86년에 졸본(卒本) 출신의 동명왕(東明王) 고두막한(高豆莫汗)에 의하여 해부루(解夫婁) 천왕이 동부여후(東夫餘侯)로 강등되어 가섭원(분릉:지금의 길림)에 봉해져 시작되었는데, 서기전 79년 탄생한 고주몽이 다섯살쯤에 어머니 유화부인을 따라 동부여로 갔다가 해부루왕의 왕실에서 지내게 되었고, 이후 고주몽의 능력으로 인한 시기, 질투, 암투로 서기전 59년에 유화부인이 고주몽을 떠나게 하였고, 이에 고주몽이 어머니의 명을 따라 동부여를 떠나 졸본으로 갔던 것이다.

서기전 58년에 북부여 고무서 천왕이 붕하고 유언에 따라 고주몽이 대통을 이었던 것이며, 서기 47년에 동부여는 고구려(북부여:졸본부여)에 특산물을 바치는 등 조공을 하였다. 이후 서기 22년 4월에 동부여가 고구려에 망하였고, 대소왕의 아우가 갈사국왕(曷思國王)이 되었다가 서기 68년 8월에 고구려에 항복하여 지금의 두

---

165) 단단학회 발행본에서는 성입루압로(城立婁鴨盧)라 해독하고 있다.

166) ...卄年庚戌東夫餘舊是鄒牟王屬民中叛不貢王躬率往討軍到餘城而餘城國 駭 □□□□□ □□□□王恩普 覆 於是旋還又其慕化隋官來者味仇婁鴨盧卑斯麻鴨盧 □社婁鴨盧 肅斯舍 鴨盧 □□□鴨盧 凡所攻破城六十四村一千四百...로 해독하기도 한다.

만강 북쪽에 위치한 혼춘(琿春:연길)에 동부여후(東夫餘侯)로 봉해졌던 것이다.

한편, 대소왕의 종제(從弟)는 서기 22년 7월에 고구려에 투항하여 고구려가 연나부(椽那部:西部) 낙씨(絡氏)에 봉하였는데, 처음 고구려에 속하였다가 점차 독립하였으며 서기 494년에 문자제 때 고구려에 완전히 복속되었다. 여기서 대소왕의 종제는 곧 사촌동생으로서, 대소왕이 금와왕의 아들이고 금와왕은 해부루왕의 양자이므로, 대소왕의 종제는 결국 친아들이 없던 해부루왕의 딸의 아들이 된다.

서기 410년에 광개토호태황이 동부여를 공격하였는데, 동부여의 도성에 이르자 미처 방비를 못한 동부여가 항복을 하여 조공을 바쳤던 것이며, 이어 돌아오는 길에 미구루압로, 비사마압로, 성입루압로, 숙사사압로, 송사루압로는 고구려에 미리 항복하여 관리를 따라 왔고, 그 외 64개의 성과 1,400개의 마을은 끝내 항복하지 않아 공격하여 격파하였던 것이다.

여기서 광개토호태황이 공격한 동부여가 원래 있었던 가섭원(분릉:吉林)의 동부여인지, 압록강 유역에 있었던 갈사국 땅의 동부여후국(혼춘 동부여)인지, 연나부 낙씨의 동부여인지 불명인데, 아마도 미구루압로, 비사마압로, 성입루압로, 숙사사압로, 송사루압로 등의 명칭으로 볼 때 압록강 유역의 갈사국 땅이던 혼춘의 동부여가 될 것이다. 지금의 두만강(豆滿江)은 당시에 갈사수(曷思水)라 불리었던 것이 된다. 한편, 백두산 서쪽의 압록강 유역은 옥저(沃沮) 땅이 되며, 예(濊)는 동해 바닷가 지역을 가리키는 것이 되는데 시대가 흐름에 따라 옥저가 백두산 남쪽의 동해로 진출하여 동옥저가 되고, 예는 원래 백두산 동쪽의 두만강 유역에서 일찍 남하하여 동옥저 남쪽에 위치한 동예가 되는 것이다.

17. 묘를 지키는 사람인 연호(煙戶)는, 매구여민(賣勾餘民)의 국연(國烟)은 2, 간연(看烟)은 3이고, 동해가(東海賈)의 국연은 3, 간연은 5이며, 돈성민(敦城民) 4가[67]는 모두 간연이고, 우성(于城) 1가는 간연이며, 비리성(碑利城) 2가는 국연이고, 평양성민(平穰城民)의 국연은 1, 간연은 10이며, 도련(島連?)[168] 2가는 간

연이고, 주루인(住婁人)의 국연은 1, 간연은 43[卌三]169)이며, 양곡(梁谷) 2가는 간연이고, 양성(梁城) 2가는 간연이며, 안부련(安夫連) 22(卄二)가는 간연이고, 개곡(改谷) 3가는 간연이며, 신성(新城) 3가는 간연이고, 남소성(南蘇城) 1가는 국연이며, 새로 온 한예(韓濊)의 사수성(沙水城)의 국연은 1, 간연은 1이고, 모루성(牟婁城) 2가는 간연이며, 두비압잠한(豆比鴨岑韓) 5가는 간연이고, 구모액두(勾牟額頭) 2가는 간연이며, 구저한(求底韓)170) 1가는 간연이고, 사조성(舍蔦城) 한예(韓濊)의 국연은 3. 간연 21(卄一)이며, 고가야라성(古家耶羅城)171) 1가는 간연이고, 경고성(炅古城)의 국연은 1, 간연은 3이며, 객현한(客賢韓) 1가는 간인이고, 아단성(阿旦城)과 잡진성(雜珍城)의 합10가는 간연이며, 파노성한(巴奴城韓) 9가는 간연이고, 구모로성(臼模盧城) 4가는 간연이며, 각모로성(各模盧城)172) 2가는 간연이고, 모수성(牟水城) 3가는 간연이며, 간궁리성(幹弓利城?)173)의 국연은 1174), 간연은 3이고, 미추성[彌鄒城]175)의 국연은 1, 간연은 1이며176), 구다천(勾茶川)과 구막한(寇莫韓)의 합9가는 간연이고177), 두노성(豆奴

---

167) 돈성 14가(敦城十四家)로 해독하기도 한다. 이때는 주루인의 간연이 32 또는 33이 되어야 총수가 맞아진다.

168) 자련(訾連)이라고 해독하기도 함. 그러나, 앞의 기록으로 보아 도련(島連)이 맞는 것이 된다.

169) 卌二(32)라고 해독하기도 하는데 이때는 돈성 14가(敦城十四家)가 간연이 되면 총수가 맞아진다.

170) 빙저한(氷저한) 또는 영저한(永저한)으로 해독하기도 한다. 영저한, 빙저한, 구저한 중 어느 지명이 맞는지 밝힐 일이다.

171) 단단학회 발행본은 고가용라성(고가龍라성)으로 해독하고 있다.

172) 단단학회 발행본은 암모로성(岩모로성)으로 해독하고 있다.

173) 간저리성(幹氐利城)으로 해독하기도 한다.

174) 간궁리성의 국연을 2라고 해독하기도 한다.

175) 단단학회 발행본은 미구성(彌舊城)으로 해독하고 있는데, 앞에 나온 백제 58개성에 미추성이 있어 미추성으로 해독하는 것이 타당하게 된다.

176) 단단학회 발행본에서는 미구성 국연 육(6), 간연 이(2)로 해독하고 있는데, 국연과 간연의 총수에 맞지 않게 된다. 구다천구막한의 간연 9를 고려하면 미추성 또는 미구성의 간연은 1이 되어야 한다.

177) 기존의 해독본에서 ...彌鄒城國烟一看烟□□□□七也利城三家爲看烟...로 해독하는 것을

城)의 국연은 1, 간연은 2이며, 오리성(奧利城)의 국연은 2, 간연은 8이고, 수추성(須鄒城)의 국연은 2, 간연은 5이며, 백잔(百殘)의 남거한(南居韓)의 국연은 1, 간연은 5이고, 대산한성(大山韓城) 6가는 간연이며, 농매성(農賣城)의 국연은 1, 간연은 1이고, 윤노성(閏奴城)의 국연은 2, 간연이 22(卄二)이며, 고모루성(古牟婁城)의 국연은 2, 간연은 8이고, 탁성(涿城)[178]의 국연은 1, 간연은 8이며, 미성(味城) 6가는 간연이고, 취자성(就咨城) 5가는 간연이며, 삼양성(彡穰城) 24(卄四)가는 간연이고, 산나성(散那城) 1가는 국연이며, 나단성(那旦城) 1가는 간연이고, 구모성(勾牟城) 1가는 간연이며, 어리성(於利城) 8가는 간연이고, 비리성(比利城) 3가는 간연이고, 세성(細城) 3가는 간연이다.

(守墓人 烟戶 賣句余民 國烟二 看烟三 東海賈 國烟三 看烟五 敦城民四家 盡爲看烟 于城一家 爲看烟 碑利城二家 爲國烟 平穰城民 國烟一 看烟十 島連二家 爲看烟 住婁人 國烟一 看烟卌三 梁谷二家 爲看烟 梁城二家 爲看烟 安夫連卄二家 爲看烟 改谷三家 爲看烟 新城三家 爲看烟 南蘇城一家 爲國烟 新來韓穢 沙水城 國烟一 看烟一 牟婁城二家 爲看烟 豆比鴨岑韓五家 爲看烟 句牟客頭二家 爲看烟 求底韓一家 爲看烟 舍蔦城韓穢 國烟三 看烟卄一 古家耶羅城一家 爲看烟 炅古城 國烟一 看烟三 客賢韓一家 爲看烟 阿旦城 雜珍城 合十家 爲看烟 巴奴城韓 九家 爲看烟 臼模盧城 四家 爲看烟 各模盧城二家 爲看烟 牟水城三家 爲看烟 幹弓利城 國烟一 看烟三 彌鄒城 國烟一 看烟一 勾茶川 寇莫韓 合九家 爲看烟 豆奴城 國烟一 看烟二 奧利城 國烟二 看烟八 須鄒城 國烟二 看烟五 百殘南居韓 國烟一 看烟五 大山韓城

단단학회 발행본에서는 ...彌舊城 國烟六 看烟二 勾茶川 寇莫韓 合九家 爲看烟..으로 해독하고 있다. 七也利城이 맞다라면 이 앞에 표시된 □□□□은 미추성의 간연의 수 한자리와 연호의 이름 세자리가 될 것인데, □□□七也利城三家가 간연이 되면 미추성(미구성)의 간연은 7이 된다. 미추성(또는 미구성:彌舊城) 國烟六 看烟二가 맞다라면, □□□七也利城三家가 맞게 되나, 국연의 수 30을 넘게 되어 타당하지 않게 된다.

178) 전성(琢城)이라고 해독하기도 한다. 단단학회 발행본에서는 양성(楊城)으로 해독하고 있다.

六家 爲看烟 農賣城 國烟一 看烟七 閏奴城 國烟二 看烟廿二 古牟婁城 國烟
二 看烟八 湪城 國烟一 看烟八 味城六家 爲看烟 就咨城五家 爲看烟 彡穰城
廿四家 爲看烟 散那城一家 爲國烟 那旦城一家 爲看烟 句牟城一家 爲看烟
於利城八家 爲看烟 比利城三家 爲看烟 細城三家 爲看烟〈440자〉). (해독불
능자가 표시된 비문 : 守墓人烟戶賣句余民國烟二看烟三東海賈國烟三看烟
五敦城□四家盡爲看烟□城一家爲看烟碑利城二家爲國烟平穰城民國烟一
看烟十□連二家爲看烟□婁人國烟一看烟卅三□谷二家爲看烟□城二家爲
看烟安夫連廿二家爲看烟□谷三家爲看烟新城三家爲看烟南蘇城一家爲國
烟新來韓穢沙水城國烟一看烟一牟婁城二家爲看烟豆比鴨岑韓五家爲看
烟句牟客頭二家爲看烟求底韓一家爲看烟舍蔦城韓穢國烟三看烟廿一古□
耶羅城一家爲看烟炅古城國烟一看烟三客賢韓一家爲看烟阿旦城雜珍城
合十家爲看烟巴奴城韓九家爲看烟臼模盧城四家爲看烟各模盧城二家爲
看烟牟水城三家爲看烟幹弓利城國烟一看烟三彌鄒城國烟一看烟□□□□
七也利城三家爲看烟豆奴城國烟一看烟二奧利城國烟二看烟八須鄒城國
烟二看烟五百殘南居韓國烟一看烟五大山韓城六家爲看烟農賣城國烟一看
烟一閏奴城國烟二看烟廿二古牟婁城國烟二看烟八璨城國烟一看烟八味城
六家爲看烟就咨城五家爲看烟三穰城廿四家爲看烟散那城一家爲國烟那旦
城一家 爲看烟句牟城一家爲看烟於利城八家爲看烟比利城三家爲看烟細城三
家爲看烟).[179]

---

179) ...幹氏利城國烟一看烟三 彌鄒城國烟一看烟□□□□七也利城三家爲看烟...을 ...幹弓利
城 國烟二 看烟三 彌舊城 國烟六 看烟二 勾茶川 寇莫韓 合九家 爲看烟...으로 해독하기도 하
는데, 어느 것이 정확한지 밝힐 일이다. 돈성민 4가가 간연이 되고, 주루인의 국연은 1, 간연이
43이 되고, 간저리성 또는 간궁리성의 국연이 1, 간연이 3이 되고, 미구성 또는 미추성의 국연이
1, 간연이 1이 되고, 구다천구막한의 9가가 간연이 되고, 농매성의 국연이 1, 간연이 7이 되면,
계산상으로 국연 30가, 간연 300가이며 구민이 110가, 새로운 한예가 220가가 되어 타당해진
다. 그러나, 구다천구막한의 간연 9가와 미구성 또는 미추성의 간연 1의 합계와, 야리성 앞 글자
7과 야리성 3가의 합계로 보아 미구성 또는 미추성의 간연의 수가 7일 가능성도 있게 된다. 이 경
우에는 비문의 글자수가 1,802자에서 4자가 모자라게 된다. 앞에서 백제의 58개성 중에 야리성
(也利城)이 있어 기존의 해독본이 타당한 면이 있기도 하다.

묘를 지키는 사람인 연호(煙戶)를 기록하고 있는데, 여기서 기록된 것은 국연(國烟)이 모두 30가(家), 간연(看烟)이 300가로서 합 330가(家)가 된다. 또, 광개토호태황이 새로이 취한 한예(韓濊)가 비문에서는 220가(家)이며 옛 백성(舊民)이 110가(家)라고 기록되고 있다.

간연과 국연의 현황은 아래와 같이 된다.

순번	연호설치 장소	국연	간연	비고
1	매구여민	2	3	한국(桓國)시대 매구여국 후예가 됨
2	동해가	3	5	
3	돈성민(敦城民)		4	
4	우성(于城)		1	
5	비리성(碑利城)	2		
6	평양성민	1	10	
7	도련(島連)		2	
8	주루인	1	43	
9	양곡(梁谷)		2	
10	양성(梁城)		2	
11	안부련(安夫連)		22	
12	개곡(改谷)		3	
13	신성(新城)		3	
14	남소성(南蘇城)	1		이상 구민(舊民) 110가(家)
15	사수성(沙水城)	1	1	이하 한예(韓濊) 220가(家)
16	모루성(牟婁城)		2	
17	두비압잠한		5	
18	구모객두(句牟客頭)		2	한국(桓國)시대 구모액국(句牟額國)이 분명
19	구저한(求底韓)		1	빙저한(氷저한)으로 보이기도 함
20	사조성(舍蔦城)	3	21	한예(韓濊)
21	고가야라성한		1	가고이야라성(家古而耶羅城)의 다른 말이 됨

순번	연호설치 장소	국연	간연	비고
22	경고성(叓古城)	1	3	
23	객현한(客賢韓)		1	한국(桓國)시대 객현한국의 후예가 됨
24	아단성(阿旦城), 잡진성(雜珍城)		10	아단성은 아차성(阿旦城)의 이칭으로 보임
25	파노성한(巴奴城韓)		9	
26	구모로성		4	
27	각모로성		2	
28	모수성(牟水城)		3	
29	간궁리성(幹弓利城)	1	3	
30	미추성(彌鄒城)	1	1	
31	구다천구막한(勾茶川寇莫韓)		9	한국(桓國)시대의 구다천국(勾茶川國), 구막한국(寇莫韓國)의 후예가 됨
32	두노성(豆奴城)	1	2	
33	오리성(奧利城)	2	8	
34	수추성(須鄒城)	2	5	
35	남거한(南居韓)	1	5	백제(百濟)의 남거한이 됨
36	대산한성(大山韓城)		6	태산한성(太山韓城)이라고도 해독함
37	농매성(農賣城)	1	7	
38	윤노성(閏奴城)	2	22	
39	고모류성	2	8	
40	탁성(涿城)	1	8	
41	미성(味城)		6	
42	취자성(就咨城)		5	
43	삼양성(彡穰城)		24	
44	산나성(散那城)	1		
45	나단성(那旦城)		1	
46	구모성(勾牟城)		1	
47	어리성(於利城)		8	

순번	연호설치 장소	국연	간연	비고
48	비리성(比利城)		3	
49	세성(細城)		3	
	계	30	300	총 330

매구여민국(賣勾餘民國)은 한국(桓國) 시대의 12한국 중 매구여국(賣勾餘國)을 가리키는 것이 되며, 구모액두(勾牟額頭)는 한국 시대의 12한국 중 구매액국(勾牟額國)을 가리키는 것이 되며, 객현한(客賢韓)은 한국시대의 12한국 중 객현한국(客賢汗國)을 가리키는 것이 되고, 구다천(勾茶川)과 구막한(寇莫韓)은 한국시대의 12한국 중 구다천국(勾茶川國)과 구막한국(寇莫汗國)을 가리키는 것이 된다.

도련(島連)은 앞 부분에 기록된 서기 404년의 왜 침입사건 때의 석성(石城) 도련(島連)을 가리키는 것으로 된다.

안부련(安夫連)은 배달나라 제8대 안부련 천왕과 같은 글자가 되는데, 아마도 안부련 천왕의 출신지나 그 후손들의 정착지로 추정된다.

백잔(百殘)의 남거한(南居韓)은 백제의 땅에 있던 성이나 마을이 된다.

특히, 남소성, 모루성, 고가야라성, 아단성, 잡진성, 구모로성, 암모로성, 간궁리성, 두노성, 오리성, 대산한성, 윤노성, 고모루성, 미성, 삼양성, 산나성, 구모성, 세성 등은 영락 6년인 서기 396년에 광개토호태황이 몸소 백제를 쳐서 취한 백제의 58개성에 속한다. 한편, 양성(梁城)이 백제 58개성에 속하는 양성(楊城)인지는 불명이다.

18. 국강상광개토경호태왕께서 생존시에 교시하되, 단지 선조왕들께서는 원근의 옛 백성들에게 묘를 지키고 주소(酒掃) 즉 술을 올리고 청소를 하도록만 교시하셨는데, 짐이 염려함은 옛 백성들이 옮겨서 많아지고 적어지는 것은 당연하므로, 짐의 만년 후에라도 안전하게 묘를 지킬 자는 단지 짐이 몸소 이끌고 취하여 온 한예(韓濊)이니라 말씀하셨으며, 주소(酒掃)를 명령으로 준비하여 이렇게 말씀으로 교시

하셨다. 이로써 교시의 명령과 같이 한예(韓濊)의 220가(家)를 취하고, 그 법칙을 알지 못할까 염려되어 다시 옛(舊) 백성 110가를 취하니, 합하여 신구(新舊)의 수묘호(守墓戶)가 국연이 30, 간연이 300으로 도합 330가(家)이다. 윗 선조왕 이래로 묘위에 비석이 안전하지 못하여 수묘인(守墓人)으로 하여금 연호(烟戶)에 어긋남이 이르게 되었다. 생각건대, 국강상광개토경호태왕에서는 선조왕들께 다하기 위하여 묘위에 비를 세우고 그 연호(법)를 기록하여 명령에 어긋남이 없도록 하고 수묘인(법)을 제정하셨으며, 지금부터 이후로는 다시 서로 전매(轉賣)하지 못하며, 비록 부유하고 풍족한 자라 할지라도 역시 함부로 사지 못하느니, 명령을 어겨 판 자가 있으면 그를 형벌에 처하고, 산 사람은 명령을 제정하여 묘를 지키게 함이라.

(國岡上廣開土境好太王存時 教言祖王先王 但教取遠近舊民守墓酒掃 吾慮舊民轉當嬴劣 若吾萬年之後 安守墓者 但取吾躬率 取略來韓穢 令備酒掃 言教如此 是以 如教令 取韓穢二百卄家 慮其不知法則 復取舊民一百十家 合新舊守墓戶 國烟卅 看烟三百 都合三百卅家 自上祖先王以來 墓上 不安石碑 致使守墓人 烟戶差錯 惟國岡上廣開土境好太王 盡爲祖先王 墓上立碑 銘其烟戶 不令差錯 又制守墓人 自今以後 不得更相轉賣 雖有富足之者 亦不得擅買 其有違令賣者 刑之 買人制令守墓之〈201자〉).

처음 국강상광개토경호태왕 이전의 선조왕들은 원근의 옛 백성들에게 묘를 지키고 주소(酒掃)만 하도록 교시하셨던 것인데, 광개토호태왕이 생전에 묘를 지키던 백성들이 옮겨서 많아지고 적어지는 것은 당연하다는 것을 염려하여, 만년 후에까지 안전하게 묘를 지킬 자는 몸소 이끌고 취하여 공략해 온 한예(韓濊)이다라고 하며, 주소법(酒掃法)를 명령으로 준비하여 교시하였던 것이다.

이에 광개토호태왕이 교시한 명령에 따라 새로이 한예(韓濊)에서 220가(家)를 택하고, 이 한예의 연호(煙戶)들이 그 법칙을 알지 못할까 염려되어 다시 이전의 연호이던 110가를 더하여, 국연이 30가, 간연이 300가로 도합 330가(家)로 하였던 것이다. 실제로 새로이 온 한예는 220가, 이전의 백성인 구민(舊民)은 110가이며,

이중 국연(國烟)이 30가, 간연(看烟)이 300가로 기록되고 있다.

또, 선조왕 이래로 묘위에 비석이 안전하지 못하여 수묘인(守墓人)으로 하여금 연호(烟戶)에 어긋남이 생기게 되었는데, 국강상광개토경호태왕이 선조왕들께 정성을 다하기 위하여 묘위에 비를 다시 세우고 그 연호(법)를 비석에 기록함으로써 명령에 어긋남이 없도록 하는 수묘인(법)을 제정하였는바, 그 이후로는 다시 서로 전매(轉賣)하지 못하도록 하고, 비록 부유하고 풍족한 자라 할지라도 역시 함부로 사지 못하니, 만약 명령을 어겨 판 자가 있으면 그를 형벌에 처하고, 산 사람은 명령을 제정하여 묘를 지키게 하는 것이었다.

아래에서는 광개토호태황비문의 전문을 보완본과 해독불가 부분이 표시된 원문을 참고용으로 싣는다.

광개토경평안호태황비 전문(보완)

惟昔始祖鄒牟王之創基也出自北夫餘天帝之子母河伯女郞剖卵降世生而
有聖德後日王奉母命駕巡東南下路由夫餘奄利大水王臨津言曰我是皇天
之子母河伯女郞鄒牟王爲我連葭浮龜應聲卽爲連葭浮龜然後造渡於沸流
谷忽本西城山上而建都焉不樂世位天遣黃龍來下迎王王於忽本東岡黃龍
首昇天顧命世子儒留王以道興治大朱留王紹承基業傳至十七世孫國岡上
廣開土境平安好太王二九登祚號爲永樂太王恩澤洽于皇天威武拂被四海
掃除仇恥庶寧其業國富民殷五穀豐熟昊天不弔卅有九宴駕棄國以甲寅年
九月卄九日乙酉遷就山陵於是立碑銘記勳績以示後世焉其辭曰永樂五年
歲在乙未王以碑麗不貢整師躬率住討過富山負山至鹽水上破其丘部洛六
七百營牛馬群羊不可稱數於是旋駕因過駕平道東來額多力城北豐五穀猶
遊觀土境田獵而還百殘新羅舊是屬民由來朝貢而倭以辛卯年來渡海破百
殘欲侵新羅以爲臣民以六年丙申王躬率水軍討伐殘國軍有屈首攻取壹八
城臼模盧城各模盧城幹弓利城上利城閣彌城牟盧城彌沙城古舍蔦城阿旦
城古利城困利城雜珍城奧利城勾牟城古模耶羅城頁山城昧城家古而耶羅

城楊城就谷城豆奴城沙奴城沸乃城利城彌鄒城也利城太山韓城掃加城敦
拔城輔呂城久婁賣城散那城那旦城細城牟婁城于婁城蘇灰城燕婁城析支
利城巖門至城林城盛婁城南蘇城婁利城就鄒城居拔城古牟婁城閏奴城貫
奴城彡穰城交城鴨本城盧城仇天城禹山城文城其國城賊不服氣敢出百戰
王威赫怒渡阿利水遣刺迫城橫截直突掠使國城百殘王困逼獻出男女生口
一千人細布千匹歸王自誓從今以後永爲奴客太王恩赦前迷之愆錄其後順
之誠於是取五十八城村七百將殘王弟幷大臣十人旋師還都八年戊戌教遣
偏師觀息愼土谷因便抄得莫新羅城加太羅谷男女三百餘人自此以來朝貢
論事九年己亥百殘違誓與倭和通王巡下平穰而新羅遣使白王云倭人滿其
國境潰破城池以奴客爲民歸王請命太王恩後稱其忠能特遣使還告以兵許
十年庚子教遣步騎五萬往救新羅從男居城至新羅城倭滿其中官兵方至倭
賊退官兵踵躐而越夾攻來背急追至任那加羅從拔城城卽歸服安羅人戍兵
拔新羅城都城倭寇大潰城大被我攻盡滅無遺倭遂以國降死者十之八九盡
臣隨來安羅人戍兵滿假改慮倭欲敢戰與喙己吞卓淳諸賊謀更舉官兵制先
直取卓淳而左軍由淡路島到但馬右軍經難波至武藏王直渡竺斯諸賊悉自
潰分爲郡國安羅人戍兵昔新羅寐錦未有身來朝貢今始朝謁廣開土境好太
王能以德濟化咸來臣僕勾茶川亦來朝貢十四年甲辰而倭不軌侵入帶方界
焚掠邊民自石城島連船蔽海大至王聞之怒遣平穰軍直欲戰相遇王幢要截
盪刺倭寇潰敗斬煞無數十七年丁未教遣步騎五萬往討宿軍城以太牟薦師
祭遂合戰斬煞湯盡所獲鎧鉀一萬餘領軍資器械不可稱數還破沙溝城婁城
爲郡縣降禿髮因襲取凉州城卄年庚戌東夫餘舊是鄒牟王屬民中叛不貢王
躬率往討軍到餘城而餘城國駢無備遭難遂降伏貢獻王恩普處於是旋還又
其慕化隨官來者味仇婁鴨盧卑斯麻鴨盧椯社婁鴨盧肅斯舍鴨盧竦斯婁鴨
盧凡所攻破城六十四村一千四百守墓人烟戶賣句余民國烟二看烟三東海
賈國烟三看烟五敦城民四家盡爲看烟于城一家爲看烟碑利城二家爲國烟
平穰城民國烟一看烟十島連二家爲看烟住婁人國烟一看烟卅三梁谷二家
爲看烟梁城二家爲看烟安夫連卄二家爲看烟改谷三家爲看烟新城三家爲
看烟南蘇城一家爲國烟新來韓穢沙水城國烟一看烟一　舍蔦城韓穢國烟三

看烟廿一古家耶羅城一家爲看烟灵古城國烟一看烟三客賢韓一家　爲看烟
阿旦城雜珍城合十家爲看烟巴奴城韓九家爲看烟臼模盧城四家爲看烟各
模盧城二家爲看烟牟水城三家爲看烟幹弓利城國烟一看烟三彌鄒城國烟
一看烟一勾荼川寇莫韓合九家爲看烟豆奴城國烟一看烟二奧利城國烟二
看烟八須鄒城國烟二看烟五百殘南居韓國烟一看烟五大山韓城六家爲看
烟農賣城國烟一看烟七閏奴城國烟二看烟廿二　古牟婁城國烟二看烟八涿
城國烟一看烟八味城六家爲看烟就咨城五家爲看烟彡穰城廿四家爲看烟
散那城一家爲國烟那旦城一家爲看烟句牟城一家爲看烟於利城八家爲看
烟　比利城三家爲看烟細城三家爲看烟國岡上廣開土境好太王存時敎言祖
王先王但敎取遠近舊民守墓洒掃吾慮舊民轉當羸劣若吾萬年之後安守墓
者但取吾躬率取略來韓穢令備洒掃言敎如此是以如敎令取韓穢二百廿家
慮其不知法則復取舊民一百十家合新舊守墓戶國烟卅看烟三百都合三百
卅家自上祖先王以來墓上不安石碑致使守墓人烟戶差錯惟國岡上廣開土
境好太王盡爲祖先王墓上立碑銘其烟戶不令差錯又制守墓人自今以後不
得更相轉賣雖有富足之者亦不得擅買其有違令賣者刑之買人制令守墓之
〈1,802자〉]

[해독불능 부분을 표시한 광개토경평안호태왕비 전문]
惟昔始祖鄒牟王之創基也出自北夫餘天帝之子母河伯女郎剖卵降世生而
有聖□□□□□□命駕巡幸南下路由夫餘奄利大水王臨津言曰我是皇天之
子母河伯女郎鄒牟王爲我連葭浮龜應聲卽爲連葭浮龜然後造渡於沸流谷
忽本西城山上而建都焉不樂世位天遣黃龍來下迎王王於忽本東岡黃龍首
昇天顧命世子儒留王以道興治大朱留王紹承基業傳至十七世孫國岡上廣
開土境平安好太王二九登祚號爲永樂太王恩澤洽于皇天威武拂被四海掃
除仇恥庶寧其業國富民殷五穀豐熟昊天不弔三十有九宴駕棄國以甲寅年

九月二十九日乙酉遷就山陵於是立碑銘記勳績以示後世焉其辭曰永樂五
年歲在乙未王以碑麗不息□□躬率住討□富山負山至鹽水上破其丘部洛六
七百營牛馬群羊不可稱數於是旋駕因過□平道東來□城力城北豊五□□遊
觀土境田獵而還百殘新羅舊是屬民由來朝貢而倭以辛卯年來渡海破百殘□
□新羅以爲臣民以六年丙申王躬率水軍討伐殘國軍□□首攻取壹八城臼模
盧城各模盧城幹弓利城□□城關彌城牟盧城彌沙城□舍□城阿旦城古利城
□利城雜珍城奧利城勾牟城古模耶羅城頁□□□□城□而耶羅城□城□□城
□□□豆奴城沸□□利城彌鄒城也利城太山韓城掃加城敦拔城□□□□婁賣
城散那城那旦城細城牟婁城□婁城蘇灰城燕婁城析支利城巖門□城林城□
□□□□□□利城就鄒城□拔城古牟婁城閏奴城貫奴城□穰城□□城□□盧
城仇天城□□□□□其國城賊不服氣敢土百戰王威赫怒渡阿利水遣刺迫城
橫□□□□使國城百殘王困逼獻出男女生白一千人細布□□歸王自誓從今
以後永爲奴客太王恩赦□迷之御錄其後順之誠於是□五十八城村七百將殘
王弟幷大臣十人旋師還都八年戊戌教遣偏師觀息愼土谷因便抄得莫□羅城
加太羅谷男女三百餘人自此以來朝貢□事九年己亥百殘違誓與倭和通王巡
下平穰而新羅遣使白王云倭人滿其國境潰破城池以奴客爲民歸王請命太
王□□稱其忠□□違使還吉以□□十年庚子敎遣步騎五萬往救新羅從男居
城至新羅城倭滿其中官兵方至倭賊退□□□□□□□□來背急追至任那加
羅從拔城城卽歸服安羅人戌兵拔新羅城□城倭寇大潰城六□□□□□□□
□□□□□□□□□□□盡吏能來安羅人戌兵滿□□□□其□□□□□□□
□□□□□□□□□□□□□□□□□□□□□□□□□□□□□□□□□□
□□□□□□□以□□安羅人戌兵昔新羅寐錦未有身來朝□□□□□開土境
好太□□新羅寐錦□□僕勾□□□□朝貢十四年甲辰而倭不軌侵入帶方界
□□□□□石城□連船□□□□□□□平穰□□□相遇王幢要截蕩刺倭
寇潰敗斬煞無數十七年丁未敎遣出騎五萬□□□□□□□□□師□□合戰斬
煞湯盡所獲鎧鉀一萬餘領軍資器械不可稱數還破沙□城婁城□□□□□
□□□□□□廿年庚戌東夫餘舊是鄒牟王屬民中叛不貢王躬率往討軍到餘
城而餘城國□□□□□□□□□王恩普處於是旋還叉其慕化隨官來者味仇

婁鴨盧卑斯麻鴨盧橷社婁鴨盧肅斯舍鴨盧□□□鴨盧凡所攻破城六十四村
一千四百守墓人烟戶賣句余民國烟二看烟三東海賈國烟三看烟五敦城□四
家盡爲看烟□城一家爲看烟碑利城二家爲國烟平穰城民國烟一看烟十□連
二家爲看烟□婁人國烟一看烟卅三□谷二家爲看烟□城二家爲看烟安夫連
卄二家爲看烟□谷三家爲看烟新城三家爲看烟南蘇城一家爲國烟新來韓穢
沙水城國烟一看烟一牟婁城二家爲看烟豆比鴨岑韓五家爲看烟句牟客頭
二家爲看烟求底韓一家爲看烟舍蔦城韓穢國烟三看烟卄一古□耶羅城一家
爲看烟炅古城國烟一看烟三客賢韓一家爲看烟阿旦城雜珍城合十家爲看
烟巴奴城韓九家爲看烟臼模盧城四家爲看烟各模盧城二家爲看烟牟水城
三家爲看烟幹弓利城國烟一看烟三彌鄒城國烟一看烟□□□□七也利城三
家爲看烟豆奴城國烟一看烟二奧利城國烟二看烟八須鄒城國烟二看烟五
百殘南居韓國烟一看烟五大山韓城六家爲看烟農賣城國烟一看烟一閏奴
城國烟二看烟卄二古牟婁城國烟二看烟八瑑城國烟一看烟八味城六家爲
看烟就咨城五家爲看烟三穰城卄四家爲看烟散那城一家爲國烟那旦城一
家爲看烟句牟城一家爲看烟於利城八家爲看烟比利城三家爲看烟細城三
家爲看烟國岡上廣開土境好太王存時敎言祖王先王但敎取遠近舊民守墓
酒掃吾慮舊民轉當嬴劣若吾萬年之後安守墓者但取吾躬率所略來韓穢令
備酒掃言敎如此是以如敎令取韓穢二百卄家慮其不知法則復取舊民一百
十家合新舊守墓戶國烟卅看烟三百都合三百卅家自上祖先王以來墓上不
安石碑致使守墓人烟戶羌錯惟國岡上廣開土境好太王盡爲祖先王墓上立
碑銘其烟戶不合羌錯又制守墓人自今以後不得更相轉賣雖有富足之者亦
不得擅買其有違令賣者刑之買人制令守墓之〈1,802자〉[180]

180) [국강상광개토경평안호태왕비문 해석의 쟁점 -신묘년조-]

   가장 중요한 문제는, 기존의 "...百殘新羅舊是屬民由來朝貢而倭以辛卯年來渡海破百殘○○
新羅以爲臣民以丙申六年王躬率水軍..."에서, 이찬구 박사는, "倭"라는 글자가 조작된 것으로
판단하여, "倭"를 "帝(임금)"로 바꾸어 놓은 것으로, "...帝이신묘년래도해파백잔○○신라이위
신민 ...王궁솔수군..."이라 하였다. 그러면, "제(=광개토호태왕)가 신묘년에 바다를 건너 백잔○
○신라를 격파하고 신민으로 삼았다..."라는 해석이 되어 고구려가 백잔○○신라를 모두 신민으

로 삼았다라고 된다. 그래서 ㅇㅇ은 나라 이름이 되는 것이다. 여기서 문제는, 뒤에 "王躬率"이라는 "王"이란 글자와 "帝"라는 글자가 서로 격이 맞지 않는다는 것이며, 이 비문 자체에서는 帝라는 글자는 "천제지자" 말고는 없다. 그냥 王이라고 하는 것이 앞뒤 격이 맞는 것이 되고 굳이 제라고 할 것까지는 없는 것이다. 그리고, 당시 광개토태왕이 신라까지 격파할 상황이 아니라는 것이다. 서기 390년에 고구려가 신라에 사신을 보내어 인질을 잡히면 구원해 줄 것을 약속하였고, 이에 따라 신라는 고구려에서 서기 391년 1월에 사신이 오자 인질을 보냈기 때문이다.

한문의 해석은 그 글을 지은 자가 가장 잘 알 것이지만, 후세 사람들이 그 한문을 해석할 때 가상 중요한 것은 그 글이 표현하고자 하는 사건의 시대상황을 명백히 아는 것이다. 즉 당시의 역사를 정확히 안다는 것이 중요한 것이다. 그래야만 정확한 해석이 가능할 것이다. 또한 한문의 문법이나 표현법이 중요하다. 정확한 뜻을 알기 위하여는 한문 특유의 문법을 알아야 한다는 것이다. 특히, "以(써 이)"라는 글자는 아주 요상한 글자라서 "써, ~로써, ~에서, ~부터, ~까닭으로, ~ 때문에, ~하므로" 등 해석이 문맥에 따라 달라 문법상 애매한 경우가 많다. 필자의 견해는, "...倭以 辛卯年來 渡海破 百殘ㅇㅇ 新羅以爲臣民..."의 경우에,

1. "倭"를 그냥 둬도 사건 당시의 상황으로 보면 "渡海破"의 주체는 고구려임이 명백한 것으로, 즉 "(고구려가) 바다를 건너 격파하였다"라고 해석하는 것이 타당하다는 것이다. 즉 일단 "渡海破" 부분은 정인보 선생의 해석이 타당하다고 본다. 다만, "...倭以辛卯年來..."의 해석은, "倭以"의 "以"는 아무 뜻이 없거나 뒤에 오는 '辛卯年'에 걸리는 것이 아니라, "倭"에 붙어서 "왜로써"라는 뜻으로 이때의 "~로써"는 단순히 도구격이 아니라 목적격 조사로 작용하여 목적어가 된다는 것이다. 즉, '왜를'이라는 뜻으로서의 '왜로써'인 것이며, 쉽게 나타내면, '왜는(왜를)'이라고 해석하는 것이다. 그리하여, "(고구려가) 왜는(를) 신묘년이 오자 바다를 건너 격파하였는데..."가 된다.

여기서 "~는"이라는 말은 단순히 주격조사가 아니라 주제격이라 하여 "~로 말하면"이라는 뜻을 가지며, 그래서 "~는"은 상황에 따라 목적격도 되는 것이다.

(예 : 나는 어제 철수는 쫓아버리고 영희는 데리고 가서 영화를 보았어!

여기서 "철수는", "영희는"에서 "~는"은 주격이 아니라 목적격으로 "~를"의 뜻을 가짐.)

그리하여, 필자의 해석은, "倭以辛卯年來渡海破百殘ㅇ侵新羅以爲臣民以六年丙申王窮率水軍..."을 "(고구려가) 倭는(를) 辛卯年이 오자(되자) 바다를 건너 擊破하였는데, 百殘이 (倭를 사주하여) 新羅를 侵犯하여 臣民으로 삼으려 하므로(또는, 잇달아 침범하여 신민으로 삼으므로) 6년 丙申(서기 396년)에 왕께서 몸소 수군을 이끌고..."라고 해석하면 당시 시대상황과 일치한다는 것이다. 당시 고구려는 신라를 돕는다는 차원이므로 신라를 함께 격파할 이유가 없다. 특히 왜가 바다를 건너 내침하기 때문에 고구려가 바다를 건너 격파한 것이 아니라, 고구려가 선제공격으로 바다를 건너 격파한 것이다.

*ㅇ : 欲(하고자할 욕) 또는 聯(잇달을 연)

*정인보 선생은 "聯侵"이라 함.

*문법적으로 "來"의 주어는 "倭"가 아니라 "辛卯年"이 됨.

(2) 평양으로 수도를 옮기다

서기 427년에 수도를 **평양(平壤)**[181]으로 옮겼다. 여기 평양은 대동강 평양인지 요양 평양인지 불명이나, 나제동맹 등 시대상황을 볼 때 대동강 평양이 분명하다. 대동강 평양은 고구려의 남경(南京)에 해당한다.

단군조선 – 고구려 수도

당시 고구려가 바다를 건너 왜를 격파한 때는 신묘년 초이다. 신라는 이전에 고구려가 신라에서 인질을 잡으면 도와주겠다 약속하였으므로 그 약속대로 서기 391년 1월에 고구려에 인질을 잡혔기 때문에, 광개토호태왕은 선대의 약속을 지키기 위하여 백제를 치기 전에 신묘년 연초에 먼저 바다를 건너 왜를 격파한 것이다. 하지만 백제는 이후에도 신라를 잇달아 침략하므로, 즉위 6년인 서기 396년 병신년에 몸소 수군을 이끌고 백제를 직접 토벌한 것이 된다. "ㅇ침"을 "欲侵"으로 하면, "침범하여 ~하고자 하므로"가 되고, "ㅇ침"을 "聯侵"으로 하면 "잇달아 침범하여 ~하므로"가 되는 것이다. 당시 백제는 왜를 사주하여 지속적으로 신라를 침범하게 하였는데, 고구려가 구원하여 백제의 신민은 되지 않았던 것으로, 역사사실적으로 보아 글자로는 "欲侵"이 더 타당하나, 잇달아 침략하기만 하고 신민으로 삼지 못한 경우도 내포한다고 생각할 수 있으므로 "聯侵" 완전히 틀렸다고는 보기 어렵다.

2. 倭를 내침(來侵)의 주체로 볼 경우

"倭以辛卯年來"의 "以"를 신묘년에 걸리는 것으로 보고, "래"를 내침(來侵)으로 보는 경우에도, "渡海破"의 주체는 고구려인 것이다. 그래서, "...倭以辛卯年來 渡海破..."는 "倭가 辛卯年에 오자(來侵하자) (고구려가) 바다를 건너 擊破하였다"라고 해석하여야 하는 것이다. 정인보 선생의 해석과 같다. 여기서, 중국학자들이 문제를 삼는 것이 "渡海破"의 목적어가 없으므로 이러한 해석법은 소위 문법에 맞지 않다고 하는 것이다.

3. 그리하여 필자는 "倭以 辛卯年來 渡海破"를 "倭로써(는;를) 辛卯年이 오자(되자, 신묘년 연초에) (고구려가 선제공격으로) 바다를 건너 倭를 擊破하였다"라고 해석하는 것이다. 또, "百殘ㅇ侵新羅以爲臣民以六年丙申王窮率水軍"은 倭나 고구려 광개토호태왕이 바다를 건너 백잔ㅇㅇ신라를 격파하여 신민으로 삼은 것이 아니라, "백잔이 신라를 ㅇㅇ하여 신민으로 삼으므로(원인) 이에 광개토호태왕이 즉위 6년인 병신년(서기 396년)에 몸소 수군을 이끌고" 백잔을 토벌한 것이 된다.

181) 우리역사에 등장하는 평양(平壤)은 당요(唐堯. 서기전 2357년~서기전 2284년)의 수도 평양(平陽: 태원 남쪽 臨汾, 汾水 지역)과는 글자가 다르다.

(3) 나제동맹

서기 433년 장수제가 남하정책을 펴자 이에 백제의 비유왕과 신라의 눌지왕은 고구려를 막기 위하여 동맹을 맺었다.

(4) 북연의 도움 요청

서기 435년 가을에 북위가 북연을 침입하자 북연의 왕 풍흥이 고구려에 도움을 요청하였다. 이에 장수제는 장수 갈로와 맹광에게 4만여 군사를 주어 북연으로 가서 군사들에게 북연의 군복과 병기를 나누어 북위를 치게 하였다.

이때 풍흥은 북위에 쫓겨 고구려의 보호를 받으며 요동에 머물렀는데 장수제는 풍흥의 시종을 빼앗고 태자를 인질로 삼았다. 이에 풍흥은 송나라에 도움을 요청하니 송나라 왕이 왕백구를 고구려에 보내어 풍흥을 내어 달라 하였다.

이에 장수제는 손수와 고구를 북풍으로 보내어 풍흥과 그 가족을 죽였다. 그러자, 왕백구가 7천명 군사로 손수를 죽이고 고구를 체포하였다. 이에 장수제는 왕백구를 체포하여 송으로 보내어 처벌하도록 하였다. 송나라 왕은 왕백구를 감옥에 가두었다.

(5) 신라를 침공하다

서기 454년에 신라의 북쪽 변경을 침공하니 신라와 백제의 연합군이 대항하여 한동안 공략을 중지하였다.

(6) 북위의 혼인 제의

서기 466년에 북위의 문명태후가 장수제에게 왕실혼인을 맺자 청하여 북위에서 폐백을 보내왔으나 장수제가 북위의 속셈을 알고 혼인을 파하였다. 이에 북위 왕이 사신을 보내와 재차 혼인을 요구하였으나 이때 북위 왕이 죽어 흐지부지 되었다.

(7) 신라를 침공하다

서기 468년에 장수제가 말갈병 1만 군사를 동원하여 신라의 실직주성을 빼앗았다. 이에 백제 개로왕은 고구려 남쪽 변경을 침공하고 북위에 도움을 요청하였다.

(8) 백제 정벌

서기 475년에 장수제가 3만 군사를 이끌고 백제의 한성을 함락시키고 개로왕을 전사시키고 남녀 포로 8,000명을 잡아왔다. 이에 백제는 수도를 웅진(熊津=곰나루)으로 옮기게 되는데, 공산성(公山城=곰뫼성)이 웅진에 있는 도성이 된다.

(9) 중원 고구려비 건립

서기 475년에 중원(中原)[182] 고구려비를 세웠다.

(10) 신라, 말갈 정벌

서기 480년에 신라를 정벌하여 죽령 이북을 탈취하였다. 또, 말갈을 정벌하였다. 이에 동진, 송, 북위와 통교하고 북연(北燕), 실위(室韋), 거란(契丹)을 복속시켰으며, 신라매금(新羅寐錦)과 백제어하라(百濟於瑕羅)와 남쪽의 평양에서 만나 납공과 수비군사의 수를 정하였다.[183]

여기서 신라매금은 신라의 왕을 가리키며, 백제어하라는 백제왕을 가리킨다. 매금(寐錦)[184]은 니사금(尼斯今)과 같은 말로서 임금(壬儉, 王)을 나타내는 글자가 되고, 어하라(於瑕羅)[185]는 어른(長)을 나타내는 글자가 된다. 백제역사상 최초의 어하라는 서기전 31년에 고주몽 성제로부터 어하라로 봉해진 소서노(召西弩)이다.

---

182) 고구려, 신라, 백제의 접경지역 부근의 고구려 땅으로서 지금의 충주(忠州)에 해당한다.
183) 전게 한단고기 〈태백일사/고구려국본기〉, 268쪽 참조
184) 이두식으로 '늼금'으로 읽으면 님금(임금)과 유사한 소리가 된다.
185) 어라하, 어륙은 어하라의 변음으로 된다.

21. 제21대 문자호태열제(文咨好太烈帝:서기 491년~서기 519년)

장수제의 손자 나운이 즉위하였다.

서기 491년에 즉위하여 연호를 명치(明治)라 하였다.186)

(1) 부여를 복속시키다 – 연나부 낙씨 부여의 멸망

서기 494년에 연나부(椽那部) 낙씨(絡氏)의 부여를 귀속시켰다. 서기 22년에 동부여 대소왕의 종제(從弟)가 봉해진 고구려 연나부 낙씨(絡氏)의 부여는 뒤에 차츰 자립하여 개원(開原) 서북으로부터 옮겨가 백랑곡(白狼谷)에 이르니 바로 연(燕)나라의 땅에 가까운 곳이었다. 서기 120년경에 고구려에서 독립하여 한나라에 동조함으로써 고구려와 한나라 사이에서 독립을 유지하였던 것이 된다.

서기 494년 즉, 고구려 문자열제(文咨烈帝)의 명치(明治) 갑술년(甲戌年)에 이르러 나라를 들어 고구려의 연나부에 편입되니, 낙씨는 마침내 제사조차 끊겼다.187)

역사상 부여라는 국명은 서기전 2333년경 단군왕검 천제의 막내아들 부여(扶餘)가 봉해진 이후 서기전 425년에 단군조선의 진조선이 중부여(中扶餘)의 장당경(藏唐京)에 수도를 삼아 대부여(大扶餘)라 국호를 삼았고, 서기전 239년에 해모수가 북부여의 상춘(백악산아사달)을 수도로 삼았으며, 서기전 86년에 고두막한이 북부여를 차지하면서 해부루는 동부여의 분릉(길림)으로 쫓겨갔고, 서기 22년에

---

186) 윤복현 선생은 러시아에 있는 기록을 언급하면서 거란의 태종 야율덕광이 고구려 문자제를 문자명성치호태황제(文咨明成治好太皇帝)로 시호를 올리고, 청(淸) 강희제(康熙帝)는 성종(成宗)이라 묘호(廟號)를 올렸다고 한다.

187) 전계 한단고기 〈가섭원부여기〉, 143쪽 참조. 제사가 끊겼다는 것은 조상을 모시지 못하고 고구려에 완전히 병합되어 망한 것을 뜻함. 대종교 측에서는 부여의 역사를 합 77왕 1717년으로 밀양 영남루 천진궁의 부여위폐에 새기고 있는 것으로 기억되는데, 이는 서기전 1223년경부터 서기 494년까지의 역사가 된다. 이것은 서기전 1285년에 제22대 색불루 단군이 후기 단군조선을 시작한 후 서기전 1223년경에 부여에 새로이 제후를 봉한 것으로 해석된다.

동부여가 고구려에 망하면서 일부는 압록강 유역의 갈사국이 되었다가 서기 68년에 고구려에 다시 망하여 혼춘에 동부여로 봉해지고 서기 410년에 광개토호태황 때 정복당한 것이 되고, 일부는 고구려의 서부(西部)인 연나부 낙씨(絡氏)로 봉해진 후 고구려와 멀어지고 한(漢) 나라와 친밀하게 지내는 등 하였다가 이후 서기 494년에 최종적으로 고구려에 완전히 망한 것이 된다.

(2) 신라를 침공하다

서기 496년에 신라의 우산성을 함락시켰다.

(3) 제, 노, 오, 월의 땅을 취하다

서기 501년 명치 11년 11월에 이르러 월주(越州)를 공격하여 취하고 송강(松江), 회계(會稽), 오월(吳越), 좌월(左越), 산월(山越), 천주(泉州)라 했다.[188] 제(齊), 노(魯), 오(吳), 월(越)의 땅이 고구려에 속하였다. 이에 이르러 나라의 강토는 더욱 커졌다.

서기 501년 명치 12년에 신라의 백성을 천주(泉州)로 옮기고 중심백성으로 삼았다.[189] 여기서 천주(泉州)는 월주(越州)에 속한 땅이 되어 지금의 절강성(浙江省) 남쪽과 서쪽이 되며, 제(齊)의 땅은 산동지역이 되며, 노(魯)의 땅은 태산(泰山) 서쪽의 땅이 되고, 오(吳)의 땅은 산동지역 남쪽 땅인 강소성(江蘇省)과 절강성에 걸치는 지역이 된다.

(4) 백제군을 폐지하다

서기 502년 명치 12년에 백제가 조공을 하지 않아 백제의 요서군(遼西郡)과 진

---

188) 전게 한단고기 〈태백일사/고구려국본기〉, 285쪽 참조
189) 전게 한단고기 〈태백일사/고구려국본기〉, 285쪽 참조

평군(晉平郡) 등 백제군(百濟郡)을 폐지하였다.

여기 요서군과 진평군은 패수(浿水)이던 난하(灤河)의 서편으로 대요수(大遼水)이던 영정하(永定河) 사이에 북평(北平)이 되는 지금의 계(薊)를 중심으로 하는 땅이 된다.

(5) 백제를 침공하다

서기 512년에 백제의 가불, 원산성을 함락시켰다.

22. 제22대 안장제(安藏帝:서기 519년~서기 531년)

문자제의 태자 흥안이 즉위하였다.[190]

(1) 을밀선인

을밀선인(乙密仙人)은 을소(乙素)의 후손이다. 평양에 을밀대(乙密臺)를 세웠다고 한다. 을밀선인은 안장제 때 조의(皂衣)가 되고 나라에 공이 있었는데, 그를 따르는 무리가 3,000이나 되었으며, 가는 곳마다 구름처럼 모여서 다물흥방(多勿興邦)의 노래를 제창했다. 을밀선인은 일찍이 을밀대에 살면서 하늘에 제를 올리고 수련함을 임무로 삼았다.[191]

을밀선인이 이끈 3,000명의 조의들이 불렀던 다물흥방가(多勿興邦)는 아래와 같다.

먼저 간 것은 법이 되며, 뒤에 오는 것은 위(上)가 되네. 법이 되니 불생불멸(不生不

---

190) 윤복현 선생은 러시아에 있는 기록을 언급하면서 거란의 태종 야율덕광이 고구려 안장제를 안장고보홍현황제(安藏高寶洪現皇帝)로 시호를 올리고, 청(淸) 강희제(康熙帝)는 진종(晉宗)이라 묘호(廟號)를 올렸다고 한다.

191) 전계 한단고기 〈태백일사/고구려국본기〉, 293~296쪽 참조

滅)이며, 위(上)가 되니 무귀무천(無貴無賤)이라!

사람이 천지(天地)와 맞아 하나가 되며, 마음과 정신이 곧 근본이네. 하나가 되니 텅빈 것과 꽉찬 것이 같으며, 근본이니 정신과 물질이 둘이 아니로다!

참은 만 가지 착함의 극치(極致)이며, 신(神)은 일중(一中)에서 주관하네. 극치이니 세 가지 참이 하나로 돌아가고, 일중(一中)이니 일신(一神)이 곧 삼신(三神)이라!

천상천하에 우리가 스스로 존재하며, 다물(多勿)은 나라를 일으키네. 스스로 존재하니 무위자연(無爲自然)의 일이 되고, 나라를 일으키니 무언(無言)의 가르침을 행하도다!

참목숨은 크게 성통광명(性通光明)을 낳으며, 집에 들어가면 효도하고 세상에 나가면 충성하네. 광명(光明)이니 무리가 착함을 받들어 행하지 아니함이 없고, 효도하고 충성하니 어떤 악함도 일절 생겨나지 않도다!

백성이 의롭게 여기는 것은 나라가 귀중함이며, 나라가 없으면 우리가 어찌 살겠는가. 나라가 귀중하니 백성에게 사물(物)이 있어 복(福)이 되고, 우리가 사니 나라에 혼(魂)이 있어 덕(德)이 되도다!

혼(魂)에는 삶(生)과 깨달음(覺)과 신령(神靈)이 있고, 일신(一神)이 머무는 곳은 천궁(天宮)이네. 세 가지 혼(魂)이니 지혜(智)와 삶(生)이 함께 닦아질 수 있고, 일신(一神)이니 형체(形)와 영혼(魂)도 함께 갖추어져 넘쳐나도다!

더욱이 우리 자손들이 착하게 나라를 이루고, 태백(太白)의 가르침은 우리가 스승으로 삼네. 우리 자손들이니 다스림에 균등하지 아니함이 없고, 우리가 스승으로 삼으니 가르침에 새롭지 아니함이 없도다!

(先去者爲法兮 後來爲上 爲法故不生不滅 爲上故無貴無賤

人中天地爲一兮 心與神卽本 爲一故其虛其粗是同 卽本故惟神惟物不二

眞爲萬善之極致兮 神主於一中 極致故三眞歸一 一中故一神卽三

天上天下惟我自存兮 多勿其興邦 自存故處無爲之事 興邦故行不言之敎

眞命之大生性通光明兮 入卽孝出卽忠 光明故衆善無不奉行 孝忠故諸惡一切莫作

惟民之所義乃國爲重兮 無國我何生 國重故民有物而爲福 我生故國有魂而

爲德

魂之有生有覺有靈兮 一神攸居之爲天宮 三魂故智生可以雙修 一神故形魂

亦得俱衍

俾我子孫善爲邦兮 太白敎訓吾所師 我子孫故統無不均 吾所師故敎無不

新)[192]

(2) 백제를 침공하다

서기 529년에 백제의 오곡성에서 전쟁하여 대승을 거두었다.

23. 제23대 안원제(安原帝:서기 531년~서기 545년)

안장제가 아들 없이 붕하자 아우인 보연이 즉위하였다. 연호를 연가(延嘉)[193]라

하였다.

서기 540년에 백제의 우산성 침입을 격퇴하였다.

서기 545년에 안원제가 갑자기 붕하자, 중부인과 소부인의 각 아들을 중심으로

편이 갈려 3개월이나 싸우다가 중부인의 아들 평성이 즉위하였다.

24. 제24대 양원제(襄原帝:서기 545년~서기 559년)

안장제의 중부인의 아들 평성이 즉위하였다. 시호를 영강(永康)[194]이라 하였다.

장수 고흘이 돌궐을 쳐서 복속시켰다.

---

192) 전계 한단고기 〈태백일사/고구려국본기〉, 294~296쪽 참조

193) 윤복현 선생은 러시아에 있는 기록을 언급하면서 거란의 태종 야율덕광이 고구려 안원제를 안
원세영연가황제(安原世英延嘉皇帝)로 시호(諡號)를 올리고, 청 강희제는 선종(宣宗)이라 묘호
(廟號)를 올렸다고 한다.

194) 윤복현 선생은 러시아에 있는 기록을 언급하면서 거란의 태종 야율덕광이 고구려 양원제를 양
강상호원무황제(陽岡上好元武皇帝)로 시호(諡號)를 올리고, 청(淸) 강희제(康熙帝)는 원종(原
宗)이라 묘호(廟號)를 올렸다고 한다.

서기 551년 신라는 백제와 함께 한강유역의 고구려 10여개 성을 빼앗았다. 이에 백제는 한강 하류지역을 신라는 한강 상류지역을 차지하였다.

서기 552년에 **장안성**을 축조하였다. 이 장안성은 서기 427년에 천도한 평양인 대동강 평양에 새로이 기획하여 성을 축조한 것으로 된다. 서기 586년에 이 장안성으로 천도한다.

25. 제25대 평강상호태열제(平岡上好太烈帝:서기 559년~서기 590년):평원제

서기 559년에 양원제의 태자 양성이 즉위하여 연호를 대덕(大德)[195]이라 하였다.

(1) 온달장군의 북주 대파

서기 576년 대덕 18년 병신년에 온달장군이 갈석산(碣石山), 배찰산(拜察山)의 적을 토벌하여 추격하여 북주(北周)를 대파하고, 산서성(山西省)의 유림진(楡林鎭) 이동을 평정하였다. 유림은 지금의 선서성(山西省)의 경계이다.[196]

(2) 장안성 천도

서기 586년에 도읍을 **장안성**으로 옮겼다. 이 장안성은 대동강 평양에 새로이 기획하여 축성한 것이 된다. 이후 고구려는 더 이상 수도를 이전한 사실은 없다.

(3) 수나라의 통일

서기 581년에 후주의 양견이 수(隋)나라를 세우고 문제가 되었다.

---

195) 윤복현 선생은 러시아에 있는 기록을 언급하면서 거란의 태종 야율덕광이 고구려 평원제를 평강상대덕호황제(平岡上大德好皇帝)로 시호(諡號)를 올리고, 청(淸) 강희제(康熙帝)는 평종(平宗)이라 묘호(廟號)를 올렸다고 한다.
196) 전게 한단고기 〈태백일사/고구려국본기〉, 270쪽 참조

서기 589년에 수나라가 진나라를 멸하고 통일하였다.

26. 제26대 영양무원호태열제(嬰陽武元好太烈帝:서기 590년~서기 618년)

서기 590년에 평강제의 태자 원이 즉위하여 연호를 홍무(弘武)[197]라 하였다.

(1) 고구려가 먼저 수나라를 치다

서기 598년에 고구려는 말갈군사 1만여 명을 동원하여 요서를 공격하였으나 실패하였다.

(2) 연태조의 등주 토벌

서기 598년 홍무 9년에 수나라 양견(楊堅)이 총관 위충을 파견하여 노략질을 하게 하니, 이에 서부대인 연태조(淵太祚)를 보내 등주(登州)를 토벌케 하여, 연태조가 총관(摠管) 위충(韋沖)을 잡아 죽였다.[198]

연태조는 연개소문의 아버지이고, 연개소문의 할아버지는 연자유(淵子游)이며, 증조부는 연광(淵廣)으로 모두 막리지였다.[199]

(3) 수나라의 제1차 침입-수문제의 침입 실패

서기 598년에 수나라 양견이 한왕 양에게 30만 대군을 주어 정주(定州)를 출발하여 평양을 향해 진격시켰으나, 요택(遼澤)에 이르지 못해서 물난리를 만나 실패하였다.

---

197) 윤복현 선생은 러시아에 있는 기록을 언급하면서 거란의 태종 야율덕광이 고구려 영양제를 영양문효무원호태황제(嬰陽文孝武元好太皇帝)로 시호(諡號)를 올리고, 청(淸) 강희제(康熙帝)는 孝宗(효종)이라 묘호(廟號)를 올렸다고 한다.

198) 전게 한단고기 〈태백일사/고구려국본기〉, 275~277쪽 참조

199) 전게 한단고기 〈태백일사/고구려국본기〉, 277~279쪽 참조

(4) 백제를 치다

서기 598년에 백제 위덕왕이 수나라에 사신을 보내 고구려를 공격하도록 청하자 이에 고구려가 백제의 변경을 쳤다.

(5) 신집 5권

서기 600년에 태학 박사 이문진이 유기 100권을 재정리하여 신집 5권을 편찬하였다.

(6) 연개소문 탄생

서기 603년 홍무 14년 5월 10일에 연개소문이 탄생하였다. 이때 아버지 연자유는 50세가 갓 넘었던 때라 이름을 갓쉰(개소문=가이손)으로 지은 것이 된다.[200] 연개소문은 신라의 김춘추와 생년이 같다.

(7) 수나라 문제의 돌궐 정탐

서기 607년에 고구려의 사신이 돌궐을 방문하여 돌궐추장 계민을 만나고 있던 중 수나라 문제가 돌궐 추장 계민을 만났다.

(8) 수나라 양제의 찬탈

서기 604년에 수나라의 문제의 둘째 아들 양광이 문제(양견)를 살해하고 왕위를 찬탈하여 양제로 즉위하였다.

---

200) 전게 한단고기 〈태백일사/고구려국본기〉, 277~279쪽 참조. 그래서 연개소문의 이름인 개소문을 가이순, 갓순 즉 갓쉰(갓 50=가까운 50)을 이두식으로 표기한 것이 된다.

(9) 백제와 신라를 공격하다

서기 607년에 고구려가 수나라와의 전쟁을 앞두고 남쪽을 안정시키려 백제의 송산성을 공격하였다.

서기 608년에 신라의 우면산성[201]을 빼앗고 포로 8,000명을 잡아왔다.

(10) 담징

서기 610년에 담징과 법정이 일본으로 건너갔다.

(11) 연개소문이 선인에 선발되다

서기 611년에 연개소문[202]이 9세로 선인(仙人)에 선발되었다.[203]

(12) 수나라의 제2차 침입-수양제가 침입하다

서기 612년 1월에 수양제가 113만 대군을 거느리고 고구려를 침공하였다. 2월에 수양제가 군사를 직접 이끌고 요수에 이르렀는데, 고구려의 철벽수비로 건너지 못하다가 부교를 만들어 건너게 되었으며, 요동성을 포위하였다. 이에 고구려가 요동성을 굳게 지키자, 육합성을 공격하였다.

내호아 장군은 수군을 거느리고 발해를 건너 평양성으로 진군하다가 고구려의 유인작전으로 패하고 내호아는 간신히 도망하였다가 해포에 진을 쳤다. 이 소식을 들은 수양제는 우문술과 우중문에게 요동을 돌아 압록강(지금의 요하) 부근으로 진격하도록 하였다.

---

201) 지금의 서초구 서초동의 남쪽에 위치한 우면산을 가리킨다.
202) 연개소문은 지금의 강화도 오련산(五蓮山)에서 말을 타고 훈련하였는데, 이 오련산은 고려시대에 몽고의 침입으로 천도한 때 이후에 고려산(高麗山)으로 불려지게 되었다. 고려산은 봄철에 진달래길이 장관이다.
203) 전게 한단고기 〈태백일사/고구려국본기〉, 277~279쪽 참조

(13) 을지문덕 대모달의 살수대첩

서기 612년에 수나라 양제가 130만[204]으로 제1차 침입하였으나, 을지문덕이 조의(皁衣) 20만으로 살수대첩에 성공하여, 요동성까지 돌아간 자가 겨우 2,700명에 불과하였다. 이에 양광이 사신을 보내어 화해를 구걸하였으나 을지문덕은 이를 추격하여 몰아붙여 한쪽은 현도도(玄菟道)로부터 태원(太原)[205]까지 추격하고, 한쪽은 낙랑도(樂浪道)로부터 유주

살수의 위치

(幽州)[206]에 이르렀으며, 그 주군(州郡)에 쳐들어가 이를 다스리고 그 백성들을 불러다가 이를 안무(按撫)하였다.[207]

여기서 살수는 청천강이 아니라 지금의 요하가 되는 서압록강이 있는 요동반도 내에서 남부로 흐르는 강이다.[208] 이 시기의 수도는 남경(南京)인 대동강 평양이다.

서기 612년에 백제가 수나라에 청하여 고구려를 치게 하자 수양제가 다시 군사를 일으켜 고구려를 쳤으나 요동의 성 하나만 차지하고 돌아갔다 하는바, 고구려를 공격하여 요동성 하나만 차지한 수나라가 을지문덕의 살수대첩으로 몰살당한 것을 가리키는 것이 된다.

---

204) 전게 한단고기 273쪽 참조. 113만이라고도 하고 130만이라고도 한다.

205) 지금의 태원(太原)과 동일하다.

206) 유주는 지금의 북경~천진 지역이다.

207) 전게 한단고기 〈태백일사/고구려국본기〉, 273~274쪽 참조

208) 단군조선 시대에는 살수의 남쪽 바다를 남해라 불렀다. 즉, 살수가 지금의 요동반도 내에 있는 것이다.

(14) 요서와 요동을 장악하다

이에 건안, 건창, 백암, 창려는 안시에 속하고, 창평, 탁성, 신창, 통도는 여기에 속하고, 고노, 평곡, 조양, 누성, 사구을은 상곡에 속하고, 화룡, 분주, 환주, 풍성, 압록은 임황에 속했다. 모두 옛날처럼 관리를 두고 다스렸으며, 이에 강병이 100만으로 강토는 더욱 커졌다.[209]

(15) 을지문덕(乙支文德)

을지문덕은 석다산(石多山) 출신으로서 일찍이 입산하여 수도하고 꿈에 천신을 보고 크게 깨달았는데, 3월 16일이면 마리산으로 달려가 천제(天祭)를 지내고, 10월 3일이면 백두산에 올라가 천제(天祭)를 올렸다.[210]

을지문덕이 이르기를,

"도(道)로써 천신(天神)을 섬기고 덕(德)으로써 백성과 나라를 덮으니, 나는 그 말이 천하에 있음을 안다. 삼신일체의 기(氣)를 받아 성명정(性命精)을 나누어 얻으니, 스스로 존재하는 광명은 높은 그대로 움직이지 않으나 때에 맞춰 느낌이 일어나니 도(道)가 이에 통한다. 이것이 몸으로 삼물(三物)인 덕혜력(德慧力)을 행하고, 삼가(三家)인 심기신(心氣身)을 화(化)하여 이루며, 삼도(三途)인 감식촉(感息觸)을 즐겨 채우는 까닭이다. 중요한 것은 날마다 생각의 표준을 구하고, 재세이화(在世理化)하고, 고요히 경도(境途)를 닦고, 홍익인간(弘益人間)함에 있다. 한국(桓國)은 오훈(五訓)을 말하고, 신시(神市)는 오사(五事)를 말하고, 조선(朝鮮)은 오행육정(五行六政)을 말하고, 부여(夫餘)는 구서(九誓)를 말한다. 삼한(三韓)의 통속에도 역시 오계(五戒)가 있으니 이르기를, 효충신용인(孝忠信勇

---

209) 전게 한단고기 〈태백일사/고구려국본기〉, 273~274쪽 참조
210) 전게 한단고기 〈태백일사/고구려국본기〉, 273~274쪽 참조

仁)이라 한다. 모두 백성을 가르침으로써 바르고 공평하게 하고 무리를 조직한다는 뜻이 있다."

(乙支文德曰 道以事天神 德以庇民邦 吾知其有辭天下也 受三神一體氣 分得性命精 自在光明 昻然不動 有時而感發 而道乃通 是乃所以 体行三物 德慧力 化成三家 心氣身 悅滿三途 感息觸 要在 日求念標 在世理化 靜修境途 弘益人間也 桓國曰 五訓 神市曰 五事 朝鮮曰 五行六政 夫餘曰 九誓 三韓通俗亦有 五戒 曰 孝忠信勇仁 皆 敎民以正平而 織群之意存焉)[211]

라고 하였다.

(15) 수나라의 제3차 침입-수양제의 제2차 침입

서기 613년 4월에 수양제가 우문술을 대장군으로 삼아 제2차 침입을 하여 요동성을 공격하였으나 실패하였다.

(16) 수나라의 제4차 침입-수양제의 제3차 침입

서기 614년 홍무 25년 수나라 양제 양광(楊廣)이 고구려 제3차 침입을 하였는데, 완병술(緩兵術)을 써서 곡사정(斛斯政)을 양광에게 사자로 보낼 때 조의(皂衣) 일인(一仁)이 함께 따라갔으며, 양광이 표를 읽는 사이에 일인이 미리 준비한 소매 속의 소노(小弩)를 발사하여 양광의 머리를 맞추니, 이에 양광이 실신하고 결국 철병하였던 것이다.[212]

(17) 수나라의 멸망

서기 618년에 수나라는 4회에 걸친 고구려와의 전쟁 후유증으로 경제가 엉망이

---

211) 전게 한단고기 〈태백일사/고구려국본기〉, 263쪽 참조
212) 전게 한단고기 〈태백일사/고구려국본기〉, 271~272쪽 참조

되고 도처에 반란이 일어나 결국 수양제(양광)는 암살되어 멸망하였다.

27. 제27대 영류제(榮留帝:서기 618년~서기 642년)

서기 618년에 영양제의 아들이 없어 이복동생 좌장군 고성(高成:건무)이 즉위하였다. 건무는 연태조의 북벌정책을 막았던 인물이다. 연호를 함통(咸通)213)이라 하였다.

(1) 포로를 교환하다

서기 622년에 당나라 이연의 제의로 수나라 때의 전쟁포로를 서로 교환하였다.

(2) 도교 수입

서기 624년에 당나라로부터 도교를 수입하였다.214)

(3) 낭비성을 잃다

서기 629년에 신라에게 낭비성을 잃었다.

(4) 천리장성 축조

서기 631년부터 부여성에서 남해부에 이르는 천리장성을 쌓았다(~647). 이때 연개소문은 도교 포교와 천리장성 축조에 반대하였다.215)

---

213) 윤복현 선생은 러시아에 있는 기록을 언급하면서 거란의 태종 야율덕광이 고구려 영류제를 영류무장태혜천황제(榮留武張太惠天皇帝)로 시호(諡號)를 올리고, 청(淸) 강희제(康熙帝)는 현종(顯宗)이라 묘호(廟號)를 올렸다고 한다.
214) 전게 한단고기 〈태백일사/고구려국본기〉, 276쪽 참조
215) 전게 한단고기 〈태백일사/고구려국본기〉, 276쪽 참조

(5) 신라의 칠중성을 공격하다

서기 638년에 신라의 칠중성을 공격하였다.

(6) 당나라가 고구려 태자를 입조시키다

서기 640년에 당나라 태종이 고구려 태자를 입조시키고 고구려에 진대덕을 사신으로 보내어 정탐하도록 하였다.

(7) 연개소문이 영류제를 폐하다

서기 642년에 서부대인 연개소문이 도교를 파할 것을 주장하고, 장성 축조 중단 요청하였으나 영류제가 따르지 않고 연개소문의 병사를 빼앗고는 천리장성 일을 감독시키더니 은밀하게 연개소문을 죽이고자 하였는데, 이에 연개소문이 먼저 알아차리고 영류제를 폐위하고 영류제의 조카 고장(高藏)을 옹립하였다.216)

28. 제28대 보장제(寶藏帝:서기 642년~서기 668년)

서기 642년에 영류제의 조카 고장(高藏)이 즉위하여 연호를 개화(開化)217)라 하였다.

(1) 신라가 당나라에 원병을 요청하다

서기 643년에 신라가 백제와 고구려 때문에 당나라에 사신을 보내어 원병을 요청하였다.

---

216) 전게 한단고기 〈태백일사/고구려국본기〉, 278~279쪽 참조
217) 윤복현 선생은 러시아에 있는 기록을 언급하면서 거란의 태종 야율덕광이 고구려 보장제를 개원현수대화보장황제(開原賢秀大化寶臧皇帝)로 시호(諡號)를 올리고, 청(淸) 강희제(康熙帝)는 희종(嬉宗)이라 묘호(廟號)를 올렸다고 한다.

(2) 연개소문

연개소문은 보장제의 즉위로 뜻을 얻어 만법을 시행하니, 대중을 위한 길은 성기(成己), 자유(自由), 개물(開物), 평등(平等)으로 하고, 삼홀(三忽)을 전(佺)으로 하고, 조의(皁衣)에 율(律)이 있게 하고, 힘을 국방에 쏟아 당나라에 대비하는 데 매우 완전하였다.

서기 643년경 연개소문은 백제의 상좌평 성충(成忠)을 만나 함께 의(義)를 세웠다. 또, 신라의 김춘추를 청하여 자기의 집에 머물게 하면서 설득하기를, "당나라 사람들은 패역하기가 짐승에 가까우니, 청컨대 우리나 그대들은 반드시 사사로운 원수를 잊고 지금부터 삼국은 백성의 뜻을 모으고 힘을 합쳐 곧바로 당나라 서울 장안을 쳐들어가 도륙한다면 당나라 괴수를 사로잡을 수 있을 것이니, 전승의 뒤에 옛 영토에 따라서 연정(聯政)을 실시하고 인의로써 함께 다스려 약속하여 서로 침범하는 일이 없도록 할 것을 영구준수의 계획으로 함이 어떻겠소?"라고 하며 이를 재삼 권하였으나, 김춘추는 끝내 듣지 않아 실패하였다.218)

(3) 당나라의 제1차 침입

서기 645년 개화 4년에 당나라 이세민(李世民)이 10만여 군사로 제1차 침입하였는데, 이때 이세적(李世勣)은 6만 육군으로 요동을 침입하였고, 장량은 수군 4만으로 전함 500척으로 평양을 향했다. 이세민의 군사는 황하북류 좌안의 요택(遼澤)에 이르렀는데 진흙길 200여리에 빠졌다.

당나라군은 개모성, 비사성 등을 함락하고 요동성을 향하였다. 부교를 설치하여 요수를 건너 12일 만에 요동성을 함락하였다. 이때 고구려는 1만여 군사가 목숨을 잃었고 양곡 50만섬이 불에 탔다.

이세민은 이세적과 합쳐 백암성의 서남쪽을 공격하여 함락하였다. 이세민은 안

---

218) 전계 한단고기 〈태백일사/고구려국본기〉, 278~279쪽 참조

시성에 이르러 먼저 당산(唐山)으로부터 병사들을 진격시켜 공격하도록 하였다. 고구려의 북부 욕살 고연수(高延壽)와 남부 욕살 고혜진(高惠眞)은 관병과 말갈병 15만을 이끌고 똑바로 전진하여 안시성에 연결되는 진지를 쌓고 병사를 종횡무진으로 풀어 당나라 군대를 격파하였다.[219]

이때 고연수는 고정의의 말을 듣지 않고 안시성에서 떨어진 곳에 진을 치고 있다가 당나라 태종이 돌궐 기병 1천여 명으로 고연수의 군사를 유인하였는데, 이를 모르는 고연수가 안시성 동남쪽 8리까지 쫓아가 진을 쳤다. 이에 당나라 태종이 고연수에 사신을 보내어 안심시키니 고연수가 이 말을 믿고 대비하지 않고 있다가 당군의 급습으로 3만여 군사를 잃고 고연수와 고혜진은 항복하였다.

(4) 안시성 전투 – 양만춘이 이세민의 눈에 화살을 맞히다

이세민이 안시성에 이르자, 안시성 성주 양만춘은 만반의 준비를 갖추고서 당나라 태종을 놀리며 격파하였다.

당나라군은 안시성의 동남쪽에 토성을 쌓고 공격하니 고구려도 토성을 쌓아 대비하였다. 당나라가 50만여 명을 동원하여 60여일 동안 밤낮으로 토성을 쌓아 고구려군의 동태를 살피다가 어느날 토성의 한 모퉁이가 무너지면서 안시성의 성벽을 덮치자, 이틈에 고구려군이 재빨리 성벽을 타고 나와 토성을 공격하여 당나라 토성을 점령해 버렸다. 이에 이세민이 분함을 참지 못하고 감히 나서서 싸우려 하니, 양만춘이 화살을 하늘로 향해 당겼다. 이때 이세민이 진에서 나섰다가 왼쪽 눈에 화살을 맞아 말에서 떨어졌다. 이에 이세민이 군사들 틈에 끼어 도망쳤다.[220]

---

219) 전게 한단고기 〈태백일사/고구려국본기〉, 279~281쪽 참조
220) 전게 한단고기 〈태백일사/고구려국본기〉, 283~284쪽 참조

(5) 당나라 군사가 진흙탕에 빠지다

이에 고구려군이 추격하였는데, 요택의 진흙길이 당나라 군대의 행군을 매우 어렵게 했다. 당군은 풀을 베어 길에 깔아 메우고 물이 깊은 곳은 수레로 다리를 만들게 하였으며 이세민도 몸소 나무를 말고삐에 연결하여 매고 일을 도왔다.

(6) 당나라 군사가 눈바람에 얼어 죽다

서기 645년 겨울 10월에 당군이 포오거(浦吾渠)에 이르러 말을 쉬게 하고 길이 메워지기를 기다렸다가 발착수(渤錯水)를 건너는데 심한 바람과 눈이 몰아치니 군사들이 죽는 자가 많았다.221)

(7) 연개소문의 추격

이때 막리지 연개소문은 이들을 심히 급하게 추격하였다. 추정국(鄒定國)은 적봉(赤峰)에서 하간현(河間縣)으로 이르고, 양만춘은 곧바로 신성(新城)으로 나아가니, 당군은 갑옷과 병기를 마구 버리면서 도망갔으며, 드디어 역수(易水)를 건넜다.222)

(8) 통도성과 요동성과 상곡을 지키다

이때 연개소문은 고연수에게 명하여 지금의 북경에 있는 정안문 밖 60리에 통도성(고려진)을 개축하게 하고, 군사를 나누어 요동성(창려)을 지키게 하고, 또 다른 군사는 이세민의 뒤를 바짝 쫓게 하고, 또 일부는 상곡(대동부)을 지키게 하였다.223)

---

221) 전게 한단고기 〈태백일사/고구려국본기〉, 284~285쪽 참조
222) 전게 한단고기 〈태백일사/고구려국본기〉, 284~285쪽 참조
223) 전게 한단고기 〈태백일사/고구려국본기〉, 284~285쪽 참조

(9) 이세민이 굴복하다

이에 이세민은 궁지에 몰려 어찌할 바를 모르고, 마침내 사람을 보내어 항복을 구걸하니, 연개소문이 추정국, 양만춘 등의 수만 기를 이끌고 성대하게 의용을 갖추어 진열한 뒤 선도하게 하여 장안성(長安城)에 입성하여, 이세민과 산서, 하북, 산동, 강좌를 고구려에 귀속하기로 이세민과 약정하였던 것이다.224)

(10) 당나라의 제2차 침입

서기 648년에 당나라가 제2차 침입을 하였으나 실패하였다.

(11) 당나라의 제3차 침입

서기 649년에 당나라가 제3차 침입을 하였으나 실패하고 당나라 태종이 죽었다.

(12) 연개소문의 사망

서기 657년 개화16년 10월 7일에 연개소문이 사망하니 55세였으며, 묘는 운산(雲山)의 구봉산(九峰山)에 있다. 연개소문이 임종에 남생과 남건을 돌아보며, "너희들 형제는 서로 사랑하기를 물처럼 하라. 화살은 합치면 강하고 이를 나누면 곧 부러진다. 반드시 내말을 잊지 말고 천하 이웃나라 사람의 웃음거리가 되지 않도록 하라"고 하였다.225) 서기 666년에 연개소문이 사망하였다라고도 하는데, 이는 연개소문이 당나라의 침공을 예방하기 위하여 전략전술상으로 자신이 사망한 사실을 공개하지 않도록 한 것이라 보아야 할 것이다.

---

224) 전게 한단고기 〈태백일사/고구려국본기〉, 285쪽 참조
225) 전게 한단고기 〈태백일사/고구려국본기〉, 286쪽 참조

(13) 신라가 당고종에게 원병을 청하다

서기 659년에 신라는 백제가 자주 국경을 침범하자 당고종에게 사신을 보내어 백제와 고구려를 치자며 원병을 청하였다.

(14) 백제가 망하다

서기 660년에 당고종이 소정방에게 13만 군사를 주어 백제를 치게 하였다. 이때 신라의 김유신이 5만의 군사로 당군과 협공하여 백제를 멸망시켰다.

(15) 당나라와 신라의 총공세로 평양성을 잃다

서기 667년에 당나라는 투항한 남생을 앞세워 고구려를 침공하였는데, 고구려는 이세적과 설인귀 등이 이끄는 50만 대군과 신라의 김인문이 이끄는 27만의 나당연합군을 막았다. 9월에 신성, 부여성 등을 잃었다.

서기 668년에 9월 21일에 1년을 항전한 끝에 **평양성**[226]을 함락 당하였다. 이에 보장제는 당나라에 항복하였다. 이에 당나라는 안동도호부를 설치하고 설인귀를 도독으로 삼았다.

이리하여 고구려의 역사는 서기전 37년부터 서기 668년까지 28대 705년이며, 해모수의 북부여로부터는 서기전 239년부터 합35대 907년이다.

(16) 대중상이 후고구려를 칭하다

서기 668년 고구려의 장군 대중상(大仲象)이 후고구려(後高句麗)라 칭하고 연호를 중광(重光)이라 하며, 수도를 동모산(東牟山)에 정하였다.[227]

---

226) 서기 586년에 천도한 장안성이 소재한 곳으로 대동강 평양이 된다. 고구려의 천도 역사를 심도있게 연구할 필요가 있다.

227) 전계 한단고기 〈태백일사/대진국본기〉, 297~299쪽 참조

(17) 고구려 부흥운동

서기 670년 고연무, 검모잠이 안승(安勝)을 옹립하여 고구려 부흥운동을 하였으나 안승이 검모잠을 살해함으로써 실패하였다.

서기 677년에 보장제가 고구려 재건을 노리다 실패하고 유배된 후 서기 682년에 붕하였다.

(18) 고구려 계승국, 대진국(大震國)

서기 699년 후고구려 대중상이 붕어하자 아들 대조영(大祚榮)이 대를 이어, 연호를 천통(天統)이라 하고, 국호를 대진(大震)이라 하며, 홀한성(상경 용천부)을 수도로 삼았다.228) 대진(大震)이란 고구려(高句麗)가 고씨(高氏)의 구려(句麗)라 하는 것과 같이 대씨(大氏)의 진(震)나라라는 의미가 담겨져 있는 것이기도 한다.

---

228) 전계 한단고기 〈태백일사/고구려국본기〉, 297~299쪽 참조

사국시대(四國時代)
신라(新羅) 연대기

1. 제1대 박혁거세(朴赫居世) 거서간(居西干:서기전 57년~서기 4년)

서기전 209년에 소백손(蘇伯孫:蘇伯琳이라고도 함)이 단군조선 진한(眞韓)의 유민들을 이끌고 마한(한반도) 땅의 남동쪽으로 가 서라벌(徐羅伐:斯禮筏)에서 나라를 세워 진한(辰韓)이라 하였다.

서기전 70년경에 북부여(北夫餘) 서보(西堡)의 방어장(防禦長) 즉 거서간(居西干)이던 박씨[229]가 북부여 제실녀(帝室女)의 파소(婆蘇)와 혼인하였다.

서기전 69년에 파소가 임신하고 있던 중 남편인 거서간 박씨는 한나라와의 전쟁에서 전사하였다. 이때 북부여는 한때 동명왕(東明王:서기전 108년~서기전 86년)이었던 고두막(高豆莫) 천왕 시절(서기전 86년~서기전 59년)이며, 태자는 고무서(高無胥)였는데, 고무서는 당시 딸이 셋이 있어 장녀는 파소(婆蘇), 둘째는 소서노(김西弩), 셋째는 알려져 있지 아니하는데, 파소는 남편을 잃자 북부여 제실에서 제자리를 찾지 못하게 되었다.

---

229) 홍사한은(鴻史桓殷)에서는 파소의 남편 즉 박혁거세의 아버지가 태백산주(太白山主) 박원달(朴元達)이라고 밝히고 있다.

이에 파소는 북부여 제실(帝室)에서는 큰 뜻을 펼치기 어렵다는 것을 알고 남하(南下)하기로 하여, 일행을 이끌고 동옥저(東沃沮)를 거쳐 배를 타고 진한(辰韓)의 나을촌(邪乙村)에 도착하였다.230)

이해에 파소가 나을촌(邪乙村)에서 박혁거세(朴赫居世)를 낳았다.231) 귀는 부채만큼 컸으며, 박(朴)을 성으로 삼았는데, 박(朴)은 곧 단(檀:박달)의 소리가 박달이기 때문에 박(밝)이라고 소리를 딴 것이다. 혁(赫)은 광명이니, 곧 광명으로써 세상을 구한다는 뜻이 된다. 진한의 6촌 사람들이 함께 양육하니 점차 자라면서 신기(神氣)가 빼어나게 밝고 대인(大人)의 법도가 있었다.232)

(1) 신라 건국

서기전 57년에 박혁거세(朴赫居世)가 13세에 진한(辰韓) 6부(部)의 추대에 의하여 즉위하여 거서간(居西干)이 되었다. 국호를 사로국(斯盧國)이라 하고 수도를 서라벌(徐羅伐:경주)에 정하였다. 박혁거세는 천성은 신(神)과 같고 지혜는 성인(聖人)과도 같았다.

서기전 53년 박혁거세 거서간이 17세에 현비(賢妃) 알영(閼英)을 맞이하니 사람들이 그들을 가리켜 이성(二聖)이라 하였다.233)

(2) 남태백산 제천단(祭天壇:天祭壇)

박혁거세 거서간이 남태백산(南太白山: 강원도 태백산)에 천부소도(天符小都)를 건설하였다. 중대(中臺)에 천부단(天符壇)을 축조하고 동서남북의 사대(四臺)에

---

230) 전계 한단고기 〈태백일사/고구려국본기〉, 292~293쪽 참조

231) 파소가 북부여에서 박혁거세를 낳아 데리고 온 것인지, 임신한 채로 와서 진한의 나을촌에서 낳은 것인지 정확하지는 않은 것이 된다. 진한 6부의 추대로 13세에 거서간이 된 것은 사실이다.

232) 전계 부도지, 81~82쪽 참조.

233) 전계 부도지, 83~84쪽 참조.

보단(堡壇)을 설치하여 계불의식(禊祓儀式)을 행하고, 대인(大人)으로 하여금 금척(金尺)의 이치에 따라 천지시원의 근본을 증리(證理)하며, 옥관(玉管)의 음(音)을 내어 율려화생법(律呂化生法)을 수증(修證)하였다.

해마다 10월에 백의제(白衣祭)를 행하였는데, 이는 황궁씨(黃穹氏)의 속신백모(束身白茅)의 뜻을 따른 것이다.

달구(達丘)에 조시(朝市)를 베풀고 율포(栗浦)에 해시(海市)를 열어 육해 교역의 제도를 수립하였다.234)

서기전 50년에 왜(倭)가 침입하였다.

서기전 39년에 변한(弁韓)이 항복하였다. 이로 인하여 변한이 멸망한 것은 아니며, 서기전 42년 가야가 건국되기까지 자치를 계속한 것이 된다.

서기전 37년에 금성을 축조하였다. 고주몽이 고구려를 건국하였다.

서기전 28년에 낙랑이 침범하였다. 여기 낙랑은 한반도 대동강 유역에 있는 최씨의 낙랑국이 된다.

서기전 20년에 마한(馬韓)에 조공하였다. 이때는 마한 제9대 계왕(稽王:箕貞:서기전 32년~서기전 16년) 시절이다.

서기전 19년에 마한왕이 돌아가시니 조문하였다. 마한의 제9대 계왕일 것인데 계왕은 서기전 32년에 즉위하여 서기전 16년까지이니 연대가 2~3년정도 차이가 난다.

서기전 18년에 온조가 백제를 건국하였다.

서기 4년에 박혁거세거서간이 붕하였다. 서기전 69년 탄생하여 73세를 사신 것이 된다.

---

234) 이상 전계 부도지, 83~84쪽 참조.

2. 제2대 남해 차차웅(서기 4년~서기 24년)

서기 4년에 낙랑(樂浪:최씨 낙랑)이 침입하였다.

서기 8년에 석씨(昔氏) 탈해(脫解)를 사위로 삼았다. 석씨(昔氏)는 동보(東堡)235) 유배인의 후예로서 바닷가에 살던 사람이다. 이에 석탈해는 서기전 20년경 출생이 될 것이다.

서기 9년에 마한이 백제에게 망하였다.

서기 10년에 석탈해가 대보에 임명되었다. 이때 석탈해는 약 30세가 될 것이다.

서기 14년에 왜(倭)가 침입하였다.

3. 제3대 유리 이사금(서기 24년~서기 57년)

서기 28년에 쟁기와 보습을 사용하여 농사를 지었다.

서기 32년에 6부에 최(崔), 정(鄭), 설(薛), 손(孫), 이(李), 배(裵)의 6씨(氏)를 내렸다. 즉, 고허촌 사량부에 최씨, 진지촌 본피부에 정씨, 명활촌 습비부에 설씨, 대수촌 점량부에 손씨, 양산촌 양부에 이씨, 가리촌 한지부에 배씨를 하사하였다.

이벌찬 등 17관등을 두었다. 가배놀이236)가 시작되었다.

서기 36년에 낙랑이 침입하였다.

서기 37년에 고구려가 낙랑(최씨)을 멸망시켰다. 이에 낙랑 사람들 5,000명이 신라에 귀순하였다.

서기 40년에 맥국(貊國)237)과 우호를 맺었다.

여기 맥국은 춘천(春川)이라고 추정하기도 하는데, 춘천은 우두산(牛頭山)이 있

---

235) 동보는 단군조선의 동쪽 지역에 속하는 곳으로 예국(濊國)이 동보의 관할지가 되고 유배지는 곧 지금의 일본 땅 본주와 북해도가 이에 해당된다.

236) 8월 15일 대보름의 한가위 놀이

237) 지금의 춘천지역에 있던 맥국이 된다.

어 예국(濊國)과 관련이 있는 곳이기도 하다. 서기전 2173년에 단군조선 두지주(豆只州) 예읍(濊邑)의 추장(酋長)이던 소시모리(素尸牟犁:소머리:牛首)가 반란을 일으키다 참수 당하였는데 그 후손들의 나라를 우수국(牛首國)이라 하였는 바, 이 소시모리의 후손들이 백두산 동쪽의 예읍에서 서기전 1000년경에 남하하여 춘천까지 진출하여 서기전 900년경에 대일령(大日靈 : 天照大神)이 지금의 일본 본주(本州 : 혼슈)의 이세(伊勢) 땅으로 진출하였던 것이 되고, 서기전 723년에 대일령의 후손인 언파불합(彦波弗哈)이 구주(九州 : 큐슈)의 난을 평정하여 협야후(陜野侯)에 봉해졌으며, 언파불합의 아들인 배반명(裵槃命)이 협야후로서 서기전 667년에 마한(馬韓)의 명을 받아 전선 500척을 이끌고 가서 삼도(三島 : 九州, 本州, 北海島 : 일본 땅)의 난을 평정하였던 것이 된다.

서기 42년에 김수로왕[238])이 금관가야를 건국하였다. 이때 김수로왕은 20세로서 변한의 구간(九干)들에 의하여 추대되어 즉위하였던 것이다.

서기 46년에 석탈해가 가야를 공격하였다. 이때 석탈해는 51세로 김수로왕보다는 28세 정도 많은 것이 된다.

4. 제4대 탈해 이사금(서기 57년~서기 80년:昔씨)

서기 57년 석탈해가 62세의 나이로 즉위하였다. 즉, 석탈해는 서기전 5년에 출생한 것이 된다.

국호를 계림(鷄林)이라 하였다.

서기 59년에 왜(倭)와 우호를 맺었다.

서기 61년에 마한(馬韓)의 장수 맹소(孟召)가 항복하였다. 마한은 서기 9년에 백제에게 망하였으나 일부 지역에 마한 세력이 잔존한 것이 된다.

서기 64년에 아산성과 구양성에서 기병 3,000명으로 백제군을 물리쳤다.

---

238) 김수로는 서기 23년 3월 3일생이다.

서기 65년에 김알지가 출현하였다. 김알지는 금관가야에서 분파하였던 것이 된다. 김씨는 원래 부도(符都:산동지역의 단군왕검의 나라였던 檀熊國단웅국 지역)에서 동쪽으로 옮겨와 살던 씨족으로 온양덕후(溫讓德厚)하였다.[239]

서기 73년에 왜(倭)가 침입하였다.

5. 제5대 파사 이사금(80~112:朴씨)

서기 87년에 가소성과 마두성을 쌓았다.

서기 94년에 파사왕이 알천에서 열병을 거행하였다. 가야가 침입하였다.

서기 96년에 가야가 침입하였다. 이에 가야를 반격하였다.

서기 97년에 가야가 화해를 청하다

서기 101년에 금성에 월성을 쌓았다.

서기 102년에 김수로왕을 초청하여 음집벌국과 실직곡국의 분쟁을 중재케 하였다. 신라가 음집벌국을 치니 항복하고 실직곡국과 압독국도 항복했다.

서기 108년에 신라가 비지국(창녕), 다벌국(대구), 초팔국(초계)을 공격하여 합병했다. 이후 비지국은 비사벌가야로 불리게 되는데 다시 독립하게 되었던 것이며 서기 551년경에 진흥왕 때 다시 합병된 것으로 된다.

6. 제6대 지마 이사금(112~134:박씨)

서기 115년에 가야가 침입하였다. 이에 황산 하에서 가야를 반격으로 패퇴하였다.

서기 121년에 왜(倭)가 침입하였다.

서기 123년에 왜(倭)와 강화하였다.

---

239) 전게 부도지, 92~93쪽 참조.

7. 제7대 일성 이사금(134~154:박씨)

서기 137년에 말갈이 침입하였다.

서기 138년에 태백산(太白山)에 제천(祭天)하였다. 이 태백산은 강원도에 있는 태백산으로 남태백산이 된다.

서기 139년에 말갈이 두 차례 침입하였다.

서기 140년에 장령에 목책을 세워 말갈을 막았다.

8. 제8대 아달라 이사금(154~184:박씨)

서기 156년에 조령(鳥嶺:문경새재)에 길을 냈다.

서기 157년에 연오랑 세오녀 출현.

서기 158년에 왜(倭)와 수교하였다.

서기 173년에 왜(倭) 여왕 비미호(卑彌乎)와 수교하였다. 세오녀는 왜로 건너가서 왜 중애왕(170~178:9년간)의 왕후가 되었으며, 이중왕이 병중에 섭정을 하니 여왕으로 불리게 되는 것이고, 중애왕이 죽자 서기 179년부터 여왕이 된 것인데, 일본서기에서는 비미호인 세오녀를 기장족희존(氣長足姬尊), 신공왕후(神功王后:179~247:69년간)라 적고 있는 것이 된다.

서기 179년에 왜 중애왕의 왕후인 신공이 여왕이 되었다.

9. 제9대 벌휴 이사금(184~196:석씨)

서기 193년에 왜(倭)에 기근이 들어 신라에 구걸하였다.

10. 제10대 나해 이사금(196~230:석씨)

서기 201년에 금관가야국이 화친을 요청하였다.

서기 203년에 말갈이 침입하였다.

서기 208년에 왜(倭)가 침입하였다. 왜왕 비미호(신공왕후) 시절에 왜가 신라를 침입한 것은 사실이 되는데, 일본서기에서는 이를 과장하여 백제 근초고왕(346~375) 시대의 역사를 120년을 앞당겨 신공왕후의 역사에까지 편입하여 백제와 신라까지 호령하였던 것으로 날조하고 있는 것이다.

서기 209년에 포상8국이 가라에 침입하니 가라왕자가 구원을 요청하였다. 이에 태자 우로를 보내어 구원케 하였다.

서기 212년 3월에 가야 왕자를 볼모로 잡았다. 이때 가야 왕자는 금관가야 제2대 거등왕의 아들이 된다.

서기 222년에 백제가 우두주를 공격하였다.

서기 224년에 봉산성에서 백제군을 격파하였다.

서기 230년에 나해왕이 붕하고 사위 조분이 즉위하였다.

11. 제11대 조분 이사금(230~247:석씨)

태자 석우로가 대장군이 되었다.

서기 232년에 왜(倭)가 침입하였다.

서기 233년에 왜(倭)가 침입하였다. 대장군 석우로가 물리쳤다.

서기 239년 6월에 왜 여왕 비미호가 조씨(曹氏)의 위(魏)나라에 조공하였다.

서기 245년에 고구려가 변방을 침공하였다.

서기 247년에 신라의 속국인 경북 상주의 사량벌국이 백제와 친교하자 사량벌국을 정벌했다.

서기 247년에 왜 여왕 비미호가 구노국(拘奴國)과 불화가 있었다. 비미호는 전쟁 와중에 죽은 것이 되고, 비미호의 종녀인 대여(臺與)가 13세에 서기 248년에 여왕으로 앉혀졌던 것이 된다.

12. 제12대 첨해 이사금(247~261:석씨)

서기 249년에 남당을 세웠다.

서기 249년 왜인(倭人)이 장수 석우로(昔于老)를 죽였다. 이에 금관가야에서 구원병을 보내어 왜인(倭人) 200명을 참수하였다.

13. 제13대 미추 이사금(261~284:金씨)

서기 263년 국조(김알지)묘에 제사하였다.[240] 미추왕은 지마왕의 손녀와 혼인하였다.

14. 제14대 유례 이사금(284~298:석씨)

서기 287년에 왜(倭)가 침입하였다.

서기 292년에 왜(倭)가 침입하였다.

서기 294년에 왜가 침입하였다.

서기 295년에 왜를 정벌하는 것을 중지하였다.

서기 297년에 이서고국이 금성을 침공하였다. 이때 신라가 고전하자 죽엽군(竹葉軍)이 나타나 무찔렀다. 여기 죽엽군은 미추왕과 관련된 의병이 될 것이다.

15. 제15대 기림 이사금(298~310:석씨)

서기 300년에 태백산(太白山)에 망제를 지냈다. 이해에 낙랑과 대방에서 귀순하였다.

---

240) 시조묘는 신라시조 박혁거세를 모신 곳인데, 여기서는 국조묘라 하므로 김씨인 미추왕에게는 신라시조인 박혁거세인지 신라 김씨의 시조인 김알지인지 불명인데, 박혁거세를 모신 시조묘라 하지 않고 특히 국조묘라 하고 있어 김알지를 모신 곳을 가리키는 것으로 보인다. 시조묘는 제2대 남해차차웅이 건립하여 역대 왕이 제사하였다고 기록되고 있다.

서기 307년에 국호를 신라(新羅)[241]라 하였다.

16. 제16대 흘해 이사금(310~356:석씨)

서기 312년 왜(倭)와 혼인관계를 맺었다.

서기 330년 벽골지를 만들었다.

서기 344년에 왜(倭)와 통혼을 거절하였다.

서기 345년에 왜(倭)에 글을 보내어 국교를 단절하였다.

서기 346년에 왜(倭)가 침입하였다.

17. 제17대 내물 마립간(356~402:김씨)

서기 364년에 왜(倭)가 침입하였다.

서기 382년에 전진(前秦)과 통교하였다.

서기 391년 봄 1월에 고구려가 사신을 보내왔는데, 왕은 고구려가 강성하므로 이찬 대서지의 아들 실성을 고구려에 볼모로 주었다.

서기 392년 여름 5월에 왜인이 금성을 포위하여 5일 동안 풀지 않으므로 장수와 사졸들이 모두 출전할 것을 청하였는데, 왕이 지금 도적들의 배가 깊숙이 들어와 사지에 있는데 칼끝은 부딪치는 것은 마땅치 않다고 하면서 이에 성문을 닫으니 도적들이 공격하지 않고 물러갔다. 왕이 먼저 용맹한 기병 200명을 보내어 그 돌아가는 길을 막고 또 보병 1천을 보내어 독산까지 추격하여 대패시키고 많은 무리를 죽이고 포획하였다.

서기 393년에 왜(倭)가 침입하였다.

서기 395년에 말갈이 침략하였다.

---

241) 지증왕 이전에 이미 신라를 국호로 정한 바 있는 것이 된다.

서기 399년에 왜(倭)가 침입하여 고구려에 구원 요청하였다.

서기 400년에 고구려 광개토호태황이 왜, 백제, 가야의 연합군을 격파하고 신라를 구하였다.

서기 401년에 실성 왕자가 고구려에서 귀국하였다.

18. 제18대 실성 마립간(402~417:김씨)

서기 402년 3월에 왜와 우호관계를 트고 내물왕의 아들 미사흔(未斯欣)을 왜에 인질로 잡혔다.

서기 403년 가을 7월에 백제가 변경을 침범하였다.

서기 405년에 왜가 침입하였다.

서기 407년에 왜가 침입하였다.

서기 408년에 왜(倭)의 대마도를 정벌하려는 것을 중지하였다.

서기 410년경 박제상(朴堤上) 선생이 부도지를 지었다.

서기 412년에 아들 복호(卜好)를 고구려에 인질로 잡혔다.

서기 415년에 왜와 전쟁하여 격파하였다.

서기 417년에 실성왕에 의하여 고구려로 보내졌던 눌지가 돌아와 실성왕을 시해하고 즉위하였다.

19. 제19대 눌지 마립간(417~458)

서기 418년에 고구려에 인질로 갔던 복호가 장수왕을 찾아간 박제상의 활약으로 돌아왔다. 이해 가을에 왜의 인질이었던 미사흔이 박제상의 희생으로 귀국하였다.

서기 420년에 묵호자(아도)가 불교를 포교하였다.

〈나제동맹〉

서기 433년에 백제의 비유왕과 나제동맹을 맺어 고구려의 장수왕의 남하를 대비하였다.

　서기 434년에 백제 비유왕이 준마 두필과 흰 매를 보내오자 눌지왕은 황금과 명주를 보내 답례하였다.

　서기 440년에 왜가 침입하였다.

　서기 444년에 왜가 침입하였다.

　서기 458년에 고구려에서 승려 묵호자가 신라에 불교를 전하였다.

20. 제20대 자비 마립간(458~479)

　서기 459년에 왜가 침입하였다.

　서기 462년에 왜가 침입하였다.

　서기 463년에 왜가 침입하였다.

　서기 476년에 왜가 침입하였다.

　서기 477년에 왜가 침입하였다.

　서기 479년에 백결 선생이 방아타령을 작곡하였다.

21. 제21대 소지 마립간(479~500)

　서기 480년에 말갈이 침입하였다.

　서기 481년에 고구려와 말갈이 신라의 북쪽 지역을 공략하니 가야와 백제가 고구려를 격파하였다.

　서기 482년에 왜가 침입하였다.

　서기 486년에 왜가 침입하였다.

　서기 487년에 시조의 나을신궁(奈乙神宮)을 건축하였다. 2월에 금관가야 제8대 질지왕이 꼬리길이가 5척인 백치(白雉)를 보냈다.

　서기 487년에 사방에 우편역을 설치하였다.

서기 490년에 경주에 시장을 열었다.

서기 497년에 왜가 침입하였다. 고구려에 우산성을 함락당하였다.

서기 498년에 백제의 동성왕과 혼인동맹을 맺었다.

서기 500년에 왜가 침입하였다.

22. 제22대 지증왕(500~514)

서기 502년에 우경법(牛耕法)을 실시하였다. 순장을 금지하였다.

서기 503년에 왕호와 국호를 중국식으로 하여 마립간에서 왕이라 하고 국호를 신라(新羅)로 확정하였다.[242]

서기 504년에 상복법(喪服法)을 제정하여 반포 시행하였다.

서기 505년에 주, 군, 현을 정하였다. 얼음을 저장하여 사용하였다.

서기 506년에 소가야를 평정하였다.

서기 509년에 동시전(東市廛)을 개설하였다.

서기 512년에 하슬라주 군주(軍主) 이사부가 우산국(울릉도)을 정벌하였다.

23. 제23대 법흥왕(514~540)

서기 515년에 아라가야를 토벌하였다.

서기 520년 율령을 반포하고 공복을 제정하였다.

서기 523년에 고령가야[243]와 혼인하였다.

서기 524년에 양산(梁山) 지방에서 금관가야와 전쟁을 하였으나 패했다.

〈불교공인〉

서기 527년에 이차돈의 순직으로 불교를 공인하였다. 묵호자(墨胡子)가 고구려

---

242) 이전에 사로, 계림, 신라 등으로 하던 것을 정식으로 신라(新羅)로 확정한 것이 된다.

243) 고령지역의 고령가야는 대가야와는 다르다.

에서 이차돈(異次頓)과 불교를 행하고 신라에 전도하자, 왕이 이를 쫓으므로, 백결(百結:朴文良:박제상 선생의 아들) 선생의 증손인 마령간(麻靈干)이 왕에게 아뢰어 이차돈의 목을 베고 불도를 해산시켰다. 마령간은 항상 부도통일론(符都統一論)을 설하며 외래의 법을 극력 배척하였다. 김유신과 김춘추가 마령간에게서 가르침을 배워 삼한통일(三韓統一)의 뜻을 세웠던 것이 된다.

서기 531년에 금관가야의 금해왕성(金海王城)을 공격하였다.

〈금관가야 병합〉

서기 532년에 금관가야를 점령하여 멸망시켰다. 금관가야의 제10대 구형(九衡) 왕이 왕비, 왕자 노종(奴宗), 무덕(武德), 무력(武力)과 함께 신라에 투항하였다.

서기 536년에 연호를 건원(建元)이라 하였다.

24. 제24대 진흥왕(540~576)

서기 544년에 흥륜사를 준공하였다.

〈국사 편찬〉

서기 545년에 대아찬 거칠부가 국사를 편찬하였다.

서기 548년에 고구려가 백제의 독산성을 공격하자 백제가 신라에 구원을 요청하여 장군 주령이 가서 구원하였다.

서기 550년 백제가 고구려의 도살성을 빼앗자 고구려는 백제의 금현성을 빼앗았다. 이에 신라는 이사부를 시켜 금현성과 도살성을 빼앗았다.

서기 551년에 연호를 개국(開國)이라 하였다. 백좌강회 및 팔관회법을 규정하였다. 거칠부가 백제와 합공하여 죽령 이북의 고구려의 10개성(군)을 빼앗았다. 단양 적성비를 건립하였다. 3월에 진흥왕이 차랑성(次娘城)에서 우륵(于勒)의 가야금 소리를 들었다. 한강유역(당항성)을 점령하였다.

서기 553년에 황룡사 건립을 착공하였다. 신라가 백제 땅인 한강유역을 기습 점령하였다. 이에 백제 성왕은 후일을 도모하여 딸을 진흥왕에게 시집보냈다.

서기 554년에 백제 성왕이 대가야와 합공으로 관산성(옥천)을 기습 공격하였으나, 신라가 백제 성왕과 좌평 4명, 군사 3만여명을 전사시켰다. 이에 나제동맹이 결렬되었다.

서기 555년에 비사벌에 완산주(完山州)를 설치하였다.[244] 북한산 진흥왕 순수비를 세웠다.

서기 561년에 창녕순수비를 건립하였다. 여기 창녕은 비사벌이며 처음 설치된 완산주가 된다. 뒤에 지금의 전주 땅에 완산주가 설치된다.

서기 562년에 백제 위덕왕이 군사를 보내어 신라 변경의 민가를 약탈하였다. 이에 진흥왕이 몸소 군사를 이끌고 가서 백제군을 무찔렀다.

〈대가야 정복〉

서기 562년 9월에 대가야가 반역하므로 내물왕 7세손 15세의 사다함이 이사부 장군을 설득하여 선두에 서서 대가야를 토벌하여 평정하였다. 이에 진흥왕이 사다함에게 대가야 포로 300명을 노예로 하사하였으나 사다함은 모두 해방시켜 주었다.

서기 565년 9월에 완산주(完山州)를 폐하고 대야주(大耶州)를 설치하였다. 즉 지금의 창녕지역이 비사벌에서 완산주로, 다시 대야주로 변경된 것이다.

서기 568년에 황초령 순수비, 마운령 순수비를 건립하였다.

서기 571년 비사벌 가야 왕손 김인평(金仁平:571~651)이 탄생하였다. 김인평은 원래 조(曺)씨이나 진흥왕 때 신라에 귀복하여 김씨를 사성받아 진골로 편입된 것으로 된다. 서기전 631년에 진평왕이 붕하기 1년 전에 김인평에게 조계룡(曺繼龍)을 사성명(賜姓名)하여 원래의 성씨로 복원된다.

---

244) 이때 비사벌가야(빛벌가야=창녕)가 신라에 병합된 것으로 된다.

〈화랑제도〉

서기 576년에 미녀 남모와 준정을 원화(源花)로 삼았다. 이후 미남을 선발하여 화랑제도를 시행하였다.

25. 제25대 진지왕(576~579)

서기 577년에 나을궁에 제사하였다. 나을궁은 박혁거세 거서간과 알영 왕비를 모신 신궁이다.

서기 579년에 진지왕이 축출되었다. 이에 진지왕의 후손은 진골로 강등되었다.

26. 제26대 진평왕(579~632)

고구려의 온달 장군을 아차산성에서 전사시켰다. 아차산성(阿且山城)은 지금의 구리시와 서울시 사이에 있는 아차산에 있었던 것이며, 원래 백제의 성이던 아단성(阿旦城)의 오기나 다른 표기가 될 것이다.[245] 아단성은 서기 396년 고구려 광개토호태황이 백제를 공격하여 탈취한 58개성 중의 하나이다.

원광법사가 세속오계(世俗五戒)를 내 놓았다. 세속오계는 세상일의 다섯 가지 계율이라는 말이며, 화랑도(花郎徒)의 계율을 가리킨다.

서기 580년경 덕만공주(580?~647)가 탄생하였다.

서기 584년에 연호를 건복(建福)이라 하였다.

서기 585년경 김인평이 15세 나이에 외조부 이광옥의 천거로 진평왕에 의하여 궁에 벼슬을 시작하였다.

서기 586년에 원광법사가 수(隋)나라에 걸사표(乞師表)를 올렸다.

서기 595년경 김인평이 덕만(德曼) 공주와 혼인하였다. 김유신(595~673)이 탄

---

245) 아단성의 단이 아침 단이고 아침의 옛말이 아치, 아츠이므로 아단성은 아차성과 같은 말이 된다.

생하였다.

서기 597년경 김용춘이 천명(天明) 공주와 혼인하였다.[246]

서기 599년경 백제 왕족 서동(薯童:백제 제30대 武王)이 선화(善化) 공주[247]와 혼인하였다.

서기 600년에 백제 무왕(武王:璋)이 즉위하였다.

서기 602년에 백제군이 아막산성으로 침공하였다. 이에 귀산과 추항이 출전하여 승전하였으나 부상을 입고 회군 중에 둘 다 사망하였다.

서기 603년에 김춘추(603~661)가 출생하였다.[248]

서기 609년에 김유신이 15세로 화랑이 되었다.

서기 611년에 백제가 가잠성을 침공하여 차지하여 현주 천덕을 전사시키고 차지였다.

서기 618년에 가잠성 현주 천덕의 아들 해론이 출전하여 가잠성을 수복하였다. 이에 백제 무왕이 다시 가잠성을 공격하여 해론을 전사시켰다. 수나라가 고구려와의 전쟁에 패한 뒤 멸망하였다.

서기 620년경에 진평왕의 아들이 요절하자 덕만공주가 김춘추를 대동하며 정치를 보기 시작하였다. 이때 덕만공주는 약 40세가 되고 김춘추는 약 18세가 되며, 김유신은 약 26세가 된다. 김유신과 김춘추는 덕만공주의 남편인 비사벌가야 출신의 부마도위 겸 태사(太師) 김인평(金仁平 : 약 50세)의 지도를 받은 것으로 전한다. 이로써 가야세력이 신라의 중추세력으로 성장하게 된다.

서기 621년에 김유신의 아버지 김서현을 파견하여 친당외교를 시행하였다. 이때 당나라 고종은 신라에 그림 병풍, 비단을 선물하였다. 이 그림을 그린 병풍이 모

---

246) 천명공주의 아들이 태종무열왕 김춘추이다.

247) 덕만과 천명은 진평왕의 첫 왕비인 마야부인 김씨의 딸이고 선화공주는 계비인 승만부인 손씨의 딸이다.

248) 연개소문도 서기 603년생이다.

란꽃 그림의 병풍으로서 벌과 나비가 없어 덕만공주가 반드시 그 꽃에 향기가 없을 것이라 하여 실제 그 꽃씨를 심었더니 그러하였다라고 삼국유사〈知機三事〉에 전하는 이야기의 근원이 된다. 이때 덕만(580?~647)은 여왕(631~647)이 아니라 공주 시절인 것이다.

서기 629년에 고구려의 낭비성을 빼앗았다.

서기 630년경 안함로(安含老:579~640)가 한인(桓因), 한웅(桓雄), 단군(檀君)의 역사를 요약한 삼성기(三聖記)〈상편(上篇)〉을 지었다. 안함로는 신라의 도승(道僧)으로서 속성은 김(金)씨이며 시부이찬(詩賦伊湌)의 자손이고, 물위를 걸으며 공중을 나는 등 많은 이적을 행하였고 선덕여왕 9년인 서기 640년에 62세로 세상을 떠났다.

서기 631년 건복(建福) 48년 2월에 김인평을 조계룡(曹繼龍)[249]이라 사성명(賜姓名)하였다. 이로써 서기 555년경에 진흥왕에게 복속하였던 비사벌(창녕) 가야 왕족인 조씨(曹氏)가 진골로 편입되어 김씨를 하사받은 후 다시 조씨로 복원된 것으로 된다.

서기 631년 5월에 칠숙의 난을 발본색원하였다. 이로써 덕만공주가 왕위에 오르는 데 장애가 없어진 것이 된다.

서기 632년 1월에 진평왕이 붕하였다.

27. 제27대 선덕여왕(632~647)

덕만공주가 성골(聖骨)의 남자가 없어 성골 여성으로서 즉위하였다.[250]

서기 632년 대신 을제(乙祭)에게 국정을 총람케 하였다.

---

249) 창녕조씨 시조 설화의 내용을 정확하게 해석하려면 당시의 역사적 배경을 알아야만 한다.

250) 선덕여왕과 진덕여왕은 성골이며, 태종무열왕(김춘추) 이하는 진골이 되는데, 신라시대의 성골, 진골 등 골품제도는 인도의 카스트제도와 흉노의 골품제도와 상통하는 바, 단군조선의 신왕종전(神王倧佺)의 도(道)와 관련하여 연구정리할 필요가 있겠다.

서기 634년에 연호를 인평(仁平)251)이라 하였다. 분황사를 축조하였다.

서기 636년 여름에 백제군 500명이 궁궐 서쪽에 옥문지(玉門池)가 있는 옥문곡(玉門谷)으로 몰래 침입하였으나, 선덕여왕이 알천과 필탄 장군을 보내어 전멸시켰다. 여기서 알천은 진한 6부의 장이었던 소벌도리의 후손으로서 진주 소씨(蘇氏) 시조가 된다.

서기 638년에 고구려에게 칠중성을 공격당하였다.

서기 642년에 백제 의자왕이 대군을 일으켜 신라를 침공하여 40여개 성을 빼앗고 윤충을 보내어 대야성(합천)까지 함락하였다. 이때 대야성 성주 김품석과 그 아내가 사망하였다. 여기 김품석은 김춘추의 사위이다. 대야성은 합천에 설치되기 이전에는 대야주가 설치된 비사벌가야 지역인 창녕이 된다.

이후 김춘추가 백제를 치려고 구원을 요청하러 고구려로 갔으나, 백제 성충의 편지를 받은 연개소문의 청을 거절하는 바람에 감금되었다가 도망쳐 나왔다.

서기 645년에 황룡사를 완성하였다. 김유신이 백제의 7성을 빼앗았다.

〈첨성대〉

서기 647년에 첨성대를 완성하였다.

〈비담의 반란〉

서기 647년 1월 초에 상대등 비담과 염종이 반란을 일으켰다가 명활성으로 물러갔으며, 선덕여왕의 군사는 월성에 머물렀는데, 밤에 유성이 떨어지자 김유신이 연에 불을 붙여 떠올려 위기를 모면했다.

---

251) 연호 인평은 조계룡의 원래 이름(서기 571년~서기 631년 60년간)을 쓴 것인데, 경주김씨 종중에서도 선덕여왕이 남편의 이름을 연호로 쓴 것으로 여기고 있다. 삼국유사 왕력보 선덕여왕조에 ...王之匹飮葛文王仁平甲午立(왕의 배필은 음 갈문왕 인평이며 갑오년에 즉위)...이라고 기록되어 있다.

서기 647년 1월 8일에 선덕여왕이 병으로 붕하였다. 성조황고(聖祖皇姑)[252]라 시호를 올렸다.

28. 제28대 진덕여왕(647~654)

서기 647년에 연호를 태화(泰和)라 하였다. 김유신이 명활성을 함락시키고 비담과 염종을 처형하여 반란을 진압하였다.

서기 648년에 관복을 제정하였다. 김춘추와 아들 김법민이 당나라에 갔다. 나당연합을 맺었다가, 김법민을 당나라에 남기고 돌아오는 길에 고구려 수군을 만나, 종자 온군해의 기지로 김춘추는 작은 배로 갈아타고 탈출하여 살았다.

서기 649년에 당나라식의 관복을 착용하여 따라 하였다.[253]

서기 650년에 당나라 고종을 찬양하는 오언시를 비단에 써서 바치고, 당(唐)나라 연호인 영휘(永徽:650~660)를 사용하였다.

서기 651년에 조계룡(김인평)이 81세로 사망했다. 조계룡(曹繼龍)은 서기 571년부터 서기 631년까지 60년간은 김인평(金仁平)이라는 이름으로 살았고, 서기 631년 2월부터 서기 651년까지 20년간은 조계룡이라는 이름으로 살았다. 경주김씨측에서는 선덕여왕이 연호를 인평(仁平)이라 사용한 것은 남편인 김인평이 일찍 사망하여 이를 기리기 위하여 사용한 것이라고도 하는데, 실제로는 김인평이 곧 조계룡인 것이다.

---

252) 성조(聖祖)이신 할머니 황제라는 뜻으로 신라 스스로는 연호를 사용한 황제국이라 칭한 것이 된다. 성조(聖祖)는 통상 묘호로 올리는 명칭이다. 고구려 광개토호태황(영락제)이 청나라 강희제에 의하여 성조라는 묘호가 올려지고, 강희제의 묘호도 성조이다.

253) 남자들의 오른쪽 옷깃이 왼쪽을 덮는 식이 전통이나 이때부터 중국식으로 왼쪽 옷깃이 오른쪽을 덮는 식이 된다. 중국식의 옷깃 방향이 원래는 우리조상들과 같았으나 서기전 680년경 제나라 환공시대에 관중이 동이(東夷)와 차별화 하면서 옷깃 방향을 달리 한 것으로 전한다.

29. 제29대 무열왕(654~661)

이후 진골 출신이 왕이 되었다.

강수(?~서기 692년)가 외교문서를 담당하였다.

서기 655년에 고구려가 백제, 말갈 등과 합공으로 북쪽 변경을 침략하여 33개성을 빼앗았다.

원효대사가 요석공주와 혼인하여 설총을 낳았다. 원효대사가 금강삼매경론, 대승기신론소, 화엄경소를 지었다. 설총은 신문왕 때 화왕계를 지었으며, 이두를 집대성 하였다.

서기 660년에 당나라 고종이 소정방에게 13만의 군사를 내어주어 백제를 치게 하였다. 백제정벌의 나당연합군 최고사령관에 김유신과 소정방이 되었다. 이때 김유신의 군사는 5만이었다.

김유신 군대는 황산벌에서 백제 계백장군의 결사대를 맞아 네 번이나 패하였다가 화랑 관창의 죽음으로 결사대를 무찌르고 사비성으로 향하였다.

나당연합군이 사비성을 포위하자 의자왕은 웅진성으로 도피하였다가 결국 성문을 열고 항복하였다. 이로써 백제는 서기전 18년부터 서기 660년까지 678년의 역사가 된다.

서기 661년에 무열왕 김춘추가 백제 땅에서 살해당하였다.[254]

30. 제30대 문무왕(661~681)

서기 661년에 원효대사와 의상대사가 당나라로 향하였다. 이때 원효대사는 당나라 유학을 포기하고 돌아와 불교의 대중화에 힘썼다.

당나라 소정방과 계필하력이 수군과 육군으로 고구려를 침공하였다가 소정방은

---

254) 백제 땅에 머물다가 백제 자객에게 복수차 살해당한 것이 될 것이다.

평양성에서 연개소문에게 패하고 계필하력은 압록강에서 남생에게 패하여 돌아갔다.

서기 667년에 당나라와 신라가 고구려를 침공하였다.

서기 668년에 고구려의 보장왕이 당나라에 항복하였다. 이로써 고구려의 역사는 서기전 37년부터 서기 668년까지 705년의 역사가 된다. 북부여가 시작된 서기전 239년부터 고구려의 역사로 보면 907년의 역사가 되고, 단군조선의 오가공화정이 철폐된 서기전 232년부터 계산하면 900년의 역사가 된다.

신라가 고구려와 백제 유민들과 함께 당나라군을 축출하였다.

서기 673년 봄에 큰 별이 황룡사와 궁성 중간에 떨어지고 지진이 있었다. 김유신이 79세로 졸하였다. 이에 김유신의 부인이 되었던 무열왕 김춘추의 셋째 딸은 비구니가 되었다.

서기 676년 당나라 군을 완전히 축출하여 초기 국토가 북경(北京)에서 동쪽으로 이어졌다. 즉 고구려가 망할 당시의 영역이 북경 동쪽이라는 것이며, 신라가 백제 전체와 고구려 땅의 일부를 차지한 것이 된다. 이때 고구려의 장군이던 대중상이 서기 668년부터 백두산의 북쪽에 있는 동모산을 근거지로 후고구려라 칭하며 고구려를 부흥시키고 있었던 것이며, 서기 732년경에 신라는 대진국(발해)의 공격을 받아 임진강 이남으로 밀려났다.

서기 676년부터 서기 702년까지 당나라와 국교를 단절하였다.

서기 681년에 문무왕이 붕하였다. 유언대로 동해의 큰 바위위에 장사지내니 대왕암이라 불린다.

*6~7세기에 해시계가 만들어지고 8세기에는 물시계가 만들어졌다.
*서기 668년 이후 신라는 서기 926년까지 대진국(발해)과 우리 역사상 제1차 남북
 국시대를 이룬다.

사국시대(四國時代)
백제(百濟) 연대기

1. 제1대 온조왕(溫祚王:서기전 18년~서기 28년)

(1) 온조의 출생

서기전 58년경에 북부여의 졸본(卒本)에서 온조(溫祚)가 고주몽(高朱蒙)과 소서노(召西弩) 사이에서 탄생하였다. 소서노는 북부여(졸본) 고무서(高無胥) 단군의 둘째 딸로서 동부여 해부루왕의 서손인 우태(于台)와 서기전 65년경에 혼인하여 비류를 낳았고, 우태가 죽은 후 서기전 59년에 고주몽과 재혼하여 서기전 58년 이후에 온조를 낳았던 것이 된다. 고주몽에게는 동부여에서 서기전 59년경 이전에 예씨(禮氏)부인에게서 얻은 유리(琉璃)가 있었다.

(2) 진번백제(眞番百濟) : 어하라국

서기전 42년에 온조는 어머니 소서노를 따라 이복형 비류(沸流)와 함께 아버지 고주몽이 단군으로 다스리던 북부여의 졸본(卒本)을 떠나 패대지역의 진번(眞番) 땅으로 가서 정착하였다.255)

---

255) 전계 한단고기 〈태백일사/고구려국본기〉, 290~291쪽 참조

서기전 37년에 고주몽이 고구려를 건국하였다.

고구려를 세운 이유는 단군조선 땅의 동쪽에 위치한 부여라는 이름 대신에 단군조선 시대에 동서로 보아 나라의 중앙에 위치하였던 나라이면서 서기전 1285년 이후에 고씨(高氏)가 다스렸던 구려(句麗:구리)를 회복하는 등 단군조선의 땅을 되찾기 위한 것인데, 고구려라는 국호는 다물정책(多勿政策)이 담겨진 국호가 된다. 서기전 239년 4월 8일에 군사를 일으켜 서기전 232년에 단군조선을 접수하였던 해모수는 곧 구려 출신으로서 부여(扶餘)에 수도를 두었던 것인데, 고주몽은 서쪽으로 구려를 회복한다는 의미에서 고(高:해)씨의 구려(句麗)라 한 것이 된다.

서기전 31년에 소서노가 고구려 고주몽 성제로부터 어하라(於瑕羅:어라하:백제 말 王:어른:長)로 책봉되었다.256) 즉 소서노의 나라인 어하라국은 고구려의 제후국이 되는 것이다.

서기전 19년에 소서노가 훙(薨)하자 비류가 장자로서 소서노의 대를 이어 즉위하여 어라하가 되었다.257) 이해에 고주몽 동명성제(東明聖帝)께서 붕하고 태자 유리가 제2대 고구려 태황(太皇)이 되었다.

(3) 온조의 십제(十濟) 건국

서기전 18년 온조가 독립하기 위하여 10 신하와 백성들을 이끌고 어하라국(진번백제)을 떠나, 마한(馬韓) 땅의 미추홀(밑골 : 仁川)을 거쳐 한강을 따라 올라가서, 마한왕(馬韓王 제9대 계왕 : 稽王)으로부터 땅을 할양받아, 한산(漢山) 밑의 위지성(尉支城 : 河南 尉禮城)에서 십제(十濟)를 건국하였다.

---

256) 전게 한단고기 〈태백일사/고구려국본기〉, 290~291쪽 참조
257) 전게 한단고기 〈태백일사/고구려국본기〉, 290~291쪽 참조

(4) 동명왕묘(東明王廟) 건립

5월에 고주몽 성제를 모신 동명왕묘(東明王廟)를 세웠다. 이로써 온조왕의 아버지는 동명성제 고주몽이 분명하게 된다. 온조왕의 나이를 계산하더라도 고주몽의 아들임이 분명하다.

고주몽 성제 이전에 동명(東明)이라 칭한 인물이 북부여 시대에 졸본의 한(汗)으로서 서기전 86년에 북부여 천왕(天王)이 되었던 고두막(高豆莫) 단군인데, 비류의 아버지가 되는 우태(于台)는 서기전 86년에 동부여왕이 된 해부루의 서손(庶孫)으로서 고두막 천왕의 태자 고무서(高無胥)의 둘째 딸인 소서노와 혼인하였는 바, 온조왕이 고두막 천왕을 모신 것이라 보기에는 거리가 있게 된다.

(5) 말갈 방비

서기전 17년에 을음이 우보를 맡아 병마를 관리하였다.

서기전 16년 가을에 말갈이 침입하였으나 물리쳤다.

(6) 흉년이 들다

서기전 15년에 가뭄이 심하게 들고 전염병이 돌았다.

(7) 낙랑과 수교

서기전 15년 가을에 낙랑과 수교하였다.

여기 낙랑은 지리적으로 한반도인 마한 땅의 대동강 유역에 있던 최씨(崔氏)의 낙랑국(樂浪國)이 된다. 서기전 195년에 최숭(崔崇)이 발해만 유역에 있던 단군조선의 낙랑에서 한반도로 배를 타고 이동하여 대동강 평양 지역에 정착한 것이 되는데, 처음에는 북부여를 상국으로 모셨으나 북부여 후기에 북부여가 쇠퇴하자 한(漢)과 우호적 관계를 지녔던 것으로 보인다. 서기전 108년에 발해만 유역의 낙랑은 소위 한사군(漢四郡)이 되어 서기 313년에 고구려에 의하여 완전히 소멸되기까지 낙랑군이라는 이름으로 생멸을 반복하였는데, 한반도 평양의 낙랑은 서기 37년에 고구려의 호동왕자로 인하여 고구려에게 망하였던 것이 된다. 즉 서기 37년 이후에 기록되는 낙랑은 발해만 유역에 있던 낙랑이 되는 것이다.

(8) 말갈의 침입

서기전 11년 말갈이 3천여명의 군사로 침입하여 위례성을 포위하였다. 백제는 성문을 굳게 닫고 싸우지 않자 10일이 지나 말갈군을 공격하여 500여명을 죽이거나 생포하였다. 가을에 백제는 마수성을 쌓고 병산에 목책을 세웠다.

(9) 마한 공격

서기전 9년에 신록이 마한을 공격하였다.

(10) 말갈의 침입

서기전 8년에 말갈이 병산으로 침입하여 목책을 부수고 100여명의 군사를 죽인 뒤 약탈하고 돌아갔다.

(11) 왕모가 돌아가시다

서기전 6년 봄에 위례성에 늙은 노파가 남자로 변하고 호랑이 다섯 마리가 성 안으로 들어왔다. 왕모(王母)께서 돌아가셨다.

여기서 왕모는 온조왕의 어머니 소서노가 아니다. 소서노는 서기전 19년에 어하라국에서 훙하고 비류가 대를 이었던 것이다. 사실적인 표현이기는 하나 비유적인 표현일 가능성도 배제할 수 없다. 만약 서기전 19년에 소서노가 훙하지 않고 온조를 따라 왔다면 서기전 6년에 왕모가 돌아가셨다는 기록은 사실이 될 것이다.

그러나, 여기 서기전 6년을 소서노가 훙한 서기전 19년으로 보면, 서기전 18년은 서기전 31년이 되고 서기전 31년은 소서노가 어하라국으로 책봉 받은 해가 되는데, 소서노의 어하라국의 역사가 온조백제의 역사에 중첩되어 기록된 것으로 보인다. 이에 따라 늙은 노파가 남자로 변하고 호랑이 다섯 마리가 궁 안으로 들어왔다라는 것은, 비류가 왕이 될 목적으로 서기전 19년에 어머니 소서노로 변장하여 궁으로 자객과 함께 들어와 어머니 소서노(왕모)를 시해하고 왕이 된 것이 아닌가 한다. 호랑이 다섯 마리는 호랑이 탈을 쓴 자객으로 추정된다.258)

(12) 한성(漢城) 천도

서기전 6년 가을에 한산 밑에 성책을 세우고 위례성의 백성들을 옮겼다259).

서기전 5년에 수도를 한성(漢城)으로 옮겼다. 한성은 한산(漢山:지금의 남한산성)의 아래에 있는 수도이다. 제2의 수도인 한성은 위례성260)이 아닌 풍납토성이 될 것이다. 서기 371년에 한산(漢山)으로 천도하기까지 376년간의 수도가 된다. 이후 한산에서 100년을 지나고 서기 475년에 공주(웅진)으로 천도하였고 이곳에서 63년을 지내고 서기 538년에 부여(사비)로 천도하였다. 그래서 지금의 서울을 수도로한 소위 한성백제는 서기전 18년부터 서기 475년까지 약 493년간이 된다.

---

258) 이처럼 옛 기록에는 사실적으로 적지 않고 문학적으로 비유적 표현을 써서 적는 경우가 허다하다.

259) 十三年...秋七月 就漢山下立柵 移慰禮城民戶를 "한산 아래 성책을 세우고 위례성으로 백성들을 옮겼다"고 해석하기도 하나, 한산 아래 성책을 세우고 위례성의 백성을 옮겼다라고 함이 타당하다. 위례성은 백제 건국 초기 수도이며, 다음해인 서기전 5년에 천도한 수도는 한성이다. 한성은 위례성이 아닌 풍납토성이 확실하며, 소위 한성백제 시기에 위례성, 한성, 한산의 3 수도가 있어 3경제도가 된다.

260) 첫 수도 위지성, 위례성은 몽촌토성이 될 것이다. 위지, 위례라는 말은 윗, 웃이라는 말의 이두식 표기 되고, 인천에서 한강을 거슬러 위에 자리잡은 곳이기도 하며, 언덕 위에 자리잡은 몽촌토성이 제격으로 보이기도 하기 때문이다. 물론 위례성이 몽촌토성, 한성이 풍납토성, 한산이 남한산성인지 사실 여부는 여전히 연구과제이다.

(13) 국모 제사

서기전 2년에 국모(國母)의 사당을 세우고 국모에게 제사를 지냈다. 여기서 국모가 왕모(王母)인 소서노라면 서기전 19년에 돌아가신 어머니 소서노를 온조왕이 제사를 모신 것이 된다.261)

(14) 이후 연대기

서기전 2년에 낙랑군이 위례성에 불을 질렀다.

서기전 1년에 말갈이 침입하였다. 이때 백제는 말갈 추장 소모를 사로잡았다.

서기 4년에 백제가 말갈로 쳐들어가 많은 말갈군을 죽이고 포로를 잡아왔다.

서기 6년 웅천에 목책(木柵)을 설치하였다가 마한왕(馬王)이 책망하니 허물었다.

서기 7년에 왕궁의 우물이 넘치고, 한성의 민가에서 말이 머리 하나에 몸이 둘인 소를 낳았다.

서기 8년 겨울에 온조왕은 사냥을 간다고 소문을 낸 뒤, 마한을 습격하였다.

(15) 마한 병합

서기 9년에 마한의 원산성과 금현성을 항복시키고 마한을 멸망시켰다. 여기 마한은 진(辰王)왕이던 기씨(箕氏) 마한왕(馬韓王)262)의 나라를 가리키고, 그 외 마한 54국에 속하는 소국들은 근초고왕 때까지 여전히 건재하고 있었던 것이 된다.

(16) 이후 연대기

서기 9년에 왕자 다루를 태자로 봉하였다.

서기 13년에 민가를 남부와 북부의 2부로 나누었다.

---

261) 아마 이때 비류백제가 온조십제에 귀복한 것으로 된다.

262) 기준왕은 서기전 194년에 익산에서 마한왕이 되었다가 1년만에 붕하고 직산에서 중마한을 세운 기탁(箕卓)이 제2대 마한왕이 되어 그 후손이 백제에게 망할 때까지 대를 잇게 된다.

서기 15년에 민가를 다시 동과 서로 나누어 더 설치하였다.

서기 22년에 말갈이 침입하였다.

서기 23년에 우보 을음이 졸하였다.

서기 25년에 남옥저가 귀순하였다.

여기서 남옥저는 백두산의 남쪽으로 동해안에 걸친 나라가 될 것이다. 동옥저는 이 남옥저의 동북에 위치하여 백두산 동쪽으로 두만강 유역에 있는 것이 되고, 북옥 저는 백두산의 북쪽에 위치하며 서옥저는 백두산의 서쪽으로 압록강 유역에 위치 한 것이 된다. 동옥저의 동쪽으로 동해안에 걸친 나라가 원래 예(濊)가 되는데 한반 도의 남쪽으로 이동한 일족이 후대에 동예(東濊)로 불리는 것이다. 서기전 69년경 이후에 북부여 제실녀(帝室女)인 파소263)가 동옥저를 거쳐 진한의 나을촌으로 배 를 타고 간 것으로 기록되고 있다.

2. 제2대 다루왕(서기 28년~서기 77년)

온조왕의 태자 다루가 즉위하였다.

서기 29년에 동명묘(고주몽 동명성제묘)를 배알하였다.

서기 30년에 말갈과 전쟁을 하여 동부의 흘우와 고목성의 곤우가 대승하였다.

서기 31년에 말갈과 전쟁을 하였다.

서기 34년에 말갈이 침입하였다.

서기 55년에 말갈이 침입하였다.

서기 63년에 낭자곡성까지 국토를 넓혔다.

서기 64년에 백제가 신라의 와산성을 쳤으나 함락시키지 못하고 구양성을 쳤는 데, 신라군의 역습으로 패하여 달아났다.

---

263) 파소가 제녀, 황녀, 왕녀로 기록되지 않고 제실녀라고 적히는 것은 당시 북부여 천왕은 파소의 아버지 고무서가 아닌 조부 고두막 천왕 시대이기 때문이다.

서기 65년에 백제가 신라의 와산성을 공격하여 빼앗았다. 다시 신라의 공격으로 와산성을 빼앗겼다가 되찾고 다시 빼앗겼다.

3. 제3대 기루왕(서기 77년~서기 128년)

다루왕의 태자로 즉위였다.

서기 125년에 신라가 말갈의 침입을 받아 구원을 요청하여 백제가 지원군을 보내었다.

4. 제4대 개루왕(서기 128년~서기 166년)

기루왕의 태자로 즉위하였다.

서기 132년에 북한산성을 쌓았다. 이때 한강 이북을 확보한 것이 된다.

서기 165년에 신라 이찬 길선(吉宣)이 신라 아달라왕 때 백제로 망명하였다. 이에 백제가 돌려보내 주지 않자 신라가 백제를 침공하였는데, 신라군이 군량이 떨어져 돌아갔다.

5. 제5대 초고왕(서기 166년~서기 214년)

개루왕의 태자로 즉위하였다.

서기 167년에 백제가 은밀히 군사를 일으켜 신라의 서쪽 변경의 두개의 성을 공격하여 남녀 1천여 명의 포로를 잡아왔다. 이에 신라의 아달라왕이 일길찬 흥선에게 2만8천여명의 군사를 주어 한수에 이르렀는데 백제는 포로들을 돌려주었다.

서기 190년에 백제군이 부곡성을 포위하였다가 신라의 장군 구도가 막아서자 달아났다. 이에 신라군이 아산성까지 쫓아갔으나 유인책에 말렸다.

서기 204년에 백제는 신라의 요거성을 함락시켰다.

서기 214년에 백제가 말갈의 석문성을 빼앗았으나, 말갈 기병의 역습으로 술천

(여주)까지 밀렸다.

6. 제6대 구수왕(須:서기 214년~서기 234년)

초고왕의 태자로 즉위하였다.

서기 216년에 말갈이 침입하였다.

서기 217년에 동명묘에 기우제를 지냈다.

서기 229년에 말갈이 침입하였다.

7. 제7대 사반왕(서기 234년)

구수왕의 태자로 즉위하였다.

8. 제8대 고이왕(234~286)

초고왕의 아우이자 사반왕의 종조부인 고이가 즉위하였다.

서기 236년에 고이왕이 서해의 큰 섬으로 사냥을 갔다가 40여 마리의 사슴을 잡았다.

서기 240년에 진충을 좌장에 임명하여 군사 일을 맡겼다. 가을에 석천에서 대규모의 군대 사열식을 가졌다.

서기 246년에 위나라의 유주자사 관구검이 낙랑과 함께 고구려를 정벌할 때, 백제는 발해만 유역의 낙랑(군)을 습격하여 영토를 넓혔다.

대동강 평양의 낙랑은 이미 서기 37년에 망하여 고구려에 편입되었던 것이며, 여기 낙랑은 서기 313년까지 존속하던 발해만 유역의 낙랑을 가리킨다. 즉 백제는 비류의 어하라(진번) 백제가 온조백제에 합쳐진 이후로서 발해만 유역에 백제 땅의 근거지를 확보하고 있었던 것이 되며, 한(漢) 나라 말기인 서기 180년경부터 고구려와 함께 발해만 유역의 낙랑군 등의 지역을 공략하기 시작하였으며, 근초고왕 때 이르러 서기 313년에 고구려에 의하여 소멸된 대방군 땅을 차지하고 요서지역과 산동지역, 왜(일본)지역을 확보하였던 것이 된다. 백제의 요서군, 진평군은 지금의 난하 유역의 서쪽으로 산동지역까지 발해만 유역에 걸쳐 있는 것이 된다.

고이왕이 신라와 말갈을 공격하여 영토를 넓혔다. 말갈추장이 말 10필을 바쳤다.

서기 247년에 왜 땅의 신공여왕의 야마대국이 구노국(拘奴國)과의 불화로 전쟁하였으며, 신공왕후가 죽고 남자가 왕이 되었으나 반란이 일어나 나라가 시끄러워 다시 신공왕후의 종실 여자인 대여(臺與)가 여왕으로 세워졌다.

서기 260년에 6좌평, 16관등과 관복을 제정하고, 율령을 반포하였다.

서기 261년에 정사를 보는 남당(南堂)을 설치하였다.

서기 262년에 법령을 제정하였다.

서기 270년에 왜에 다시 남자 왕인 응신왕(應神王)이 섰다. 백제가 응신왕을 세웠다라고도 한다.264)

고이왕은 대방왕의 딸을 며느리로 삼았다. 여기 대방은 서기 204년에 공손강이 설치하였던 군으로 발해만 유역의 낙랑 남쪽에 있으며, 백제가 대방군을 원조하였다. 신라가 화친을 거절하자 신라의 변경을 자주 침공하였다.

서기 286년에 백제가 신라에 사신을 보내어 화친을 청하였다.

서기 286년 11월에 고이왕이 붕하였다.

9. 제9대 책계왕(286~298)

고이왕의 태자로 즉위하였다.

서기 286년에 위례성, 아차성, 사성을 수리하였다. 고구려가 대방을 공격하자 대

---

264) 응신왕이 발해만 북쪽에서 활동하던 부여의 의려왕으로서 선비족 모용외에 쫓기어 왜로 건너가 왕이 되었다라고도 주장하기도 한다. 그러나 부여 의려왕은 서기 342년경 인물로서 왜 응신왕(270~310)과 백제 고이왕(234~286)과는 관련이 없으며, 백제 근초고왕(346~375) 시대에 왜(倭)와 관련이 있을 수 있다.

방이 백제에 사자를 보내어 도움을 요청하여 구원병을 보내 주었다.

서기 287년에 동명묘를 배알하였다.

백제는 고구려의 침입에 대비하여 아차성과 사성을 수리하였다.

서기 298년 가을에 낙랑이 맥인(貊人)과 함께 백제를 침입하였는데, 책계왕이 몸소 군사를 거느리고 싸웠으나 전사하였다. 여기 낙랑은 서기 313년에 고구려에 의하여 소멸되는 발해만 유역의 낙랑이다.

10. 제10대 분서왕(298~304)

책계왕의 태자로 즉위하였다.

서기 299년에 동명묘를 배알하였다.

서기 304년에 낙랑군의 서현(西縣)을 공격하여 취하였다. 그러나, 분서왕은 낙랑태수가 보낸 자객에게 피살당하였다. 여기 낙랑은 서기 313년에 고구려에 의하여 소멸되는 발해만 유역의 낙랑이다.

11. 제11대 비류왕(304~344)

구수왕의 둘째 아들이 즉위하였다.

서기 312년에 동명묘를 배알하였다.

서기 321년에 비류왕은 이복동생 우복을 내신좌평으로 삼았다.

서기 327년에 내신좌평 우복이 북한성에서 반란을 일으켰으나 곧 토벌되었다.

12. 제12대 계왕(344~346)

분서왕의 장남으로서 즉위하였다.

13. 제13대 근초고왕(須:346~375)

비유왕의 둘째 아들로서 즉위하였다.

근초고왕은 마한을 완전히 정복하였다. 마한 조정은 서기 9년에 사실상 망하였으나 지방토호들의 세력들이 잔존하였던 것을 근초고왕이 모두 평정한 것이 된다.

근초고왕은 신라에 사신을 보내어 화친하고, 고구려에 첩자 사기를 보내어 고구려군이 되어 정탐하게 하였다.

동진(東晋)과 교류하고 대방군을 점령하고, 왕인과 아직기를 일본에 보냈다. 여기 대방군은 서기 313년에 낙랑과 함께 고구려에 의하여 소멸된 발해만 유역의 대방이며 백제가 이 대방의 옛 땅을 차지한 것이 된다.

요서(遼西), 산동(山東), 일본에 식민지를 두었다. 지금의 난하 서쪽이 되는 요서 지역에 요서군과 진평군이 있는 것이 되는데, 서기 150년경 이후 후한(後漢) 말기부터 공략하여 진(晋:265~420)나라 때인 근초고왕 때에 설치되었던 것으로 된다.

서기 369년에 연호를 태화(泰和)라 하였다. 그리하여 백제가 일본 왜왕인 인덕왕(仁德王)에게 하사한 칠지도는 태화 4년인 서기 372년에 하사한 것이 된다.

서기 369년에 고구려 고국원제가 2만여 명의 군사를 이끌고 치양성(황해도 배천)에 머물며 백제의 민가를 약탈하게 하였다. 이에 근초고왕이 태자에게 군사를 거느리고 가서 고구려군을 막게 하였다. 이에 태자는 반걸양에서 첩자 사기를 만나 정황을 알고서 고구려군을 공격하여 주력부대를 무너뜨리고 추격하여 수곡성의 서부 쪽에 이르렀다. 태자는 돌을 쌓아 승리를 표시하고 고구려군 포로 5천명과 녹획품을 가지고 돌아왔다.

〈고구려 고국원왕 전사〉

서기 371년에 고구려가 군사를 일으켜 침공하였는데, 근초고왕이 패하(예성강) 근처에 복병을 두고 기다렸다가 급습하였다. 겨울에 근초고왕과 태자는 군사3만 명을 거느리고 고구려의 평양성을 공격하고 한강에서 고국원왕을 전사시켰다.

〈한산 천도〉

서기 371년에 수도를 한산(漢山)으로 옮겼다.

서기 372년에 백제는 동진에 사신을 보내어 수교하였다.

서기 372년 태화(泰和) 4년에 백제의 후왕(侯王)인 왜(倭)의 인덕왕(仁德王:313~399)에게 칠지도(七支刀)를 하사하였다.[265]

아직기가 일본 태자의 스승이 되었다.

박사 왕인이 논어와 천자문을 일본에 전하였다.

탐라를 복속시켰다.

서기 375년에 고흥(高興)이 서기(書記)를 지었다. 이어 백제기, 백제신찬, 백제본기 등이 편찬되었다.

부자상속제를 시행하였다.

서기 384년에 동진(東晋)의 마라난타가 불교를 전래하였다.

14. 제14대 근구수왕(서기 375년~서기 384년)

근초고왕의 태자로서 즉위하였다. 서기 377년에 근구수왕이 3만여 명의 군사로 고구려를 침공하여 평양성까지 진격하였다.

15. 제15대 침류왕(서기 384년~서기 385년)

근구수왕의 태자로서 즉위하였다. 서기 384년에 동진에서 승려 마라난타를 보내어 백제에 불교를 전하였다.

서기 385년에 한산에 절을 세우고 승려 10여명을 두었다.

---

265) 태화(泰和)를 동진의 연호인 태화(太和)라고도 하는데, 태라는 글자가 분명히 다르니 백제의 연호가 분명한 것으로 보인다. 태화(太和)는 중국 동진(東晋) 폐제(廢帝)의 연호로 서기 366년에서 서기 371년 11월까지 5년 11개월 동안 사용하였는바, 서기 372년은 태화7년이 될 것이다.

16. 제16대 진사왕(서기 385년~서기 391년)

근구수왕의 둘째 아들이며 침류왕의 아우인 진사가 즉위하였다. 서기 386년에 청목령에서 팔곤성과 서해로 이어지는 장성을 축조하였다.

서기 387년에 말갈과 관미령에서 싸웠다.

서기 390년에 달솔 진가모에게 명하여 고구려의 도곤성을 빼앗고 2백여 명을 사로 잡았다.

서기 391년에 말갈이 북쪽 변경을 함락하였다.

서기 391년 가을 7월에 고구려의 광개토호태황이 군사 4만을 이끌고 백제의 10성을 함락시켜 한수(漢水) 이북을 정복당하였다. 겨울 10월에 변방의 요새인 관미성까지 함락 당하였다. 11월에 진사왕이 구원의 행궁에서 붕하였다.

17. 제17대 아신왕(서기 392년~서기 405년)

침류왕의 태자가 즉위하였다. 서기 392년에 동명묘를 배알하였다.

서기 392년 8월에 아신왕은 진무를 좌장군으로 삼아 군사 1만으로 관미성을 공격하게 하였는데, 고구려가 단단히 지켰으나 진무가 식량 길목을 끊어 관미성을 도로 찾았다.

서기 393년 봄 2월에 원자인 전지를 태자로 삼고 대사면을 싱행하고 동생 홍(洪)을 내신좌평으로 삼았다. 가을 7월에 고구려와 수곡성에서 싸워 패하였다. 태백성이 낮에 나타났다.

서기 394년 가을 8월에 왕이 좌장군 진무 등에게 고구려를 정벌하도록 하자 고구려 광개토호태황이 친히 7,000 군사를 이끌고 패수 위에 진을 치고 항전하니 백제가 대패하였고 군사 8,000명을 잃었다. 겨울 11월에 왕이 패수의 패전을 복수하고자 친히 7,000 군사를 이끌고 한수와 청목령 아래를 지날 때 큰 눈이 내려 사졸들이 많이 얼어 죽으므로 군사를 돌렸다.

서기 396년에 고구려에게 58개성을 함락당하여 항복하고 왕제를 볼모로 보냈다.

서기 396년 5월에 왜(倭)에 구원병을 요청하기 위하여 태자 전지(腆支)를 볼모로 보냈다.

서기 397년 가을 8월에 왕이 고구려를 정벌하고자 하여 한산의 북책에 출사하니 그날 밤에 큰 별이 병영 안에 떨어져 소란스러워 이에 왕이 심히 싫어하여 그쳤다.

서기 399년 가을 8월에 왕이 고구려를 침략하고자 하여 병마를 크게 징발하니 백성들이 부역에 고통을 받아 많은 사람이 신라로 달아나 호구수가 줄어들었다.

서기 402년 여름 5월에 사신을 왜국에 보내어 큰 구슬을 구하게 하였다.

서기 403년에 봄 2월에 왜의 사신이 오자 왕이 환영하고 특별히 후대하였고, 7월에 병사를 보내어 신라의 변경을 침범하게 하였다.

둘째 왕자 훈해가 임시로 정사를 보면서 사람을 보내어 태자를 데리고 오게 하였다. 이때 셋째 혈례가 둘째 훈해를 암살하고 스스로 왕이라 칭했다. 혈례의 계략을 알아챈 해충이 급히 배를 타고 바다로 나가 태자일행에 알렸고, 해충은 다시 한성으로 가서 사람들을 모았다.

혈례가 크게 잔치를 벌이자 해충이 군사를 모아 궁궐을 급습하여 혈례를 죽였다.

18. 제18대왕 전지왕(直支,餘映:서기 405년~서기 429년)

아신왕의 태자로서 즉위하였다.

서기 405년에 일본에 한학을 전하였다.

서기 406년에 동명묘를 배알하였다.

19. 제19대 구이신왕(서기 420년~서기 427년)

전지왕의 태자로서 즉위하였다.

20. 제20대 비유왕(餘毗:서기 427년~서기 455년)

구이신왕의 아들로서 즉위하였다. 또는 전지왕의 서자라고도 한다.

〈나제동맹〉

서기 433년에 나제동맹을 체결하였다.

송(宋)나라와 친교하였다.

21. 제21대 개로왕(慶:서기 455년~서기 475년)

비유왕의 태자 경사가 즉위하였다.

서기 469년에 고구려의 남부지역을 공격하였으며, 쌍현성을 수리하고 청목령에 목책을 쌓았다.

서기 472년에 북위(北魏)에 사신을 보내어 고구려의 남침에 대한 도움을 요청하였으나 거절하여 조공을 단절하였다.

고구려 장수제와 승려 도림의 계략으로 백제로 온 도림의 권유로 개로왕이 강제로 성을 쌓고 새로운 궁궐을 지으며 세금을 거두어 백성들을 혹사하였는데, 재증걸루와 고이만년이 말렸으나 듣지 않아 고구려로 도망하였고, 개로왕이 향락에 빠졌는데, 도림이 도망쳐 고구려로 돌아갔다.

〈한성 함락, 개로왕 전사〉

서기 475년에 고구려의 장수왕이 이끄는 3만의 군사가 한성을 침공하여 화공을 하였다. 이에 왕자 문주가 신라로 구원을 청하러 갔다. 고구려군이 성안으로 밀려들자 개로왕은 서쪽으로 도망쳤는데, 이때 재증걸루와 고이만년이 기다렸다가 개로왕을 아차산성 밑으로 데려가 살해하였다. 뒤늦게 문주가 신라에서 원병 1만여 명을 이끌고 왔으나 때는 이미 늦었다.

22. 제22대 문주왕(牟都:서기 475년~서기 477년)

개로왕의 아들 문주가 즉위하였다.

〈웅진 천도〉

서기 475년 10월에 수도를 웅진(熊津:공주:곰나루:고마나라)으로 옮겼다.

서기 476년에 탐라국(제주도)이 조공을 바쳤다.

서기 477년에 아우 곤지를 내신좌평으로 삼고, 장자 삼근을 태자로 봉했다. 곤지가 죽자 해구가 권력을 잡고 사냥나간 문주왕을 살해하였다.

23. 제23대 삼근왕(서기 477년~서기 479년)

문주왕의 태자 삼근이 13세로 즉위하였다.

〈해구의 반란〉

서기 478년에 병관좌평 해구가 은솔 연신과 함께 대두성에서 반란을 일으켰다. 이에 좌평 진남이 군사 2천으로 대두성을 공격하였으나 반란군에게 패하였다. 다시 덕솔 진로가 군사 5백으로 가서 해구를 죽였다. 삼근왕은 은솔 연신이 고구려로 도망하자 그 처자를 참수하였다.

24. 제24대 동성왕(牟太:牟大:서기 479년~서기 501년)

문주왕의 아우 곤지의 아들 모대가 즉위하였다.

서기 481년에 고구려 장수제가 말갈과 함께 신라를 침공하여 7개성을 빼앗자 신라의 소지왕이 백제에 사신을 보내왔으며, 백제의 구원병으로 고구려군을 물리쳤다.

서기 482년에 말갈이 침입하였다.

서기 486년에 궁궐을 수리하였다.

서기 488년에 북위의 군사를 격퇴하였다.

서기 490년에 사현성과 이산성을 쌓았다.

서기 493년 봄에 동성왕이 사신을 신라에 보내어 혼인동맹을 맺고, 신라 소지왕이 보낸 이찬 비지의 딸과 혼인하였다.

서기 498년에 웅진교를 가설하고 사정성을 축조하였다. 탐라가 조공하지 않아 동성왕이 몸소 군사를 이끌고 무진주(광주)에 이르자, 탐라왕이 사신을 보내와 항복하였다. 송(宋)나라와 통교하였다.

서기 499년에 기근이 발생하여 고구려에 도망한 자가 2,000명이나 되었다.

서기 500년 봄에 궁궐 동쪽에 임류각을 세우고 연못을 만들어 기이한 새들을 길렀다. 여름에 다시 가뭄이 들었으나 동성왕은 임류각에서 향락하였다.

〈백가의 반란〉

서기 501년 1월부터 나라 곳곳에서 괴변이 일어났다. 11월에 위사좌평 백가가 자객을 보내어 동성왕을 시해하였다. 이에 백가가 가림성에서 반란을 일으켰다.

25. 제25대 무령왕(隆:501~523)

동성왕의 둘째 아들 사마가 즉위하였다. 또는 동성왕의 이복형이라고도 한다.

서기 501년에 무령왕이 군사를 거느리고 우두성에 이르자 한솔 해명이 군사를 받아 가림성으로 진격하여 반군을 치니 백가가 성문을 열고 나와 항복하고 참수되었다.

서기 502년에 무령왕이 군사를 이끌고 고구려의 남쪽 변경을 침공하였다.

서기 507년에 고구려는 말갈과 손잡고 한성으로 침공하기 위하여 황악산 아래 진주했는데, 무령왕이 즉시 군사를 출동시켜 물리쳤다.

양(梁)나라와 통교하였다.

서기 512년에 고구려군은 백제의 가불성과 원산성을 기습하여 빼앗고 재물을 약탈하고 백성들을 마구 죽이고 포로 8,000여명을 잡아갔다. 이에 무령왕은 기병 3천을 이끌고 위천 북쪽으로 달려가 무찔렀다.

서기 523년에 백제가 한성으로 행차하여 쌍현성(雙峴城)을 축성하였다. 22담로를 설치하였다. 오경박사 단양이와 고안무를 왜(倭)에 파견하였다.

서기 523년 5월에 무령왕이 붕하였다. 시호를 무령이라 하였다.

26. 제26대 성왕(明:523~554)

무령왕의 태자 명논이 즉위하였다.

서기 525년에 무령왕릉을 축조하였다.

서기 526년에 겸익을 인도에 파견하였다. 겸익은 돌아와 율부 72권을 번역하고 율종을 창시하였다.

서기 538년에 사비(부여)로 천도하였다. 국호를 남부여(南夫餘)라 하였다. 왜에 불교를 전파하였다.

남부여는 남쪽의 부여라는 의미이다. 백제의 뿌리는 원래 고구려 이전의 졸본(卒本 : 忽本)에서의 (북)부여이다. 한편, 신라도 (북)부여에 연고를 둔 나라가 되는데 서라벌에서 출발한 나라로서 서라벌은 곧 설벌이며 설부여가 되고 동명왕 고두막 한의 동명(東明 : 새밝 : 새벌 : 새부여)과 같은 새부여라는 말인데 이를 이두식으로 표기하면 동부여(東夫餘)로 적을 수도 있다.266) 고구려는 물론 북부여에서 출발한 나라이다.

---

266) 동부여는 북부여의 동쪽에 있는 부여라는 말이 되고, 새부여는 새로운 부여라는 말로서 반드시 동부여는 아니지만 이두식으로 동부여로 표기할 수는 있는 것이 된다. 상춘은 북부여이고 그 동쪽의 길림은 동부여이며, 상춘과 길림의 남동쪽에 위치한 졸본은 위치상으로는 동쪽의 옥저, 비류 부근으로 백두산의 북쪽이면서 북부여 지역에서 동쪽에 해당되는데, 서기 108년에 고두막 한이 의병을 일으키면서 새로운 부여라는 새부여로서 동명(東明)이라 하며 북부여의 부흥을 꾀한 것이 된다.

양나라와 통교하였다. 한강을 회복하였다. 22부의 중앙관제를 설치하였다. 중앙 5부 지방 5부로 행정조직을 정비하였다.

서기 550년 1월에 백제군이 고구려의 도살성을 함락시켰다. 3월에 고구려군이 백제의 금현성을 빼앗았다. 이에 신라의 진흥왕이 이찬 이사부를 시켜 도살성과 금 현성을 빼앗았다.

서기 551년에 백제는 신라와 고구려를 합공하여 한강 하류의 6군을 빼앗았다. 그러나, 서기 553년에 신라가 이를 차지하여 버렸다.

서기 552년에 노리사치계가 왜에 불교를 전하였다.

서기 553년에 신라에게 한강 유역의 6군을 빼앗겼다. 혜총이 왜의 성덕(쇼토쿠) 태자의 스승이 되었다.

〈성왕 전사〉

서기 554년 7월에 대가야와 손잡고 신라의 관산성(옥천)을 공격하였다가, 구천 에 매복하였던 신라의 복병에 걸려 신라의 비장인 고간, 도도의 급습에 백제 성왕이 전사하였다. 이때 백제 좌평 4명과 군사 29,600명이 죽고 말 한필도 살아 돌아오지 못하였다. 이에 나제동맹이 결렬되었다.

27. 제27대 위덕왕(昌:554~598)

성왕의 태자 창이 즉위하였다.

혜총이 일본에 계율종을 전파하였다.

아좌태자가 왜의 성덕(쇼토쿠)태자의 초상화를 그렸다.

서기 556년에 일본에 가 있던 혜 왕자가 귀국하였다.

서기 588년에 백제 기술자들이 일본의 나라 지방에 비조사를 창건하였다.

서기 598년에 고구려가 수나라의 요서를 침공하자, 수나라 문제가 30만 대군으 로 고구려를 침공하였으나 전멸 당하였다. 이후 백제는 수나라로 하여금 고구려를 치도록 부추겼다. 뒤에 이 사실을 안 고구려가 백제변경을 자주 침범하였다.

28. 제28대 혜왕(계:598~599)

성왕의 둘째 아들이자 위덕왕의 아우인 계가 즉위하였다.

29. 제29대 법왕(宣:599~600)

혜왕의 태자 선(효순)이 즉위하였다.

서기 600년에 왕흥사를 창건하고 승려 30명을 두었다.

30. 제30대 무왕(璋:600~641)

위덕왕의 서자인 장(서동)이 즉위하였다.

서기 602년에 백제 무왕이 군사를 보내어 신라의 아막산성을 공격하니, 신라의 진평왕이 기병 수천을 보내므로 그냥 돌아왔다. 좌평 해수에게 군사 4만을 주어 신라의 4성을 치게 하였으나 패하여 돌아왔다.

서기 607년에 백제가 한솔 연문진을 수나라에 보내어 조공하게 하고, 다시 좌평 왕효린을 보내어 고구려를 치면 남쪽에서 고구려를 치겠다고 부추겼다. 결과적은 수나라는 고구려의 전력과 백제의 부추김에 망한 것이 된다.

서기 612년에 수나라 양제가 113만 대군으로 고구려를 공격하였으나, 백제는 고구려를 공격하지 않았으며, 이때 수나라는 대패하였다.

서기 618년에 수나라 양제가 암살당하고 당나라가 세워졌다.

서기 627년에 신라의 진평왕이 당나라에 조공하여 백제의 침공을 말려 달라 하였는데, 백제무왕이 조카 복신이 당나라에 사신으로 가니 당나라가 신라를 침공하지 말라 하였다. 이후 백제는 신라를 쳐서 서곡성을 빼앗았다.

서기 636년에 사비하 북쪽에서 큰 잔치를 베풀었다. 이를 대왕포라 한다.

서기 636년에 우소를 신라의 옥문곡(玉門谷)267)에 몰래 침투시켰으나, 우소가 사로잡혔다.

서기 639년에 지명법사가 익산의 산을 헐어 연못을 메우고 미륵사를 지었다. 이 때 신라의 진평왕이 수많은 장인을 보내어 도왔다. 진평왕이 미륵사 창건을 도왔다는 사실은 무왕의 첫 왕비가 진평왕의 딸인 선화공주(善花公主)268)라는 방증이 될 수 있다.269)

관륵, 동장이 천문, 지리, 역법, 둔갑술 등을 왜에 전해 주었다. 미륵사탑을 완성하였다. 왕흥사를 건립하였다.

서기 640년에 왕자들을 당나라 국학에 입학시켰다.

31. 제31대 의자왕(641~660)

무왕의 태자가 즉위하였다. 태자 시절에 해동증자라 불렸다.

사비궁을 중수하였다. 흥왕사를 창건하였다.

서기 642년에 의자왕이 몸소 군사를 거느리고 신라를 공격하여 미후성 등 40여

---

267) 옥문곡은 글자 그대로 옥문처럼 생긴 골짜기로서 물형풍수에 따른 이름이며, 선덕여왕이 꿈을 꾼 후 음양오행의 원리에 따라 군사를 파견하여 전멸시켰다고 삼국유사에 기록되고 있다.

268) 덕만공주와 천명공주는 마야부인 김씨의 딸이고 선화공주는 승만부인 손씨의 딸이다.

269) 그러나, 익산 미륵사에서 나온 금제봉안기에는 시주자인 왕후가 백제 8대 귀족성 중 하나인 '사'씨(沙氏 또는 '사택'씨)의 딸 즉 좌평 사택적덕의 딸(佐平沙乇積德女)로 기록돼 있어 선화공주가 미륵사지를 조성했다는 삼국유사의 기록과 차이가 있다. (앞면)竊以法王出世隨機赴感應物現身如水中月是以託生王宮示滅雙樹遺形八斛利益三千遂使光曜五色行遶七遍神通變化不可思議我百濟王后佐平沙乇積德女種善因於曠劫受勝報於今生撫育萬民棟梁三寶故能謹捨淨財造立伽藍以己亥　(뒷면)年正月卄九日奉迎舍利願使世世供養劫劫無盡用此善根仰資大王陛下年壽與山岳齊固寶曆共地同久上弘正法下化蒼生又願王后卽身心同水鏡照法界而恒明身若金剛等虛空而不滅七世久遠并蒙福利凡是有心俱成佛道. 이때는 서기 639년이므로 무왕의 첫 왕비인 선화공주(서기 585년 이전 출생 추정) 는 이전에 훙한 것이 될 것이다.

개 성을 빼앗았다. 8월에 의자왕이 윤충을 불러 신라의 대야성을 치게 하니, 대야성 성주 김품석에게 아내를 빼앗긴 검일이 윤충을 찾아와 모의하여 검일이 대야성의 군량을 불테우니, 대야성이 항복하였는데, 윤충은 김품석과 그 가족을 모두 죽이고 머리를 베어 사비성으로 보냈다. 남녀 1천여 명을 사로잡았다.

이에 신라의 김춘추가 고구려의 연개소문을 만나러 간다는 소식을 듣고 성충이 연개소문에게 편지를 보냈다. 연개소문은 성충의 글을 보고 김춘추에게 조건을 걸어 설득하였으나 듣지 않아 김춘추를 감금하였고 김춘추는 탈출하였다.

서기 643년 1월에 백제는 당나라에 사신을 보내어 조공하고 고구려와 화친하였다. 11월에 백제가 신라의 당항성을 공격하였으나 신라의 선덕여왕이 당나라 태종에게 사신을 보내어 구원을 요청하였다. 이에 의자왕은 군사를 철수시키고 당나라에 사신을 보내니 당 태종은 사농 승상 이현장을 보내어 신라를 치지 말라는 국서를 백제에 전하였다.

서기 645년에 백제는 당나라가 군사를 일으킨다는 소식을 접하고 신라를 공격하여 7개성을 빼앗았다. 당나라가 10만 대군으로 고구려를 침공하였으나 패하였다.

서기 647년에 신라의 선덕여왕을 이어 진덕여왕이 즉위하였다.

서기 648년에 의자왕은 의직을 보내어 신라의 서쪽 변경의 요거성 등 10여개 성을 빼앗았다. 당나라 태종이 죽고 고종이 즉위하였다. 신라의 김춘추가 사신으로 당나라에 갔다 돌아왔으며 이에 진덕여왕이 5언시 태평송을 지어 바쳤다. 당고종은 백제에 국서를 보내어 신라로부터 빼앗은 성을 돌려주라 하였다.

서기 654년에 신라의 알천공이 왕위 추대를 거절하고 김춘추에게 권하였고 이에 김춘추가 3번 사양 끝에 즉위하였다.

서기 655년에 의자왕은 당고종의 압력을 무시하고 고구려와 말갈과 합공으로 신라를 공격하여 30여개 성을 빼앗았다.

서기 656년에 의자왕은 향락에 빠져 있었는데, 성충이 간하자 성충을 가두었다.

서기 657년 1월에 의자왕은 서자 41명에게 좌평 벼슬과 식읍을 주었다.

서기 659년 2월부터 나라 안에 변괴가 자주 일어났다. 여우 떼가 궁안으로 들어와 여우 한 마리가 상좌평의 책상에 올라앉았으며, 5월에는 수도 서남쪽의 사비하에서 길이 세 길이나 되는 죽은 물고기가 발견되고, 8월에는 키가 18척이 되는 여인의 시체가 생초진에 떠내려 왔다. 9월에는 궁중의 느티나무가 울었다.

서기 660년 2월에는 왕성의 우물물과 사비하 물이 핏빛으로 변하였다. 궁의 땅속을 파니 등에 백제는 보름달과 같고 신라는 초승달과 같다는 글자가 새겨진 거북이 나왔다. 이에 무당을 불러 해석하게 하고는 의자왕이 그 무당을 죽였다.

서기 660년 여름에 나당연합군이 침입하였다. 당나라의 소정방과 김인문의 13만의 군사가 인천 앞바다에 있는 덕물도(덕적도)를 거쳐 백강에 침입하고, 신라의 김유신의 5만 군사가 탄현을 넘어 황산벌을 침입하였다. 이에 의자왕이 귀양가 있는 좌평 흥수에게 사람을 보내어 방책을 물으니 당군은 백강을 넘지 못하게 하고 신라는 탄현을 넘지 못하게 하도록 일러 주었다. 이때 신하들이 의자왕에게 당군을 백강을 넘게 하고 신라는 탄현을 넘게 한 후 공격하여 물리치면 된다고 간하여 이에 따르게 되었다. 그러나, 백제는 당군과 신라군에게 모두 패하였다.

〈계백의 전사〉

이때 달솔 계백이 자기 손으로 처자를 모두 죽인 후, 결사대 5천을 이끌고 황산벌270)로 나아가 진을 쳤다. 이리하여 황산벌에서 김유신의 신라군과 치열한 전투를 하였다. 신라는 4전4패였다. 김유신의 동생 김흠순이 아들 반굴을 불러 백제를 치게 하였고 반굴은 전사하였다. 이에 품일 장군이 아들 관창을 불러 백제를 치게 하였고 관창은 백제군에게 사로 잡혔다. 돌려보내진 관창이 다시 백제를 쳤으나 사

---

270) 지금의 논산이다. 논산은 한자로 論山이라 표기하는데, 이두식 표기로서 놀뫼이며, 놀뫼의 놀은 노랗다(노르다:黃)라는 말의 노랗의 축약형이 된다. 즉 놀뫼는 '노랗 뫼'의 축약형으로서 한자 표기로는 황산(黃山)이 되는 것이다. 황산벌인 논산에는 계백장군의 묘가 있는 문화유적지가 있다.

로잡혀 시체가 되어 말에 태워져 돌아왔다. 이에 신라군이 분노하였고, 수적으로 우세하여 용기백배하여 백제군을 치니 백제군이 무너졌다. 결국 계백도 전사하고 황산벌 전투는 신라의 승리로 끝났다.

백제의 좌평 각가가 소정방을 찾아가 항복의 뜻을 전하였으나 받아들여지지 않았다. 소정방은 신라군과 합류하여 사비성을 포위하였다. 상좌평이 소정방을 찾았으나 받아들여지지 않았다. 왕자가 몸소 좌평 6명을 데리고 소정방을 찾아 갔으나 거절당하였다. 이에 의자왕은 태자 효와 궁녀들을 거느리고 궁궐을 빠져나가 부소산으로 도망하였다. 둘째 왕자 태가 즉위하였다. 이에 태자 효의 아들인 문사가 왕자 융과 함께 백성을 거느리고 성 밖으로 나가 신라군에 항복하였다. 성을 지키던 왕자 태는 당군이 성안으로 들어오자 성문을 열고 항복하였다. 의자왕은 부소산에서 웅진성으로 도피하였다.

〈백제의 멸망〉

결국 의자왕은 웅진성에서 태자 효와 함께 성에서 나와 항복하였다. 이로써 백제는 서기전 18년부터 서기 660년까지 678년의 역사로 마감하였다. 서기전 42년의 소서노(召西弩)의 어하라국(於瑕羅國)으로부터 따지면 합33대 720년이다.

소정방은 의자왕과 왕자들, 대신, 자수 등 88명과 백성 1만 2천여 명을 포로로 잡아 당나라로 끌고 갔다. 당나라가 백제 땅에 웅진, 마한, 동명, 금련, 덕안의 5도독부를 설치하였다.

서기 600년부터 서기 603년까지 백제부흥 운동이 일어났다.

〈부흥운동〉

무왕의 조카 복신이 승병장 도침과 함께 주류성(한산)에서 서기 631년에 왜에 파견되었다가 급히 귀국한 왕자 풍(豊)을 옹립하여 부흥운동을 하였다. 복신이 군사를 이끌고 유인원이 지키고 있던 도성으로 쳐들어갔다. 이때 웅진 도독 왕문도가 죽자 유인원이 당나라에 구원을 요청했다. 이에 당나라는 유인궤를 보냈다. 복신과 도침은 웅진강 어귀에서 두개의 목책을 세우고 막았으나 이때 신라가 합세하여 전세가 불리해지자 목책 안으로 후퇴하여 싸웠다. 복신과 도침은 도성의 포위를 풀고 임존성으로 퇴각하였다. 이후 복신과 도침의 승리소식을 들은 백성들이 모여들었다. 이에 도침이 유인궤에게 사자를 보냈고 유인궤도 사자를 보냈다. 이후 유인궤는 유인원의 군사와 합치고, 당고종이 신라 무열왕에게 유인궤를 도와주라 하자 무열왕은 김흠 장군을 보냈다. 이때 복신이 고사에서 김흠순의 신라군을 격파하자 겁에 질린 신라군이 감히 나오지 못하였고, 당나라군은 식량줄이 끊겼다.

이후 내부갈등으로 복신이 도침을 살해하였다. 풍왕은 왜에 구원병을 요청해 놓았다. 복신이 유인원에게 사자를 보냈다. 유인원이 유인궤와 합공으로 백제부흥군을 공격하였다. 이에 복신과 백제군은 진현성으로 도피하였다. 유인궤는 신라군과 합공으로 한밤중에 진현성을 기습하여 백제군 800여명을 죽였다. 복신이 풍왕을 죽이기 위하여 토굴방에 누워 꾀병을 앓았다. 풍왕은 왜에 사신을 보내어 구원병을 독촉하여, 왜가 구원병 27,000여명과 전함 1,000여 척을 보내왔다.

서기 663년 6월에 풍왕이 복신의 토굴로 가서 복신을 죽였다.

당나라는 백제부흥군을 분열시키기 위하여 왕자 융을 백제왕으로 삼아 손인사와 함께 파견하였다. 이에 민심이 흔들렸다. 이때 유인궤는 주류성을 치기로 하였고, 이에 손인사와 유인원이 이끄는 당군과 문무왕의 신라군이 주류성을 공격하여 함락시켰다. 유인궤는 부여융과 함께 전함을 거느리고 웅진강에서 백강으로 진격하다 왜군을 만났다. 당군은 4전4승하여 왜 전선 400여척을 불태웠다. 이에 풍왕이 사라졌다.[271] 백제의 모든 성이 함락당한 뒤에도 지수신이 홀로 임존성을 지켰는데, 흑치상지가 당군에 투항한 후, 흑치상지에 의하여 임존성이 무너져, 백제의 부흥운동은 완전히 끝났다.

풍왕(豊王)은 이때 왜(倭)로 돌아갔던 것이며, 서기 672년에 형 부여용(夫餘勇)

---

271) 일본서기에서는 풍왕이 배를 타고 북쪽의 고려(고구려) 땅으로 피한 것으로 적고 있다.

인 천지왕(天智王:서기 662년~서기 671년)을 이어 천무왕(天武王:서기 672년~서기 686년)이 되었던 것이며, 서기 672년에 국호 왜(倭)를 고치어 일본(日本)이라 한 것이 된다. 백제 제30대 의자왕은 효, 태, 융(隆), 용(勇), 풍(豊) 등과 서자 41명 외 많은 왕자가 있었던 것이 된다.

사국시대(四國時代)
가야(伽倻) 연대기

1. 제1대 김수로왕(서기 42년~서기 199년)

서기전 200년경 변한 땅에 있었던 변진12국 중 변진구사국(구야국)이 있었다. 9간(干)이 다스렸는데, 아도, 여도, 피도, 오도, 유수, 유천, 신천, 오천, 신귀 등 9개 마을의 장(長)이었다.

서기전 121년에 흉노(匈奴) 휴도왕(休屠王)의 태자 김일제(金日磾)가 한무제(漢武帝)에게 항복하였다.

서기전 85년에 김일제가 한무제를 보필한 공이 있어 한무제가 남긴 유지로 산동 지역에 투후(秺侯)로 봉해졌다.[272]

서기 8년에 왕망(王莽)이 김씨족(金氏族)의 힘을 업고 신(新)나라를 세웠다. 왕망은 이때 투후(秺侯)였던 김당(金當)과는 이종사촌간이었다.

〈김수로왕 탄생〉

서기 23년 3월 3일에 김수로가 탄생하였다.[273] 이해에 왕망의 신(新)나라가 후

---

272) 인류태고사학회, 황금제왕국, 삼희출판, 1997, 433쪽 및 441쪽 참조
273) 인류태고사학회, 황금제왕국, 삼희출판, 1997, 468쪽 참조

한(後漢)에게 망하였다. 김씨 일족이 후한(後漢)을 떠나 대거 한반도 남쪽으로 이동하였다.

〈허황옥의 탄생〉

서기 33년 7월 7일에 허황옥이 탄생하였다.[274]

〈가야의 건국〉

서기 42년 3월 15일 단군왕검(檀君王儉) 어천(御天) 제일(祭日)에 구야국의 9개 마을의 간(干)들이 김수로 등 6형제를 왕으로 추대하였다. 이에 김수로왕의 6형제들이 금관(金冠)국, 대가야(伊珍), 성산(星山)가야, 고령(古寧)가야, 아라(阿羅)가야, 소가야(固城) 등 6가야를 건국하여 다스렸다. 김수로왕은 금관국을 다스렸다.[275]

서기 43년 10월에 궁궐을 짓게 하여 서기 44년 2월에 완성하였다.

서기 46년 10월에 신라의 석탈해가 침입하였다. 이때 석탈해는 51세로 김수로 왕보다는 28세 많은 것이 된다.

〈허황옥과의 혼인〉

서기 48년 7월에 구간들이 허황옥(許黃玉)을 맞이하여 김수로의 왕비로 삼았다.[276] 이때 허황옥은 16세이다.

구간(九干)의 이름을 아도는 아궁, 여도는 여해, 피도는 피장, 오도는 오상, 유수는 유공, 유천은 유덕, 신천은 신도, 오천은 오능으로 각각 바꾸었다. 신라의 직제를 취하여 각간, 아질간, 급간의 품계를 두었다.

---

274) 인류태고사학회, 황금제왕국, 삼희출판, 1997, 469쪽 참조. 한(漢) 나라의 보주(普州)에서 탄생한 것이 될 것이다. 서기 48년에 오라버니인 장유화상과 함께 금관가야로 가서 김수로왕과 혼인한 것으로 된다.
275) 인류태고사학회, 황금제왕국, 삼희출판, 1997, 468쪽 참조
276) 인류태고사학회, 황금제왕국, 삼희출판, 1997, 468쪽 참조

서기 65년 3월에 김알지가 신라의 경주에 진출하였다.

김알지를 김수로왕의 둘째 아들이라고도 하는데, 이때 약 15세 정도 되며, 한편 김수로의 방계라고도 하는데 김수로왕의 아들뻘이 된다. 즉 김수로왕계는 휴도왕 금류(金留)-차자 륜(倫)-안상(安上)-차자 창(敞)-섭(涉)-차자 융(融)-수로(首露)-거등(居登)의 대를 이은 것이 되고, 김알지계는 휴도왕 금류-태자 김일제-삼자 건(建)-0-당(當)-0-0-알지(閼知)-성한(星漢)의 순으로 대를 이어 투후(秺侯) 김당(金當)의 4세손이라고도 하는데 이때는 김수로왕의 초카뻘이 된다.[277]

서기 78년 8월에 신라와의 황산(黃山) 전투에서 승리하였다.

서기 88년에 신라가 가야에 대비하여 가소(加召), 마두(馬頭)의 두 성을 축조하였다.

서기 94년에 신라를 공격하였다.

서기 96년 3월에 신라의 마두성을 공격하니, 신라의 아찬 길원(吉元)이 와서 싸웠다.

서기 96년 9월에 다시 신라를 공격하여 가소성의 성주 장세(長世)를 쳐서 죽였다. 이에 신라의 파사왕이 직접 군사를 이끌고 반격하니, 가야군이 철수하였다.

서기 97년 1월에 신라가 가야를 공격하니 가야가 사과하므로 전쟁을 그쳤다.

서기 102년에 김수로왕이 중재를 하였다.

서기 106년 8월에 신라가 가야를 공격하다가 후퇴하였다.

서기 115년 2월에 가야가 신라를 공격하니, 7월에 신라의 지마왕이 직접 군사를 이끌고 공격해오다 포위당하였다가 간신히 도주하였다. 8월에 신라의 지마왕이 다시 가야를 공격하다 장마로 인하여 후퇴하였다.

서기 162년에 김수로왕 140세에 태자 거등이 섭정을 하였다.

서기 189년 3월 1일에 허황옥 황후가 157세로 붕하였다.[278]

서기 199년 3월 23일에 김수로왕이 177세로 붕하였다.[279]

---

277) 인류태고사학회, 황금제왕국, 삼희출판, 1997, 452쪽 참조. 촌수로는 13촌이다.

278) 인류태고사학회, 황금제왕국, 삼희출판, 1997, 469쪽 참조

2. 제2대 거등왕(서기 199년~서기 253년)

서기 200년에 대마도(對馬島)[280]와 구주(九州)를 다스렸다.

서기 201년에 신라의 나해왕과 화해하였다.

서기 209년에 포상(浦上)8국이 가야를 공격하니 신라의 나해왕에게 구원을 요청하였다.

서기 212년 3월에 왕자를 신라에 볼모로 보냈다.

서기 249년 4월에 왜인(倭人)이 신라 장수 우로(于老)를 살해하니, 거등왕이 구원병을 보내어 왜인 200명을 참수하였다.

3. 제3대 마품왕(서기 253년 9월~서기 291년 3월

4. 제4대 거질미왕(서기 291년 3월~서기 346년 7월)

서기 299년에 청도지방의 이서고국(伊西古國)이 신라의 서울(서라벌:경주)을 공략하니 가야가 원병을 보냈다.

5. 제5대 이시품왕(서기 346년 7월~서기 407년 4월)

6. 제6대 좌지왕(서기 407년 4월~서기 421년)

7. 제7대 취희왕(서기 421년~서기 451년 봄)

8. 제8대 질지왕(서기 451년~서기 492년)

서기 479년에 남제에 사자를 보냈다.

서기 481년 봄에 고구려가 말갈과 함께 신라의 북변을 공략하니 가야와 백제가

---

279) 인류태고사학회, 황금제왕국, 삼희출판, 1997, 468쪽 참조

280) 대마도를 임나가라 즉 대가야가 북쪽을 차지하였다가 전부를 차지하였라고도 한다.〈한단고기, 태백일사 고구려국 본기 참조〉

고구려를 격파하였다.

　서기 487년 2월에 가야왕이 신라 소지왕에게 꼬리 길이가 5척인 백치(白雉)를 선물로 보냈다.

9. 제9대 겸지왕(서기 492년~서기 521년)

　서기 506년에 신라의 지증왕이 고성(固城)의 소가야(小伽倻)를 토벌하였다.

　서기 515년에 신라의 법흥왕이 아라가야[281]를 토벌하였다.

10. 제10대 구형왕(서기 522년~서기 532년)

　서기 523년 3월에 고령가야의 이뇌왕(異惱王)이 신라에 구혼을 하였다. 이에 신라의 법흥왕이 이찬 비조부(比助夫)의 누이를 시집보냈다.

　서기 524년에 양산(梁山) 지방에서 신라와 전쟁하여 이겼다.

　서기 531년에 법흥왕이 김해왕성을 함락시켰다.

　서기 532년에 신라 법흥왕이 군사를 이끌고 쳐들어 오자, 구형왕이 왕비, 장자 노종(奴宗), 중자 무덕(武德), 막내 무력(武力)을 이끌고 신라에 투항하였다.

　금관가야는 서기 42년부터 서기 532년까지 10대 491년간의 역사가 된다.

　서기 551년 3월에 신라의 진흥왕이 차랑성에서 우륵의 가야금을 들었다. 대가야의 우륵은 가야금을 만들었으며, 왕명으로 상가라도, 하가라도 등 12곡을 작곡하였고, 이후 대가야가 망한 후 진흥왕의 지시로 계고, 법지, 만덕 등에게 가야금과 가야음악을 가르쳤다.

　서기 562년 9월에 대가야가 신라를 배반하므로 신라가 토벌하였다. 이로써 가야역사는 서기 42년부터 서기 562년까지 521년간이 된다.

---

281) 함안지역이다.

사국시대(四國時代)
낙씨(絡氏) 부여(夫餘) 연대기

1. 고구려 연나부에 봉해진 낙씨

서기 22년 동부여왕 대소의 종제(從弟:사촌)가 만여 명의 백성을 데리고 고구려에 항복하니, 고구려는 그를 왕으로 봉하고 연나(椽那部)부에 안치하였다. 그의 등에 띠와 같은 무늬가 있어 낙씨 성을 하사하였다.[282]

대무신열제가 제후인 왕으로 봉한 것이 된다. 이 연나부 낙씨의 나라가 동부여의 후예이며, 서기 22년에 고구려의 제후국으로 출발하여 서기 494년에 망한 부여로서, 고구려의 서부(西部)에 위치하여 후한(後漢)과 진(晋), 선비(鮮卑) 등 북중국(北中國) 사이에 존재하였던 부여국(夫餘國)이다.

2. 부여가 후한(後漢)과 우호를 맺다

서기 49년에 부여왕이 사신을 보내어 후한 광무제에게 조공하였고 광무제는 이에 후하게 답례를 하였다.[283]

---

282) 전게 한단고기 〈태백일사/가섭원부여기〉, 143쪽 참조
283) 이민수, 조선전 〈동이전 부여국, 후한서〉, 50쪽

이때 부여는 독자적으로 후한과 교류하여 독립을 시도한 것이 된다. 여기 부여는 고구려의 서부인 연나부에 봉해진 낙씨의 부여가 된다. 낙씨 부여는 서기 22년부터 서기 494년 사이에 고구려의 서쪽에 등장하는 부여로서 일명 동부여의 후예이므로 동부여(東夫餘)라고도 불릴 수 있다.

3. 부여가 후한을 침공하다

서기 111년에 부여왕이 처음으로 보병 6,7천명을 거느리고 한나라의 낙랑군을 침략하여 관리들과 백성을 살상시켰다.[284]

이때 부여는 후한과 적대행위를 한 것이 된다. 즉 이때 부여는 고구려와 후한과의 사이에서 독립을 유지하려 나름대로 외교전을 펼친 것이 되는데, 고구려의 영향력이 더 컸던 것으로 된다.

4. 부여의 독립

서기 120년경 개원(開原)의 서북으로부터 옮겨가 백랑곡(白狼谷)에 이르니 연나라 땅 가까운 곳이었다.[285]

서기 120년에 부여왕이 아들 위구태(尉仇台)를 보내어 후한(後漢) 안제(安帝)에게 조공하니 안제는 위구태에게 인수(印綬)와 금백(金帛)을 내렸다.[286] 이때부터 부여는 후한과 친교하여 고구려로부터 독립한 것으로 된다.

---

284) 이민수, 조선전 〈동이전 부여국, 후한서〉, 50쪽

285) 전게 한단고기 〈태백일사/가섭원부여기〉, 143쪽 참조

286) 이민수, 조선전 〈동이전 부여국, 후한서〉, 51쪽

5. 부여왕의 장례를 위해 준비한 한(漢) 나라의 옥갑

이때부터 한(漢) 나라는 부여왕이 죽으면 그 장사에 옥갑(玉匣)을 쓰도록 하여 언제나 미리 이것을 현도군에 보내 두었다가 왕이 죽으면 가져다 쓰도록 하였다.[287] 서기 204년 이후 공손강(公孫康)의 아들 공손연(公孫淵)이 사마의(司馬懿)에게 죽임을 당하였을 때도 현도군의 창고에는 옥갑 한 벌이 남아 있었고, 서기 265년에 시작된 진(晉)나라 때 부여의 창고에도 옥벽(玉璧)과 규찬(珪瓚) 등이 여러 대에 걸쳐 장사에 쓸 물건이 남아 있어서, 이것을 대를 전해 가면서 보배로 삼았다.[288]

6. 부여왕이 한나라를 방문하다

서기 136년에 부여왕 위구태(서기 130년경~서기 190년경)가 한나라 순제를 조회하자 순제는 황문고(黃門鼓)를 만들어 피리 불고 놀게 하고서 보냈다.[289]

서기 149년경 부여왕 위구태가 사신을 보내어 조공하였다.[290]

7. 부여의 현도군 침공

서기 150년경 부여의 왕부태(王夫台)가 군사 2만여 명을 거느리고 현도군을 침입하자 현도태수 공손역(公孫域)이 쳐서 깨치고 천여 명을 베었다.[291] 이때 부여는 다시 후한과 적대행위를 한 것이 된다.

---

287) 범엽, 후한서 〈동이전 부여국〉 및 진수, 삼국지 〈동이전 부여〉 및 이민수, 조선전 〈동이전 부여국, 후한서〉, 48~51쪽 및 〈동이전 부여, 삼국지〉, 77~82쪽 참조
288) 이민수, 조선전 〈동이전 부여국, 후한서〉, 81쪽
289) 이민수, 조선전 〈동이전 부여국, 후한서〉, 51쪽
290) 이민수, 조선전 〈동이전 부여국, 후한서〉, 51쪽
291) 이민수, 조선전 〈동이전 부여국, 후한서〉, 51쪽

8. 부여의 한나라에 대한 조공 재개

서기 169년경 부여가 후한(後漢)에 다시 조공하였다.

9. 부여왕 위구태가 한나라 왕녀를 아내로 삼다

서기 190년경 부여왕 위구태(서기 130년경~서기 190년경)가 후한의 왕녀로써 아내로 삼았다. 이때는 고구려와 선비가 강성하여 이들 두 나라 틈에 끼어 있다고 하여 부여왕 위구태가 후한 헌제(獻帝)에게 요구하였던 것이 될 것이다.

10. 부여왕 간위거의 즉위

위구태가 죽고 간위거(簡位居:서기 190년경~서기 250년경)가 즉위하였다. 간위거는 계부(季父) 우가(牛加)의 아들 위거(位居)를 견사(犬使)로 삼았다.[292]

11. 부여왕 간위거가 우가(牛加)의 부자를 죽이다

서기 246년(魏 政始)에 위(魏)나라 유주자사 관구검이 고구려를 칠 때, 현도태수 왕흔(王欣)을 부여에 보내어 부여왕을 뵙게 하니, 이에 간위거는 견가(犬加)를 보내어 왕흔을 맞게 하고 군량을 공급하여 주었다. 이때, 우가(牛加)가 딴 마음이 있어 이를 안 위거왕은 계부의 부자를 죽였다.[293]

12. 부여왕 마여의 즉위

간위거가 죽자 모든 가(加)들이 간위거의 첩의 아들 마여(麻余:서기 250년경~서기 300년경)를 즉위시켰다. [294]

---

292) 이민수, 조선전 〈동이전 부여국, 후한서〉, 80쪽
293) 이민수, 조선전 〈동이전 부여국, 후한서〉, 81쪽

13. 부여왕 의려의 즉위

마여가 죽자 그의 아들 의려(依慮:서기 300년경~서기 342년)를 세워 왕으로 삼았는데 겨우 6세였다.[295]

14. 의려왕이 선비를 피하여 왜의 왕이 되다

서기 342년(晋 제7대 成帝:太康 6년) 선비족(前燕)의 모용외(慕容廆)가 부여를 치니, 약 50세이던 부여왕 의려(依慮)는 은밀하게 아들 의라(依羅)에게 나라를 맡기고, 백랑산(白狼山)을 넘어 밤에 해구(海口)를 건너니 따르는 자가 수천이었으며, 이에 바다를 건너 왜를 평정하고 왕이 되었고[296], 그의 자제(子弟)들은 옥저[297]로 도망하여 살았다 한다.[298]

15. 의라왕의 부여 회복

서기 343년경 의려의 아들 의라가 진(晋)나라의 도움으로 모용외를 물리치고 나라를 회복하였다.[299]

---

294) 이민수, 조선전 〈동이전 부여국, 후한서〉, 80쪽

295) 이민수, 조선전 〈동이전 부여국, 후한서〉, 81쪽

296) 당시 왜왕은 인덕왕(313~399)인데. 342년경에 의려가 왜로 건너가 왕이 되었다 하므로, 인덕왕이 아니라 한 지역을 차지하여 나라를 세운 것이 될 것이다. 백랑산은 연나라 땅에 가까운데, 고구려의 서쪽으로 지금의 요하와 난하 사이에서 난하에 가까운 것으로 된다. 서기전 281년경에 주나라의 제후국이던 연나라의 진개와 경계로 한 곳이 지금의 난하와 고하 사이가 되는 만번한(滿番汗)이며, 서기전 202년에 한(漢) 나라 때 연왕 노관이 번조선과 경계로 한 곳이 지금의 난하이다. 즉 지금의 난하 서쪽이 연나라 땅이 되는 것으로 된다.

297) 여기서 옥저는 지금의 압록강의 남북 지역이 된다. 대체적으로 압록강의 중류지역을 기준으로 서쪽은 서옥저, 북쪽은 북옥저, 남쪽은 남옥저, 동쪽은 동옥저가 된다. 백두산의 동쪽은 예(濊) 지역이 되고, 후대에 남쪽으로 팽창하여 옥저의 남쪽에 동해안에 걸쳐 위치하는 예족은 동예로 불리게 된다.

298) 전계 한단고기 〈태백일사/대진국본기〉, 306~307쪽 참조

16. 부여의 멸망

서기 494년 갑술년에 이르러 나라를 들어 고구려의 연나부에 다시 편입하니 낙씨는 마침내 제사가 473년 만에 끊겼다. 이때 고구려의 임금은 문자제(文咨帝)이다.300)

---

299) 이민수, 조선전 〈사이전 부여국, 진서〉, 129~130쪽
300) 전계 한단고기 〈태백일사/가섭원부여기〉, 143쪽 참조

사국시대(四國時代) 왜(倭) 연대기

고구려, 신라, 백제, 가야의 사국시대에 있었던 왜(倭)는 제10대 숭신왕(崇神王) 이후가 된다. 특히 일본서기에서는 백제 근초고왕의 역사기록을 120년 앞당겨 서기 200년대 신공왕후(神功王后)의 역사로 만드는 날조를 일삼고 있다.

1. 제10대 숭신왕(崇神王) : 서기전 97년~서기전 30년(68년)

서기전 50년에 신라를 침공하였다.

2. 제11대 수인왕(垂仁王) : 서기전 29년~서기 70년(99년)

서기전 5년 3월에 왜희명(倭姬命)이 천조대신(天照大神: 大日靈)의 사당(祠堂)을 이세(伊勢)에 세웠다.[301] 이세신궁(伊勢神宮)[302]이 곧 천조대신을 제사하는 곳

---

301) 성은구 역주, 일본서기, 고려원, 1993, 157~158쪽 참조

302) 이세신궁에 원시한글 축문이 있는데, 천조대신이 단군조선 두지주의 추장이었다는 글이 있다. 천조대신의 원래 이름은 대일령(일본어로 오하류)이며, 이세신궁의 원시한글 축문에는 요하유로 적힌다. 실제로 천조대신의 조상 소시모리는 단군조선 두지주 예읍의 추장이었고 반역하여

이다.

서기 14년에 신라를 침공하였다.

서기 59년에 신라와 우호를 맺었다.

3. 제12대 경행왕(景行王) : 서기 71년~서기 130년(60년)

서기 73년에 신라를 침공하였다.

서기 121년에 신라를 침공하였다.

서기 123년에 신라와 강화하였다.

4. 제13대 성무왕(成務王) : 서기 131년~서기 169년(39년)

일본서기(日本書紀)303)에서는 성무왕의 재위기간이 서기 131년부터 서기 190년까지 60년이라 기록하고 있고, 중애왕이 서기 192부터 서기 200년까지 9년 재위한 것으로 기록하고 있으나, 실제로 신공왕후가 서기 179년부터 서기 247년까지 69년간 섭정을 한 것이 되며, 이에 중애왕은 서기 170년부터 서기 178년까지 9년 재위한 것이 되는 바, 성무왕의 69년간의 재위기간은 실제로는 서기 131년부터 서기 169년까지 39년이 된다.

서기 158년에 신라와 수교하였다.

참수 당하였는데 그 후손들의 나라를 우수국(牛首國)이라고 하고, 점차 동해쪽으로 남하하다가 서기전 900년경에 천조대신의 무리가 춘천 맥국(貊國) 자리에 출현한 것이 되고, 천조대신의 후손에 장군 언파불합이 있어 서기전 723년에 단군조선의 명을 받아 구주의 웅습의 난을 평정한 공으로 협야후로 봉해진 것이 되며, 언파불합의 아들이 협야후 도반명(배반명)이 서기전 667년에 마한에서 전선 500척을 이끌고서 지금의 일본 땅 삼도(구주, 본주, 사국)의 난을 진압하였고, 언파불합의 막내아들이 반여언이 서기전 660년에 소위 신해혁명이라는 역천행위로 천왕을 참칭하여 신무왕(神武王)으로 즉위한다.

303) 일본서기 등 고대 일본의 기록에서 신화식으로 적힌 것을 역사 사실적으로 풀이하는 것이 필요하다.

실제로, 일본서기에는 성무왕 시대라 하는 서기 169년부터 서기 190년까지 사이에 서기 178년에 태자를 봉하였다는 사실 외에는 특이한 기록이 없다.

5. 제14대 중애왕(仲哀王) : 서기 170년~서기 178년(9년)

일본서기에서는 중애왕을 서기전 192년부터 서기 200년까지 재위한 것으로 기록하고 있으나, 실제로는 서기 170년부터 서기 178년까지 9년 재위한 것이 된다.

서기 173년에 섭정 왕후 신공(비미호)이 신라와 수교하였다.

세오녀는 왜로 건너가서 왜 중애왕(170~178:9년간)의 왕후가 되었으며, 중애왕이 병중에 섭정을 하니 여왕으로 불리게 되는 것이고, 중애왕이 죽자 서기 179년부터 여왕이 된 것인데, 일본서기에서는 비미호인 세오녀를 기장족희존(氣長足姬尊), 신공왕후(神功王后:179~247:69년간)라 적고 있는 것이 된다.

6. 제15대 신공왕후(神功王后:卑彌呼) : 서기 179년~서기 247년(69년)

신공왕후는 비미호(卑彌呼)라고도 기록된다.

일본서기에서는 서기 201년부터 서기 269년까지 재위한 것으로 기록하고 있으나, 실제로는 서기 179년부터 서기 247년까지 69년 섭정한 것이 된다.

일본서기에서는 신공왕후의 시대에 신공왕후가 신라(新羅)를 정벌(征伐)하였으며, 백제로부터 칠지도를 조공 받았다는 식으로 하여 백제 제13대 근초고왕(서기 346년~서기 375년)시대의 칠지도(七支刀) 역사를 포함시켜 백제의 실제역사를 약 120년 앞당겨 기록하고 있는데[304], 이러한 신공왕후의 업적과 관련시킨 기록들은 신공왕후의 역사를 터무니없이 과장날조한 것에 불과하다.

서기 193년에 왜(倭)에 기근이 들어 신라에 구걸하였다.

---

304) 전게 일본서기, 222~226쪽 참조

서기 208년에 신라를 침입하였다. 왜왕 비미호(신공왕후) 시절에 왜가 신라를 침입한 것은 사실이 되는데, 일본서기에서는 이를 과장하여 백제 근초고왕(346~375) 시대의 역사를 120년을 앞당겨 신공왕후의 역사에까지 편입하여 백제와 신라까지 호령하였던 것으로 날조하고 있는 것이다.

서기 232년에 신라를 침공하였다.

서기 233년에 신라를 침공하였다가 신라의 대장군 석우로에게 패하였다.

서기 239년 6월에 조씨(曹氏)의 위(魏)나라에 조공하였다.305)

서기 247년에 구노국(拘奴國)과 불화가 있어 전쟁하였으며, 비미호가 죽자 남자 왕을 세웠으나 내란이 일어나 정세가 불안하므로 곧 비미호의 종녀(宗女)인 대여(臺與)가 13세에 여왕으로 앉혀졌다.306)

7. 제16대 대여왕(臺與王) : 서기 248년~서기 269년(22년)

일본서기에서는 대여왕이 존재하지 않고 대여왕의 재위기간이 신공왕후의 재위기간에 포함되어 있으나, 실제로 신공왕후의 종녀(宗女: 宗室의 여자)인 대여(臺與)가 서기 248년에 13세에 왕으로 즉위하여 서기 269년까지 다스린 것이 된다.

서기 249년 왜인(倭人)이 신라의 장수 석우로(昔于老)를 죽였다. 이에 금관가야에서 구원병을 보내어 왜인(倭人) 200명을 참수하였다.

서기 269년에 서기 179년부터 시작된 2대에 걸친 여왕의 시대가 끝나고, 서기 270년에 다시 남자인 응신(應神)이 왕이 되었던 것이다.

8. 제17대 응신왕(應神王) : 서기 270년~서기 310년(41년)

서기 287년에 신라를 침공하였다.

---

305) 전계 일본서기, 218~219쪽 및

306) 이민수 역, 조선전 〈동이전 왜인, 삼국지〉, 122쪽 참조

서기 292년에 신라를 침공하였다.

서기 294년에 신라를 침입하였다.

서기 295년에 신라가 왜를 정벌하는 것을 중지하였다.

서기 312년 신라가 혼인관계를 맺었다.

9. 제18대 인덕왕(仁德王) : 서기 313년~서기 399년(87년)

서기 344년에 신라가 왜(倭)와 통혼을 거절하였다.

서기 345년에 신라가 왜(倭)에 글을 보내어 국교를 단절하였다.

서기 346년에 신라를 침입하였다.

서기 364년에 신라를 침입하였다.

서기 391년 신묘년에 고구려가 바다를 건너와 공격하므로 패하였다. 이 사실은 광개토황비 비문에 기록되어 있는데, 일본이 역사적 사실을 왜곡하는 한 구절이기도 하다. 그러나 비문의 문장에서 생략된 주어로서의 주체는 고구려이므로, 바다를 건너 격파하였다는 주체는 곧 고구려가 되는 것이다.

서기 393년에 신라를 침입하였다.

서기 396년 (丙申年)에 고구려 광개토황이 몸소 수군(水軍)을 이끌고 백제국의 군대를 토벌하여 일팔성(당팔성?) 등 58개성을 공격하여 탈취하였다. 이 사실은 광개토황비 비문에 기록되어 있다.

서기 397년에 백제가 왜(倭)에 구원병을 요청하기 위하여 태자 전지(琠支)를 볼모로 보냈다.

서기 399년에 왜(倭)가 신라를 침입하자 신라가 고구려에 구원을 요청하였다. 백제가 고구려 광개토호태황에게 맹서한 서약을 위배하여 왜(倭)와 화통하니, 광개토황이 남쪽의 평양성으로 순행할 때 신라가 사신을 보내어 간청하자 군사를 내게 윤허하였다.307) 이 사실은 광개토황비 비문에 기록되어 있다.

10. 제19대 이중왕(履中王: 贊) : 서기 400년~서기 405년(6년)

서기 400년에 고구려 광개토호태황이 왜, 백제, 가야의 연합군을 격파하고 신라를 구하였다. 즉, 광개토호태황이 교서(敎書)로 보기(步騎) 5만을 보내어 신라를 구하게 하니, 남거성(南居城)으로부터 신라성(新羅城)까지 왜인들이 그 안에 넘쳤는데, 고구려의 관병이 이르자 왜적들이 물러가고, 고구려 관병(官兵)들이 임나가라(任那加羅)의 종발성(從拔城)에 이르자 성은 즉시 항복하였으며, 안라인 수병은 신라성을 빼앗고 도성(都城)에는 왜구들이 성을 크게 부수었으나308), 고구려군의 공격을 크게 당하여 괴멸되어 남김이 없게 되니, 왜는 항복하거나 죽은 자가 10중 8~9였으며, 모두 신복하였다.

안라인 수병이 훼기탄(喙己呑)과 탁순(卓淳)의 모든 적들과 거병을 모의하니, 고구려의 관병이 먼저 제압하여 바로 탁순을 취하고 좌군(左軍)은 담로도(淡路島)를 거쳐 단마(但馬)에 이르고, 우군(右軍)은 난파(難波)를 거쳐 무장(武藏)에 이르렀으며, 광개토호태황은 곧바로 축사(竺斯)를 건너니, 모두 스스로 무너지고 나뉘어져 고구려의 군국(郡國)이 되었다.309)

이 사실은 광개토호태황비의 비문에 기록된 것인데, 고구려가 지금의 일본 땅인 구주(큐슈)와 본주(혼슈)를 정복한 것을 보여주고 있다. 안라인 수병은 축사가 있는 지금의 구주에서 고구려에게 정복되었으며310), 담로도는 본주와 사국(시코쿠) 사

---

307) 광개토경평안호태황비 비문 참조

308) 변조된 倭滿倭潰를 원래비문 탁본의 글귀인 倭寇大潰(정읍 역사문화연구소 김재영 소장)이 밝힘)로 수정함.

309) 광개토경평안호태황비 비문 참조

310) 구주의 안라인은 웅본성(熊本城 :구마모또)을 근거지로 한 홀본인(忽本人)으로 원래 고구려에 속하였으나 언제부터 고구려의 눈 밖에 났는지는 불명인데, 한반도의 안라인 수병이 고구려가 구원하던 신라의 신라성을 빼앗았다는 내용으로 보면 고구려와는 적대한 것이 맞다. 구주에도 안라가 있었던 것이 되는데, 처음에는 고구려와 친교하였으나 나중에 임나에 복속되어 고구려와 대적한 것으로 된다. 안라는 곧 함안의 아라가야를 가리키기도 하는데 한반도의 아라가야

이에 있는 섬이고, 단마와 난파 및 무장은 본주에 있는 지명이다.

서기 402년에 신라가 왜와 통교하였다. 신라는 미사흔(未斯欣)을 왜에 인질로 잡혔다.

서기 403년에 왜의 사신이 백제에 갔다.

서기 404년 갑진년에 왜가 고구려 대방의 경계를 침입하여 변민을 불사르고 약탈하고, 석성(石城)의 도련(島連)으로부터 배들로 바다를 덮듯이 이르자, 고구려 광개토호태황이 평양의 군사를 보내어 왕당의 군사와 서로 만나게 하여 공격하니, 격파당하고 무수히 참살 되었다.311) 이 사실도 광개토호태황비 비문에 기록되어 있다.

서기 405년에 신라를 침입하였다. 백제가 한학을 전하였다.

11. 제20대 반정왕(反正王: 珍) : 서기 406년~서기 410년(5년)

서기 407년에 신라를 침입하였다.

서기 408년에 신라가 왜(倭)의 대마도를 정벌하려는 것을 중지하였다.312)

12. 제21대 윤공왕(允恭王: 濟) : 서기 412년~서기 453년(42년)

서기 415년에 신라와 전쟁하여 패하였다.

서기 418년 가을에 왜의 인질이었던 신라의 미사흔이 박제상의 희생으로 귀국하였다.313)

서기 440년에 신라를 침입하였다.

서기 444년에 신라를 침입하였다.

본국이 구주에 분국을 두었던 것이 된다. 구주에는 비사벌가야 등의 가야 분국이 많이 있었다.

311) 광개토경평안호태황비 비문 참조

312) 이 이전에 이미 대마도가 왜의 소굴이 되어 신라의 미사흔이 인질로 잡혀 있던 곳이 된다.

313) 전계 부도지 〈징심록추기, 김시습〉, 113~114쪽 참조

13. 제22대 안강왕(安康王: 興) : 서기 454년~서기 456년(3년)

14. 제23대 웅략왕(雄略王: 武) : 서기 458년~서기 479년(23년)

이때부터 일본서기의 역사기록이 실제 연대기 역사와 일치하게 된다.

서기 459년에 신라를 침입하였다.

서기 462년에 신라를 침입하였다.

서기 463년에 신라를 침입하였다.

서기 476년에 신라를 침입하였다.

서기 477년에 신라를 침입하였다.

15. 제24대 청령왕(淸寧王) : 서기 480년~서기 484년(5년)

서기 482년에 신라를 침입하였다.

16. 제25대 현종왕(顯宗王) : 서기 485년~서기 487년(3년)

서기 486년에 신라를 침입하였다.

서기 497년에 신라를 침입하였다.

17. 제26대 인현왕(仁賢王) : 서기 488년~서기 498년(11년)

18. 제27대 무열왕(武烈王) : 서기 500년~서기 506년(8년)

서기 500년에 신라를 침입하였다.

19. 제28대 계체왕(繼體王) : 서기 507년~서기 531년(25년)

서기 523년에 백제의 오경박사 단양이와 고안무가 왜(倭)에 파견되어 왔다.

20. 제29대 안한왕(安閑王) : 서기 534년~서기 535년(2년)

21. 제30대 선화왕(宣化王) : 서기 536년~서기 539년(4년)

22. 제31대 흠명왕(欽明王) : 서기 540년~서기 571년(32년)

서기 552년에 백제의 노리사치계가 왜에 불교를 전하였다.

서기 553년에 백제의 혜총이 왜의 성덕(쇼토쿠)태자의 스승이 되었다. 혜총이 일본에 계율종을 전파하였다. 아좌태자가 왜의 성덕(쇼토쿠)태자의 초상화를 그렸다.

서기 556년에 일본에 가 있던 백제의 혜 왕자가 귀국하였다. 혜 왕자는 뒤에 백제 제28대 혜왕(598~599)이 된다.

23. 제32대 민달왕(敏達王) : 서기 572년~서기 585년(14년)

24. 제33대 용명왕(用明王) : 서기 586년~서기 587년(2년)

25. 제34대 숭준왕(崇峻王) : 서기 588년~서기 592년(5년)

서기 588년에 백제 기술자들이 일본의 나라 지방에 비조사를 창건하였다.

26. 제35대 추고왕(推古王) : 서기 593년~서기 628년(36년)

서기 601년경 백제의 관륵, 동장이 천문, 지리, 역법, 둔갑술 등을 왜에 전해 주었다.

27. 제36대 서명왕(舒明王) : 서기 629년~서기 641년(13년)

백제 제30대 무왕(武王)의 딸 즉 보황녀(寶皇女)인 제명(濟明)이 왕후가 되었다.

서기 631년에 백제에서 무왕의 손자 부여풍(夫餘豊 : 태자 의자(義慈)의 아들)이 파견되어 왔다.[314]

28. 제37대 황극왕(皇極王) : 서기 642년~서기 644년(3년)

황극왕은 제명(濟明)이라 기록되며, 백제 제30대 무왕(武王)의 딸인 보황녀(寶皇女)이다. 두 차례에 걸쳐 왕이 된다.

일본 이세신궁의 거울

29. 제38대 효덕왕(孝德王) : 서기 645년~서기 649년(5년)

30. 제39대 백치왕(白雉王) : 서기 650년~서기 654년(5년)

31. 제40대 황극왕(皇極王: 天豊) : 서기 655년~서기 661년(7년)

제36대 황극왕이 다시 왕이 되었다.

서기 660년에 백제가 나당 연합군에 항복하여 망하였다.

서기 660년에 부여풍(夫餘豊)이 백제로 급히 되돌아가니, 무왕의 조카인 복신이 부여풍을 왕으로 세워 부흥운동을 시작하였다.

풍왕은 왜에 구원병을 요청해 놓았다.

이후 백제에서 부흥운동이 3년간 이어졌다.

32. 제41대 천지왕(天智王) : 서기 662년~서기 671년(10년)

천지왕은 백제 제30대 의자왕(義慈王)의 아들 부여용(夫餘勇)이라고 하며, 황극왕(제명)의 조카로서 고모(姑母)를 이어 왕위에 오른 것이 된다.

---

314) 전게 일본서기, 372쪽 참조. 일본서기에서는 백제 왕 의자가 왕자 풍장(豊章)을 인질로 하였다 하나 서기 631년에는 아직 무왕 시절이므로 왕자가 아니라 왕손의 신분이 되고 인질이 아닌 파견이라 보아야 할 것이다.

백제 풍왕이 왜(倭)에 사신을 보내어 구원병을 독촉하니, 왜가 구원병 27,000여 명과 전함 1,000여 척을 보냈다.315)

서기 663년 6월에 부여풍이 반역을 꾀하던 복신을 죽였다.

당나라는 백제부흥군을 분열시키기 위하여 왕자 융(隆)을 백제왕으로 삼아 손인 사와 함께 파견하였다. 이에 민심이 흔들렸다. 이때 유인궤는 주류성을 치기로 하였 고, 이에 손인사와 유인원이 이끄는 당군과 문무왕의 신라군이 주류성을 공격하여 함락시켰다. 유인궤는 부여융과 함께 전함을 거느리고 웅진강에서 백강으로 진격 하다 왜군을 만났다. 당군은 4전4승하여 왜 전선 400여척을 불태웠다. 이에 풍왕 (豊王:의자왕의 아들)이 사라졌다. 백제의 모든 성이 함락당한 뒤에도 지수신이 홀 로 임존성을 지켰는데, 흑치상지가 당군에 투항한 후, 흑치상지에 의하여 임존성이 무너져, 백제의 부흥운동은 완전히 끝났다.

풍왕(豊王)은 이때 왜(倭)로 돌아갔던 것이며316), 서기 672년에 형 부여용(夫餘 勇)인 천지왕(天智王:서기 662년~서기 671년)을 이어 천무왕(天武王:서기 672 년~서기 686년)이 되었던 것이고, 서기 672년에 국호 왜(倭)를 고치어 일본(日本) 이라 한 것이 된다. 백제 제30대 의자왕에게는 태자 효, 이하 왕자로 태, 융(隆), 용 (勇), 풍(豊) 등이 있었던 것이다.

서기 663년 9월 7일에 백제의 주류성이 당나라에 항복하였다.317)

서기 664년 3월에 백제왕 선광왕(善光王 : 의자왕의 아들)들을 난파(難波)에 살 게 하였다.318) 이 난파는 서기 400년에 고구려가 정복하였던 땅이다.

---

315) 전게 일본서기, 443~445쪽 참조
316) 일본서기에서는 풍장이 고구려로 도주한 것으로 기록하고 있다. 〈전게 일본서기, 445쪽 참 조〉
317) 전게 일본서기, 445~446쪽 참조
318) 백제 의자왕에게는 효, 태, 융, 용, 풍 등 많은 왕자와 서자 41명 등이 있었다.

33. 제42대 천무왕(天武王) : 서기 672년~서기 686년(15년)

천무왕은 천지왕(부여용)의 아우가 되는바 부여용의 아우인 부여풍(夫餘豊 : 豊章)이다.

서기 672년에 국호 왜(倭)를 고치어 일본(日本)이라 하였다.

34. 제43대 지통왕(持統王) : 서기 687년~서기 697년(11년)

35. 제44대 문무왕(文武王) : 서기 698년~서기 707년(10년)

〈이하 생략〉

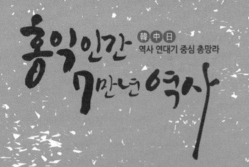

홍익인간
7만년 역사

韓中日
역사 연대기 중심 총망라

제7편

대진(大震)-신라(新羅)의
제1남북국시대

묘향산 석벽본 천부경 - 김택영선생 소장

대진–신라 남북국 시대
역사 개관

서기 668년에 고구려 보장제(寶藏帝)가 나당(羅唐)연합군의 평양성 침략으로 항복을 하자, 고구려의 장군이던 대중상이 후고구려라 칭하며 동모산을 중심으로 하여 나라의 부흥을 꾀하였다.

이때 신라는 당나라와 연합하였으나 당나라가 신라 땅까지 욕심을 내고 있는 속셈을 알아차리고 ,서기 676년에 백제와 고구려의 유민들과 함께 당군을 모두 몰아내고서 서기 702년까지 당나라와의 국교를 단절하였다.

신라가 당나라와 연합한 이유는 백제와 고구려를 신라에 병합시키는 삼한일통(三韓一統)의 꿈을 실현하기 위한 것이었으나, 당나라가 애초에 협약한 땅을 넘어서서 고구려 땅은 물론 백제 땅까지 욕심을 내므로, 이에 신라가 당나라와의 국교단절을 감행한 것이 된다.

신라는 고구려 땅을 거의 차지하지 못하였으므로 삼국통일이 아니라 대동강 이남의 삼한일통(三韓一統)319)이 되는 것이며, 북쪽에는 곧바로 고구려의 계승국인

---

319) 신라의 삼한일통의 꿈은 진흥왕으로부터 시작되어 선덕여왕 때에 이르러 김유신과 김춘추에 의하여 구체화 되었던 것이 되며, 태종무열왕을 거쳐 서기 676년 문무왕에 완성된 것이 되나, 당나라의 힘을 빌려 활용하였으나 끝내는 당나라를 배제시키기 위하여 당나라와 전쟁을 하는 등 하

대진국이 건국되어 우리 역사상 제1차 남북국시대를 이루었던 것이다. 한편 대진국과 돌궐은 고구려 시대를 이어 동서국 시대를 이룬 것이 된다. 여기에서는 단군조선의 후예인 선비와 배달겨레의 지손(支孫)이 되는 한(漢)의 혼혈족(混血族)의 나라인 당(唐)나라의 역사는 다음 기회로 미루어 생략한다.[320]

1. 대진국(大震國) 역사 개관

가. 건국

대진국은 서기 668년 대조영의 아버지인 대중상이 후고구려(後高句麗)라 칭한 데서 시작된다.

서기 668년 개화 27년 9월 21일 고구려(高句麗)의 평양성(平壤城)이 함락되자, 고구려의 장군 대중상(大仲象)은 서압록하(西鴨綠河)를 지키다가 변고를 듣고서, 무리를 이끌고 동모산(東牟山)에 이르러 웅거하여 후고구려(後高句麗)라 칭하고 중광(重光)이라 기원을 세웠다. 대중상은 진국열황제(振國烈皇帝:世祖)이다.

서기 699년 중광 32년 5월에 태자 대조영이 즉위하여 국호를 대진(大震)이라 하고 연호를 천통(天統)이라 하였으며, 홀한성(忽汗城)을 축조하여 이곳에 도읍을 옮기고 군사 10만을 모집하여 위세가 크게 떨치었고, 고구려의 옛 땅을 차지하니 6,000리가 개척되었으며, 곧 계책을 세우고 제도를 세워 당나라에 대항하여 복수

였고 더욱이 완전한 삼한일통이 아니라 고구려의 일부 남부지역까지만을 차지하는 정도에 거쳤으며 곧 북쪽에 대진국(발해)과 대치하는 남북국시대를 이룬 것이 된다. 서기 668년부터 서기 720년경 사이에 신라와 대진국의 국경이 어디였는지 연구대상이다. 이 시기에 신라는 북경에서 동쪽으로 이르는 지역을 차지하였던 것으로 된다.

320) 당나라 왕족은 선비족과 한족의 혼혈인인데 스스로 漢의 정통을 이은 나라라고 함으로써 우리 역사에서 떨어져 나간 것이 된다. 여진의 금(金)나라는 한편으로 한족(漢族)과의 혼인을 권장하여 혼혈화 하였는데, 이는 나라가 안정되도록 하는, 먼 미래를 위하여 좋은 일이라 하여 추진하였던 것이 된다. 단지 한화(漢化)되어 역사적 혈통적 정체성을 잃은 것이 아쉽다.

할 것을 스스로 맹세하였다.

　대진국의 실질적인 건국 시조는 대중상이며, 대조영은 태자로서 즉위하여 국호를 대진으로 칭하였던 것이 된다.

나. 과정

　대조영 고황제는 서기 714년에 삼일신고(三一神誥)를 읽어 찬(讚)하고, 자완대부(紫緩大夫) 선조성(宣詔省) 좌평장사(左平章事) 겸 문적원(文籍院)의 감(監)이던 임아상(任雅相)이 명을 받들어 삼일신고주해(三一神誥注解)를 짓게 하였으며, 서기 715년에는 반안군왕(盤安郡王) 대야발(大野勃)이 서문(序文)을 썼다.

　고황제의 아우인 대야발은 돌궐(突厥)을 13년간 답사하는 등 하여 단군조선(檀君朝鮮)과, 한씨(桓氏)의 번조선(番朝鮮)인 소위 기자조선(奇子朝鮮)의 역사를 엮은 단기고사(檀奇古史)를 지었다.

　서기 719년에 개마(蓋馬), 구다(句茶), 흑수(黑水)의 여러 나라를 복속시켰는데, 지금의 대흥안령산맥(大興安嶺山脈)의 서쪽과 북쪽에 위치한 나라들이다.

　또, 대장 장문휴(張文休)가 산동지역의 등주(登州)와 동래(東萊)를 취하여 성읍(城邑)으로 삼았다.

　서기 720년에 수비장수 연충린(淵忠麟)이 요서(遼西)의 대산(帶山) 남쪽에서 크게 당나라 군사를 격파하였다.

　서기 732년 겨울 당나라가 신라와 연합하여 동남(東南)의 여러 군(郡)과 읍(邑)을 급습하였으나, 무황제가 군사를 보내어 이를 격파하였는데, 이때 큰 눈으로 신라와 당의 군사에 동사자가 아주 많았으며, 이어 추격하여 하서(河西)의 이하(泥河)에 이르러 국계를 정하였는바, 지금의 강릉(江陵)의 북이하(北泥河:北泥川)이다. 해주(海州) 암연현(岩淵縣)은 동쪽으로 신라와 접했는데 암연은 지금의 옹진(甕津)이다. 이리하여 신라와는 지금의 황해도 옹진에서 강원도 강릉에 걸치는 지역을 국경으로 삼은 것이 된다.

서기 733년에 다시 당나라가 신라의 병사와 연합하여 침입하였으나 결국 아무 공도 없이 물러났다. 이때 당나라는 신라에게 대동강 이북의 옛 고구려 땅에 대한 권리를 넘겨주고 철수한 것으로 되어 이후 당나라와 대진국의 직접대치는 없어지게 된다.

서기 735년에 송막(松漠) 12성과 요서(遼西)(登州) 6성을 축조하고, 마침내 5경 60주 1군 38현을 소유하니, 원폭 9,000리의 영토를 가진 성대한 나라가 되었다. 이때 대진국은 해동성국(海東盛國)이라 불리었다. 송막은 요서의 동쪽으로서 요동지역이 된다. 즉, 지금의 난하 서쪽에 요서 6성이 있었던 것이 되고, 난하의 동쪽에 송막 12성이 있었던 것이 된다. 지금의 발해, 발해만은 대진국 시대에 대진국이 그 유역을 차지하였던 연유로 인하여 지금까지 남겨진 것이 된다.

서기 738년에는 태학(太學)을 설립하고, 천부경(天符經)과 삼일신고(三一神誥)를 가르치며, 한단고사(桓檀古史)를 강론하고, 또 문사(文士)에 명하여 국사(國史) 125권을 편찬하게 하였다.

서기 739년 3월 15일에 서기 714년에 대조영 고황제가 찬한 삼일신고를 태백산(백두산) 보본단(報本壇) 석실(石室)로 옮겨 봉장(奉藏)하였다.

서기 781년에 고구려 출신으로서 치청(淄靑) 절도사(節度使)이던 이정기(李正己)가 군사를 일으켜 당군(唐軍)에 항거하니, 문황제(文皇帝)가 장수를 보내 싸움을 돕게 하였다.

서기 820년경에는 선황제(宣皇帝)가 남쪽으로 신라를 평정하여 이물(泥勿), 철원(鐵圓), 사불(沙弗), 암연(岩淵) 등의 7주를 두었다. 대체적으로 이때 신라와의 국경은 서해안 쪽의 옹진에 있는 해주(海州)의 이남으로 하여 동쪽으로 철원의 남쪽 지역을 거쳐 동해안의 강원도 강릉 부근에 이르는 지역이 된다. 서기 720년경의 국경선과 유사한데, 아마도 서기 820년 이전에 신라가 북상하였던 것이고, 서기 820년경에 대진국이 다시 신라를 정벌한 것이 된다.

서기 907년경에 거란이 크게 일어나 위협하자 신라와 힘을 합쳐 거란을 물리치고자 하였으나, 신라가 거절하였다.

다. 수도

대진국은 수도를 다섯 군데 즉 5경(京)을 두었는데, 상경(上京) 용천부, 동경(東京) 용원부, 서경(西京) 압록부, 중경(中京) 현덕부, 남경(南京) 남해부이다. 주로 상경, 동경, 중경을 수도로 삼았다. 이 5경제도는 단군조선의 번한(番韓) 오덕지(五德地)의 5경(京) 제도를 본뜬 것이 된다.

동경은 혼춘(琿春) 자리이고, 중경은 화룡이며, 남경은 함경도의 함흥이고, 상경은 동모산의 동북쪽에 위치하여 북경(北京)이 된다. 서경은 서안평(西安平)으로서 거란(遼)의 초기 수도이던 임황(臨潢)이며 황수(潢水) 유역이고, 소요수(小遼水)이던 청수하(淸水河) 상류의 동쪽에 위치하면서 난하의 최상류 지역에 위치한 것이 된다.

서기 668년에 고구려가 망하자 곧바로 대중상(大仲象) 진국열황제(振國烈皇帝:世祖)가 동모산(東牟山)을 수도로 삼았다. 동모산은 중경이 있는 현덕부에 위치한다.

서기 699년에 대조영 고황제(高皇帝)가 홀한성(忽汗城:상경 용천부)을 수도로 삼았다.

이후 수도를 동경(東京) 용원부(龍原府)로 옮겼다.

서기 737년에 제3대 문황제(文皇帝)가 도읍을 동경(東京)의 용원부(龍原府)로부터 다시 상경(上京) 용천부(龍泉府)로 옮겼다.

서기 742년에 문황제가 중경 현덕부로 수도를 옮겼다.

서기 755년에 문황제가 상경 용천부로 수도를 옮겼다.

서기 786년 문황제가 수도를 동경(東京) 용원부로 옮겼다.

서기 794년에 제6대 성황제(成皇帝)가 수도를 상경(上京) 용천부로 다시 옮겼다.

이로써 대진국은 수도를 동모산으로부터 7번 이상 천도한 것이 된다.

라. 역년

서기 925년 겨울 12월에 거란(遼)의 태조 야율아보기가 군사를 일으켜 침공하였다.

서기 926년, 청태(淸泰) 26년 봄 정월에 거란(契丹)의 야율배(耶律倍)는 아우 요골(堯骨)과 선봉이 되어 대진국 군사 3만 명을 격파하고, 밤에 홀한성(忽汗城:상경 용천부)을 포위하자, 임금(哀帝)께서 성 밖에 나가 항복함으로써 대진국 황조(皇朝)의 역사가 끝났다.

이로써 대진국의 역사는 서기 668년부터 서기 926년까지 폐위된 원의(元義)까지 합하면 16대 259년이다.

이후 대진국의 역사는 거란의 요(堯)와 고려(高麗)의 역사로 이어지고, 다시 여진의 금(金)나라 역사로 이어진다.

2. 신라 후기 역사 개관

제30대 문무왕(661~681)은 서기 676년 당군을 몰아내었다. 초기 국토가 북경(北京)에서 동쪽으로 이어졌다. 이에 서기 676년부터 서기 702년까지 당나라와 국교를 단절하였다.

신라는 서기 685년에 땅을 나누어 9주 5소경, 9서당 10정을 설치하였다. 이후 북쪽의 대진국과 대동강과 원산만을 경계로 하였다가 서기 732년경부터는 황해도의 옹진에서 철원을 거쳐 강원도의 강릉을 있는 지역을 국경으로 하였던 것이 된다.

설총이 서기 700년경에 이두를 집대성하고, 화왕계를 지었으며, 서기 727년에 혜초가 왕오천축국전을 지었고, 서기 740년경에 김대문이 계림잡전, 화랑세기, 고

승전, 한산기, 악본 등을 지었다.

서기 750년에 석가탑 다라니경이 완성되었고, 서기 751년에 김대성이 불국사와 석굴암을 건립하였다.

제망매가, 도솔가, 찬기파랑가, 안민가, 도천수관음가 등의 향가가 서기 757년경에 지어졌는데. 서기 888년에 김위홍과 대구화상이 왕명으로 향가집 삼대목을 완성하였다.

서기 822년에 김헌창(金憲昌)이 반란을 일으켜, 국호를 장안(長安)이라 하고 연호를 경운(慶雲)이라 하였는데 김균정과 아들 김우징 등이 이를 평정하였다. 또 서기 825년에는 김헌창의 아들 김범문(金梵文)이 반란을 일으켰다.

서기 828년에 장보고가 청해진(淸海鎭)을 설치하였는데, 서기 846년 봄에 장보고가 난을 일으켰다가, 염장이 문성왕의 명을 받아 청해진으로 가서 장보고를 속여 술을 마시고 취하게 하여 살해하였으며, 서기 851년에 청해진을 폐지하였다.

이렇게 신라말기에 이르러 민란이 일어나고 반란이 일어났으며, 서기 891년에는 궁예가 약 30세의 나이로 도적 기훤을 찾아갔다가 북원의 양길의 부하로 들어갔다.

견훤은 서기 892년에 무진주를 점령하여 후백제를 건국하였다. 서기 894년에 궁예가 명주(강릉)를 점령하고, 서기 895년에는 강원도 대부분을 차지하였으며, 송악의 대호족인 왕륭과 왕건 부자는 궁예의 부하가 되어 궁예는 왕륭을 금성태수로, 왕건을 부하 장수로 삼았다. 이에 서기 899년에 궁예는 신라의 북부지역을 거의 장악하게 되었다.

서기 901년에 궁예가 송악에서 후고구려를 건국하고 ,연호를 태봉(泰封)이라 하였다. 이때 궁예는 약 40세였다. 서기 904년에 궁예가 청주의 민가 1천여 호를 철원성으로 옮기게 하고 수도를 철원으로 정하였으며, 국호를 마진(摩震)이라 하고 연호를 성책(聖冊)이라 하였고, 남쪽으로 사벌주(상주)와 북쪽으로 평양까지 점령하였다.

서기 911년에 궁예가 국호를 태봉(泰封)이라 하고 연호를 수덕만세(水德萬歲),

정개(正開)라 하였다.

이러한 신라의 혼란기에 서기 911년경 박문현(朴文鉉:810~?) 선생이 효공왕의 왕위 계승에 분쟁이 있으므로 100세의 고령으로 국중에 발언하여, 신라가 나라를 세운 이유를 단군조선의 제도를 계승함에 있음을 밝히기도 하였다.

서기 918년 6월에 왕건이 홍유, 배현경, 신숭겸, 복지겸 등의 추대로 즉위하고, 궁예의 왕궁으로 쳐들어갔는데, 이때 궁예는 변장을 하고 왕궁을 빠져 나갔다가, 분노한 백성들에게 살해당하였으며, 이에 왕건이 철원의 포정전에서 즉위하여 국호를 고려라 하고, 연호를 천수(天授)라 하였다.

서기 926년 1월에 대진국(大震國)이 거란(契丹, 遼)에 망하였는데, 북쪽에서 발해 유민들이 고려로 몰려들자 기꺼이 받아 들였다.

서기 927년에 경애왕이 경주 포석정에서 술을 마시며 놀다가 견훤의 군사가 들이닥쳐 경애왕이 도망하였다가 붙잡혀 견훤의 명으로 자결하였으며, 견훤은 김부(경순왕)를 즉위시켰다.

서기 927년에 고려가 후백제를 치자 신라는 군사를 보내어 도왔는데, 공산(팔공산) 전투에서 왕건은 신숭겸과 김락 등의 장수를 잃고 간신히 도망하였다.

서기 931년 봄에 고려 왕건이 기병 50여명을 이끌고 경기 땅에 이르자 경순왕이 영접하였으며, 수십일 간을 머물다 경순왕의 사촌동생 유렴을 볼모로 데려갔다.

서기 934년에 신라의 30여개성이 고려에 항복하였고, 후백제 견훤왕은 맏이 신검을 제쳐두고 넷째 금강에게 왕위를 물려주려 하자, 장자 신검(神劍)이 막내인 금강(金剛)을 죽였는데, 이해에 견훤왕이 고려에 투항하였고 태조 왕건은 견훤을 상보(尙父)로 삼았다.

서기 935년에 신라가 고려에 항복하려 하자, 이에 태자는 홀로 항복을 반대하고, 궁을 떠나 개골산에서 평생 삼베옷을 입고 살아 마의태자라 불렸는데, 결국 경순왕이 왕건 태조를 찾아가 항복하였고, 이에 태조 왕건은 낙랑공주를 경순왕에게 시집 보내어 사위로 삼고, 신라를 경주로 고쳐 식읍으로 내렸다.

이리하여 신라는 서기전 57년부터 서기 935년까지 56대 992년이다. 서기전 57년부터 나당연합군이 백제와 고구려를 멸망시키고 신라가 당군을 완전히 몰아낸 서기 676년까지를 전기, 서기 676년부터 서기 935년까지를 후기로 나눌 수 있게 된다.

대진–신라 남북국 시대
대진국(大震國) 연대기

1. 제1대 세조(世祖) 진국열황제(振國烈皇帝:서기 668년~서기 699년) : 대중상(大仲象)

서기 668년 9월 21일 고구려(高句麗)의 평양성(平壤城)이 함락되자, 고구려의 장군 대중상(大仲象)은 서압록하(西鴨綠河)를 지키다가 변고를 듣고서, 무리를 이끌고 험한 길을 달려 개원(開原)을 지나는데, 소문을 듣고 따르겠다고 원하는 사람 8,000명이 재빨리 모여들어 동쪽으로 동모산(東牟山)에 이르러 웅거하였다.

성벽을 굳게 하여 스스로 보존하고 나라를 후고구려(後高句麗)라 칭하고, 연호를 중광(重光)이라 하였다. 이르는 곳마다 격문을 전하니 원근의 뭇 성(城)들이 귀속해 왔다. 다만 고토를 회복함을 임무로 삼았다.[321]

여기 평양성은 단군조선 시대 마한의 수도였던 백아강(白牙岡)으로서, 고구려 제20대 장수홍제호태열제 때인 서기 427년에 옮겼던 고구려의 남경(南京)이 되는 대동강의 평양을 가리킨다.

고구려의 동경(東京)은 졸본, 북경(상경)은 상춘(눌현), 중경(中京)은 국내성과

---

321) 전계 한단고기 〈태백일사/대진국본기〉, 297~299쪽 참조

제1,2,3 환도성, 남경은 평양이 되는 것이다. 서경은 서기 244년 위나라 관구검에게 제2환도성을 함락당한 때 수도를 옮겼던 평양이 아닌가 하는데, 이때의 평양은 해성(海城)으로 추정되긴 하나, 다만, 남경이 되는 평양일 가능성을 배제할 수는 없다.322)

대중상의 후고구려는 고구려의 평양성이 함락되자마자 시작되었으므로, 결국 후고구려를 이은 대진국의 역사는 서기 668년부터 서기 926년까지 259년의 역사를 가지는 것이 된다.

서압록하는 지금의 요하(遼河)를 가리킨다. 고구려 말기 당시에 동압록은 지금의 압록강이며, 서압록은 지금의 요동반도의 서쪽에 흐르는 큰 강인 요하였다. 요하라는 강이 요동반도에 생긴 것은 서기 980년경 거란의 요(遼)나라가, 그 이전의 요하가 되는 난하의 최상류 유역에 있던 임황(臨潢:서안평)에서 동쪽으로 수도를 옮기면서부터이다.

여기서 개원(開原)은 지금의 심양(瀋陽) 지역으로서 단군조선의 개사원(蓋斯原)이며 단군조선 말기의 수도였던 장당경(藏唐京)이 있던 곳이다. 심양의 남쪽에 해성(海城)이 있으며 장당경을 수도로 하던 시대에 이궁(離宮:별궁)을 두어 평양(平壤)이라 불렀다. 동모산은 백두산의 북쪽에 위치하며, 대진국(大震國) 시대의 상경(上京:북경) 용천부(龍泉府)와 중경(中京) 현덕부(賢德府) 사이에 위치하며 현덕부에 속한 것이 된다.

서기 699년, 중광(重光) 32년 5월에 임금께서 붕어하시니 묘호(廟號)를 세조(世祖)라 하고 시호(諡號)를 진국열황제(震國烈皇帝)라 하였다.323)

---

322) 고구려가 서기 247년에 옮겼던 수도 평양이 대동강의 평양이 아닐 가능성이 많은데, 그 위치를 정확히 찾아내는 것이 연구 과제이다.
323) 전게 한단고기 〈태백일사/대진국본기〉, 297~299쪽 참조

2. 제2대 태조(太祖) 성무고황제(聖武高皇帝:서기 699년~서기 719년) : 대조영(大祚榮)

서기 699년 5월에 태자 대조영은 영주(營州)의 계성(薊城)에서 무리를 이끌고 동모산에 이르러 즉위하였다. 홀한성(忽汗城)을 축조하여 이곳에 도읍을 옮기고 군사 10만을 모집하여 위세가 크게 떨치었다. 곧 계책을 세우고 제도를 세워 당나라에 대항하여 적에 복수할 것을 스스로 맹세하였다.324)

이 당시 영주(營州)의 계성(薊城)은 고하(沽河) 동쪽에 있는 지금의 계성(薊城)이 되는데, 유주(幽州)에 속하는 북경(北京)이 계성이던 때가 있었다. 서기전 226년에 전국시대 연(燕)나라가 진(秦)나라에 쫓기어 요동으로 달아났을 때 수도가 곧 북경(北京)으로서 계성(薊城)이 된다. 서기전 226년 이전의 연나라 수도 계성은 북경의 서남쪽인 탁수(涿水) 지역에 있었던 것이 된다.

홀한성(忽汗城)은 상경(上京) 용천부가 된다. 대진국 시대에 동서남북중에 5경이 있었는데, 동경 용원부, 서경 압록부, 남경 남해부, 북경(상경) 용천부, 중경 현덕부이다.

단군조선 시대에도 진한에 이궁(離宮)을 합하면 모두 5경이 되는데, 북(北)의 아사달(阿斯達), 중(中)의 백악산아사달(白岳山阿斯達, 常春 九月山), 서(西)의 장당경(藏唐京), 동(東)의 영고탑(寧古塔), 남(南)의 해성(海城)이다. 또 번한에도 5경이 있었으니, 동서남북중으로 각 험독(險瀆), 한성(汗城), 낭야성(琅耶城:가한성), 탕지(湯池:구안덕향, 안시성), 개평(蓋平:안덕향)이다.

북경을 상경(上京)이라 하는 것은 동서남북의 방향 중에서 가장 높은 자리가 북쪽이기 때문이다. 중앙은 신(神)을 모시는 자리로서 백두산(백두산, 太白山)을 포함한 중경 현덕부가 된다. 특히 대진국의 남경(南京) 남해부(南海府)는 본래 남옥저(南沃沮)의 옛 땅이며 해성현(海城縣)이라 하는 바, 한반도 동해안에 있는 함흥이라

---

324) 전계 한단고기 〈태백일사/대진국본기〉, 297~299쪽 참조

고 추정된다.325)

또, 서경(西京) 압록부는 서안평(西安平)으로서 거란(遼)의 상경(上京)이던 난하 최상류 유역에 소재한 황수(潢水)를 바라보는 임황(臨潢)이며, 지금의 요하가 원래 서압록하이고, 이 서압록하의 최상류 지역이 난하 상류 지역이며, 소요수(小遼水)의 동쪽에 있어 원래의 요동이 되는 땅인 것이다.

대조영은 말갈 장수 걸사비우(乞四比羽)와 거란 장수 이진영(李盡榮)과 손을 잡고 병력을 연합하여 당나라 장군 이해고(李楷固)의 군사를 천문령(天門嶺)에서 크게 격파하였다.

천문령은 고구려의 천리장성이 있던 곳의 동쪽에 있으며, 상춘(常春,장춘)에서 요동반도에 걸치는 고개로 보기도 하는데, 난하 동쪽에 있는 장령(長嶺) 부근의 고개로도 보인다.

대조영은 국호를 **대진(大震)**이라 하고 연호를 **천통(天統)**이라 하였으며, 고구려의 옛 땅을 차지하니 6,000리가 개척되었다.326) 대진(大震)이란 대씨(大氏)의 진국(震國)이란 뜻도 지니면서, 특히 진(震)은 단군조선의 진한(眞韓)의 진과 같은 소리로서 왕중의 왕의 나라를 가리키는 바, 대진(大震)은 곧 큰 황제의 나라라는 뜻이 된다. 배달나라 시대에 태호복희의 나라가 진(震)이었다. 천통(天統)이란 하늘나라의 정통성을 계승하였다는 의미이다.

서기 714년, 천통16년 10월에 태조 성무고황제께서 삼일신고(三一神誥)를 읽어 찬(讚)하고, 자완대부(紫緩大夫) 선조성(宣詔省) 좌평장사(左平章事) 겸 문적원(文籍院)의 감(監)이던 임아상(任雅相)이 명을 받들어 삼일신고주해(三一神誥注

---

325) 해성(海城)이라는 지명은 역사적으로 단군조선의 장당경(藏唐京)이 되는 지금의 심양(瀋陽) 남쪽에 이궁(離宮)을 두었던 해성(海城) 평양도 있고, 한반도 평양의 남쪽에 황해도 해주(海州)도 있는 바, 대진국의 남경 남해부가 위치한 곳이 정확이 어디인지 밝힐 필요가 있다. 다만, 남옥 저의 땅이라면 동해안의 함흥일 가능성이 많은 것이 된다.

326) 전계 한단고기 〈태백일사/대진국본기〉, 298~299쪽 참조

解)를 지었다.

여기 삼일신고는 고구려 때부터 전해 오던 것이다. 삼일신고는 서기전 2333년 조선 개국시에 단군왕검께서 무리들에게 가르치실 때, 고시씨(高矢氏)가 동해(東海)에서 캐어온 청석(靑石)에다 신지씨(神誌氏)가 글을 새긴 청석본(靑石本)과, 서기전 1120년경 은왕족 기자가 조선에 망명한 후 사사(士師)이던 왕수긍(王受兢)에게 부탁하여 은문(殷文)으로 단목판(檀木板)에 새기게 한 단목본(檀木本)이 있었는데, 후대에 청석본은 부여가 소장하였고, 단목본은 서기전 323년에 시작된 기씨(箕氏) 번조선(番朝鮮)을 이어 서기전 194년에 시작된 위씨조선(衛氏朝鮮)이 소장하였으나, 모두 병란(兵亂)에 잃었던 것이다.

이에 고구려 때 삼일신고를 한자(漢字)로 번역한 것을, 대진국 시대인 서기 714년에 대조영 성무고황제가 찬문(撰文)을 짓고 문적원(文籍院) 감(監) 임아상이 주해(註解)를 달았던 것이 된다.

문적원은 한림원(翰林院)에 해당하는데, 외교문서 등 문서를 담당하는 관청이 된다.

서기 715년 3월 3일에 반안군왕(盤安郡王) 대야발(大野勃)이 위 삼일신고의 서문(序文)을 썼다. 반안군왕 대야발은 성무고황제 대조영의 아우이며, 돌궐(突厥)을 13년간 답사하는 등 하여 단군조선(檀君朝鮮)과, 한씨(桓氏)의 번조선(番朝鮮)인 소위 기자조선(奇子朝鮮)의 역사를 엮은 단기고사(檀奇古史)를 지었다.

서기 719년, 천통21년 봄에 임금께서 대안전(大安殿)에서 붕어하시니 묘호를 태조(太祖)라 하고 시호를 성무고황제(聖武高皇帝)라 하였다.[327]

3. 제3대 광종(光宗) 무황제(武皇帝:서기 719년~서기 737년)

서기 719년 태자 대무예(大武藝)가 즉위하여 개원(改元)하여 연호를 인안(仁安)

---

327) 전게 한단고기 〈태백일사/대진국본기〉, 298~299쪽 참조

이라 하였다.

　서쪽으로 거란(契丹)과 경계를 정하니 오주목(烏珠牧)의 동쪽 10리에서 황수(潢水)를 굽어보는 곳이다.[328]

　여기서 황수(潢水)는 임황(臨潢) 부근을 흐르는 강이며, 임황이라는 말이 곧 황수에 임(臨)해 있다는 뜻이 된다. 임황은 곧 서안평(西安平)이며 원래부터 요동(遼東) 땅이 되는데, 소요수(小遼水)의 동쪽에 위치하므로 요동인 것이다. 소요수는 소위 소수맥(小水貊)이 사는 곳의 강이며, 단군조선 시대의 구려 땅에 있고, 북동에서 남서 방향으로 흘러 요대(遼隊) 또는 요수(遼隧)라는 지역에서 대요수(大遼水:영정하)에 합류하는 강이다. 큰 강줄기인 대요수(大遼水)와 대요수에 합류하는 작은 강줄기인 소요수(小遼水)가 요동과 요서를 구분하던 원래의 요수(遼水)이다.

　서기 719년에 개마(蓋馬), 구다(句茶), 흑수(黑水)의 여러 나라가 모두 신하가 될 것을 청하며 조공(朝貢)하였다.[329] 여기 개마는 서개마(西蓋馬) 또는 북개마(北蓋馬)가 되는 지금의 대흥안령산맥(大興安嶺山脈) 중 북쪽에 위치하였던 개마국을 가리킨다. 구다는 개마의 남쪽에 있으면서 12한국(桓國)의 하나인 대흥안령산맥 부근의 구다천국(句茶川國)을 가리키며, 흑수는 지금의 흑룡강(黑龍江)으로서 아무르강이 된다.

　또, 대장 장문휴(張文休)를 보내 자사 위준(韋俊)을 죽이고, 등주(登州)와 동래(東萊)를 취하여 성읍(城邑)으로 삼았다. 당나라 왕 융기(隆基)가 노하여 병사를 보냈으나 이기지 못하였다.[330] 등주와 동래는 지금의 산동지역에 있었던 것인데, 대진국의 대장 장문휴가 산동지역을 정벌하여 등주와 동래를 차지하였던 것이다. 이때 당나라 왕이라는 융기(隆基)는 당나라 제6대왕 현종(玄宗)이다.

---

328) 전게 한단고기 〈태백일사/대진국본기〉, 298~299쪽 참조
329) 전게 한단고기 〈태백일사/대진국본기〉, 298~299쪽 참조
330) 전게 한단고기 〈태백일사/대진국본기〉, 298~299쪽 참조

서기 720년 수비장수 연충린(淵忠麟)이 말갈병과 함께 요서(遼西)의 대산(帶山) 남쪽에서 크게 당나라 군사를 격파하였다.[331] 연충린은 연개소문의 혈족이 된다. 요서의 대산은 곧 난하 서쪽에 있는 대산으로서 대수(帶水)가 나오는 곳이 될 것인데, 서기 204년에 공손강(公孫康)이 낙랑군을 나누어 남부지역에 설치한 대방군(帶方郡) 지역이 될 것이다.

서기 726년에 당나라는 흑수말갈을 포섭하여 흑수부를 두어 관리를 파견하여 다스렸다. 이에 무황제께서 크게 노하여 흑수부를 정벌하려 하자 국경수비를 맡았던 아우 대문예가 반대하다 노여움을 사 당나라로 도망하였다. 이에 무황제는 서기 732년에 등주(산동지역)를 정벌하였다.

서기 732년 당나라는 비밀리에 신라와 약속하여 동남(東南)의 여러 군(郡)과 읍(邑)을 급습하여 천정군(泉井郡)에 이르렀다. 이에 무황제는 조서를 내려 보병과 기병 2만을 보내어 이를 격파하게 하였다. 이때 큰 눈이 내려 신라와 당의 군사는 동사자가 아주 많았다. 이에 추격하여 하서(河西)의 이하(泥河)에 이르러 국계를 정하니 지금의 강릉(江陵)의 북이하(北泥河)이다. 해주(海州) 암연현(岩淵縣)은 동쪽으로 신라와 접했는데 암연은 지금의 옹진(甕津)이다.[332]

즉, 이때 대진국의 동남쪽이 되는 한반도 중부지역의 동쪽에서 당나라의 원조를 받은 신라와 전쟁을 하였던 것이며, 아마도 겨울이었던 것이 된다. 당시 대진국의 남쪽 국경이 지금의 강원도 강릉까지 이른 것이 된다. 또, 서쪽은 해주 암연현으로서 지금의 옹진을 가리키며 이로써 대진국과 신라의 국경은 서쪽의 옹진에서 동쪽의 강릉을 긋는 선이 된다. 이리하여 서기 732년경의 대진국과 신라의 국경은 한반도의 서쪽 해주(海州)에서 철원(鐵原)을 거쳐 강원도 동쪽의 강릉(江陵)에 이르는 지역이 된다.

---

331) 전게 한단고기 〈태백일사/대진국본기〉, 298~299쪽 참조
332) 전게 한단고기 〈태백일사/대진국본기〉, 298~299쪽 참조

이로부터 신라는 해마다 입공하였고 임진강(臨津江) 이북의 모든 성이 모조리 대진국에 속하였다.333)

서기 733년에 당나라가 신라의 병사와 연합하여 침입하였으나 결국 아무 공도 이루지 못하고 물러났다.334) 이때 국경선이 북쪽으로 약간 올라간 것이 되며, 서기 820년에 다시 대진국이 신라를 공격하여 해주~철원~강릉을 잇는 국경선을 이루었던 것이 된다.

서기 734년 인안 16년에 구다, 개마, 흑수의 여러 나라들이 항복해 오니, 이들을 성읍으로 삼았다.335) 즉, 이때는 서기 719년에 구다, 개마, 흑수가 조공을 바친 것을 넘어서서 정벌하여 항복을 받았던 것으로 대진국의 영역 내로 포함시킨 것이 된다.

서기 735년 송막(松漠) 12성과 요서(遼西)(登州) 6성을 축조하고, 마침내 5경 60주 1군 38현을 소유하니, 원폭 9,000리의 영토를 가진 성대한 나라가 되었다. 이때 당나라, 신라, 왜가 나란히 사신을 보내 조공을 바치니 천하는 해동성국(海東盛國)이라 칭송했다. 이에 발해 사람 셋이면 호랑이 한 마리를 당한다는 말이 생기게 되었다. 이때 임금과 백성들은 화락하고 역사를 논하며 의(義)를 즐겼다. 오곡은 풍성하고 사해는 안락하였다. 대진육덕가(大震六德歌)가 있어 이러한 대진국을 찬미하였다.336)

여기서, 송막(松漠)은 소나무가 우거진 사막같은 곳으로서 패수인 난하의 중류지역 사이에 있는 소나무 지역을 가리키는 것이 될 것이며, 요서(遼西)는 난하의 서쪽을 가리키는 것이 된다. 고구려 시대인 서기 55년에 제3대 태조무열제가 요서(遼西) 10성을 축조하였고, 단군조선 초기인 서기전 2301년에는 당요(唐堯)의 변란

---

333) 전게 한단고기 〈태백일사/대진국본기〉, 298~299쪽 참조

334) 전게 한단고기 〈태백일사/대진국본기〉, 298~299쪽 참조

335) 전게 한단고기 〈태백일사/대진국본기〉, 302쪽 참조

336) 전게 한단고기 〈태백일사/대진국본기〉, 302쪽 참조

(變亂)을 대비하여 요중(遼中) 12성을 마련하였다고 기록되고 있기도 하다.

대진육덕가(大震六德歌)는 대진국의 기본 윤리강령(倫理綱領)인 충인의지예신(忠仁義智禮信)을 찬양하는 노래가 될 것이다. 당시 대진국의 중앙 행정기구로 3성 6부를 두었는데, 3성은 중대성, 선조성, 정당성이며, 6부는 충인의지예신의 6부(部)로서 정당성에 소속되어 있었다. 이 6부가 관장하는 업무가 곧 대진육덕가의 주제가 되는 충인의지예신과 관련된 것이 된다.

서기 736년 3월에 안민현(安民縣)에 감로(甘露)가 내렸다. 예관(禮官)은 계장(啓狀)을 올려 하의(賀儀)할 것을 청하여 무황제께서 이에 따랐다.

서기 736년 3월 16일에 삼신일체(三神一體) 상제(上帝)께 서압록하(西鴨綠河)의 강변에서 제(祭)를 올렸다.[337] 서압록하는 고리(藁離)의 옛 나라 땅이다. 여기서 고리는 곧 단군조선의 구려(句麗)를 가리킨다.

여기서 삼신일체 상제는 곧 삼신상제(三神上帝)로서 삼신(三神)이자 상제(上帝)이며, 한국(桓國), 배달(倍達, 檀國), 조선(朝鮮)의 시조이신 한인(桓因), 한웅(桓雄), 단군왕검(檀君王儉)을 비롯한 역대 성제(聖帝)들을 가리키는 것이 된다. 삼신은 곧 천신(天神), 지신(地神), 조상신(祖上神)인 인신(人神)을 가리키며 통칭 천신(天神)으로서 자연신(自然神)이 되며, 상제(上帝)는 하늘나라의 임금으로서 곧 천신(天神)인 바, 인격신(人格神)이 된다.

서기 737년, 인안(仁安) 19년에 임금께서 붕하시니 묘호를 광종(光宗)이라 하고 시호는 무황제(武皇帝)라 하였다.

4. 제4대 세종(世宗) 광성문황제(光聖文皇帝:서기 737년~서기 793년)

서기 737년에 태자 대흠무(大欽武)가 즉위하여 연호를 대흥(大興)이라 하고, 도읍을 동경(東京)의 용원부(龍原府)로부터 상경(上京) 용천부(龍泉府)로 옮겼

---

337) 전계 한단고기 〈태백일사/대진국본기〉, 302쪽 참조

다.338) 상경(上京)은 동서남북 중에서 북경(北京)을 가리킨다.

　서기 738년에 태학(太學)을 설립하고, 천부경(天符經)과 삼일신고(三一神誥)를 가르치며, 한단고사(桓檀古史)를 강론하고, 또 문사(文士)에 명하여 국사(國史) 125권을 편찬하게 하니, 문치(文治)는 예악을 일으키고 무(武)의 위세는 모든 이 (夷)339)를 복종시켰다. 태백현묘(太白玄妙)의 도(道)는 백성을 흡족하게 하고, 홍익인간의 교화는 만방에 미쳤다.340)

　태학은 국립대학에 해당하며, 천부경, 삼일신고 등과 한국 및 배달나라의 역사를 가르침으로써, 대진국은 곧 고구려를 이어, 한국, 배달, 조선, 북부여, 고구려의 정신적 정통성은 물론 영토적 정통성을 이은 나라인 것이다. 즉, 대진국은 천부삼인, 홍익인간의 이념으로 건국된 나라로서 신라의 북국인 바, 당연히 우리 한국의 역사인 것이다.

　서기 739년 3월 15일 삼일신고봉장기를 짓고, 대조영 성무고황제가 고구려에서 전해온 삼일신고를 읽고서 찬(讚)한 글들을 태백산(백두산) 보본단(報本壇) 석실 (石室)로 옮겨 봉장(奉藏)하였다.341)

〈삼일신고봉장기(三一神誥奉藏記)〉
고조선기(古朝鮮記)를 삼가 뵈니 가로되, 366갑자(甲子)에 임금께서 천부삼인 (天符三印)을 지니시고 운사(雲師), 우사(雨師), 풍백(風伯), 뇌공(雷公)을 거느려 태백산(太白山) 단목(檀木) 아래로 내리시어, 산하(山河)를 개척하고 인간과 만물을 낳고 기르시다. 갑자가 두 번 돌아 무진년(戊辰年) 10월 3일에 어철궁

---

338) 전게 한단고기 〈태백일사/대진국본기〉, 302쪽 참조
339) 이(夷)는 한배달조선의 9족(族)을 가리킨다. 특히 9이 중에서 옛 주나라 동쪽에 위치하였던 단군조선의 본국인 진한, 마한, 변한의 삼한을 동이(東夷)라 불렀는데, 여기 대진국 시대의 이(夷)는 곧 동이 전체를 가리키는 것이 된다.
340) 전게 한단고기 〈태백일사/대진국본기〉, 302쪽 참조
341) 대진국 제3대 문황제의 삼일신고봉장기 참조 〈별첨 부록 참조〉

(御喆宮)에서 신고(神誥)를 처음 가르치실 때, 팽우(彭虞)는 3,000의 무리를 이끌고 고개 숙여 받잡고, 고시(高矢)는 동해(東海) 물가에서 청석(靑石)을 캐오고, 신지(神誌)는 그 돌에 새겨 전하였다.

후조선기(後朝鮮記)에 기자(箕子)가 일토산(一土山) 사람인 왕수긍(王受兢)을 초빙하여 은문(殷文)으로 신고를 단목판(檀木板)에 쓰도록 하여 읽었으니, 이러한 즉 신고는 원래 석본(石本)과 단본(檀本)의 두 본이 있어 세상에 전하였다. 석본은 부여(扶餘)의 국고(國庫)에 보관되고, 단본은 곧 위씨(衛氏)가 가진 바 되었으나, 모두 병란 중에 잃었다.

이 본(本)은 고구려가 번역하여 전한 것인데, 우리 고고(高考, 대조영 태조 성무고황제)께서 읽으시고 찬(贊)한 것이다. 소자(小子, 문황제)가 신고를 받은 이래로 항상 잃어버릴까 두려워하였고, 또 석단(石檀)의 두 본이 세파에 탕진된 바를 느끼어, 이에 영보각(靈寶閣)의 어찬진본(御贊珍本)을 받들어 태백산(太白山) 보본단(報本壇)의 식실(石室) 안으로 옮겨서 보관하노니, 불후의 자료로 삼을 따름이다. 대흥(大興) 3년 3월 15일 숨김(藏).

謹按 古朝鮮記 曰 三百六十六甲子 帝握 天符三印 將 雲師雨師風伯雷公 降 于 太白山檀木下 開拓山河 生育人物 至 再週甲子之 戊辰歲上月三日 御喆 宮誕訓 神誥時 彭虞率 三千團部眾 俯首受之 高矢採 靑石於東海濱 神誌劃 其石而傳之 後朝鮮記 箕子聘 一土山人 王受兢 以殷文 書神誥于 檀木板而 讀之然則 神誥原有 石檀二本 而世傳 石本藏於 餘國庫 檀本則爲 衛氏之有 竝失於兵燹 此本乃 高句麗之 所譯傳而 我高考之 讀而贊之者也 小子自 受 誥以來 恒恐失墮 又感石檀 二本之爲 世波所盪 玆奉 靈寶閣 御贊珍本 移藏 于 太白山 報本壇 石室中 以爲 不朽之資云爾 大興三年三月十五日 藏

위 삼일신고봉장기의 내용에서 보듯이, 이처럼 대진국은 단군조선(檀君朝鮮)의 정신 역사적 정통성과 영토적 정통성을 함께, 고구려의 대를 이어 계승한 나라가 된다. 참고로, 역사상 소위 고대중국이라는 나라에는 한배달조선에서 전수되어 온

천부경(天符經)이나 삼일신고(三一神誥)나 참전계경(參佺戒經)이 전해진 바 없으며, 단지 산동지역의 동이(東夷) 출신인 강태공(姜太公)이 지부경(地符經)을 지었다고 전해오는데, 이것이 사실이라면 강태공은 천부경(天符經) 공부를 하였던 것으로 된다.

서기 781년 대흥 45년에 치청(淄靑) 절도사(節度使) 이정기(李正己)가 군사를 일으켜 당군(唐軍)에 항거하니, 문황제(文皇帝)가 장수를 보내 싸움을 돕게 하였다. 이정기는 고구려 사람으로 평로(平盧) 출생이다. 서기 802년에 장수들이 군사 이희일(李希逸)을 내쫓고 이정기를 즉위시켰으며, 곧 이정기가 죽자 이정기의 아들인 이납(李納)이 대를 이었고, 서기 836년에 이납이 죽고 그 아들 이사고(李師古)가 이었으며, 이사고가 죽었을 때 초상을 밝히지 않고 은밀히 사람을 보내 이사도(李師道)를 맞아 대를 잇게 하였다.342)

서기 786년 수도를 동경(東京) 용원부로 옮겼다.

서기 793년, 대흥(大興) 57년에 임금께서 붕하시니, 묘호를 세종(世宗)이라 하고 시호를 광성문황제(光聖文皇帝)라 하였다.343)

5. 제5대 원의(元義:폐황제(廢皇帝):서기 793년~서기 794년)

서기 793년에 나라 사람들이 문황제의 종실 아우인 원의(元義)를 즉위시켰으나, 성품이 포악하여 나라를 다스릴 수 없었다. 이에 1년만인 서기 794년에 나라 사람들이 이를 폐하고 문황제의 손자인 화흥(華興)을 맞아 즉위시켰다.344)

---

342) 전계 한단고기 〈태백일사/대진국본기〉, 303쪽 참조
343) 전계 한단고기 〈태백일사/대진국본기〉, 304쪽 참조
344) 전계 한단고기 〈태백일사/대진국본기〉, 304쪽 참조

6. 제6대 인종(仁宗) 성황제(成皇帝:서기 794년~서기 795년)

서기 794년 갑술년에 제4대 문황제의 손자인 대화흥(大華興)이 즉위하여 연호를 중흥(中興)이라 하였다.[345]

수도를 상경(上京) 용천부로 삼았다.

서기 795년, 중흥(中興) 2년에 임금께서 붕하시니 묘호를 인종(仁宗)이라 하고 시호를 성황제(成皇帝)라 하였다.

7. 제7대 목종(穆宗) 강황제(康皇帝:서기 795년~서기 809년)

서기 795년에 제6대 성황제의 숙부인 대숭린(大崇璘)이 즉위하여 연호를 정력(正曆)이라 하였다.[346]

서기 802년 치청(淄靑)의 장수들이 군사(軍師) 이희일(李希逸)을 쫓고 이정기(李正己)를 즉위시켰으나 죽고, 아들 납(納)이 다스렸다.[347]

서기 809년, 정력(正曆) 15년에 임금께서 붕하시니 묘호를 목종(穆宗)이라 하고 시호를 강황제(康皇帝)라 하였다.[348]

8. 제8대 의종(毅宗) 정황제(定皇帝:서기 809년~서기 813년)

서기 809년에 대원유(大元瑜)가 즉위하여 연호를 영덕(永德)이라 하였다.[349]

서기 813년, 영덕(永德) 5년에 임금께서 붕하시니 묘호를 의종(毅宗)이라 하고 시호를 정황제(定皇帝)라 하였다.[350]

---

345) 전게 한단고기 〈태백일사/대진국본기〉, 304쪽 참조
346) 전게 한단고기 〈태백일사/대진국본기〉, 304~305쪽 참조
347) 전게 한단고기 〈태백일사/대진국본기〉, 303쪽 참조
348) 전게 한단고기 〈태백일사/대진국본기〉, 304쪽 참조
349) 전게 한단고기 〈태백일사/대진국본기〉, 305쪽 참조
350) 전게 한단고기 〈태백일사/대진국본기〉, 304쪽 참조

9. 제9대 강종(康宗) 희황제(僖皇帝:서기 813년~서기 818년)

서기 813년에 대언의(大言義)가 즉위하여 연호를 주작(朱雀)이라 하였다.[351]

서기 818년, 주작(朱雀) 6년에 임금께서 붕하시니 묘호를 강종(康宗)이라 하고 시호를 희황제(僖皇帝)라 하였다.[352]

10. 제10대 철종(哲宗) 간황제(簡皇帝:서기 818년~서기 820년)

서기 818년에 대명충(大明忠)이 즉위하여 연호를 태시(太始)라 하였다.[353]

서기 820년, 태시(太始) 3년에 임금께서 붕하시니 묘호를 철종(哲宗)이라 하고 시호를 간황제(簡皇帝)라 하였다.[354]

11. 제11대 성종(聖宗) 선황제(宣皇帝:서기 820년~서기 830년)

서기 820년에 대인수(大仁秀)가 즉위하여 연호를 건흥(建興)이라 하였다.[355]

〈신라 평정〉

서기 820년경 선황제(宣皇帝)가 남쪽으로 신라를 평정하여 이물(泥勿), 철원(鐵圓), 사불(沙弗), 암연(岩淵) 등의 7주를 두었다.[356]

여기서 이물(泥勿)은 곧 이하(泥河)로서 지금의 강원도 강릉에 있었던 북이하(北泥河)로 지금의 연곡천이 될 것이며, 철원은 지금의 철원(鐵原) 지역이 될 것이고, 암연(岩淵)은 지금의 옹진인 해주(海州)를 가리킨다. 즉 서기 820년경의 신라와의

---

351) 전게 한단고기 〈태백일사/대진국본기〉, 305쪽 참조
352) 전게 한단고기 〈태백일사/대진국본기〉, 304쪽 참조
353) 전게 한단고기 〈태백일사/대진국본기〉, 305쪽 참조
354) 전게 한단고기 〈태백일사/대진국본기〉, 304쪽 참조
355) 전게 한단고기 〈태백일사/대진국본기〉, 305쪽 참조
356) 전게 한단고기 〈태백일사/대진국본기〉, 304쪽 참조

국경은 서해안 쪽의 옹진에 있는 해주(海州)의 이남으로 하여 동쪽으로 철원의 남쪽 지역을 거쳐 동해안의 강원도 강릉 부근에 이르는 지역이 된다.

서기 732년경의 국경선과 유사한데, 아마도 서기 820년 이전에 신라가 북상하였던 것이고, 서기 820년경에 대진국이 다시 신라를 정벌한 것이 된다.

〈북쪽 지역 평정〉

서기 820년경 북으로는 염해(鹽海), 나산(羅珊), 갈사(葛思), 조나(藻那), 석혁(錫赫), 남북우루(南北虞婁)를 공략하여 부(部)를 두었다.[357] 우루(虞婁)는 북대개마(北大蓋馬)의 남북(南北)에 있었다.

염해(鹽海)는 소금이 나는 강을 가리키는 것이 되고, 북개마(北蓋馬) 또는 서개마(西蓋馬)는 지금의 대흥안령산맥을 가리키는 것이 되는데, 우루(虞婁)가 지금의 대흥안령산맥(大興安嶺山脈)의 서편이나 북쪽에 있었던 것으로, 당시 대진국의 북쪽은 대흥안령산맥 이북을 가리키는 것이 된다.

〈지명 정리〉

장백(長白) 동쪽을 안변(安邊)이라 하고, 압록강 남쪽을 안원(安遠)이라 하고, 모란(牧丹)의 동쪽을 철리(鐵利)라 하였다. 흑수(黑水) 강변을 회원(懷遠), 난하(灤河) 동쪽을 장령(長嶺), 장령의 동쪽을 동평(東平)이라 하였다.[358]

장백(長白)은 지금의 백두산 지역을 가리킨다. 그리하여 백두산 동북쪽에 안변(옌볜)이라는 지명이 지금까지 이어져 온 것이 된다.

여기서 특히, 난하 동쪽을 장령이라 한 기록에서 서기 820년경 당시 대진국의 서쪽 강역은 최소한 난하 서쪽에 이르는 것이 되며, 대진국의 서경 압록부가 서안평으로서 난하 최상류이자 소요수의 동쪽에 있으면서 거란의 중심지로 거란의 상경(上

---

357) 전게 한단고기 〈태백일사/대진국본기〉, 304쪽 참조
358) 전게 한단고기 〈태백일사/대진국본기〉, 304쪽 참조

京)이었던 임황(臨潢)인 것을 고려하면, 아마도 송막(松漠) 12성과 요서(遼西) 6성이 자리한 난하(灤河)와 고하(沽河) 사이 지역을 서쪽으로 지난 지금의 영정하 부근을 국경으로 삼은 것이 될 것이다. 이로써 대진국의 전성기 시대의 강역은 어쩌면 고구려의 전성기 때의 강역보다 더 넓었던 것이 된다.

이때 땅의 넓이가 9,000리였다. 영토는 크게 열리고 문치(文治)는 널리 가득 퍼졌다. 위로는 나라의 수도로부터 주현(州縣)에 이르기까지 모두 학식 있고 구서오계(九誓五戒)를 아침저녁으로 읽고 익혔다.

여기서 9,000리는 지름이 9,000리라는 것이 될 것인데, 백두산에서 서쪽으로 영정하 부근까지 약 3,000리가 되는 바, 지금의 북경 지역에서 북동쪽으로 9,000리가 되어 지금의 연해주 북동쪽 끝까지 해당하는 것이 된다. 또 남북으로는 임진강 부근에서 북쪽으로 대흥안령산맥을 지나 흑룡강까지가 된다. 이리하여 대진국의 강역은 곧 영정하 동쪽으로 단군조선의 진한(眞韓)과 번한(番韓)과 북부 마한(馬韓) 땅을 포함하는 원폭 9,000리의 거대한 영역이 되는 것이다.

구서(九誓)는 배달나라 시대부터 내려온 삼륜구서(三倫九誓) 또는 삼륜구덕(三倫九德)이라는 말의 구서(九誓), 구덕(九德)으로서 백성 된 자가 지켜야 할 윤리도덕이 되고, 오계(五戒)는 단군조선 시대의 오상(五常)의 도(道)인 단군조선 삼한오계(三韓五戒)이며, 고구려의 다물오계(多勿五戒)이고 신라의 화랑(花郞) 세속오계(世俗五戒)이기도 하다.

구서(九誓)는 아홉 가지 맹서로서 효(孝), 우애(友), 신(信), 충(忠), 겸손(遜), 명지(明知), 용맹(勇), 청렴(廉), 의(義)가 된다. 오계는 다섯 가지 계율로서 오상(五常)의 도(道)인 효충신용인(孝忠信勇仁)인데, 여기서 인(仁)은 살생유택(殺生有擇)의 덕목에 해당한다. 구서는 일반 백성 된 자의 윤리강령이며, 오계는 참전계(參佺戒)로써 도(道)를 닦는 국자랑(國子郞)이 지켜야 할 계율(戒律)이 된다.

춘추(春秋)에 공적을 생각하여 뭇사람들이 의논하여 인재를 추천하며 공물을 바쳤다. 사람들은 이미 힘을 길렀고 집집마다 모조리 나라에 쓰임을 기다리니, 이로부터 국세는 부강하여 나라의 안팎이 모두 편안하게 즐거웠으니, 절로 도둑질이나 모사의 폐단이 없어졌다. 이에 당(唐), 왜(倭), 신라(新羅), 거란(契丹) 등이 모두 두려워하며 복종하지 않음이 없었으니, 천하만방이 모두 이로써 성인(聖人)이 다스림을 일으키는 해동성국(海東盛國)이라고 흠송하였다. 이때 신라의 강역은 지름 1,000리에 해당하였는데, 대진국이 원폭 9,000리의 나라이므로 대진국의 크기에 비하면 1/20에 불과한 것이 된다.

12. 제12대 장종(莊宗) 화황제(和皇帝:서기 830년~서기 858년)

서기 830년 대이진(大彛震)이 즉위하여 연호를 함화(咸和)라 하였다.359)

서기 836년에 이납(李納)이 죽고 아들 이사고(李師古)가 대를 이었으며, 사고가 죽자 상을 발하지 않고 은밀히 사람을 보내 사도(師道)를 맞아 모셨다.360)

서기 858년, 함화(咸和) 29년에 임금께서 붕하시니 묘호를 장종(莊宗)이라 하고 시호를 화황제(和皇帝)라 하였다.

13. 제13대 순종(順宗) 안황제(安皇帝:서기 858년~서기 870년)

서기 858년에 대건황(大虔晃)이 즉위하여 연호를 대정(大定)이라 하였다.361)

서기 870년, 대정(大定) 13년에 임금께서 붕하시니 묘호를 순종(順宗)이라 하고 시호를 안황제(安皇帝)라 하였다.362)

---

359) 전게 한단고기 〈태백일사/대진국본기〉, 305쪽 참조
360) 전게 한단고기 〈태백일사/대진국본기〉, 303쪽 참조
361) 전게 한단고기 〈태백일사/대진국본기〉, 303쪽 참조
362) 전게 한단고기 〈태백일사/대진국본기〉, 303쪽 참조

14. 제14대 명종(明宗) 경황제(景皇帝:서기 870년~서기 901년)

서기 870년 대현석(大鉉錫)363)이 즉위하여 연호를 천복(天福)이라 하였다.364)

서기 901년, 천복(天福)32년에 임금께서 붕하시니 묘호를 명종(明宗)이라 하고 시호를 경황제(景皇帝)라 하였다.365)

당시 대진국은 5경 15부 62주를 이루었다. 숙신 땅은 상경(上京) 용천부(龍泉府)라 하여 용(龍), 호(湖), 발(渤)의 3주를 관할하고, 그 남쪽은 중경(中京) 현덕부(賢德府)라 하여 노(盧), 현(顯), 철(鐵), 탕(湯), 영(榮), 흥(興)의 6주를 관할하며, 예(濊)의 땅은 동경(東京) 용원부(龍原府) 또는 책성부(柵城府)라 하여 경(慶), 염(鹽), 목(穆), 하(賀)의 4주를 관할하고, 옥저(沃沮)의 땅은 남경(南京) 남해부(南海府)라 하여 옥(沃), 청(晴), 초(椒)의 3주를 관할하며, 고구려의 땅은 서경(西京) 압록부(鴨淥府)라 하여 신(神), 환(桓), 풍(豊), 정(正)의 4주를 관할하였다.

장령부(長領府)는 하(瑕)와 하(河)의 2주를 관할하고, 부여의 땅은 부여부(夫餘府)로 삼아 강한 군사를 배치하여 거란을 방비토록 하였으며 부(扶)와 선(仙)의 2주를 관할하며, 막힐부(鄚詰府)는 막(鄚)과 고(高)의 2주를 관할하고, 읍루 땅은 정리부(定理府)로 삼아 정(定)과 반(潘)의 2주를 관할하며, 안변부(安邊府)는 안(安)과 경(瓊)의 2주를 관할하고, 솔빈 땅은 솔빈부(率賓府)로 삼아 화(華), 익(益), 건(建)의 3주를 관할하고, 불열(拂涅)의 땅은 동평부(東平府)로 삼아 이(伊), 몽(蒙), 타(陀:沱), 흑(黑), 비(比)의 5주를 관할하였다.

철리의 땅은 철리부(鐵利府)로 삼아 광(廣), 분(汾), 포(蒲), 해(海), 의(義), 귀(歸)의 6주를 관할하고, 월희(越喜)의 땅은 회원부(懷遠府)로 삼아 달(達), 월(越), 회(懷), 기(紀), 부(富), 미(美), 복(福), 사(邪), 지(芝)의 9주를 관할하며, 안원부(安遠

---

363) 대원석(大元錫)이라고도 한다〈신당서 참조〉.
364) 전계 한단고기 〈태백일사/대진국본기〉, 303쪽 참조
365) 전계 한단고기 〈태백일사/대진국본기〉, 303쪽 참조

府)는 영(寧), 미(郿), 모(慕), 상(常)의 4주를 관할하였다.366)

15. 제15대 애제(哀帝:서기 901년~서기 926년)

서기 901년에 대인선(大諲譔)이 즉위하여 연호를 청태(淸泰)라 하였다.

거란이 크게 일어나 위협하자 신라와 힘을 합쳐 거란을 물리치고자 하였으나, 신라가 거절하였다.

서기 925년 겨울 12월에 거란 태조 야율아보기가 군사를 일으켜 침공하였다.

서기 926년, 청태(淸泰) 26년 봄 정월에 거란(契丹)의 야율배(耶律倍)는 아우 요골(堯骨)과 선봉이 되어 대진국 군사 3만 명을 격파하고, 밤에 홀한성(忽汗城:상경용천부)을 포위하자, 임금께서 성 밖에 나가 항복함으로써 대진국의 역사가 마감되었다.367)

이로써 대진국의 역사는 서기 668년부터 서기 926년까지 폐위된 원의(元義)까지 합하면 16대 259년이다.

이후 대진국의 역사는 거란의 요(堯)와 고려(高麗)의 역사로 이어지고, 다시 여진의 금(金)나라 역사로 이어진다.

대진국의 황제가 비록 서기 926년에 거란에 항복하였으나 이후 지속적으로 반란을 일으키며 요나라에 항거하였는데, 애제 대인선도 요나라에 항거하다 제거되었

---

366) 이상 전게 흠정만주원류고 〈상권〉, 233~235쪽 참조. 선황제(820~830) 때 장백(長白) 동쪽을 안변(安邊)이라 하고, 압록강 남쪽을 안원(安遠)이라 하고, 모란(牧丹)의 동쪽을 철리(鐵利)라 하였다. 흑수(黑水) 강변을 회원(懷遠), 난하(灤河) 동쪽을 장령(長嶺), 장령의 동쪽을 동평(東平)이라 지명을 정리하였다 하는 기록과 일치하지 아니할 가능성이 있어 상세히 밝힐 연구대상이다. 특히 서경 압록부 및 부여부와 장령부와 남경 남해부의 관할이 서쪽의 거란과 당나라, 남쪽의 신라와의 경계 문제로 특히 중요한 것이 된다. 서경 압록부는 서압록인 지금의 요하 서쪽으로 거란의 초기 수도인 임황(서안평)에 걸치고, 장령부는 지금의 난하 동쪽에 걸치며, 남해부는 동압록인 지금의 압록강 남북으로 지금의 요동반도 지역에서 대동강~원산 지역에 모두 걸친 것으로 될 것이다〈전게 한단고기 〈태백일사/고구려국본기〉, 273~277쪽 참조〉.
367) 전게 한단고기 〈태백일사/대진국본기〉, 310쪽 참조

던 것이며, 서기 927년에 열만화가 정안국을 세워 서기 985년까지 지속되었고, 서기 1029년에 대조영의 7세손인 대연림이 흥요를 세웠다가 1년 만에 망하고, 서기 1115년 1월에 고영창이 대발해국을 세워 요동 50여주를 다스리는 등 서기 1115년 여진의 금나라가 건국될 때까지 계속되었는바, 이에 금나라가 여진과 발해는 본래 같은 집안이라고 하면서 진정시켜 금나라로 흡수되었던 것으로 된다.

거란족의 요(遼)나라는 요수(遼水) 즉 소요수(小遼水)가 있는 서안평(西安平)을 중심으로 일어난 나라로서 단군조선의 군국(君國)이던 구려(句麗) 땅에서 발생한 나라가 되고, 서기 907년에 시작된 야율씨(耶律氏)의 거란은 고구려 왕족 고씨 출신의 나라가 된다. 즉 야율씨는 고구려 고씨에서 나온 성씨이다. 이러하므로 거란의 요나라 역사는 곧 한국의 역사인 것이다.

고려(高麗)는 신라 말기 후삼국 시대의 후고구려를 이은 나라로서 국호에서부터 고구려(高句麗)의 계승국이다.

금(金)나라는 여진족(女眞族)의 나라라 하는데, 여진(女眞)이라는 말은 단군조선의 제후국이던 숙신(肅愼)이 변음 된 소리를 글자로 적은 것이 된다.

한편, 여진이라는 말소리가 고구려(高句麗)의 려(麗)와 대진국(大震國)의 진(震)을 합친 명칭인 려진(麗震) 또는 리진(里眞)과도 소리가 유사한 글자가 된다.368) 금나라의 본 이름이 주리진(珠里眞)이며, 만주에 소속된 것을 주신(珠申)이라 불렀는데, 주리진(珠里眞)과 발음이 비슷하다. 여기서 주신과 주리진은 곧 숙신의 발음이 변한 것이 된다. 즉, 그 뒤에 잘못 전해져 여진(女眞)으로 불린 것이다.369)

---

368) 숙신(肅愼)이 주신(珠申)이 되고 주신(珠申)이 주리진(珠里眞)으로 되었다가, 주리진이 리진(里眞)으로 변음 되어 마지막으로 여진(女眞)으로 전해진 것으로 보인다. 여기서 주리진의 리진은 고구려(高句麗)와 대진(大震)의 려(麗)와 진(震)이 조합된 려진(麗震)이 리진(里眞) 또는 여진(女眞)으로 변음 되어 전해졌을 가능성이 많다고 보인다. 주리진은 곧 만주(滿珠)의 리진(麗震)이라는 의미가 된다. 麗는 려(고울 려) 또는 리(땅 이름 리)로 소리 나는데 려(麗)는 우리말의 두음법칙현상에 의하여 여(女)로 쉽게 변음된다. 중국어 발음은 두음법칙이 없다.

369) 이병주 감수/남주성 역주, 흠정만주원류고, 글모아 출판, 2010, 269쪽 참조

금나라를 세운 주인공은 바로 신라 왕족 출신인 김씨로서 김아골타(金阿骨打)인데, 아골타(阿骨打)라는 글자가 곧 "아버지"로 읽히는 "아뼈치"라는 이두식 표기가 된다. 이리하여 금나라는 왕족은 신라 김씨 출신이며 백성은 고구려와 대진국의 백성들인 것으로서 중국의 역사가 아니라 바로 우리 한국의 역사인 것이다.

대진-신라 남북국시대
신라 연대기

1. 제30대 문무왕(661~681)

서기 668년 9월 21일에 고구려의 보장왕이 당나라에 항복하였다. 이에 고구려의 장군 대중상(大仲象)이 후고구려라 칭하였다.[370]

신라가 고구려와 백제 유민들과 함께 당나라군을 축출하였다.

서기 673년 봄에 큰 별이 황룡사와 궁성 중간에 떨어지고 지진이 있었다. 김유신이 79세로 졸하였다. 이에 김유신의 부인이 되었던 무열왕 김춘추의 셋째 딸은 비구니가 되었다.

서기 676년 당군을 몰아내었다. 초기 국토가 북경(北京)에서 동쪽으로 이어졌다. 이 말은 신라가 당군을 몰아내었으므로 고구려 땅의 남부지역을 사실상 차지한 것을 가리키는 것이 된다. 이후 대진국이 팽창하여 고구려의 땅을 회복함으로서 대진국과 신라는 대동강을 경계로 한 것이 된다

서기 676년부터 서기 702년까지 당나라와 국교를 단절하였다. 이후 북쪽의 대진국과 대동강과 원산만을 경계로 하였다.

---

370) 전게 한단고기 〈태백일사/대진국본기〉, 297쪽 참조

2. 제31대 신문왕(681~692)

군주(軍主)를 총관(總管)으로 변경하였다.

서기 682년에 국학(國學)을 설치하여 논어, 효경 등의 유학과 한문학을 가르쳤다.

서기 685년에 9주 5소경, 9서당 10정을 설치하였다.

서기 687년에 녹읍제(祿邑制)를 시행하였다.

서기 689년에 녹읍제를 녹봉제(祿俸制) 관료전(職田)으로 바꾸었다.

원효대사와 요석공주의 아들 설총이 이두를 집대성하고, 화왕계371)를 지었다.

3. 제32대 효소왕(692~702)

서기 692년에 의학학교를 세웠다. 강수가 사망하였다.

서기 695년에 서시전, 남시전을 설치하였다.

실오(득오)가 모죽지랑가를 지었다.

서기 699년에 대조영이 대진국을 세웠다.

4. 제33대 성덕왕(702~737)

서기 702년에 당나라와 국교를 재개하였다.

서기 722년에 18세부터 60세까지 정전(丁田)을 지급하였다.

서기 727년에 혜초가 왕오천축국전을 지었다.

서기 725년에 상원사종이 완성되었다.

서기 732년에 대진국과 하서(河西)의 이하(泥河)에 이르러 국계를 정하니 지금

---

371) 화왕계는 예수를 장미, 예수보다 나이가 많은 제자 도마를 할미꽃으로 비유한 이야기이다. 도마가 신라까지 왔다는 설이 있으며 실제로 경주 또는 대구 부근에 이스라엘 문자가 새겨진 돌부처처럼 생긴 바위상이 있기도 하다.

의 강릉(江陵)의 북이하(北泥河)이다. 해주(海州) 암연현(岩淵縣)은 동쪽으로 신라와 접했는데 암연은 지금의 옹진(瓮津)이다.[372]

당시 대진국의 남쪽 국경이 지금의 강원도 강릉까지 이른 것이 된다. 또, 서쪽은 해주 암연현으로서 지금의 옹진을 가리키며 이로써 대진국과 신라의 국경은 서쪽의 옹진에서 동쪽의 강릉을 긋는 선이 된다. 이리하여 서기 732년경의 대진국과 신라의 국경은 한반도의 서쪽 해주(海州)에서 철원(鐵原)을 거쳐 강원도 동쪽의 강릉(江陵)에 이르는 지역이 된다.

이로부터 신라는 해마다 대진국에 입공하였고 임진강(臨津江) 이북의 모든 성이 모조리 대진국에 속하였다.[373]

서기 733년에 일본(日本과倭)와 국교를 단절하였다(~803년).

서기 733년에 당나라가 신라와 연합하여 대진국(발해)을 공격하여 해주~철원~강릉의 국경선을 북상시킨 것에 머물고 거의 공이 없이 물러난 것이 되는데, 이해에 당나라는 대동강 이북의 고구려 땅을 신라에게 넘기고 철수한 것이 되어 신라와의 관계가 원만해지고 대진국과의 직접대치가 없어진 것으로 된다. 이후 서기 820년에 대진국이 신라를 공격하여 국경선을 다시 남하시켰던 것이 된다.

김대문이 계림잡전, 화랑세기[374], 고승전, 한산기, 악본 등을 지었다.

혜초가 왕오천축국전을 지었다.

김생이 해동필기, 집자비문, 원화첩을 지었다.

심상(審祥)이 화엄종을 일본에 전하였다.

---

372) 전계 한단고기 〈태백일사/대진국본기〉, 298쪽 참조
373) 전계 한단고기 〈태백일사/대진국본기〉, 298쪽 참조
374) 고 박창화 선생이 지었다는 화랑세기가 사실적 역사인지 아니면 창작인지 논란이 많은데, 일단 신라시대의 화랑들과 관련된 내용임에는 분명하다고 보이는데, 심도 있는 고찰이 필요하다.

5. 제34대 효성왕(737~742)

6. 제35대 경덕왕(742~765)

서기 750년에 석가탑 다라니경이 완성되었다.

서기 751년에 불국사와 석굴암을 건립하였다.

서기 757년에 녹읍제를 부활하였다.

제망매가, 도솔가, 찬기파랑가, 안민가, 도천수관음가 등이 지어졌다.

50만근짜리 황룡사종이 완성되었다.

김대성이 석굴암, 불국사를 착공하였다.

국학(國學)을 태학감(太學監)으로 변경하여 9년을 수업하게 하였다.

7. 제36대 혜공왕(765~780)

석굴암, 불국사를 완성하였다.

서기 766년에 강주에서 땅이 꺼져 연못이 되었는데, 길이와 넓이가 50여척(15미터)이나 되고 물빛은 푸르고 검었다.

서기 768년 여름에 죄수들을 석방하였다. 일길찬 대공(大恭)이 아우 대렴과 함께 난을 일으켰다가 김양상 등이 이끄는 왕의 군대에 33일 만에 평정되었다.

서기 771년에 12만근의 성덕대왕 신종(봉덕사종)이 완성되었다.

서기 774년에 이찬 김양상이 상대등이 되었다.

서기 780년에 이찬 김지정(金志貞)이 난을 일으켜 혜공왕과 왕비를 죽였으며, 김양상이 진압하였다.

8. 제37대 선덕왕(780~785)

내물계의 상대등 출신 김양상이 즉위하였다.

김생이 원화첩, 집자비문을 지었다.

9. 제38대 원성왕(785~798)

내물왕의 12세손인 김경신(金敬信)이 즉위하였다.

무열계의 김주원(金周元)을 제거하였다.

서기 788년에 관리등용시험인 독서출신과(독서삼품과)를 설치하였다.

총관을 도독으로 변경하였다.

10. 제39대 소성왕(798~800)

원성왕의 태자 준옹이 즉위하였다.

11. 제40대 애장왕(800~809)

소성왕의 태자 청명이 13세로 즉위하였다. 병부령 김언승이 섭정했다.

서기 803년에 일본과 국교를 재개하였다.

서기 809년에 김언승이 반란을 일으켜 애장왕을 시해하고 즉위하였다.

12. 제41대 헌덕왕(809~826)

김언승이 즉위하였다.

서기 820년경 대진국의 제10대 선황제(宣皇帝:820~830)가 남쪽으로 신라를 평정하여 이물(泥勿), 철원(鐵圓), 사불(沙弗), 암연(岩淵) 등의 7주를 두었다.[375]

여기서 이물(泥勿)은 곧 이하(泥河)로서 지금의 강원도 강릉에 있는 북이하(北泥河)로 지금의 연곡천이 될 것이며, 철원은 지금의 철원(鐵原) 지역이 될 것이고, 암연(岩淵)은 지금의 옹진인 해주(海州)를 가리킨다. 즉 서기 820년경의 신라와의 국경은 서해안 쪽의 옹진에 있는 해주(海州)의 이남으로 하여 동쪽으로 철원의 남쪽

---

375) 전계 한단고기 〈태백일사/대진국본기〉, 304쪽 참조

지역을 거쳐 동해안의 강원도 강릉 부근에 이르는 지역이 된다. 서기 732년경의 국 경선과 유사한데, 아마도 서기 820년 이전에 신라가 북상하였던 것이고, 서기 820 년경에 대진국이 다시 신라를 정벌한 것이 된다.

〈김헌창의 반란〉

서기 822년에 무열왕계의 김주원(金周元)의 아들인 웅천주 도독 김헌창(金憲 昌)이 반란을 일으켜, 국호를 장안(長安)이라 하고 연호를 경운(慶雲)이라 하였다. 이에 김균정과 아들 김우징 등이 평정하였다.

〈김법문의 반란〉

서기 825년에 김헌창의 아들 김범문(金梵文)이 반란을 일으켰다.

13. 제42대 흥덕왕(826~836)

헌덕왕의 아우가 즉위하였다.

〈청해진〉

서기 828년에 장보고가 청해진(淸海鎭)을 설치하였다.
서기 834년에 백관의 복색제도를 공포하였다.
김대렴이 차(茶)를 전래하였다.

14. 제43대 희강왕(836~838)

김명과 이홍의 후원을 얻은 김제융(金悌隆)이 김균정(金均貞)을 제거하고 즉위 하였다.
김우징은 처자를 데리고 청해진으로 도피하였다.
김명(金明)과 이홍이 반란을 일으키고 희강왕이 자살하였다.

15. 제44대 민애왕(838~839)

김명이 즉위하였다. 김균정의 편을 들었다 화살을 맞고 달아난 김양은 군사를 모아 청해진으로 가서 김우징을 만났다. 장보고는 김양을 평동장군으로 삼고 염장, 정연 등과 함께 도성으로 향하였다.

서기 838년 12월에 장보고는 무주의 철야현에서 왕의 군사와 싸워 승리하였다. 김양의 군사가 민애왕과 싸워 승리하고 민애왕은 피살되었다.

16. 제45대 신무왕(839)

김균정(金均貞)의 아들인 김우징(金祐徵)이 청해진에서 나와 즉위하였다. 이때 이홍이 처자를 버리고 산으로 숨었으나 신무왕이 보낸 군사들에게 피살되었다. 신무왕이 종기로 인하여 7개월 만에 붕하였다.

17. 제46대 문성왕(839~857)

신무왕의 태자 경응이 즉위하였다.

서기 845년에 문성왕이 장보고의 딸을 아내로 맞이하려 하였으나 신료들의 반대로 무산되었다.

〈장보고 피살〉

서기 846년 봄에 장보고가 난을 일으켰다. 이에 염장이 문성왕의 명을 받아 청해진으로 가서 장보고를 속여 술을 마시고 취하게 하여 살해하였다. 서기 851년에 청해진을 폐지하고 그곳의 백성들을 벽골군으로 이주시켰다.

18. 제47대 헌안왕(857~861)

신무왕의 아우 의정이 즉위하였다.

15세의 김응렴이 헌안왕의 첫째 공주와 혼인하였다.

서기 860년경 헌안왕의 서자 궁예가 5월 5일에 외가에서 태어났다.376)

19. 제48대 경문왕(861~875)

헌안왕의 사위 응렴이 즉위하였다.

서기 863년에 경문왕이 헌안왕의 둘째 공주를 왕비로 맞이하였다.

서기 873년에 높이 22자(6.6미터) 황룡사 9층 목탑이 완성되었다.

요극일이 구앙순체로 삼랑사비문(三郎寺碑文)을 지었다.

20. 제49대 헌강왕(875~886)

경문왕의 태자 정이 즉위하였다. 서기 879년에 헌강왕이 동쪽의 주군을 순행 중에 처용이 처용무를 추었고, 헌강왕이 도성으로 데려와 미녀와 혼인시켰다.

21. 제50대 정강왕(886~887)

헌강광의 아우 횡이 즉위하였다.

22. 제51대 진성여왕(887~897)

정강왕의 여동생 만이 즉위하였다. 유모였던 부호부인과 그 남편 김위홍이 권력을 잡았다.

〈삼대목〉

서기 888년에 김위홍과 대구화상이 왕명으로 향가집 삼대목을 완성하였다. 김

---

376) 서기 878년에 출생하였다고도 적고 있으나(전게 한단고기 〈태백일사/고려국본기, 314쪽 참조), 궁예의 활동상으로 볼 때, 서기 860년생이 더 타당한 것이 된다. 궁예를 보덕왕 안승(安勝)의 먼 후예이며, 술가의 말에 따라 어머니 성을 따서 궁씨가 되었다고도 한다〈전게 한단고기, 〈〈태백일사/고려국본기〉〉, 312쪽 참조〉.

위홍이 죽었다.

　서기 889년 농민봉기가 일어났다.

　서기 890년 경술년(庚戌年)에 조겸(曺謙)이 출생하였다. 조겸은 창녕조씨의 중시조로 기록되며, 덕흥공주와 혼인하여 고려 태조 왕건의 사위가 된 인물이다.

　서기 891년 궁예가 약 30세의 나이로 도적 기훤을 찾아갔다.

　서기 892년에 견훤이 무진주를 점령하여 후백제를 건국하였다(서기 900년이라고도 함). 궁예가 북원의 양길의 부하로 들어가 신임을 얻어 백여 명의 군사를 얻었다.

　서기 894년에 궁예가 명주(강릉)를 점령하였다.

　서기 895년에 궁예가 인제(저족), 금성, 철원 등 강원도 대부분을 차지하였다. 송악의 대호족인 왕륭과 20세의 왕건 부자는 송악군을 궁에에게 바치고 궁예의 부하가 되었다. 궁예는 왕륭을 금성 태수로, 왕건을 부하 장수로 삼았다.

　최치원이 계원필경, 제왕연대력, 사육집(四六集), 사산(四山)비명, 개혁안10조 등을 지었다.

23. 제52대 효공왕(897~912)

　서기 897년에 헌강왕의 서자인 태자 요가 즉위하였다.

　서기 899년에 양길이 궁예를 치려하였다가 오히려 기습을 받고 패하여 달아났다. 이에 궁예는 신라의 북부지역을 거의 장악하였다.

〈후백제 건국〉

　서기 900년에 견훤이 완산주(전주)에서 후백제를 건국하였다. 궁예의 세력이 커지자 국원, 청주, 괴양의 괴수 청길과 신훤 등이 궁예에게 항복하였다.

〈후고구려 건국〉

　서기 901년에 궁예가 송악에서 후고구려를 건국하고 , 연호를 태봉(泰封)이라 하였다.377) 이때 궁예는 약 40세였다.

서기 904년 가을에 궁예가 청주의 민가 1천여 호를 철원성으로 옮기게 하고 수도를 철원으로 정하였다. 국호를 마진(摩震)이라 하고 연호를 성책(聖冊)이라 하였다. 남쪽을 사벌주(상주)와 북쪽으로 평양까지 점령하였다.

서기 905년에 궁예가 도성에 화려한 궁전과 누각을 지었다. 평양성주 금용이 궁예에게 항복하였다.

서기 911년에 궁예가 국호를 태봉(泰封)이라 하고 연호를 수덕만세(水德萬歲), 정개(正開)라 하였다.

서기 911년경에 박문현(朴文鉉:810~?) 선생이 효공왕의 왕위 계승에 분쟁이 있으므로 100세의 고령으로 국중에 발언하여 세론을 환기하여 말하기를, "신라 입국의 근본은 부도(符都)를 다시 세우는 데 있는 까닭으로, 위에 있는 자는 반드시 이 일에 힘쓸 것이요, 감히 사사로이 영화를 도모하여서는 아니 될 것이니, 이는 입국 당시의 약속이며 비록 천년이 지난다 하더라도 어제처럼 살아 있는 것이다. 어찌 그 본의를 잊는 것을 참을 수 있겠는가! 옛날의 조선(朝鮮)은 곧 사해(四海)의 공도(公都)요, 한 지역의 봉국(封國)이 아니며, 단씨(檀氏)의 후예는 즉 제족의 공복(公僕)이요, 한 임금의 사사로운 백성이 아니다. 불행하게도 동해로 피난하여 와서 방비를 설하고 나라를 칭한 것은 부득이한 것이며, 결코 본의가 아닌 것이다. 그러므로, 나라의 근본이 다른 나라와 현저히 다르며, 우리들은 마땅히 이에 각성하여 일체의 분쟁을 불에 태워 없애버리고 마음을 돌이키어 반성함이 옳을 것이다!"라고 하였다. 이에 국론이 크게 바로 잡혀 조정이 숙연하게 되고 왕위를 신라 시조 혁거세왕의 제1증손의 후예에게 반환하니, 이가 신덕왕(神德王)이다.378)

서기 911년에 효공왕이 첩들과 어울려 놀며 날일을 돌보지 아니하므로 대신 은

---

377) 전게 부도지 〈징심록추기, 김시습〉, 122~123쪽 참조
378) 전게 부도지, 120~121쪽 참조

영이 효공왕의 첩들을 죽였다.

서기 912년에 효공왕이 아들이 없이 붕하였다.

24. 제53대 신덕왕(912~917:박씨)

헌강왕의 사위이자 8대 임금 아달라 이사금의 후손인 박경휘가 즉위하였다.

소순공주(昭順公主)가 조겸(曺謙)의 배필이 되었다.

25. 제54대 경명왕(917~924:박씨)

신덕왕의 태자 승영이 즉위하였다.

서기 917년에 왕건의 딸 덕흥공주가 탄생하였다. 후에 덕흥공주가 조겸(曺謙)과 혼인하였다.

〈고려 건국〉

서기 918년에 일길찬 현승이 반란을 일으켰다가 주살되었다. 6월에 왕건이 홍유, 배현경, 신숭겸, 복지겸 등의 추대로 곡식더미 위에서 즉위하고, 네 장군과 1만여 군사를 이끌고 궁예의 왕궁으로 쳐들어가 승리하였다. 이에 왕건이 철원의 포정전에서 즉위하여 국호를 고려라 하고, 연호를 천수(天授)라 하였다.[379]

이때 궁예는 철원의 왕궁을 빠져 나가 춘천의 삼악산(三岳山)으로 가서 성을 쌓고 지낸 것이 되고, 다시 포천의 명성산으로 옮겼다가 생을 마친 것으로 된다.

서기 919년에 수도를 송악의 남쪽에 정하였다. 후에 한양(漢陽)을 남경(南京)으로 정하였다.[380]

---

379) 전게 한단고기 〈태백일사/고려국본기〉, 312쪽 및 317쪽 참조

380) 한양을 남경으로 정해야 한다는 논리의 근거로서 단군조선 시대의 신지 발리가 지은 서효사를 들고 있다 : 神誌秘詞曰 "如秤錘極器 秤幹扶疎樑 錘者五德地 極器百牙岡 朝降七十國 賴德護神精 首尾均平位 興邦保太平 若廢三諭地 王業有衰傾" 此以秤諭三京也 極器者首也 錘者

서기 920년에 신라는 고려와 수교하였다. 이때 백제도 고려와 수교하고서는 신라를 침공하여 대야성을 빼앗고 진례성으로 진군하였다. 이에 경명왕이 고려에 구원을 요청하고 고려가 군사를 보내자 견훤이 군사를 돌렸다.

26. 제55대 경애왕(924~927:박씨)

경명왕의 아우 위응이 즉위하였다.

서기 925년에 신라의 고울부 장군 능문이 고려에 항복하였으나 고려가 반려하였다. 고려군이 조물성(경상도북부)에서 후백제와 크게 전쟁하였으나 전세가 불리해지자, 왕건은 견훤에게 화친을 청하고 인질을 교환하였다.

〈대진국의 멸망〉

서기 926년 1월에 대진국(大震國)이 거란(契丹, 遼)에 망하였다. 북쪽에서 거란의 침입으로 멸망한 발해 유민들이 고려로 몰려들자 기꺼이 받아 들였다.

서기 926년에 후백제의 인질 진호가 고려에서 돌연 사망하자, 견훤은 고려의 인질 왕신을 죽이고 고려의 공주성을 침공하였다.

서기 927년에 고려가 후백제를 치자 신라는 군사를 보내어 도왔다. 이에 후백제군은 근품성(상주)을 버리고 고울부를 습격하였다. 경애왕이 경주 포석정에서 술을 마시며 놀다가 견훤의 군사가 들이닥쳐 경애왕이 도망하였다가 붙잡혀 견훤의 명으로 자결하였다. 견훤이 김부(경순왕)를 즉위시켰다.

尾也 秤幹者提綱之處也 松嶽爲扶疎以諭秤幹 西京爲白牙岡以諭秤首 三角山南爲五德丘以諭秤錘 五德者 中有面嶽爲圓形土德也 北有紺嶽爲曲形水德也 南有冠嶽尖銳火德也 東有楊州南行山直形木德也 西有樹州北嶽方形金德也 此亦合於道詵三京之意也 今國家有中京西京而南京闕焉 伏望於三角山南木覓北平 建立都城以時巡駐 此實關社稷興衰...《〈高麗史〉》卷一百二十二〈列傳〉卷三十五 金謂磾

27. 제56대 경순왕(927~935:김씨)

문성왕의 6세손인 김부가 즉위하였다. 서기 927년에 공산(팔공산) 전투에서 왕건은 신숭겸과 김락 등의 장수를 잃고 간신히 도망하였다.

서기 930년에 고려가 고창(안동) 전쟁에서 후백제를 크게 이겼다.

서기 931년 봄에 고려 왕건이 기병 50여명을 이끌고 경기 땅에 이르자 경순왕이 영접하였으며, 수십일 간을 머물다 경순왕의 사촌동생 유렴을 볼모로 데려갔다.

서기 934년에 신라의 30여개성이 고려에 항복하였다. 후백제 견훤왕이 맏이 신검을 제쳐두고 넷째 금강에게 왕위를 물려주려 하자, 장자 신검(神劍)이 막내인 금강(金剛)을 죽였다. 이해에 견훤왕이 고려에 투항하였다. 왕건은 견훤을 상보(尙父)로 삼고 양주를 식읍으로 내렸다.

서기 935년에 신라가 고려에 항복하려 하자, 이에 태자는 홀로 항복을 반대하고, 궁을 떠나 개골산에서 평생 삼베옷을 입고 살아 마의태자라 불렸다. 결국 경순왕이 왕건 태조를 찾아가 항복하였다. 이에 왕건은 낙랑공주를 경순왕에게 시집보내어 사위로 삼고, 신라를 경주로 고쳐 식읍으로 내렸다. 왕건은 경순왕의 백부 억렴의 딸을 왕비로 맞이하였다.

이리하여 신라는 서기전 57년부터 서기 935년까지 56대 992년이다.

대진−신라 남북국시대
제(齊) 연대기

1. 제1대 이정기(765~781)

서기 765년에 이정기(李正己)가 치청(淄靑) 절도사 자리를 찬탈하여 당(唐)과는 별도로 법령과 조세제도를 시행하였다.

서기 781년 (대진국 대흥 45년) 평로(平盧) 출신의 치청절도사(節度使) 이정기가 산동지역을 중심으로 군사를 일으켜 당군(唐軍)에 항거하니, 대진국 제4대 문황제(文皇帝)가 장수를 보내 싸움을 돕게 하였다.[381] 이 이전에 대진국 제3대 무황제가 산동지역의 등주(登州)를 정벌하기도 하였다. 고구려가 망한 지 약 100년 남짓한 이때에 이르러 고구려 출신 이정기 장군이 전통적으로 소위 중국내륙 동이족의 근거지인 산동지역을 중심으로 당나라에서 독립하여 사실상 고구려의 후계국인 제(齊)나라를 세운 것이 된다.

서기 781년 7월에 병(病)으로 이정기가 죽었다.[382]

---

381) 전계 한단고기 〈태백일사/대진국본기〉, 303쪽 참조

382) 태백일사 대진국본기에서는, 22년(서기 786년?)에 장수들이 군사 이희일(李希逸)을 내쫓고 이정기(李正己)를 즉위시켰으나 죽었다고 기록한다.

산동지역에는 배달나라 시대 서기전 3528년경부터 태호복희의 진제국(震帝國)이 있었고 서기전 3218년경부터는 염제신농의 염제국(炎帝國) 및 단웅국(檀熊國)이 이었으며, 서기전 2706년경부터 치우천왕이 수도를 두었던 곳이기도 하다. 또 단군조선 시대에는 번한 지역의 일부로서 구려분정(九黎分政)을 실시한 곳이며, 서남쪽에는 서기전 1000년경 주나라와 종주(宗主)를 다투며 소위 동이(東夷) 36국의 종주가 된 서언왕(徐偃王)의 서국(徐國)이 있는 곳이기도 하다. 서기전 1122년경부터는 소위 이 동이족의 땅에서 주(周)나라 제후국인 제(齊), 노(魯), 송(宋), 조(曹), 주(邾), 추(鄒) 등의 나라가 시작되었다. 산동지역을 통상 제(齊)의 땅이라 한다.

2. 제2대 이납(781~?)

서기 781년에 이정기(李正己)의 아들 이납(李納)이 대를 이었다.

서기 782년에 이납이 제왕(齊王)이라 칭하였다.

3. 제3대 이사고(?~815)

서기 815년에 이납(李納)이 죽고 그 아들 이사고(李師古)가 이었다.[383]

4. 제4대 이사도(815~819.2)

서기 815년에 이사고(李師古)가 죽었을 때 초상을 밝히지 않고 은밀히 사람을 보내 이사도(李師道)를 맞아 대를 잇게 하였다.[384] 이해에 이사도가 당(唐)에 항거하여 전쟁하였다.

---

383) 태백일사 대진국본기에서는 56년에 납이 죽고 아들 사고가 이었다고 기록한다.

384) 태백일사 대진국본기에서는 56년에 납이 죽고 사고가 이었으며, 사고가 죽자 은밀히 사도를 맞아 세웠다고 기록하여 연대가 정확하지 않은 부분이 있다.

서기 819년 2월에 당에 의하여 처형당하였다.

서기 819년 11월에 신라에서 당에 3만의 원군을 파견하였다. 이미 이사도는 죽었으므로 실제로 신라군이 이사도의 군사들과 전쟁을 하였는지는 미지수이다.

이상으로 사실상 제(齊)나라의 역사는 서기 765년부터 서기 819년까지 4대 55년이다.

이후 이(李) 씨의 제나라의 땅은 신라 출신 해상왕 장보고의 관할지가 된다. 산동(山東)에서 회수(淮水)에 걸치는 회대(淮岱) 지역은 중국내륙의 동이지역으로서 단군조선의 제후국들이 산재하였으며, 후대에 백제(百濟)가 통치하고 동성왕 때 다시 고구려(高句麗)에 편입되어 신라(新羅) 사람들이 오월(吳越)의 땅으로 옮겨 살게 되었다. 고구려가 망한 후 고구려 출신 이정기가 산동을 중심으로 제(齊)나라를 경영하였던 것이며, 이어 신라 출신 장보고가 해상을 장악하여 무역을 독점하며 산동 땅을 관할하였던 것이다. 이리하여 산동지역은 정통 한족(漢族)이 아닌 그들이 말하는 중국내륙의 소위 동이(東夷)라는 정체성(正體性)의 땅인 것이다.

홍익인간
7만년역사

倍中日
역사 연대기 중심 총망라

제8편

고려(高麗)-요(遼)금(金)원(元)
제2남북국시대 연대기

고려 금판 팔만대장경에 새겨진 태호복희 8괘도

고려-요금원
남북국시대 역사 개관

고려는 신라 말기에 시작된 후고구려의 연장선에 있는 역사상의 나라이며, 후백제와 신라를 통합한 나라로서 서기 936년에 소위 후삼국을 통일한 나라가 된다.

고려가 후삼국을 통일 이전인 서기 926년에는 대진-신라의 제1남북국 시대에 신라의 북국이던 대진국(발해)이 망하면서 그 왕족이 고려로 귀순하였는데, 이후 대진국의 땅에는 서기 907년에 시작된 거란의 요(遼)나라가 들어서 고려와 남북국 시대를 이룬 것이 된다.

요나라의 뒤에는 여진의 금(金)나라가 이어 고려와 남북국 시대를 계속하였고, 이어서 몽고의 원(元)나라가 고려와 남북국 시대를 이은 것이 된다.

거란족은 고구려 시대에 고구려의 한 부족이었으며, 거란의 왕족은 곧 고구려 고씨의 후예로써 그 왕을 아버지(阿保機:아보기:아부지)라 하였는데, 남국이 되는 고려에게 거란이 고구려의 정통계승국임을 주장하였으나, 고려의 서희(徐熙)[385]에게 설득당하여 고려를 또한 고구려의 정통국으로 인정하였던 것으로 된다.

여진족(女眞族)은 글자 그대로 고구려(高句麗)의 려(麗)와 대진(大震)의 진(震)

---

385) 서기 940년~서기 998년. 문관으로서 거란의 대군을 물리친 고려의 영웅이다.

이라는 끝 자가 조합된 려진(麗震)에서 나온 말로 보이는데, 역사속의 여진족은 스스로 고구려와 대진의 후예임을 자처한 것이 된다. 신라와 고려의 교체기에 신라의 종성(宗姓)인 김씨(金氏)가 여진으로 들어가 왕(王:阿骨打:아버지)이 되었는바, 처음에는 고려를 부모의 나라로 섬기다가 뒤에는 고려를 아우의 나라 즉 형제국으로 삼았으며, 다시 고려를 신하의 나라 즉 군신관계로 바꾸었던 것이 된다.

몽고족은 원래 단군조선의 봉국(封國)의 후예들이며, 고구려의 부족이었던 것이 되는데, 역사상으로 볼 때 고구려 이전에는 흉노와 돌궐에 속한 적이 있었고, 고려 중기에 이르러 세력이 떨치어 서방으로 유럽까지 영토를 확장하게 됨으로써 실질적으로 단군조선 이후로 세계 역사상 가장 넓은 영토를 가진 나라가 된다.

이로써 고려시대는 북쪽의 요, 금, 원 나라와 병립하여 우리 역사상 제2차 남북국시대가 되는 것이다.

이들 요, 금, 원은 한족(漢族)을 정복하여 다스린 정복국가(征服國家)인바, 요나라를 가리키는 키타이[386]는 고대중국을 뜻하는 말이기도 하고, 케세이의 원발음이다. 특히 원나라는 세계 땅넓이의 3분의 1을 차지할 만큼 거대한 제국을 이루었으며 역사상 가장 영토가 넓은 나라였다. 요와 금은 거란족과 여진족의 발흥지를 포함하여 한족 땅의 일부를 정복하여 다스린 나라가 되고, 원나라가 다스린 한족의 땅은 원나라의 영역에 비하면 극히 일부에 불과하였는바, 이들 국가는 고대중국의 맥을 잇는 국가가 아니라 역사상 이민족의 정복국가인 것이다. 즉, 중국의 입장에서 요금원의 역사는 중국의 주체적인 역사가 아니라 정복을 당하여 지배를 받던 피지배의 역사가 되는 것이다.

여기에서는 거란의 요(遼)나라와 남북조를 이룬 포괄적 배달겨레의 역사가 되는 5대 10국 및 송(宋)나라의 역사를 다음 기회로 미루고, 단군조선의 지손(支孫)이

---

386) 케세이퍼시픽(Cathaypacific)의 케세이가 키타이(契丹:글단,걸다이,키탄,키타이)의 변음이다.

자 백제(百濟)의 후손의 나라인 일본(日本) 역사도 다음 기회로 미루기로 하여 생략한다.

1. 고려(高麗) 역사 개관

(1) 건국

고려는 신라 말기인 서기 901년에 궁예가 시작한 후고구려에서 시작되었는데, 서기 918년에 궁예를 몰아낸 왕건이 국호를 고려라 칭하였다.

(2) 수도

태조 왕건은 수도를 철원에서 서기 919년에 송악의 개경(開京)으로 옮겼다. 고려는 평양을 서경(西京)이라 하고, 한양을 남경(南京)이라 하였다.

(3) 과정

서기 993년에 거란의 요나라가 후방의 위험을 없애려고 고려를 치려고 소손녕이 대군을 이끌고 쳐들어왔는데, 고려가 청천강 유역에서 요의 군사를 크게 무찌르자 요나라가 사신을 보내와 회담을 청하였고, 이때 고려의 서희가 가서 담판으로 고려가 고구려의 계승자임을 내세우니, 이에 요나라는 앞으로 고려가 송나라와의 관계를 끊고 거란을 적대하지 않는다는 조건으로 물러갔으며, 압록강과 청천강 사이의 강동6주를 고려의 영토로 인정하였다.

이후 고려가 계속 비공식적으로 송과 교류하자 요나라가 이를 구실삼아 다시 침략해 왔는데, 고려에서 강조의 난이 일어나자 요의 성종이 서기 1010년에 40만 대군을 이끌고 왔다가, 서경을 제쳐두고 개경까지 내려와 함락하였으나, 식량보급이 끊기어 되돌아갈 수밖에 없어 화친을 맺엇다.

서기 1018년에는 고려왕이 조알하고 강동6주를 돌려달라는 요구를 고려가 묵살하자 소배압이 10만 대군을 끌고 와 깊숙이 쳐들어 왔다가, 식량이 떨어져 산길로 숨어 도망쳤으나, 강감찬이 귀주에서 완전히 포위하여 몰살시켰다.

이후 거란이 약해지자 여진족이 차츰 통합하여 고려에 복속된 여진부락 등 고려의 동북 변경을 위협하였으며, 이에 고려는 매번 패하였다.

서기 1107년에 3년 동안 별무반을 편성하여 군사를 훈련시킨 윤관이 다시 여진 정벌에 나서 동북 9성을 쌓았는데, 쫓겨 갔던 여진족들이 다시 쳐들어와 9성을 돌려달라고 애걸하므로 고려는 여러 번 논쟁을 벌이다 결국 돌려주었다.

이후 여진은 고려에 조공을 바쳤으나, 서기 1115년에 아골타가 금나라를 건국하여 거란의 요나라를 멸망시키고 송나라를 쳐서 양자강 이남으로 쫓았으며, 이에 금나라는 고려에 군신관계를 요구하였는바, 당시 권신이던 이자겸이 자신의 세력유지를 위하여 굴복하였고 이후 금나라는 고려를 침략하지 않았다.

고려는 이후 서기 1170년에 정정부의 무신란으로 무신정권이 되었으며, 서기 1231년에 몽고의 침입을 받아 항복하였다가, 몽고가 다루가치를 남겨두고 물러가자 서기 1232년에 무신정권은 정권을 유지하기 위하여 강화도로 천도하였다.

이후 몽고는 계속 침입을 하였고, 결국 서기 1270년에 무신정권의 실권자이던 김준과 임연이 차례로 제거되어 무신정권이 100년 만에 끝나고 강화천도 40년이 막을 내렸다. 그러나, 삼별초는 항복하지 않고 강화도를 장악하고 이후 진도에 기지를 건설하여 전라도와 제주도 등 서남해안 일대에 커다란 세력을 형성하였다. 서기 1273년에 고려와 몽고의 토벌군이 제주도의 삼별초군을 공격하여 진압하였다.

고려는 원의 정치간섭을 받았으며, 공민왕이 반원정책을 펴고 개혁정치를 하였으나 권문세족들에 의하여 개혁에 실패하였다.

고려는 무신정권이 성립된 이후 서기 1193년에 명종의 명에 따라 개경의 안화사 (安和寺)에서 〈금판(金版) 팔만대장경(八萬大藏經)〉[387]을 만들기 시작하였고, 몽고 침입으로 서기 1236년부터 〈목판 팔만대장경〉을 만들기 시작하였으며, 서기

1239년에 금판 팔만대장경을 완성
하고, 몽고 간섭기이던 서기 1294년
에 〈금판 묘법연화경〉과 〈금판 금강
반야바라밀경〉을 완성하였으며, 서
기 1377년에는 〈금판 천지팔양신주
경〉과 은율국사에 의하여 〈금판 부
모은중경〉이 완성되었다. 이처럼 고
려는 불교국가로서 불경을 중히 여기

금판 팔만대장경

고 금판이나 목판에 불경을 새김으로써 왕실의 안녕과 국태민안(國泰民安)을 발원
하였던 것이 된다.

　이후 고려는 개혁에 실패함으로써 군사적 실권을 장악하여 전제개혁을 단행하던
신흥사대부 세력의 중심인 이성계에 의하여 서기 1392년에 망하게 된다.

(4) 역년

　고려는 서기 918년부터 서기 1392년까지 역대로는 36대, 인물로는 34대로 475
년의 역사를 가진다.

---

387) 금자(金字)로 된 고려시대 팔만대장경이 실제로 존재한다. 얇은 금판을 불경을 새긴 원판에
　　 얹어 압날하는 방법 등으로 양각(陽刻)하여 8권의 첩(牒)으로 만들었으며, 각 1권씩 담는 함을
　　 만들고 다시 8권 전체를 담는 큰 함을 만들어 비장(秘藏)하였던 것이 된다. 서기 1236년부터 만
　　 들기 시작한 목판 팔만대장경은 국태민안을 위하여 백성들의 직접적인 참여로 만들어졌던 것이
　　 고, 이 이전이 되는 서기 1193년부터 개경의 안화사에서 비밀리에 만들어지기 시작한 금판 팔만
　　 대장경은 명종의 명으로 국태민안을 발원하는 차원에서 만들어진 것이다. 이에 금판 팔만대장경
　　 은 비밀리에 만들어지고 비장된 음경(陰經)이라 할 수 있고, 목판경은 공개적으로 만들어지고 소
　　 장된 양경(陽經)이라 할 수 있겠다.

2. 거란(요:遼) 역사 개관

(1) 건국

서기 907년에 야율아보기(耶律阿保機)가 위구르제국이 와해되자 고구려의 서안평 자리이던 임황(臨潢)을 거점으로 거란족을 독립시켜 일으키고 8대부족을 통합하고서 당나라가 멸망한 후 서기 916년에 대요(大遼)라 하였다.

거란족(契丹族)의 요(遼)나라 왕족은 고구려의 고씨(高氏) 출신이다. 즉 요나라 왕족인 야율씨는 곧 고씨의 후예인 것이다. 이에 거란은 고려에게 거란이 고구려의 정통 계승국임을 주장한 바 있다.

(2) 수도

거란의 수도는 상경 임황부이며, 그 외에 동경 요양부, 중경 대정부, 서경 대동부, 남경 석진부를 두어 모두 5경이다.

상경 임황부는 고구려의 서안평 자리이고, 서경 대동부는 지금의 대동이며, 동경 요양부는 지금의 요하 유역에 있는 요양이 된다. 5경제도는 대진국(발해)의 제도이며 단군조선 시대의 번한(番韓) 5경(오덕지)에서 유래한 것이 된다.

(3) 과정

요나라는 서기 994년에 고려를 굴복시키고 배후를 안정시키고서 서기 1004년에 남진을 하여 송나라를 압박하여 형제국 관계를 맺고서 송나라로 하여금 매년 비단 20만 필과 은 10만 냥을 조공을 하도록 만들었다.

이에 요나라는 몽골로부터 만주와 화북의 일부를 차지하고 고려까지 영향력에 포함시킨 대세력을 가진 나라로서 이후 키타이란 말이 중국의 호칭으로 서방세계에 전해지기도 하였다. 키타이는 한자 契丹을 읽은 말인데, 우리의 음독인 계단, 글단, 설단 중 합쳐진 알맹이의 뜻을 가지는 계단에 가장 가까운 말이 되며, 단단한 쇠

라는 의미를 지닌다.388)

서기 114년에 송화강의 동부에 자리 잡고 있던 완안부의 추장 아골타(아쿠타:아버지)가 요나라에 반기를 들었으며, 다음해인 서기 1115년에 대금(大金)을 건국하자 요나라가 대군을 보내어 공격하였으나 실패하였다. 이후 요나라는 금나라와 송나라의 협공으로 본거지를 금나라에 빼앗겼고, 송나라에는 대승하였으나 이에 송나라가 금나라에 조공을 하는 조건으로 원조를 요청함으로써 결국 금나라가 요나라의 연경(燕京)까지 함락하였다.

거란의 천조제(天祚帝)는 내몽골로 도망가 재기를 꾀하다가 서기 1125년에 금나라에 체포되어 완전히 망하였다.

(4) 역년

거란의 요나라는 서기 907년부터 서기 1125년까지 9대 219년의 역사를 가진다.

3. 여진(금:金) 역사 개관

(1) 건국

서기 1114년에 송화강의 동부에 자리 잡고 있던 완안부의 추장 아골타(아쿠타:아버지)가 요나라에 반기를 들어 다음해인 서기 1115년에 대금(大金)을 건국하였다.

아골타는 신라 종성인 김씨(金氏) 출신으로서 이에 국호를 금(金)처럼 변하지 않는다는 뜻으로 금(金)이라 한 것이 된다.389)

---

388) 계단은 합친 알맹이, 글단은 글(文字)의 알맹이, 설단은 사람 중의 알맹이라는 뜻이라 할 수 있다. 契는 원래 大라는 글자가 없는 글자로서 칼로 그어서 만든 글(문자)을 가리키는 글자에서 나왔으며, 大라는 글자를 넣어 회의문자로서 약속의 의미를 가져 합친다는 뜻을 가지고, 사람이름으로는 설이라 읽는 것이 된다.

(2) 수도

여진족의 금나라도 5경을 두었다. 송화강 동쪽에 상경을 두고, 거란의 동경 요양부, 중경 대정부, 서경 대동부, 남경 석진부를 각 동경, 북경, 서경, 연경이라 하였던 것이 된다. 서기 1215년에 몽골에게 수도 연경을 공격당하여 수도를 변량(汴梁)으로 옮겼다.

(3) 과정

금나라는 송나라와 협공으로 거란의 본거지를 빼앗은 후, 송나라의 요청으로 조공을 받는 대신 송나라를 원조하여 결국 연경(燕京)까지 점령하게 되었다.

이후 금나라는 송나라가 약속을 어기므로 서기 1126년에 남하하여 송나라의 수도인 변경(개봉)을 점령한 후에 송나라의 상황 휘종과 흠종 황제, 종실, 관료, 기술자 등 3,000여명을 포로로 잡아 북방으로 압송함으로써 송나라는 망하였다. 이에 흠종의 아우 강왕이 강남으로 도피하여 남송을 시작하였다.

제4대 해릉왕(海陵王:서기 1148~1161)은 수도를 상경 회령부(會寧府)에서 연경(燕京:지금의 북경)으로 옮기고 금나라 종실 전원을 이주시켰으며, 서기 1116년에 남송을 대거 침략하였으나 양자강 유역에서 대패하여 진중에서 죽고 세종이 즉위하여 서기 1165년에 송나라와 제2차 화평조약을 맺었다.

서기 1215년에 몽골에게 수도 연경을 공격당하여 수도를 변량으로 옮겼으며, 서기 1234년에 징기즈칸의 손자인 오고타이칸에게 망하였다

(4) 역년

금나라는 서기 1115년부터 몽고의 원나라에 망한 서기 1234년까지 10대 120

---

389) 전계 흠정만주원류고, 266쪽 참조

년의 역사를 가진다.

4. 몽고(원:元)

(1) 건국

서기 1187년에 몽골의 테무친(鐵木眞)이 몽골족을 통일하고 징기즈칸이라 불리게 되었고, 서기 1206년에 몽골계와 돌궐계를 통합하여 전 몽골부종에 의하여 쿠릴타이에서 칸에 추대되었다.

테무친은 "최고의 쇠(鐵)로 만든 인간"이라는 뜻이라 한다. 철목진(鐵木眞)을 이두식으로 읽는다면, 철무치 즉 쇠무치로서 철뭉치, 쇠뭉치의 뜻이 되는데 쇠의 인간이라는 말과 같게 된다.

(2) 수도

몽고의 첫 수도는 카라코룸이며, 쿠빌라이칸이 수도를 연경(燕京:지금의 북경)으로 옮겨 대도(大都)로 삼고, 서기 1271년에 국호를 대원(大元)이라 하였다.

(3) 과정

서기 1215년에 금나라의 수도인 연경을 공격하자 금나라는 수도를 변량으로 옮겼으며, 동방을 거의 제압한 원나라는 서방으로 진격하였는데 서요를 대신한 나이만왕국을 격파한 징기즈칸이 서기 1219년에 스스로 대군을 거느리고 서방원정에 나섰다.

서기 1225년에는 남으로 인도의 인더스강 유역까지, 서쪽으로는 남러시아에 이르는 중앙아시아의 대부분의 지역을 지배하에 두게 되었다.

서기 1227년에는 서하를 멸망시켰다. 서기 1234년에 태종 오고타이칸이 금나라를 멸망시키고, 원정군은 러시아에서 동유럽까지 장악하였다. 이에 몽골제국은 몽골 고지와 화북 지역은 황제의 직할령으로, 남러시아는 킵차크한국, 서아시아는 일한국, 서투르키스탄은 차카타이한국, 동투르키스탄은 오고타이한국으로 분할되어 다스려졌다.

이후 쿠빌라이는 티베트와 사천을 공격하여 운남의 대리국(大理國)을 멸망시키고, 서기 1259년에 사천에 출정하였던 뭉케칸이 사망하자, 먼저 남송과 화의를 맺고 서기 1260년에 스스로 칸에 올랐다. 쿠빌라이칸은 수도를 연경(燕京:지금의 북경)으로 옮겨 대도(大都)로 삼고, 서기 1271년에 국호를 대원(大元)이라 하였다.

서기 1276년에 쿠빌라이칸은 남송의 수도 임안을 공략하여 서기 1279년에 남송의 잔여세력을 모두 진압하여 남송을 멸망시켰다.

원나라 말기에 농민반란이 일어나고 서기 1351년에 백련교도(白蓮敎徒)의 혼건군(紅巾軍)이 거병하여 이에 반란군이 대규모화, 조직화 되어 원나라가 멸망에 이르게 되었던 것이 된다.

(4) 역년

서기 1368년에 주원장의 명나라에 쫓기어 간 카라코룸의 북원(北元)이 망하니, 원(元)나라는 서기 1206년부터 서기 1368년까지 16대 163년의 역사를 가진다.

고려-요금원 남북국시대
고려(高麗) 연대기

1. 제1대 태조(太祖) 신성태왕(神聖太王:서기 918년~서기 943년)

서기 876년에 송악에서 왕륭의 아들 왕건이 탄생하였다.[390]

서기 895년에 궁예가 인제(저족), 금성, 철원 등 강원도 대부분을 차지하였다. 송악의 대호족인 왕륭과 왕건 부자는 궁예의 부하가 되었다.[391] 궁예는 왕륭을 금성 태수로, 20세의 왕건을 부하 장수로 삼았다.

서기 899년에 양길이 궁예를 치려하였다가 오히려 기습을 받고 패하여 달아났다. 이에 궁예는 신라의 북부지역을 거의 장악하였다.

서기 900년에 견훤이 완산주(전주)에서 후백제를 건국하였다. 궁예의 세력이 커지자 국원, 청주, 괴양의 괴수 청길과 신훤 등이 궁예에게 항복하였다.

서기 901년에 궁예가 송악에서 후고구려를 건국하고 ,연호를 태봉(泰封)이라 하

---

390) 이로써 궁예는 서기 860년생이 맞을 것이다. 전계 한단고기 〈태백일사/고려국본기, 314쪽〉에서는 서기 878년생이라고 적는데, 이러하면 궁예가 왕건보다 늦게 출생한 것으로 되어 타당하지 않다.

391) 1년이 늦은 서기 896년이 되는 천복(天福) 27년이라고도 한다. 전계 한단고기 〈태백일사/고려국본기〉, 316쪽 참조. 천복은 대진국(발해) 제13대 명종(明宗) 경황제(景皇帝)의 연호이다.

였다. 이때 궁예는 약 40세였다.

서기 904년 가을에 궁예가 청주의 민가 1천여 호를 철원성으로 옮기게 하고 수도를 철원으로 정하였다. 국호를 마진(摩震)이라 하고 연호를 성책(聖冊)이라 하였다. 남쪽을 사벌주(상주)와 북쪽으로 평양까지 점령하였다.

서기 905년에 궁예가 도성에 화려한 궁전과 누각을 지었다. 평양성주 금용이 궁예에게 항복하였다.

서기 911년에 궁예가 국호를 태봉(泰封)이라 하고 연호를 수덕만세(水德萬歲), 정개(正開)라 하였다.

서기 918년 무인년(戊寅年) 6월에 홍유(洪儒), 배현경(裵玄慶), 신숭겸(申崇謙), 복지겸(卜智謙) 등 제장(諸將)의 추대로 왕건(王建:43세)이 새벽에 곡식더미 위에 앉아 군신(君臣)의 예를 행하고, 네 장군과 1만여 군사를 이끌고 궁예의 왕궁으로 쳐들어가 승리하였다. 이에 왕건이 철원의 포정전에서 즉위하여 국호를 고려라 하고, 연호를 천수(天授)라 하였다.[392]

이때 궁예는 철원의 왕궁을 빠져 나가 춘천의 삼악산(三岳山)으로 가서 성을 쌓고 지낸 것이 되고, 다시 포천의 명성산으로 옮겼다가 생을 마친 것으로 된다.

서기 919년에 수도를 송악의 남쪽에 정하였다.

서기 920년에 후백제가 신라의 대야성을 공격하였다.

서기 926년 1월에 대진국(大震國)이 거란(契丹, 遼)에 망하였다. 북쪽에서 거란의 침입으로 멸망한 발해 유민들이 고려로 몰려들자 기꺼이 받아 들였다.

서기 926년에 후백제의 인질 진호가 고려에서 돌연 사망하자, 견훤은 고려의 인질 왕신을 죽이고 고려의 공주성을 침공하였다.

서기 927년에 후백제의 견훤왕이 신라의 경애왕을 죽이고 김부(경순왕)를 즉위시켰다. 공산전투에서는 고려의 신숭겸이 전사하였다.

---

392) 전게 한단고기 〈태백일사/고려국본기〉, 319쪽 참조

서기 930년에 고려가 고창(안동) 전쟁에서 후백제를 크게 이겼다. 서경에 학교를 창설하였다.

서기 931년 봄에 고려 왕건이 기병 50여명을 이끌고 경기 땅에 이르자 경순왕이 영접하였으며, 수십일 간을 머물다 경순왕의 사촌동생 유렴을 볼모로 데려갔다.

서기 934년에 신라의 30여개성이 고려에 항복하였다. 후백제 견훤왕의 막내인 금강(金剛)이 장자인 신검(神劍)에게 피살되었다. 이해에 견훤왕이 고려에 투항하였다. 견훤을 상보(尙父)로 삼고 양주를 식읍으로 내렸다.

서기 935년에 신라 제56대 경순왕이 고려에 항복하려 하자, 이에 태자는 홀로 항복을 반대하고, 궁을 떠나 개골산에서 평생 삼베옷을 입고 살아 마의태자라 불렸다. 결국 경순왕이 왕건 태조를 찾아가 항복하였다. 이에 왕건은 낙랑공주를 경순왕에게 시집보내어 사위로 삼고, 신라를 경주로 고쳐 김부를 경주 사심관으로 삼아 식읍으로 내렸다. 왕건은 경순왕의 백부 억렴의 딸을 왕비로 맞이하였다.

서기 936년에 후백제의 신검이 고려와의 선산(善山)전투에서 패하여 항복함으로써, 멸망하였다. 이로써 고려가 후삼국을 통일하였다.

거란이 사신30명과 낙타 50필을 고려에 보내왔으나 태조왕건은 거란이 발해와 동맹을 맺었다가 갑자기 배신하여 멸망시킨 것을 들어 사신30명은 섬으로 귀양 보내고 낙타는 굶어 죽게 하였다.

서기 943년에 박술희에게 훈요십조를 남겼다. 이해에 68세로 붕하였다. 왕건 태조는 876년생이 되어 서기 860년경생인 궁예보다 약 16세정도 적은 것이 된다.

〈어제훈요 조목 실례〉

1. 불교를 장려하되, 승려들의 사원 쟁탈은 금지시켜라.
2. 서열에 관계없이 덕망 있는 왕자로 왕위를 잇게 하라.
3. 거란의 풍속과 언어를 본받지 마라.
4. 경전과 역사서를 많이 읽어 옛일을 거울로 삼아라. 등

2. 제2대 혜종(惠宗:서기 943년~서기 945년)

태조 왕건의 태자 무가 즉위하였다.

왕규가 왕제 요와 소를 참소하였다.

왕규가 혜종의 침실에 벽을 뚫어 왕을 죽이려 하다 실패하였다.

혜종의 이복동생인 요가 서경을 지키던 왕식렴 장군을 불러 왕규의 세력을 꺾었다.

서기 945년 9월에 혜종이 붕하고 왕식렴의 추대를 받은 요가 23세로 즉위하였다. 요의 외가는 강력한 호족세력인 충주 유씨 가문이었다.

3. 제3대 정종(定宗:서기 946년~서기 949년)

반대세력인 박술희를 제거하고 왕규를 역모로 잡아들여 처형하였다.

서경에 도읍하려고 대대적인 성을 쌓았다.

광군(光軍) 30만 명을 조직하여 거란에 대비하게 하였다.

서기 947년에 정종이 27세로 붕하였다. 아우 소가 즉위하였다.

4. 제4대 광종(光宗:서기 949년~서기 975년)

서기 949년에 즉위하여 연호를 광덕(光德)이라 하였다. 또, 연호를 준풍(峻豊)이라고 하였다. 개경(開京)을 황도(皇都)라 하고 서경(西京)을 서도(西都)라 하였다. 개경은 송악이며 서경은 평양이다.

서기 951년에 후주의 세력이 커지자 후주의 연호를 쓰게 하였다. 사신으로 온 후주 사람 쌍기를 귀화시켜 벼슬을 주었다.

서기 956년에 쌍기의 건의로 노비안검법을 시행하였다.

서기 958년에 쌍기의 건의로 과거제를 실시하였다.

서기 960년에 관복을 제정하였다. 대상 준흥과 좌승 왕동을 역모로 귀양 보내고, 정종의 아들인 흥화군과 경춘원군도 역모로 처형시켰다. 광종이 신하들에게 금술잔을 하사하자 서필이 간언하였다. 광종이 후주에서 온 학자들에게 주려고 신하들의 집을 빼앗으니, 서필이 간하여 중지케 하였다. 서필이 죽자 광종이 몹시 슬퍼하였다.

후주가 망하고 송나라가 크게 일어나자 송나라 연호를 사용하였다. 광종은 법회를 자주 열었으며, 배고픈 백성들을 위하여 길거리에 무료급식소를 만들었다.

서기 975년에 51세로 붕하였다. 광종은 서기 925년생이 된다.

5. 제5대 경종(景宗:서기 976년~서기 981년)

광종의 태자 주가 즉위하였다.

경종은 광종 때의 감옥을 헐고 신하들이 서로 참소한 글을 불태우고, 대사면령을 내렸다. 호족 출신의 왕선이 집정(재상)에 임명되어, 복수법을 만들어 태조 왕건의 아들인 효성태자와 원녕태자를 죽이고 과거를 통해 관리로 등용된 자들이 희생당하였다. 이에 경종은 왕선을 귀양 보냈다.

집정제를 좌우집정제로 바꾸어 시행하였다.

서기 976년에 토지를 국유로 하여 관리들에게 나누어 주는 전시과를 시행하였다. 점을 치고 꿈 해몽을 잘하는 최지몽을 내의령에 임명하였다. 이에 왕승 등이 역모로 처형되었다.

서기 981년에 경종이 27세로 붕하였다.

6. 제6대 성종(成宗) 문의대왕(文懿大王:서기 981년~서기 997년)

개령군 치가 22세로 즉위하였다.

서기 982년에 최승로가 시무28조를 올렸다.

시무28조
1. 불교를 억제하며, 승려들의 행패를 막아야 한다.
2. 미신을 타파해야 한다.

3. 중국의 제도를 무조건 따르지 말아야 한다.

4. 궁중의 비용을 줄여야 한다.

5. 신분의 차별을 엄격히 하고 유교를 일으켜야 한다. 등

서기 983년에 전국에 12목을 설치하였다. 3성 6부 7시를 실시하였다.

서기 987년에 노비환천법을 실시하였다.

서기 990년에 서경에 수서원을 설치하였다.

서기 991년에 중추원을 설치하였다.

서기 992년에 국자감을 설치하였다.

〈거란의 제1차 침입〉

서기 993년에 12목에 상평창을 설치하였다. 5월과 8월에 여진이 고려에 거란이 침입할 것이니 대비하라 전하였으나, 고려는 대비하지 않았다. 10월에 요(遼, 거란) 가 제1차 침입을 하였다.

이때 거란의 왕도 성종(聖宗)이며 소손녕(蕭遜寧)에게 80만 대군을 주어 고려를 침략하여, 봉산(蓬山)을 격파하고 고려의 선봉을 몰아붙였다. 이때 서희가 군사를 이끌고 봉산으로 출동하였다. 소손녕이 서희에게 항복하라는 서신을 보냈다. 이에 서희가 성종에게 화친하라 청하였다.

고려의 성종은 거란과 화친하기 위하여 이몽전을 소손녕에게 보냈다. 이에 소손 녕은 고려왕이 신하를 거느리고 강을 건너 항복하라 서신을 보냈다.

이에 고려의 성종 문의대왕은 군신을 모아 의논하니, 어떤 이는 항복을 하자고, 어떤 이는 땅을 잘라 거란에게 주자고 하였는데, 중군(中軍)의 서희(徐熙)만이 홀로 말하였다.

"지금 적군의 기세가 크다는 것만을 보고 즉시 서경(西京) 이북을 적에게 준다는 것 은 계책이라고 할 수 없습니다. 또, 삼각산(三角山) 이북도 역시 고구려의 옛 땅입

니다. 저들이 끝없는 욕심으로 이를 가지려 한다면 막지도 못할 것이라 하여 모조리 줄 것입니까? 항차 지금 땅을 잘라서 준다면 실로 만고의 치욕입니다. 원컨대, 어가(御駕)를 돌려 도성(都城)으로 돌아가시고 신(臣) 등으로 하여금 한 차례의 싸움을 하게 해 주십시오. 그런 후에 이런 의논을 한다 하여도 늦지 않을 것입니다."

하였다. 이때 이지백이 서희의 의견에 동조하였다.

소손녕은 청천강 남쪽의 안융진을 공격하였으나 대도수와 유방이 이끄는 고려군에게 패하였다.

성종은 다시 장영을 소손녕에게 보냈으나, 소손녕이 중요인물을 보내라 하여, 이에 서희가 나섰다.

서희는 국서를 가지고 거란의 진영으로 가서 상견(相見)의 예를 청하니, 소손녕이 말하기를,

"나는 대조(大朝)의 귀인이다. 마땅히 마당에서 절을 하라"

하였고, 이에 서희는,

"양국의 대신이 어찌 그런 짓을 할 수 있단 말인가?"하니, 이에 소손녕이 다시 말하기를, "너희 나라는 신라의 땅에서 일어난다. 고구려의 땅은 우리가 갖고 있는 바이다. 그런데, 그대들이 이를 침략하더니 우리와 땅을 맞대고 있으면서 바다를 건너 송나라를 섬기고 있다. 때문에 오늘의 전란이 있게 된 것이다. 만약 땅을 쪼개어 이를 바치고 조공을 올린다면, 일은 없을 것이다"

라고 하였다.

이에 서희가 말하기를,

"아니다. 우리나라는 곧 고구려를 선조로 한다. 때문에 고려라고 이름하고 평양에 도읍했다. 만약 국경을 논한다면 곧 귀국의 동경(東京)이 모두 우리의 땅이다. 어찌 이를 침식이라 할 수 있겠는가? 만약 여진을 쫓아 우리 옛 땅을 되돌려 주면 곧 감히 교류하지 않을 것인가!"

하니, 이에 소손녕은 강변함이 쓸모없음을 알고서 거란왕의 허락을 받아 군사를 파할 것을 결정하고, 연회를 베풀고 서희를 위로한 뒤, 낙타 10마리, 말 100필, 양 1,000마리, 비단 500필을 선물로 주고 서희를 송별하였던 것이다.[393]

여기서, 거란은 고구려의 영토를 가지고 있어 고구려의 계승국임을 내세운 것이 되는데, 이에 대하여 고려의 서희가 고려가 국호에서부터 고구려를 계승하고 있고, 그래서 고구려의 수도였던 평양을 고려의 도읍지(西京)로 하고 있는 것이며, 이러하므로 거란의 동경(東京)이 오히려 고려의 땅이라고 설파하니, 이에 거란의 소손녕이 고려가 고구려의 계승국임을 인정한 꼴이 되어 군사를 물렸던 것이 된다.

서기 994년에 서희는 성종의 명으로 압록강 부근의 여진족을 몰아내고 강동6성을 쌓았다.

서기 995년에 10도제를 실시하였다.

서기 996년에 건원중보를 주조하였다.

서기 997년에 성종이 38세로 붕하였다. 이에 경종의 아들이자 성종의 조카인 송이 18세로 즉위하였다.

7. 제7대 목종(穆宗:서기 998년~서기 1009년)

친모인 헌애왕후가 섭정하였다.

헌애왕후가 섭정을 하면서 김치양을 불러들였다. 이후 김치양은 관리 임명권과

---

393) 전게 한단고기 〈태백일사/고려국본기〉, 318~319쪽 참조

파면권을 쥐고 흔들었다. 헌애왕후가 김치양의 아들을 낳았다. 태조왕건의 손자인 대량원군이 삼각산 신혈사로 쫓겨났다.

서기 1004년에 과거시행법을 실시하였다

〈강조의 정변〉

서기 1009년에 목종이 관등놀이 중에 상전전에 불을 지르고 혼란한 틈에 시해하려 하다가 호위병들로 인하여 실패하였다. 이에 목종이 충격으로 병이 들었다. 목종은 신임하던 신하 채충순을 불러 대량원군을 김치양 일파가 눈치 채지 못하게 환궁시키도록 하고 서북면 순검사 강조에게 급히 와서 호위하라 편지를 보냈다. 이에 강조가 급히 군사를 이끌고 개경으로 가다가 도중에 김치양 일파를 만났는데, 그들이 김치양 일파가 반역하기 위하여 왕명을 날조한 것이라 하여, 강조가 군사를 돌렸다.

다시 강조는 왕이 붕하였다는 아버지의 편지를 받고 서울로 향하였으나, 평주에 이르러 왕이 살아계신다는 것을 알고는 반역을 면하기 위하여, 목종을 폐위하고 대량원군을 새 왕으로 세우기로 하여, 신하 김응인을 신혈사로 보내고, 목종에게는 잠시 귀법사로 피신하면 역적을 처치하고 모시겠다는 편지를 보냈다. 강조는 부장 이현운을 먼저 궁궐로 보내 김치양 일파를 모조리 체포하였다.

김응인이 대량원군을 모셔오자 강조는 대량원군을 즉위시켰다.

8. 제8대 현종(顯宗:서기 1010년~서기 1031년)

태조왕건의 손자인 대량원군이 18세로 즉위하였다.

김치양 부자와 일당은 처형되고, 헌애왕후의 친족은 귀양을 보냈다. 귀법사에 피해 있던 목종과 헌애왕후는 평민이 되어 몸을 숨겼다. 그러나, 강조는 현종에게 알리지 않고 목종에게 사약을 내렸고, 강조의 부하들이 목종이 사약을 마시지 않자 살해하고서는 자살하였다고 보고하였다. 이때 목종은 30세였다.

침략기회를 노리고 있던 거란이 사신을 보내어 고려가 전왕을 폐위한 경위를 따졌다. 이에 현종은 거란의 침입에 대비하여 강조에게 군사30만을 주어 거란군을 막게 하였다.

〈거란의 제2차 침입〉

서기 1010년 11월에 거란의 성종이 몸소 40만 대군을 이끌고 (2차) 침입을 하였다. 성종은 홍화진을 포위하고 강조를 내 놓으라 하였다. 거란의 성종이 비단옷과 은그릇 등을 보내어 홍화진의 장수들을 꾀었으나 듣지 않자, 군사 20만을 홍화진에 남겨두고 20만을 이끌고 강조가 있는 통주로 갔다. 그러나, 거란군은 강조의 검차 (칼수레)의 공격으로 번번히 패하였다. 강조가 방심한 틈에 거란군이 기습하여 강조를 사로잡았고 성종 앞에 끌고 갔다. 강조는 거란의 신하가 돼라는 성종의 말을 거절하다 죽임을 당하였고 신하 이현운은 거란의 신하가 되었다.

거란군이 서경을 함락하였다. 이때 강감찬 장군이 나섰다. 현종은 나주로 피난을 떠났고 고려군은 거란에 반격을 시도하였다. 홍화진의 양규와 구주의 김숙흥의 활약으로 거란군이 큰 피해를 입었으나, 양규와 김숙흥이 전사하였다. 이에 현종이 하공진을 거란에 보내어 화친을 청하였다. 이에 거란 성종은 고려왕이 거란에 와서 입조하고 강동6주를 돌려줘야 한다는 조건을 걸고 회군하였다.

거란이 계속해서 사신을 보내어 강동6주를 돌려주고 거란에 입조하라 하였으나 고려는 핑계를 대고 거절하였다.

〈초조 대장경〉

서기 1011년부터 대장경(초조대장경)을 만들기 시작하였다(~1029년).

〈거란의 제3차 침입〉

서기 1018년 거란의 소배압이 10만 대군을 이끌고 (3차) 침입을 하였다. 이때 고려는 거란의 침입에 대비하여 20만의 군사를 훈련시켜 놓은 상태였다. 강감찬(서기 948년~)을 원수로, 강민첨을 부원수로 삼았다. 강감찬은 거란군의 진입로를 예측

하여 홍화진 동쪽으로 흐르는 물을 쇠가죽 수백 장으로 막아놓고 날랜 군사 12,000명을 산골짜기에 매복시켰다. 거란군이 물을 건너자 막았던 물을 터뜨렸다. 이에 거란군은 수공을 당하고 고려군의 공격을 받았다. 소배압은 홍화진 싸움에서 패하였으나 개경에서 백리 떨어진 신은현까지 진출하여 김종현이 이끄는 고려군과 대치하여 더 이상 가지 못하였고, 이때 뒤에서 강민첨이 공격하자 소배압은 거짓으로 화친을 제의하고는 군사를 돌려 도망하여 귀주에 이르렀다.

〈귀주대첩〉

서기 1019년 강감찬 장군의 계책으로 거란군은 귀주에서 몰살당하였다. 돌아간 거란군은 수천 명에 불과하였다.

강감찬의 주장대로 개경 외곽에 성을 쌓았다.

황주량에게 태조에서 목종까지 왕조실록을 편찬하게 하였다.(서기 1033년 덕종 3년에 완성)

〈초조 대장경 완성〉

서기 1029년에 6천여 권의 초조대장경을 19년 만에 완성하였다.

서기 1031년 5월에 현종이 40세로 붕하였다.

9. 제9대 덕종(德宗:서기 1031년~서기 1034년)

현종의 태자 흠이 16세로 즉위하였다.

국자감 시험제도를 도입하였다.

〈천리장성〉

서기 1033년 거란을 경계하여 천리장성을 축조하기 시작하였다.

서기 1034년에 칠대실록을 완성하였다. 덕종이 병으로 붕하였다.

10. 제10대 정종(靖宗:서기 1035년~서기 1046년)

덕종의 아우 평양군이 17세로 즉위하였다.

팔관회를 서경과 개경에서 열었다.

거란이 성을 쌓는 것을 중지하고 국교를 정상화하자고 제안하여, 정종은 거란에 잡아둔 고려의 사신을 돌려주고, 뺏어간 압록강 지역을 돌려달라고 요구하자, 거란은 압록강에 군사를 무내어 무력시위를 하였으나 실패로 끝났다. 이에 거란은 거란의 연호를 쓰면 사신을 돌려준다하여, 정종은 온건파의 말대로 거란의 연호를 쓰기로 하고 서기 1038년에 국교를 정상화하였다.

서기 1039년에 노비종모법을 마련하였다.

서기 1044년에 천리장성을 완성하였다.

서기 1045년에 비서성에서 예기정의, 모시정의 등을 간행하였다,

서기 1046년에 장자상속법을 제정하였다. 정종이 병으로 붕하였다.

11. 제11대 문종(文宗:서기 1047년~서기 1083년)

정종의 아우 악랑군 휘가 28세로 즉위하였다.

전제와 형법을 개혁하고 흉년제면법과 삼원신수법을 제정하여 시행하였다. 또 고교법을 만들어 낙제제도로 자질이 부족한 학생들을 국자감에서 탈락시켰다.

서기 1049년에 공음전시법을 제정하였다.

서기 1055년에 거란이 압록강 동쪽에 성을 쌓고 다리를 만들므로, 문종이 사신을 보내어 항의하였으나 거절당하여, 송나라와 수교를 추진하였다.

서기 1063년에 거란의 제8대왕 도종(道宗:서기 1059년~서기 1106년)이 대장경 전질을 고려에 보냈다.

서기 1065년에 왕자 후(의천)가 승려가 되었다.

서기 1067년에 흥왕사가 준공되었다.

서기 1069년에 양전보수법을 제정하였다.

서기 1071년에 송나라에서 국교를 맺자고 먼저 제안하여 고려는 김제를 송나라에 보내어 국교를 맺었다.

서기 1075년에 혁련정이 균여전을 완성하였다.

서기 1076년에 전시과를 개정하고 관제를 개혁하였다.

서기 1083년 문종은 65세로 붕하였다.

12. 제12대 순종(順宗:서기 1083년)

문종의 태자 훈이 37세로 즉위하였다. 그러나, 3개월 만에 붕하였다. 유언에 따라 아우 운이 즉위하였다.

13. 제13대 선종(宣宗:서기 1083년~서기 1094년)

순종의 아우 운이 즉위하였다. 승과를 설치하였다.

〈속장경〉

서기 1086년에 의천(서기 1055년~서기 1101년)이 교장도감(敎藏都監)에서 초조대장경을 보완한 속장경을 서기 1092년부터 9년에 걸쳐 조판하였다.

서기 1094년에 선종은 병으로 붕하였다. 11세의 아들 욱이 즉위하였다.

14. 제14대 헌종(獻宗:서기 1094년~서기 1095년)

선종의 아들 욱이 11세로 즉위하였다. 사숙 태후가 섭정을 하였다.

선종의 세 번째 부인인 원신궁주의 오빠 이자의가 모의하자 헌종의 삼촌 계림공 왕희가 평장사 소태보를 불러 이자의를 제거토록 하였고, 소태보는 상장군 왕국모에게 역적을 처단케 하여 결국 이자의와 그 일당이 모두 살해되었으며, 원신궁주와 세 아들은 귀양갔다. 계림공이 중서령에 임명되었다.

서기 1095년에 헌종은 병을 핑계로 계림공 왕희에게 선양하였다.

15. 제15대 숙종(肅宗:서기 1096년~서기 1105년)

계림공 왕희가 42세로 즉위하였다.

서기 1096년에 유학자들의 건의로 6촌 이내의 혼인을 금하였다.

서기 1097년에 숙종은 아우 대각국사 의천의 건의로 주전도감을 설치하였다.

〈속장경 완성〉

서기 1101년에 속장경을 10년 만에 완성하였다.

서기 1102년에 해동통보를 주조하였다. 국자감에 서적포를 설치하여 책을 만들었다.원효와 의상을 국사로 추증하고 불교를 진흥시켰다.

서기 1104년에 여진의 추장 오야속이 동북쪽 국경을 침범하였다. 이에 숙종은 임간을 동북면 병마사로 임명하여 보냈으나, 임간은 여진족에게 패하여 정주성으로 달아났으며, 여진은 정주성까지 쫓아와 성안의 백성들을 무참히 살해하였다. 임간의 부하 척춘경이 기습하여 정주성을 수복하였다. 이에 윤관이 군사를 이끌고 여진군을 정벌하러 갔으나 군사력이 만만치 않아 일단 화친을 시도하여 여진의 추장 오아속에게 사람을 보냈다. 여진이 국가로 인정해 달라는 조건으로 물러갔다.

〈별무반〉 윤관은 여진을 대비하여 기병의 신기군, 보병의 신보군, 승병의 항마군으로 별무반 17만 대군을 만들었다.

서기 1105년 숙종이 붕하고 태자 우가 27세로 즉위하였다.

16. 제16대 예종(睿宗) 문효대왕(文孝大王:서기 1105년~서기 1122년)

서기 1105년에 숙종의 태자 우가 27세로 즉위하였다.

서기 1106년에 해동비록을 완성하였다.

〈9성과 여진정벌〉

서기 1107년에 도원수 윤관(尹瓘)이 17만 대군을 이끌고 가서 여진을 정벌하여 함주, 웅주, 길주, 복주, 공험진, 숭녕진, 진양진, 통대진 등의 9성을 축조하였다. 이때 윤관의 부하이던 척준경이 결사대를 이끌고 여진족의 본진을 기습하는 등 큰 활약을 하였다. 이에 윤관은 선춘령(先春嶺)에 비를 세우고 국경으로 삼았다[394]. 선춘령은 두만강으로부터 700리 밖에 있어 송화강에 가까운 곳에 있다.[395]

윤관은 아들 윤언이(尹彦頤)를 보내 표(表)를 올리고 축하하게 하였는데, 여러 대신들이 윤관을 탄핵하면서, 거란을 자극하지 않기 위하여 여진의 옛 땅을 되돌려 줄 것을 임금에게 청하였다.

서기 1108년에 여진은 요불(裊弗)과 사현(史顯) 등을 보내어 임금께 상주하기를,

"옛날 우리 태사(太師) 영가(盈歌)[396]가 말하기를, '우리의 조종(祖宗)은 대방(大方:고려)에서 나와 자손에 이르렀다'라고 하였으니, 마땅히 귀부하여야 옳을 것입니다. 지금 태사 오아속(烏雅束)도 역시 대방을 부모의 나라로 삼고 있습니다. 갑오년(甲午年:서기 1054년) 간에 이르러 궁한리(弓漢里)의 사람들이 스스로 안정하려 들지 않았는데, 이는 본래가 태사의 지휘 밑에 있던 바가 아니었습니다. 나라의 조정에서 죄를 물어 토벌하시더니 다시 수교를 허락하셨으므로 우리는 이를 믿고 조공을 끊이지 않았는데, 작년(서기 1107년)에 크게 일어나서 우리의 늙은이와 어린애를 죽이고 9성(城)을 쌓아 외로이 남은 백성들로 하여금 쓰러지게 하고 돌아가게 하였습니다. 이에 태사는 우리를 보내어 땅을 돌려 줄 것을 청하게 되었습니다."

라고 하였다.

---

394) 전계 한단고기 〈태백일사/고려국본기〉, 320쪽 참조
395) 전계 한단고기 〈태백일사/고려국본기〉, 323쪽 참조
396) 여진 완안부의 추장인 이극(伊克:楊割) 태사를 가리키는 것이 된다. 오고내(烏古迺:呼蘭:胡來의 아들.

이에 문무(文武)의 3품 이상으로 하여금 9성의 반환에 관한 가부를 의논하니 모두가 옳다고 하였다.397)

서기 1108년, 예종(睿宗) 4년 가을 7월에 윤관은 여진의 추장 거외이의 맹세를 받고서 9성에서 철수하여 여진에게 9성을 돌려주었다.

임금께서는 윤관 등에게 여진 정벌의 공을 치하하고 한편으로는 대신들의 탄핵 때문에 어쩔 수 없이 일시 관직을 삭탈하니 양해 바란다는 내용으로 위로하였다.

서기 1111년 5월에 윤관은 독서로 소일하다 졸하였다.

서기 1112년에 혜민국을 설치하였다.

서기 1115년에 여진의 추장 아골타가 금나라를 세웠다.

서기 1115년, 예종 11년 3월 을미(乙未)일에 임금께서는, 요(遼)의 내원(來遠)과 포주(抱州)의 두 성(城)이 여진에게 공격을 받아 성중에 양곡이 떨어졌다는 말을 듣고 도병마록사(都兵馬錄事) 소억(邵億)을 보내 쌀 1,000석을 보냈으나, 내원의 통군(統軍)이 이를 사절하고 받지 않았다.

서기 1115년 8월 경진(庚辰)일에 금나라 장수 철갈(撒喝)이 요나라의 내원, 포주의 두 성을 공격하여 거의 함락하게 되었는데, 요(遼)의 통군 야율령(耶律寧)은 무리를 데리고 도망치려고 하였다. 예종 임금께서는 추밀원(樞密院) 지주사(知奏事) 한교여(韓皦如)를 파견하여 초유(招諭)하니 야율령은 왕(요 제9대 天祚帝)의 어지(御旨)가 없다 하여 사양했다. 교여는 달려와 이를 주상(奏上)하여, "추밀원으로 하여금 공문을 갖추어 이를 보내고자 한다"라고 하였다. 재신(宰臣)과 간관(諫官)이 상주하기를, "저들이 왕의 어지를 요구하지만 그 뜻을 알 길 어렵다. 고로 이를 말리도록 요청한다."라고 하니, 예종 임금께서는 곧 사신을 보내 금(金)나라에 가서 청하기를 "포주는 본래 우리의 옛 땅이다. 바라건대 요(遼)나라를 이 때문에 만나 뵙고자 한다"라고 하니, 금(金)나라 왕(태조 김아골타)이 사자에게 말하기를, "그대가 그

---

397) 전게 한단고기 〈태백일사/고려국본기〉, 322쪽 참조

땅 내원성(來遠城)을 직접 취하라"고 하였다.398)

서기 1117년 초에 고려는 요나라가 지배하고 있던 압록강 유역의 포주성과 내원성을 되찾아 이름을 의주로 고쳤다.

서기 1117년 3월에 금나라 태조 아골타가 고려에 국서를 보내와, 금나라를 형의 나라로 모시라고 하였다. 이에 고려는 금나라를 형님의 나라로 인정하고 조공을 약속하였다.

서기 1119년에 국학에 장학재단인 양현고를 설치하였다.

서기 1120년에 예종이 도이장가를 지었다.

서기 1122년 3월에 예종이 등창으로 인하여 44세로 붕하고, 태자 해가 즉위하였다.

17. 제17대 인종(仁宗:서기 1123년~서기 1146년)

예종의 태자 해가 14세의 나이로 즉위하였다. 이에 인종의 외조부인 이자겸이 권력을 쥐게 되었다. 이자겸의 둘째 딸이 예종의 비이며 인종의 모인 것이다. 이에 이자겸은 수태사 중서령이라는 최고 지위를 차지하였다. 이자겸은 자신의 셋째 딸과 넷째 딸을 인종의 비로 들여보냈다. 또, 이자겸은 당시 군사권을 쥐고 있던 척준경과 사돈관계를 맺었다.

금나라가 송나라를 하남성으로 쫓아낸 뒤, 고려에 군신관계를 강요하므로, 고려는 이자겸이 정권을 유지하기 위하여 군신관계를 맺도록 하여 금나라를 군주의 나라로 섬기며 조공하게 되었다.

〈이자겸의 난〉

서기 1126년에 인종이 이자겸에게 불만을 품었고 어명을 받은 지녹연이 군사를

---

398) 高麗史 및 전게 한단고기 〈태백일사/고려국본기〉, 325쪽 참조

일으켜 궁궐로 쳐들어가 척준경의 아우인 척준신과 척순을 죽였다. 이 소식을 들은 이자겸과 척준경은 즉시 궁을 포위하였고, 지녹연의 군대는 패하고 말았다. 이에 인종은 후원인 산호정으로 피신하였다.

서기 1127년에 이자겸은 궁궐에 불을 지르는 등 행패를 부렸다. 이에 인종은 이자겸에게 왕위를 선양한다는 조서를 내렸는데, 이자겸은 시기가 아니라 하여 조서를 돌려보내고 인종을 연경국에 유폐시켰으며, 지녹연은 귀양을 보냈다. 이로써 고려는 이자겸과 척준경의 시대가 되었다.

이후 이자겸은 인종을 독살하려 시도하였으나 이자겸의 넷째 딸인 왕비의 기지로 독약을 마시지 않도록 하였다. 이에 내시 최사전이 인종에게 척준경에게 명을 내려 이자겸을 처단하라고 간하였다. 인종은 척준경에게 밀서를 보내고 백마와 은병 등의 선물을 주었으며, 이후 인종은 이자겸이 연경궁을 습격할 것이라는 정보를 듣자 즉시 척준경에게 밀서를 보내어 이자겸을 처단하라 하였으며, 이에 척준경이 군사를 이끌고 궁으로 들어와 이자겸 일파를 제거함으로써 이자겸의 난은 실패로 끝났다. 이자겸과 그 가족은 전라남도 영광으로 귀양을 가고 두 왕비는 축출되었다. 이후 척준경도 탄핵을 받아 전라도로 유배되었다.

서기 1127년에 인종은 이자겸의 난으로 불탄 개성의 궁궐을 다시 지었다. 문신 정지상이 묘청을 인종에게 추천하였으며, 이에 인종은 묘청을 국사로 삼았다.

서기 1129년에 서적소를 설치하였다.

서기 1132년 임자년(壬子年)에 광주목(廣州牧)을 지낸 윤언이(尹彦頤)가 서경으로 행차한 인종(仁宗)에게 건원칭제(建元稱帝)할 것을 청하였다.

이에 대하여 중군(中軍)의 김부식은,

"윤언이가 정지상(鄭知常:?~서기 1135년)과 결탁하여 결사당을 만들어서 크고 작은 일들을 상세히 의논하더니 임자년에 서경으로 행차하였을 때에는 건원(建元)할 것을 청하였습니다. 또 국학생(國學生)들을 유혹하여 앞의 일을 상주(上奏)하도록 하였으니, 대저 대금국(大金國)을 격동시키려고 일을 벌이고는 틈을 타서 제멋대로 처리해 버렸고 다른 사람들을 당파로 몰아 공모하여 법도에 맞지 않는 짓을 함은 신하된 도리가 아닙니다."

라고 하여 임금께 상주(上奏)하였다.

이러한 김부식의 상주에 대하여 윤언이는 스스로 변명하는 자해표(自解表)에서,

"건원칭제를 청한 근본은 임금을 높이자는 정성입니다. 우리나라에도 태조(연호 天授, 神聖太王)와 광종(연호 光德, 峻豊, 皇帝)의 고사가 있습니다. 지난 기록을 살펴보더라도 비록 신라와 발해가 황제를 칭하였어도 대국은 군대를 동원하지 못했고, 작은 나라들은 의논도 끄집어낼 수 없었으니, 잘못될 바가 어찌 있을 수 있었겠습니까? 좋은 때에 오히려 쩔쩔매는 셈이니 신은 일찍이 이를 논했습니다. 죄라면 그것입니다. 지금 결사당을 만들었다거나 대금(大金)을 격노하도록 만들었다는 말 등이 매우 크지만 이는 앞뒤가 맞지 않는 말입니다. 왜냐하면, 가령 강한 적이 우리 땅에 침입해 오면 이를 막아내기에도 벅찰 것인데 어찌 그 틈을 이용할 수 있겠습니까? 당파를 만들었다고 하는 자는 누구이며, 누구를 가리켜 당파라고 하는 것인지요? 만약 무리가 화합하지 못한다면 싸워보았자 패하여 오히려 몸둘 곳초차 없어질 텐데 어찌 멋대로 모반을 하겠습니까? 생각하고 생각해 보아도 신은 지극히 자질이 약하나 서쪽으로 정벌의 역(役:싸움)에 나아가서 몸을 잊고 나라를 지켰으니, 의(義)로써 당연한 일일 것입니다. 일의 이룸은 모두가 사람에게 달린 것인데 어찌 도(道)에 맞도록 노력하지 않을 것입니까?"

라고 하였다.399)

서기 1133년에 무학재를 폐지하였다.

---

399) 전게 한단고기 〈태백일사/고려국본기〉, 324쪽 참조

〈묘청의 난〉

서기 1135년에 묘청이 서경 천도 운동을 벌였다. 이에 서경 출신의 정지상, 백수한이 동조하였다.

이후 인종은 자주 서경으로 행차하였으며, 서경에 대화궁이라는 궁을 지었다. 묘청은 인종에게 칭제 건원하라 간하였으며, 금나라를 정벌하도록 권하였다. 이때 조정은 묘청 등 서경 천도를 주장하는 서경파와 이에 반대하는 김부식 등의 개경파로 나뉘어져 대립하고 있었다.

서경의 대화궁에 벼락이 떨어져 궁이 파손되고, 인종이 서경 행차할 때 폭풍우가 몰아쳐 사람과 말이 피해를 입는 등 천재지변이 자주 일어났다. 이에 묘청이 사술로서 인종으로 하여금 서경으로 천도할 것을 권하였으나, 인종이 묘청의 사술을 알고서는 서경천도계획을 완전히 취소하게 되었고, 이에 묘청은 조광 등과 함께 난을 도모하였다.

묘청은 서북면 병마사 이중병 이하 관리들과 개경 출신의 민간인을 모두 잡아 소금 창고에 가두었고, 국호를 대위, 연호를 천개라 하였으며, 서북면 각지의 수령을 새로이 임명하였고, 개경을 공격할 계획을 세웠다.

반란 소식을 들은 인종은 묘청을 회유하려 하여 사신을 보내어 조서를 내렸으나, 묘청이 임금을 바꾸기 위한 난이 아니며 서경천도를 실현하고자 일으킨 것이라 하며 거부하고 오히려 사신을 통하여 서경천도를 권하는 표문을 올렸다. 이에 개경파들이 모두 묘청의 반란군을 토벌해야 한다 하자 인종은 이를 받아들였다.

이에 김부식이 토벌군의 원수가 되었으며, 정지상과 백수한을 제거하여야 한다고 임종에게 간하여 정지상과 백수한은 결국 참수형을 당하였다. 김부식은 서경의 외곽을 포위한 다음 조광에게 사람을 보내어 회유하였다. 이에 김부식이 다시 사람을 보내어 목숨을 살려 준다는 확신을 주고 조광을 회유하니 조광이 묘청을 배신하여 항복하고, 묘청의 목을 베어 윤첨을 시켜 인종에게 바쳤다. 인종이 윤첨을 용서하려 하자 대신들이 반대하여 윤첨이 감옥에 갇혔다. 이에 조광은 조정의 약속이 거짓임을 알고서 김부식과 전쟁을 계속하였다. 김부식이 지구전을 펼치자 조광의 군대는 식량이 떨어져 날이 갈수록 사기가 떨어졌다.

서기 1136년 2월에, 김부식은 총공격을 개시하여 서경성을 불바다로 만들었다. 이때 조광은 불속으로 뛰어들어 자살하였고, 부하들도 뒤를 따름으로써 묘청의 난은 막을 내렸다.

묘청의 난을 진압한 김부식은 인종의 신임을 얻어 벼슬이 문하시중에 이르렀다.

서기 1141년에 김부식이 삼국사기[400]를 편찬하기 시작하였다.

서기 1145년에 김부식이 삼국사기를 완성하였다.

서기 1146년 인종은 38세의 나이로 붕하였고, 태자 현이 20세의 나이로 즉위하였다. 태자 현은 학문은 뒷전이고 오락이나 격구 시합을 즐겼다. 태자의 어머니 공예왕후가 인종에게 태자를 둘째 아들로 바꾸라고 간하였으나, 인종의 신임을 받던 예부시랑 정습명이 태자를 잘 보필하겠다 하여 바꾸지 않았다.

18. 제18대 의종(毅宗:서기 1146년~서기 1170년)

인종의 태자 현이 20세의 나이로 즉위하였다.

서기 1146년에 정서가 정과정곡을 지었다.

의종은 즉위 후에 예부시랑 정습명의 말을 점점 듣지 않고 멀리하고 내시와 궁녀들과 어울려 격구와 수박 경기를 즐겼다. 의종이 정습명을 멀리하려 하자 내시 정함 등의 청으로 정습명을 관직에서 쫓아냈다. 이후 정습명은 깊은 병이 들어 약을 마시지도 않다가 사망하였다.

이후 의종은 내시 정함과 정함이 추천한 김존중과 나라 일을 의논하였다. 정함과

---

400) 삼국사기의 삼국은 고구려, 신라, 백제인데, 500년 이상 존속한 가야가 빠져 있어 불완전한 역사서라 할 수 있으며, 특히 삼국 시조들의 역사가 자세하지 않아 미흡한 부분이 많다. 다른 기록들과 대조하는 등 연구하여 보완하는 것이 반드시 필요하다.

김존중은 의종에게 아첨을 일삼았다. 이에 의종이 정함에게 과거에 급제한 자에게 주는 서대를 하사하였고, 이를 본 우간의 대부 왕식이 정함의 서대를 빼앗았다. 정함은 이를 의종에게 일렀고 의종은 다시 서대를 하사하고 정함에게 합문지후의 벼슬까지 내렸다. 그러자 신하들이 합문 밖에서 사흘간 농성을 벌이고 출근을 하지 않았다. 이 중서문하성의 관리들도 합세하자 의종이 정함으로부터 서대를 환수하였다. 정함은 이 일로 앙심을 품었다.

서기 1157년에 정함이 의종에게 어사대가 왕경을 왕으로 세우려고 모의하고 있다고 모함하여 이 일로 많은 신하들이 쫓겨나고 왕경은 천안부로 귀양 갔다.

점쟁이 출신으로 의종의 신임을 얻어 내시가 된 영의는 법회를 핑계로 어명을 받아 지방의 관아로부터 관곡을 받아 착복하였고, 정함의 졸개인 내시 백선연도 의종의 신임을 얻자 누명을 씌워 죽이는 등 행패를 부렸다. 이에 관리들이 백선연, 정함, 영의에게 뇌물을 바쳤다.

이에 좌정언 문극겸이 의종에게 그들의 횡포를 고하였으나 오히려 모함을 받아 쫓겨났다. 이리하여 정치는 내시들이 좌지우지하는 지경이었고 백성들은 궁핍하게 되었다.

의종의 유흥과 내시들의 횡포는 무신들도 괴롭혔다. 왕이 문신, 내시들과 유흥을 즐길 때 무신들은 항상 경비를 서야 하였으며 문신들의 갖은 멸시를 참아야 하였고 놀이가 끝나면 뒤치다꺼리까지 해야 하였다.

이에 무신들이 상장군 정중부에게 불만을 털어 놓았고, 정중부도 김부식의 아들 김돈중에게 수염이 불태워지고 모욕당했던 사건을 털어놓았다. 정중부는 연회장에서 김돈중에게 수염을 불태워지자 김돈중을 폭행하였고, 이에 신하들이 정중부를 매질하여 벌하라 하자, 의종이 몰래 풀어주었던 것이다.

서기 1168년에 이규보(李奎報)가 출생하였다.

〈정중부의 난〉

서기 1170년 8월에 정중부의 무신정변이 일어났다. 의종이 개경에서 멀리 떨어진 보현원으로 가던 중, 쉬던 곳에서 무관들이 무술 시합을 하였는데, 이때 3품의 대장군 이소응이 어린 장교에게 패하자 6품의 문신 한뢰가 느닷없이 이소응의 뺨을 때렸다. 이때 이를 보던 중정부가 한뢰를 죽이려 하였으나 의종이 용서하라 하여 넘어갔다. 이에 정중부는 문신들이 분명히 자신을 벌 줄 것을 염려하여 심복인 이고와 이의방을 불러 의종이 보현원에 들어간 후 문신들이 들어오면 모조리 죽여라 하였던 것이다.

한뢰는 재빨리 용상 아래로 숨었는데, 정중부가 의종에게 한뢰를 내놓으라 하였고 이때 이고가 들어와 한뢰를 끌어내어 죽였다. 김돈중이 보이지 않자 정중부는 이고와 이의방과 함께 군사들을 이끌고 즉시 궁궐로 달려갔으며, 궁궐을 지키고 있던 문극겸은 살려두고 궁궐 안에 있던 문신들을 모두 죽이고 내시 영의와 왕광취 등도 죽였다.

정중부는 의종을 폐하여 거제도로 귀양 보내고, 의종의 아우 익양공 호를 즉위시켰다.

19. 제19대 명종(明宗:서기 1171년~서기 1197년)

의종의 아우 익양공 호가 정중부에 의하여 즉위하였다. 이에 정중부는 고려의 제1인자가 되었고 무신들의 회의기관인 중방에서 나라 일을 처리하였다.

이때 이의방보다 낮은 벼슬을 받은 이고는 법운사의 중 수혜와 개국사의 현소와 결탁하여 이의방을 제거할 음모를 꾸몄는데, 이를 엿들은 이고의 심복 하나가 채원에게 알렸고 채원은 이의방에게 고했으며, 이에 이의방은 즉시 이고 일당을 처치하였다.

서기전 1173년 동북면의 병마사로 있던 김보당이 거제도로 귀양갔던 의종을 경주에 모셔놓고 복위를 시도하였는데, 김보당의 부하 몇 명이 이를 정중부에게 고해

바쳐 많은 문신들이 죽음을 당하였다. 이에 정중부는 부하 이의민을 불러 경주로 가서 의종을 처치하라 하니 이의민이 경주로 내려가 김보당 일당을 처치하고 의종을 붙잡아 연못에 빠뜨려 죽였다.

이의방은 자신의 딸을 태자와 혼인시키려 강요하였고 이에 태자는 태자비를 내쫓고 이의방의 딸과 혼인하였다.

이때 정중부의 아들 정균이 이의방을 못마땅하게 여기고 있던 차에, 서기 1174년에 서경 유수 조위총이 군사를 일으켜 자비령 이북의 군사들이 무신정권을 몰아내려고 하였다. 이에 이의방이 윤인첨을 보냈으나 실패하여 직접 조위총을 치러갔는데, 정균의 명을 받은 승려 종참에게 살해되었다. 이어 정균은 이의방의 측근들을 모두 제거하였다. 조위총의 난은 결국 윤인첨이 진압하였다.

이의방의 딸이던 태자비는 역적의 딸이 되어 쫓겨났다. 태자가 서기 1211년에 제22대 임금인 강종으로 즉위하여 이씨 태자비를 왕후로 들이려 하다 실패하였다. 태자비가 죽은 뒤 사평왕후로 불렸다.

이의방이 제거되자 정중부는 문하시중이 되어 권력을 독점하였고 아들 정균은 왕명을 전하는 승선이 되었다. 정균은 아내의 출신이 미천하다 하여 내쫓고 상서 김이영의 딸과 강제로 혼인하였다. 나아가 정균은 명종에게 공주를 달라고 강요하는 등 궁녀들을 희롱하고 안하무인의 행동을 계속하였다.

이에 청주 출신으로 26세의 청년 장군인 경대승이 의협심이 강하였는데, 궁궐을 지키던 견룡대의 허승과 김광립을 불러 일을 도모하였다.

〈망이, 망소이의 난〉
서기 1176년에 망이, 망소이의 난이 일어났다.

서기 1179년, 금(金)나라 세종(世宗)의 대정(大定) 15년 9월에, 고려의 서경유수(西京留守) 조위총(趙位寵)이 서언(徐彦) 등을 파견하여 표문을 올려 자비령(慈悲嶺) 이서(以西)와 압록강 이동을 가지고 금나라에 내부코자 하였으나, 금나라가 이

를 허락하지 않았다.401)

서기 1179년 9월에 허승이 정균을 죽이고 신호를 보내자 경대승이 군사를 이끌고 궁으로 들어가 궁중 수비를 모두 죽이고, 명종을 안심시키고는 달아나던 정중부는 붙잡혀 죽였다. 이후 불량배들을 몰고 다니며 행패를 부리던 허승과 김광립을 처단하였다. 이에 왕과 문신들이 경대승을 지지하였는데, 무신들은 불만이 많았다.

〈도방정치〉
서기 1179년에 경대승이 도방정치를 실시하였다.

〈전주민란〉
서기 1182년에 전주 관노의 난이 일어났다.

서기 1183년에 경대승은 날랜 군사 100여명을 뽑아 신변을 지키게 하였으나 30세의 젊은 나이로 사망하였다.

이때 명종은 이의민이 경주에서 난을 일으킬까 두려워 이의민을 불러 올렸다. 그러나, 이의민은 한동안 겁먹고 응하지 않다가 명종이 이의민에게 병부상서의 벼슬을 주며 여러 차례 부르자 이에 응하여 정권이 이의민에게 넘어갔다.

〈김사미의 난〉
서기 1193년에 김사미의 난이 일어났다.

〈동명왕편〉
서기 1193년에 이규보가 23세에 동명왕편(東明王篇)402)을 지었다.

---

401) 金史 및 전계 한단고기 〈태백일사/고려국본기〉, 325쪽 참조
402) 동명왕편은 신화식으로 기록되어 있어 역사적으로 이해하는 데 장애가 되기도 하는데, 다른 역사 사실적 기록을 기반으로 재해석함에는 거의 문제가 없다. 이규보 선생의 동명왕편의 재해석으로 고주몽의 실사를 정립하는 것이 필요하다.

〈금판 팔만대장경〉

서기 1193년부터 명종의 명으로 개경(開京)의 안화사(安和寺)에서 〈금판 팔만대장경〉을 만들기 시작하였다(서기 1239년 완성).

이의민은 정권을 잡자마자 온갖 부정부패를 저질렀다. 이의민의 아들 이지영의 하인이 최충헌의 동생 최충수의 집비둘기를 훔치자 최충수가 이지영을 찾아가 따지다가 볼기를 맞고 이틀간 갇히는 모욕을 당하였다. 이에 최충수는 형 최충헌을 찾아가 하소연하고 모의하였다.

〈최충헌 집권〉

서기 1196년에 최충헌 형제가 거사를 단행하여 부하를 데리고 마타산으로 가서 이의민과 그 부하들을 모두 죽이고 장군 백존유를 찾아가 군사를 요청하였으며, 이때 이의민의 아들 이지순과 이지광이 부하들을 이끌고 최충헌의 집으로 쳐들어갔으나, 대비하고 있던 최충헌 형제와 백존유의 군사들에게 전멸하였다. 이에 최충헌은 궁궐로 들어가 명종에게 보고하고, 숨어있던 이지영을 장군 한휴가 찾아내어 죽이는 등 남은 이의민의 심복들을 모두 처치하고 무신(武臣) 최충헌이 집권하였다.

서기 1197년에 최충헌에 의하여 명종이 폐위되고 아우 평량공이 54세의 나이로 즉위하였다.

20. 제20대 신종(神宗:서기 1197년~서기 1204년)

명종의 아우 평량공이 최충헌에 의하여 즉위하였다.

최충수는 신종에게 태자비를 쫓아내고 자신의 딸과 혼인시키게 하였다. 이를 들은 최충헌이 말렸으나 듣지 않았고, 어머니도 말렸으나 듣지 않고서 어머니를 밀어버리는 등 불효를 저질렀다. 이에 최충헌이 최충수를 공격하였는데 최충수는 달아나다 파주에서 붙잡혀 살해되었다.

〈만적의 난〉

서기 1198년 5월에 최충헌의 종 만적이 미조이, 연복, 성복, 소삼, 효삼 등과 함께 개경의 북산에서 나무를 하다가 모의하였다. 거사일에 흥국사 앞에 나타난 노비가 몇 백 명 밖에 되지 않아 거사일을 연기하였는데, 율학박사 한충유의 종 순정이 비밀을 털어놓았고, 한충유는 이를 최충헌에게 알려 민란을 모의한 노비들은 모두 잡혀와 강에서 죽음을 당하였다. 이때 순정은 양민이 되었고 한충유는 승진하였다.

서기 1199년에 명주(강릉), 동경(경주), 진주 등지에서 민란이 계속 일어났으며, 이에 최충헌은 즉시 군사를 보내어 진압하였다. 이후 최충헌은 수백 명의 호위병을 데리고 다녔다.

서기 1200년에 최충헌이 도방을 설치하였다.

서기 1204년에 신종이 폐위되어 죽고 태자 영이 24세의 나이로 즉위하였다.

21. 제21대 희종(熙宗:서기 1204년~서기 1212년)

신종의 태자 영이 24세로 즉위하였다.

서기 1204년에 장군 이광실이 최충헌 부자를 죽이려고 하였으나 사전에 발각되어 실패하였다.

서기 1206년에 테무친이 몽고족을 통일하여 징기스칸으로 추대되어 즉위하였다. 이때 여진족의 금나라는 징기스칸의 공격을 받아 급속히 세력이 약해졌고, 거란은 이틈을 타서 대요수국이라는 나라를 세웠는데, 몽고족의 공격으로 요동에서 쫓기어 압록강 쪽으로 몰려 들어왔다.

〈교정도감〉

서기 1209년에 청교역리 3명이 최충헌 부자를 죽이기 위해 모의하였다가 사전에 발각되어 실패하였다. 이때 최충헌은 범인을 잡는다며 교정도감을 설치하여 나중에는 인사, 감찰, 징세 등 모든 나라 일을 이곳에서 처리하였다. 이후 교정도감은 최씨정권의 최고기관이 되었다.

서기 1211년에 내시 왕준명이 우승경, 홍적, 왕익 등과 함께 희종의 허락을 받아 최충헌을 제거하겠다 하였다.

서기 1211년 12월에 최충헌이 궁에 들어오자 희종은 피하고, 내시들이 최충헌의 부하들을 궁궐로 깊이 유인하여 대기하던 무사와 승려들은 이들을 죽였다. 이때 최충헌이 눈치를 채고 지주사(정3품)의 방다락에 숨었다가 화를 면하였다. 잠시후 김약진 등이 들어와 최충헌을 구하였고, 이어 교정도감의 군사들이 들어와 무사들과 승려들은 체포되었고 희종은 강제 폐위 되어 강화도로 귀양 갔다.

60세가 된 명종의 태자 한남공을 강화도에서 모셔와 즉위시켰다.

22. 제22대 강종(康宗:서기 1212년~서기 1213년)

명종의 태자 한남공이 강화도에서 돌아와 60세로 즉위하였다.

강종은 재위 1년 8개월 만에 병들어 붕하였고 태자 철이 22세 나이로 즉위하였다.

23. 제23대 고종(高宗) 안효대왕(安孝大王:서기 1214년~서기 1260년)

강종의 태자 철이 22세로 즉위하였다.

서기 1216년에 거란(대요수국)은 고려의 의주와 삭주 등 북쪽 지방을 휩쓸며 약탈하였다. 변방의 군사들이 도망을 하였고 이에 백성들은 거란군을 피하여 피난을 떠났고 거란군이 쳐들어와 개경까지 내려왔다. 김취려 장군에 의하여 거란군이 물러갔다가 다시 여진과 합세하여 쳐들어 왔는데, 김취려와 조충의 군사에게 쫓겨 강동성으로 들어갔다. 이때 몽고에서 사신을 보내와 고려를 도와주려 하였다.

〈몽고와 통교〉

서기 1219년에 김취려는 몽고군과 함께 강동성을 공격하여 거란의 항복을 받았다.

〈최우 집권〉

서기 1219년 9월에 최충헌이 죽고 아들 최우가 권력을 물려받았다. 최우는 선비들을 많이 등용하였다.

몽고가 고려와 형제국이 된 후 고려에 지나친 조공을 요구하였다. 이때 압록강 근처 만주 지방의 여진족들이 사신을 보내와 함께 몽고를 치자하였으나 거절하였다.

〈저고여 피살〉

서기 1225년에 몽고의 사신 저고여가 고려를 방문하고 돌아가는 길에 압록강 근처에서 살해당하니 몽고는 고려와의 외교관계를 끊었다.

〈정방〉

서기 1225년에 최우가 정방을 설치하였다.

〈왜구침입〉

서기 1226년에 왜구가 경상도를 침입하였다.

〈몽고 제1차 침입〉

서기 1231년, 고종 안효대왕 18년에 몽고의 태종(오고타이)이 살리타이를 보내어 제1차 침입하였다. 이때 문대(文大)는 낭장(郎將)으로 서창현(瑞昌縣)에 있다가 몽고병에게 잡혔는데, 몽고병이 철산성(鐵山城) 밑에 이르러 문대로 하여금 성 안의 사람들을 큰소리로 설득하게 하였다. 몽고병이 문대에게,

"진짜 몽고병이 왔다. 재빨리 나와서 항복하라"

고 시켰으나, 이에 문대는

"가짜 몽고병이다. 그러니 나와서 항복하지 말라"

라고 하였다. 이에 몽고병이 그를 죽이려 하다가 다시 한 번 시켜보니 다시 똑 같이 하므로 마침내 문대를 죽였다. 몽고병이 성을 아주 급하게 공격하였다. 성에는 양곡이 떨어지니 마침내 지키지 못하고 함락되려고 하였다. 이때 판관(判官) 이희적(李希績)이 성 안의 부녀자와 어린이들을 모아서 창고에 들어가게 한 다음 창고에 불을 지르고는 장정들을 인솔하여 모두 자결하였다.

귀주성에서 서북면 병마사 박서와 김경손이 결사대12명을 구성하여 싸우는 등 성을 굳게 지키니 몽고군은 귀주성을 포기하고 돌아가서 다른 성들을 함락시키고 개경을 포위하였다.

최우는 몽고와 화친을 청하여 항복하였다.

몽고군은 고려에 다루가치 72명을 두고, 돌아가는 길에 다시 귀주성을 총공격하였으나 항복하지 않으므로 살리타이가 고종에게 사람을 보내어 항복하라는 어명을 내리게 하였고 이에 귀주성이 항복하였다.

〈강화천도〉

서기 1232년에 최우는 몽고군이 수전에 약한 것을 알고 강화도로 수도를 옮겼다. 이때 개경의 약 10만 민가도 강제로 이주시켰다.

〈몽고 제2차 침입〉

서기 1232년에 몽고의 살리타이가 2차 침입을 하였다. 몽고군은 서경과 개성을 거쳐 처인성(용인)까지 진격하였으나 승려 김윤후가 이끄는 의병이 공격을 막았다. 다음날 몽고군은 2차 공격을 하다가 살리타이가 고려군이 쏜 화살에 맞아 죽고 전의를 상실한 몽고군은 돌아갔다. 김윤후는 살리타이를 죽인 공로로 섭랑장이 되었다.

서기 1234년에 금속활자로 〈상정고금예문〉을 간행했다.

〈몽고 제3차 침입〉

서기 1235년에 몽고군은 제3차 침입을 하여 경주까지 진격하였고, 황룡사 9층탑과 대구 부인사의 대장경판이 불타는 등 많은 문화재가 손실되었다.

〈목판 팔만대장경 재조〉

서기 1236년 병신년(丙申年)에 고려는 강화에서 **〈재조 목판 팔만대장경〉**의 판각을 위한 준비를 하였다(~서기 1251년 9월).403)

서기 1237년에 이규보(70세)의 동국이상국집(東國李相國集)이 완성되었다.

서기 1239년에 고려의 항복을 기다리다 지친 몽고는 고려 희종에게 직접 항복하고 몽고에 입조하면 물러가겠다 하여 고려는 왕족 영녕공을 태자라 속이고 몽고로 보냈다.

〈**금판 팔만대장경 완성 및 목판 팔만대장경 판각**〉

서기 1239년에 서기 1193년부터 만들기 시작한 금판 팔만대장경이 47년 만에 완성되었다. 이해에 재조 목판 팔만대장경의 판각을 시작하였다(~서기 1251년 9월).

---

403) 팔만대장경의 팔만은 원래 팔만사천이라는 숫자에서 나온 것인데, 사람 몸의 신경(神經)의 수와 모공(毛孔)의 수가 팔만 사천 개라고 한다. 한편, 경락은 6장6부 즉 12장부가 129,600이니 1장부의 경락의 수는 10,800개이다.

〈몽고 제4차 침입〉

서기 1247년 몽고는 제4차 침입을 하여 고려왕이 몽고에 입조하고 개경환도를 요구하였다. 고려 조정이 끝까지 버티자 몽고군은 소득 없이 돌아갔다. 김윤후는 충주산성 방호별감으로 있으면서 몽고의 제4차 침입을 맞아 충주성을 끝까지 지켰다.

고려 금판 팔만대장경

*오른쪽 그림은 태호복희 8괘역에다 중앙의 무극(無極) 자리에 음양의 태극(太極) 문양을 넣음

*태극 문양 내 큰 원점(圓點)이 태양, 작은 원점이 달

*시계반대방향으로 해석하면 음과 양이 각 적어지는 방향으로, 시계방향으로 해석하면 음과 양이 각 커지는 방향으로 회전하는 것이 됨.

팔만대장경 권제1 끝 부분

〈최항 집권〉

서기 1249년에 최우가 죽고 아들 최항이 권력을 이어받았다.

서기 1251년에 몽고가 사신을 보내어 개경환도를 요구하였다.

〈목판 팔만대장경 완성〉

서기 1251년 9월에 고려대장경을 16년 만에 완성하여 강화 선원사(禪源寺)에 보관하였다. 이후 서기 1398년에 조선 태조 7년에 해인사로 옮겼다.

〈몽고 제5차 침입〉

서기 1253년에 몽고는 제5차 침입을 하였다.

〈몽고 제6차 침입〉

서기 1254년에 몽고는 제6차 침입을 하여, 고려인 20만 명을 끌고 갔다.

〈최의 집권〉

서기 1257년에 최항이 죽고 최의가 물려받았다. 몽고는 다시 고려의 태자를 입조시키라 요구하였으나, 고려는 태자 대신 다른 사람을 보냈다.

〈몽고 제7차 침입〉

서기 1257년에 몽고는 제7차 침입을 하였다.

〈최씨 정권 붕괴〉

서기 1258년에 유경, 김준, 임연 등이 최의를 살해하고 대사성 유경이 제1인자가 되고 김준은 제2인자가 되었다. 고려조정은 몽고에 사신을 보내고 개경환도와 태자입조를 약속하니 몽고군을 회군시켰다.

서기 1258년에 몽고는 쌍성총관부를 설치하였다.

서기 1259년에 고려 태자와 40여명의 신하들이 몽고에 입조하였다.

서기 1259년에 고종이 68세로 붕하고 몽고에 있던 태자가 급히 돌아와 41세로 즉위하였다.

24. 제24대 원종(元宗:서기 1260년~서기 1274년)

고종의 태자가 몽고에서 돌아와 즉위하였다.

서기 1260년에 이인로가 파한집을 간행하였다.

서기 1260년에 김준이 유경을 밀어내고 제1인자가 되었다. 이에 원종은 왕권회복을 위하여 태자 심을 몽고에 보내어 개경환도가 김준 등의 무신들의 반대로 이루어지지 못하고 있다고 고하였다. 이에 몽고는 사신을 보내어 송나라를 칠 테니 김준 부자가 구원병을 이끌고 몽고로 오게 하였다.

이에 김준이 사신을 죽이려 하였으나 이를 눈치 챈 원종이 임연에게 김준을 죽이게 하였다. 그러나 김준을 죽인 임연도 개경환도를 반대하게 되었고, 원종을 상왕으로 삼아 폐위시키고 안경공 창을 즉위시켰다. 이에 몽고에 있던 태자가 몽고 세조(쿠빌라이)에게 고하니 몽고에서 사신을 보내어 원종과 창과 임연을 불러 올렸다. 원종은 임연의 아들 임유간을 두려워하여 폐위사건의 진상을 털어놓지 못하였는데, 원종을 따라갔던 이장용이 이 사실을 알리자 몽고 세조가 임유간을 감옥에 가두었다. 이 소식을 들은 임연은 고민하다 병이 나서 죽고 맏아들 임유무가 권력을 물려받았다.

원종은 고려로 돌아왔으나 강화로 가지 않고 개경에 머물렀다. 이에 임유무가 군사들을 이끌고 개경으로 향하였는데, 원종이 송송례와 홍문계에게 임유무를 제거하라 명하여, 이에 임유무가 살해되었다. 이로써 100년 가까이 지속된 무신정권이 막을 내렸다.404)

〈개경 환도〉

서기 1270년에 원종은 개경으로 환도하였다. 원종은 반몽파를 쫓아내고 친몽파를 중용하였다.

〈원의 간섭〉

이후 원(元)의 내정간섭이 공민왕이 반원정책을 실현한 서기 1356년경까지 지속되었다.

〈삼별초의 대몽항쟁〉

원종이 강화의 삼별초(좌별초, 우별초, 신의군)를 해산시키려 하였는데, 이에 배중손은 왕족인 승화후 온을 즉위시키고 대몽항전을 시작하였다. 원종은 김방경을 불러 어명을 내려 몽고군과 합쳐 삼별초를 토벌하게 하였다. 이에 배중손은 강화도를 버리고 남해의 진도를 근거지로 삼았다.

김방경은 아해, 홍다구 등의 몽고 장수와 여몽연합군을 구성하여 진도를 공격하였으나 번번이 실패하였다.

서기 1271년에 김방경은 아해 대신 출전한 몽고 장수 흔도와 홍다구 등과 함께

---

404) 정중부-경대승-이의민-최충헌-최우-최항-최의-유경-김준-임연-임유무

대군을 이끌고 진도를 총공격하여 함락시켰는데, 배중손은 전사하고 승화후 온은 살해되었다. 진도에서 제주도로 옮긴 김통정의 삼별초는 항전을 계속하였다.

몽고는 수도를 연경으로 옮겼다.

서기 1273년에 1만 명의 여몽연합군이 탐라(제주도)를 공격하여 김통정의 삼별초를 진압하였다.

서기 1274년에 몽고는 남편이 없는 여자들을 보내라 하여 고려에서는 결혼도감을 설치하여 혼자 사는 여자와 남편 없는 여자, 역적의 아내, 노비의 딸 등을 원나라에 보냈다.

원나라는 고려의 묘호에 왕과 충을 붙이도록 하고 폐하를 전하로, 태자를 세자로 강등하도록 하였고, 관제도 바꾸었다. 또 고려의 세자를 원나라 공주와 혼인하도록 하였다. 원종의 태자 심이 원나라 세조(쿠빌라이)의 딸과 혼인하여 이후 고려는 원나라의 부마국이 되었다.

원종(元宗) 임금의 아들 경효왕(景孝王:충렬왕)께서 일찍이 연경(燕京)에 계실 때 연나라 여인의 유혹을 받았는데, 헤어질 때 연꽃 한 개를 손에 쥐어주며 꽃이 시들면 자신도 죽는 것으로 알라고 하였고, 이후 꽃을 보니 시들어 죽으려 하므로 임금이 다시 연나라로 가려 하니, 이존비(李尊庇)[405]가 청하여 연나라로 가서 그 여인을 찾게 되었다. 그 여인이 울면서 시를 바쳤는데 이에 이존비가 임금이 이 시를 보면 사모하는 마음이 더욱 커질까 염려되어, 그녀가 쓴 원래의 내용과는 완전히 다르게 정이 떨어지는 내용으로 다시 고쳐 써서 임금께 바쳤다. 이에 임금은 이존비가 몰래 고쳐 쓴 시를 보고 그 여인에 대하여 크게 노하고 마침내 귀국하였다. 그러나, 그 뒤에도 임금이 연나라 여인을 원망하기를 끊이지 않으므로, 이존비가 당시 임금으로 하여금 속히 귀국하도록 하기 위하여 시를 고쳐 바쳤던 일을 실토해 버렸다. 이에 임금이 화가 나서 이존비의 관직을 뺏고 유배를 보내 버렸다. 이에 문의태자

---

405) 고려 경효왕(충렬왕:서기 1275년~서기 1309년) 때의 중신이다.

(文懿太子)와 조정의 신하들이 반복하여 유배를 풀 것을 아뢰니, 임금께서도 역시 후회하며 깨달아 관직을 회복시키고 불러 들였는데, 사자가 이존비에게 채 가기도 전에 숨졌다. 임금이 이를 듣자 크게 슬퍼하며 조회를 폐하였다. 이에 명하여 장사를 왕례(王禮)로써 치르게 하고, 마침내 형강(荊江)의 위에 있는 산 4리를 봉하였는데, 지금은 왕묘동(王墓洞) 산사리(山四里)라 한다.

서기 1274년에 원종이 붕하고 세자 심이 원나라에서 돌아와 즉위하였다.

25. 제25대 경효왕(景孝王:충렬왕(忠烈王):서기 1274년~서기 1309년)

원종의 세자 심이 원나라에서 돌아와 즉위하였다.

〈여원 제1차 일본 정벌〉

서기 1274년에 원나라 세조 쿠빌라이는 일본을 정벌하려, 고려에게 병선 900척을 만들게 하고, 도원수 흔도와 부원수 홍다구에게 2만5천의 군사를 주어 고려로 보냈다. 이에 김방경을 총대장으로 삼아 8천여 명의 군사를 동원하고 수군 6천7백 명을 붙여 총 4만여 명의 여원연합군이 일본 정벌길에 올랐다. 일본의 대마도와 이키섬을 점령하는 등 대승을 거두었다. 한밤중에 태풍이 불어 배가 부서지고 수많은 군사들이 물에 빠져 죽었다.

서기 1275년에 몽고는 응방을 설치하고 매를 잡아 바치게 하였다.

후암(厚庵) 이존비(李尊庇:서기?~서기 1287년) 선생이 한때 서연(書筵:왕세자 학습관)에 있으면서 자주부강책(自主富强策)을 논하였는데, 상주하여 가로되,

"우리나라는 한(桓), 단(檀:배달), 조선(朝鮮), 북부여(北夫餘), 고구려(高句麗) 이래로 모두 부강자주(富强自主)하였고, 또 건원칭제(建元稱帝)의 일은 우리 태조(太祖:왕건 神聖太王, 연호 天授) 초까지 역시 일찍이 행하였습니다. 그런데 지금 사대(事大)의 논의로 정하여 국시(國是)로 삼고, 군신상하(君臣上下)가 굴욕

을 감수하며, 스스로 새롭게 하려 도모하지 않음은 하늘을 두려워하는 것입니다. 나라를 보전함은 진실로 아름다운 것입니다. 어찌 천하 후세의 웃음거리가 될 것입니까? 또 왜와 원한을 사 만일에 원실(元室)에 변이 있으면 장차 어디에 기댈 것입니까? 나라를 위하여 칭제(稱帝)하는 일은 시기를 구실로 기피하면 진실로 끝내 회복하기 어려우니, 자강책(自强策)은 강구하지 않으면 안 되는 것입니다. 상주하는 바가 비록 잠잔다 하더라도 듣는 자가 이를 그르다고는 하지 않을 것입니다."

라고 하였다.

후에 또 왜를 대비하여 다섯 가지 일(五事)을 말하였는데, 첫째, 호구(戶口)를 상세히 파악하여 백성을 병사로 삼고, 둘째, 군대와 농사는 하나로 만들어 바다와 육지에서 함께 지키며, 셋째, 군량을 축적하여 놓고 전함(戰艦)을 수리하고 만들고, 넷째, 수군(水軍)을 확장하여 육지전(陸地戰)도 익히게 하며, 다섯째, 지리(地理)를 상세히 익혀 인화(人和)를 확보하는 것이다라고 하였다.[406]

서기 1280년에 원나라 세조는 일본정벌을 위하여 정동행성을 고려에 설치하였다.

〈여원 제2차 일본 정벌〉

서기 1281년에 원나라는 15만의 군사를 내어 일본 2차정벌에 나섰고 고려는 김방경이 1만 군사로 합세하였다. 또다시 태풍으로 여원연합군 16만 중에서 1만9천 명만 살아 돌아왔다.

〈삼국유사〉

서기 1285년에 일연이 삼국유사[407]를 편찬하였다.

---

406) 전계 한단고기 〈태백일사/고려국본기〉, 326~327쪽 참조
407) 삼국유사는 고조선에 관한 기록과 삼국사기에서 빠진 역사사실을 담고 있어 그 나름대로 귀중한 역사서이나 기록상 자세하지 않거나 미흡한 부분이 많이 있다고 보인다. 삼국유사의 내용을

〈제왕운기〉

서기 1287년에 이승휴가 제왕운기[408]를 저술하였다.

서기 1290년에 동녕부를 폐지하였다.

〈금판 불경 완성〉

서기 1294년에 〈금판 묘법연화경〉, 〈금판 금강반야바라밀경〉이 완성되었다.

서기 1295년에 원나라는 세조가 죽자 일본정벌을 포기하였다. 정동행성은 그대로 남아 고려의 내정을 간섭하였다.

서기 1297년에 제국공주가 갑자기 병이 들어 죽었다. 이에 원나라에서 세자 원이 돌아와 충렬왕의 총애를 받고 있던 궁녀 무비를 처형하고 무비의 측근 40여명을 죽이거나 귀양 보냈다. 세자 원이 원나라로 돌아가자 충렬왕은 스스로 왕위에서 물러나겠다고 원나라 황제에게 전했다.

〈충선왕 즉위〉

서기 1298년에 24세의 세자 원(충선왕)이 즉위하였다.

〈충렬왕 복위〉

그러나, 충선왕은 즉위하자마자 대대적인 개혁을 하여 인사를 담당하던 정방을 폐지하고 관제개혁을 하였다. 충선왕은 이전의 세자비였던 조비를 사랑하고 있었다. 이에 왕비 계국공주는 이 사실들을 원나라 황태후에게 일러 바쳤다. 이리하여 조비의 아비 조인규와 그 아내, 조비등이 원나라로 압송되었다. 이리하여 충선왕은

완전하게 해석하려면 보완하는 작업이 반드시 필요하다.

408) 제왕운기는 역대제왕들의 역사를 시로 읊은 것이 되고, 고대중국 땅에 존재하였던 나라들을 상편에 놓고 우리나라를 하편에 놓아 고려시대 원나라를 존숭한 것이 되는데, 제왕운기에서 원나라 조정을 천조(天朝)라 하여 높이고 있다. 제왕운기라는 역사서를 근거로 고대중국 땅에 존재하였던 나라들을 우리역사라고 단정하는 오판을 하는 경우도 있을 수 있으나, 결국 제왕운기는 지금으로 판단하면 사대주의적 색체를 띤 역사기록이 된다.

7개월 만에 쫓겨나 원나라로 호송되고, 충령왕이 복위되었다. 충선왕은 조맹부, 염복, 요봉 등의 원나라 학자들과 사귀며 복위의 날을 기다렸다.

서기 1304년에 안향의 주장으로 국학에 대성전을 세웠다.

서기 1305년에 원나라에서는 성종 티무르가 병이 들어 황족들 간에 황위 다툼이 심했다.

서기 1307년에 충선왕은 황족 중에서 하야스를 도왔는데 그가 즉위하여 무종이 되었다.

서기 1308년에 충렬왕이 죽자 충선왕이 고려로 돌아와 복위하였다.

26. 제26대 충선왕(忠宣王:서기 1309년~서기 1314년)

원나라에 호송되었던 충선왕(세자 원)이 고려로 돌아와 복위하였다.

충선왕은 개혁정치가 잘 먹히지 않자 결국 정치에 뜻을 잃고 숙부인 제안공에게 정치를 맡기고 원나라 연경으로 떠났다. 이에 고려 신하들은 연경과 개경을 오가며 충선왕의 재가를 받았다. 이때 충선왕은 원나라 무종의 신임을 얻어 남만주에 있는 고려의 유민을 다스리는 심양왕의 직위에 있었다.

서기 1310년에 고려의 조정대신들이 충선왕의 귀국을 간하다가 거부당하여 세자를 즉위시키려 하자 충선왕은 세자 감과 측근 신하들을 모두 죽여 버렸다. 이후 고려조정은 끈질기게 충선왕의 귀국을 조르자, 충선왕은 서기 1313년 3월에 둘째 아들 강릉대군에게 선양하였다.

서기 1314년에 충선왕은 연경에 만권당을 설치하였다.

27. 제27대 충숙왕(忠肅王:서기 1314년~서기 1330년)

충선왕의 둘째 아들 강릉대군이 즉위하였다. 서기 1314부터 서기 1330년까지 1차 재위하였다.

충숙왕의 즉위 직후 충선왕이 귀국하자 실권은 충선왕 쪽으로 넘어갔다.

충선왕은 원나라로 돌아갔고 심양왕의 자리를 이복형의 아들인 조카 왕고에게 물려주고 왕고를 고려의 세자로도 삼았다. 이에 세자가 된 왕고는 고려왕이 되겠다는 야심을 품고 충숙왕을 괴롭혔다.

서기 1316년에 충숙왕은 원나라 영왕의 딸인 복국장 공주와 혼인하였다. 충숙왕은 쫓겨난 덕비를 잊지 못해 자주 덕비를 찾아갔다.

서기 1319년에 복국장 공주가 갑자기 죽었다. 이에 원나라는 이상지에게 진상조사를 시켰고 복국장 공주의 궁녀와 요리사 한만복이 원나라로 압송되어 다시 조사를 받았다.

서기 1320년에 원나라 인종(仁宗)이 암살되었다.

서기 1321년에 심양왕 왕고가 원나라 영종(英宗)에게 충숙왕의 폐위를 간하였고, 충숙왕은 밤마다 연회를 즐겼다. 이은 심양왕 왕고의 고자질로 원나라 영종은 충숙왕을 입조하게 하였다. 이에 충숙왕은 연경으로 갔다.

서기 1324년에 심양왕 왕고를 신임하던 원나라 영종이 죽고 태정제가 즉위하였다. 2월에 충숙왕은 고려로 돌아왔다.

충숙왕은 왕고의 모함에서 벗어나기 위하여 자진해서 원나라 위왕의 딸인 조죽장 공주와 혼인하였다.

서기 1325년에 조국장 공주는 아들을 낳은 뒤 죽었다.

심양왕 왕고의 사주를 받은 유청신과 오잠이 원나라 태정제에게 고하였고, 태정제는 신하 매려를 고려로 보내어 유청신과 오잠의 말이 사실인지 알아보게 하였는데, 결국 거짓으로 드러나 왕고는 황제의 신임을 잃고 세력이 급격히 약해졌다. 이 틈에 충숙왕이 왕고의 지지세력을 감옥에 가두거나 귀양 보냈다.

서기 1330년에 충숙왕이 몸이 약해져 16세의 세자에게 왕위를 물려주고 상왕이 되어 원나라에 머물렀다.

28. 제28대 충혜왕(忠惠王:헌효왕:서기 1330년~서기 1332년)

충숙왕의 장남인 세자 정이 16세로 즉위하였다. 서기 1331년부터 서기 1332년까지 1차 재위하였다.

충혜왕은 나랏일을 배전, 주주 등에게 맡기로 사냥과 씨름을 즐겼다. 이에 원나라는 충혜왕을 연경으로 불러들여 근신시키고 충숙왕을 복위시켰다.

29. 제27대 충숙왕(忠肅王:서기 1332년~서기 1339년)

서기 1333년부터 서기 1339년까지 2차 재위하였다.

서기 1335년에 조선 태조가 된 이성계가 출생하였다.

서기 1339년에 충숙왕이 병으로 붕하였고 충혜왕이 복위되었다.

30. 제28대 충혜왕(忠惠王:헌효왕:서기 1340년~서기 1344년)

원나라에 있던 충혜왕이 고려로 돌아와 복위하였다.

그러나, 충혜왕은 다시 선왕의 후비와 신하의 아내까지 희롱하였다. 매일 잔치를 열고 사냥과 수박 경기를 즐겼으며 연회장을 만들기 위하여 재물을 빼앗고 강제 부역을 시켰다. 충혜왕의 잘못은 원나라에 낱낱이 보고되었다.

〈역옹패설〉

서기전 1342년에 만권당 출신인 이제현은 익재난고, 역옹패설 등의 책을 지었다.

서기 1344년, 헌효왕(獻孝王:忠惠王)의 후기(서기 1340년~서기 1344년) 5년 3월에 행촌 이암(李嵒:1297~1364:당시 48세)[409]은 명을 받들어 참성단(塹城壇)

---

409) 고려의 문신. 본관은 고성(固城). 호는 행촌(杏村). 아버지는 철원군 우(瑀)이다. 서기 1313년 충선왕 5년에 과거에 급제하여 충숙왕의 총애를 받아 부인(符印)을 맡는 비성교감에 임명되었

에 제천(祭天)하였다. 이때 백문보(白文寶:?~서기 1374년)에게 말씀하시기를,

> "덕(德)을 믿고 신(神)을 수호함은 오로지 신념(信念)에 있고, 영재를 기르고 나라를 지키는 공적은 발원(發願)함에 있다. 이에 신(神)은 사람에 의지하고 사람 역시 신(神)에 의지하여 백성과 나라가 영원히 편안함을 얻는다. 하늘에 제(祭)를 올리는 정성은 결국 근본에 보답함으로 돌아가니, 인간세상에서 구하는 것은 거품과 같은 것이다"

라고 하였다.410)

즉, 사람이 정성으로 하늘에 제를 올리는 것은 근본에 보답하며 신(神)에 의지하는 것이고, 이렇게 신(神)에게 의지하려면 또한 나라가 평안해야 하므로 사람을 키우고 나라를 보존하는 것인 바, 무한원천이자 근본인 신(神)에게 정성을 드리지 않고서 생명이 유한한 인간세상에서만 구할 수는 없는 것이므로, 반드시 신(神)에게 제(祭)를 올리고 의지해야 백성과 나라가 완전하게 된다는 말이다.

이암선생은 호는 행촌(杏村)이며 17세에 과거에 급제하였고, 찬성사, 좌정승, 수

고, 충혜왕 초기에 밀직대언 겸 감찰집이 되었는데 충숙왕과 충혜왕 부자간의 갈등으로 1332년 충숙왕이 복위한 뒤 충혜왕의 총애를 받았다 하여 귀양 갔다. 1339년 충혜왕이 복위하자 지신가, 동치추밀원사, 정당문학, 첨의평리 등을 지냈다. 1344년 충목왕이 즉위하자 찬성사가 되어 정방제조가 되었는데 관리임명을 공평하게 훗한다 하여 밀성으로 귀양갔다가 얼마 후에 풀려났으며, 충목왕이 죽은 뒤 충정왕을 수행하여 원나라에 다녀왔으며 귀국시에 원나라 농서인 농상집요(農桑輯要)를 구해다가 보급시켜 고려의 농업기술 발달에 공헌하였다. 그 뒤 정방제조로서 추성수의동덕찬화의 공신호를 받았으며 찬성사를 거쳐 좌정승이 되었다. 공민왕 초기에 철원군에 봉해졌는데 사직하고 청평산에 들어갔다가 왕의 부름을 받고 수문하시중이 되었다. 1359년 공민왕 8년에 홍건적 침입 때 서북면도원수로서 군사 2,000을 인솔하여 출전하였으나 임무를 수행하지 못하고 돌아왔다. 1361년에 홍건적이 수도에 육박하자 남행하는 왕을 호종하고 전쟁이 끝난 뒤 그 공으로 호종공 1등으로 등록되고 철성부원군으로 봉해지는 동시에 추성수의동덕찬화익조공신의 호를 받았다. 서예에 능하여 특히 당시 유행하던 원나라 조맹부의 송설체의 대가로 꼽혔다. 1375년 우왕 1년에 충정왕 모당에 배향되었다. 시호는 문정(文貞)이다.

410) 전게 한단고기 〈태백일사/고려국본기〉, 331~332쪽 참조

문하시중을 지냈으며, 글씨와 그림에 뛰어났다. 공민왕 13년에 68세로 세상을 떠났다.

행촌 이암 선생이 일찍이 천보산(天寶山)에서 노닐 때 밤에는 태소암(太素庵)에 묵었는데, 한 거사(居士)가 있어 말하기를,

"소전(素佺)은 기이한 옛 책을 많이 보관하고 있습니다."

하였다.

이에 이명(李茗), 범장(范樟)처럼 신서(神書)를 얻으니 옛 한단(桓檀)의 전수(傳修)한 진결(眞訣)이었다.[411] 이명 선생은 호는 청평(淸平)이며 고려시대 공민왕 때의 학자로서 〈조대기(朝代記)〉를 인용하여 〈진역유기(震域留記)〉 3권을 저술하였으며 이 책이 조선시대 지어진 〈규원사화〉의 저본이 되었다. 또, 범장 선생은 범세동(范世東)이라고도 하며, 호는 복애(伏崖)이고, 고려 공민왕 때 간의대부(諫義代夫) 등의 벼슬을 지냈으며, 고려가 망하자 강화읍 용정리 만수산 밑에 묻혀 살다가 세상을 떠났는데, 훗날 사람들이 이곳을 범옹동(范翁洞)이라 불렀고, 저서로는 〈북부여기(北夫餘紀)〉, 〈동방연원록(東方淵源錄)〉를 남겼다.

행촌 시중(侍中) 이암선생은, 일찍이 권신의 무리가 국호를 폐하려 하자, 이를 말려 청하여 행성(行省)의 의(議)를 세웠으니, 그 소략(疏略)에 이르기를,

"하늘 아래 사람들은 각각 자기의 나라를 가지고 나라를 삼고 또 각각 그 풍속을 가지고 풍속을 삼는다. 국계(國界)를 허물지 말라. 민속 역시 섞지 말라. 하물며 우리나라는 한단(桓檀) 이래로 모두 천제자(天帝子)를 칭하고, 제천(祭天)을 행하여 스스로 분봉의 제후와는 근본이 서로 같지 않다. 지금 일시적으로 다른 사람의 발밑

---

411) 전계 한단고기 〈태백일사/고려국본기〉, 330~331쪽 참조

에 있기는 하나 이미 혼과 정신과 피와 살이 있어 한 근원의 조상을 갖게 되었으니, 이것이 곧 신시개천으로부터 이를 삼한관경이라 하고, 크고 이름난 나라를 하늘 아래 만세에 만들게 된 까닭이다. 우리 천수태조(天授太祖:왕건)에서 창업의 바탕으로 고구려가 다물국(多勿國)을 세우신 풍습을 계승하여 온세상을 평정하시고 나라의 명성을 크게 떨치었다. 때로 강한 이웃이 생겨 틈을 타 횡포를 일삼았으니 유영(幽營:유주와 영주:난하 서쪽의 요서지역)의 동쪽이 아직도 우리의 것이 되지 못하였다. 이것이 곧 군신이 낮밤으로 떨치고 나서서 도모하고 자주부강의 계책을 감히 세우고 있는 이유인데, 잠청(潛淸)과 같은 간사한 무리가 있어 기량을 자랑하며 남 몰래 꾀하고 있다. 우리나라가 작다고 하지만 국호를 어찌 폐하려 하는가? 세력이 비록 약하다 한들 위호를 어찌 깎고 낮추려 하는가? 이제 이러한 행동들은 모두 간사한 소인배의 도망질에서 나오는 것이며, 나라 사람들의 공언(公言)이 아닌 것이다. 마땅히 청하여 그 죄를 엄히 다스려야 할 것이다"

라고 하였다.412)

이암 선생은 시중(侍中) 벼슬을 하시다가 강도(江都:고려의 임시 수도였던 강화도)의 홍행촌(紅杏村)으로 퇴거하시고 스스로 홍행촌 늙은이라고 부르시며 마침내 행촌삼서(杏村三書)를 쓰시어 집에 간직하였다. 행촌삼서는 단군세기. 태백진훈, 도학심법이다. 특히 단군세기는 서기 1363년, 경효대왕(敬孝大王) 12년 계묘년(癸卯年) 10월 3일에 강도(江都)의 해운당(海雲堂)에서 썼다.

행촌 이암 선생은 저서가 세 가지가 있어 이를 행촌삼서(杏村三書)라 하며, 단군세기는 원시국가의 체통을 밝힌 바 현저하고, 태백진훈(太白眞訓)은 도학심법(道學心法)을 소개한 것이며, 농상집요(農桑輯要)는 곧 경세실무(經世實務)의 학문이다. 문정공(文靖公) 목은(牧隱) 이색(李穡) 선생이 이에 서문을 붙여 가로되,

---

412) 전게 한단고기 〈태백일사/고려국본기〉, 329~330쪽 참조

"무릇 의식(衣食)이 풍족하게 되는 것, 재물이 풍부해 지는 것, 자식들이 두루 갖추 어지는 것들을 분류하고 모으고 자르고 밝혀 비추지 않음이 없으니, 실로 이치가 살 아나는 좋은 책이다"

라고 하였다.[413]

서기 1344년에 충혜왕의 잘못을 문책하려 보내어진 원나라에서 오던 사신들을, 이러한 사정을 모르고 충혜왕이 정동성에 마중 나갔다가 원나라로 바로 압송되었 다. 이에 충혜왕은 계양현으로 귀양가던 중 30세의 나이에 독살되었다.

서기 1344년에 충혜왕의 세자 흔이 8세로 즉위하였다.

31. 제29대 충목왕(忠穆王:서기 1345년~서기 1348년)

충혜왕의 세자 흔이 8세로 즉위하였다. 이에 어머니 덕녕공주가 섭정을 하였다. 덕녕공주는 원나라 무정왕의 딸이며 서기 1330년에 충혜왕이 세자로 있을 때 혼인 하였다.

덕녕공주는 나라의 기강을 바로 잡으려 애썼다. 충혜왕이 신축하였던 궁을 헐고 그 자리에 숭문관을 세웠다. 또, 충숙왕 때 지어진 고려왕조 역사책인 편년강목을 보충하도록 하고, 이제현과 안축에게 충렬왕, 충선왕, 충숙왕의 3대 실록을 편찬토 록 하였다.

서기 1347년에 정치도감을 설치하였다.

서기 1348년에 충목왕이 병으로 붕하였다.

32. 제30대 충정왕(忠定王:서기 1349년~서기 1351년)

충혜왕의 차남인 희비 윤씨의 아들 저 왕자가 12세로 즉위하였다. 이에 희비윤씨

---

[413] 전계 한단고기 〈태백일사/고려국본기〉, 329~330쪽 참조

와 덕녕공주가 세력 다툼을 하게 되었다.

서기 1350년에 경상도 일대에 왜구가 출몰하였다. 약탈과 방화, 살인을 일상으로 벽상들을 괴롭혔다.

서기 1351년 신묘년(辛卯年) 3월에 직사(直使) 이강(李岡)은 은밀히 명을 받고 참성단에 올라 제를 지냈는데, 당시의 감회를 시로 읊어 나무판에 글을 새겼다.

서기 1351년에 원나라는 충정왕을 폐위시켜 강화도로 귀양 보내고 충혜왕의 아우인 강릉대군을 왕으로 세웠다.

33. 제31대 공민왕(恭愍王:경효왕(敬孝王):서기 1352년~서기 1374년)

원나라에 의하여 충혜왕의 아우인 강릉대군이 22세로 즉위하였다.

원나라 마지막 제16대 순제(順帝)가 라마교에 빠져 요승들과 어울리며 나랏일을 돌보지 아니하여 나라는 날로 어지러워졌으며 한족들이 곳곳에서 반란을 일으키기 시작하였으니, 홍건적도 그 중의 하나였다.

공민왕은 개혁을 시작하였다. 정방을 폐지하고, 몽고풍의 옷, 머리, 풍속을 폐지하였다. 이때 고려 조정에서는 기철을 포함한 친원세력이 득세하고 있었다. 기철의 여동생인 기황후는 원래 원나라에 팔려간 공녀였으나 순제의 눈에 띄어 황후가 되었던 것이다.

서기 1354년에 후에 조선의 태조가 된 이성계가 벼슬길에 올랐다.

서기 1355년에 정지상(鄭之祥)이 전라도 안렴사가 되어서 전주(全州)에서 야사불화(埜思不華)라는 자를 체포하는 일이 벌어졌다. 정지상은 하동(河東) 사람으로, 원나라에 왕래하다가 경효왕(敬孝王:恭民王)을 만나 모셨는데, 서기 1352년에 경효왕이 즉위하자 즉시 뽑히어 감찰(監察) 지평(持平)에 이르렀다. 일찍이 전라도 안렴사(按廉使)가 되어 세도가를 만나보고서는 별안간 그를 사로잡아 문초하고 여러 고을에 이를 공시하니, 도(道)가 온통 다 가슴이 써늘했다. 야사불화(埜思不華)라는 자는 원래 고려 사람인데, 원나라에 있으면서 순제(順帝:서기 1332년~서기 1370

년)의 총애를 받아 세력을 믿고 위세를 부려 나라 사람들이 그를 꺼렸다. 야사불화가 향사(香使)로서 고려에 와서는 이르는 곳마다 횡포를 부려 멋대로 하였으니, 존무사(存撫使)나 안렴사(按廉使)들이 대개 욕지거리를 얻어먹거나 망신을 당했다. 이렇게 굴다가 전주(全州)에 이르렀는데, 정지상이 그를 맞아 근신하며 대접하였으나 야사불화는 정지상을 매우 거만하게 대했다. 반접사(伴接使) 홍원철(洪元哲)이 정지상에게 요구하는 것이 있었으나 정지상은 무시하였다. 이에 홍원철이 격노하고 야사불화는,

"지상(之祥)이 천사(天使)를 업신여긴다."

고 하면서, 야사불화가 정지상을 결박하였다. 이에 정지상은 성을 내며 거짓말로 크게 외쳐 말하기를,

"나라가 이미 모든 기씨(奇氏)를 주살하고 다시는 원(元)나라를 섬기지 않는다. 재상(宰相) 김경직(金敬直)을 원수로 임명하여 압록강을 지키게 했다. 이 사신은 통제하기 쉽다. 너희들은 무엇이 두려워 나를 구하지 못하는가? 장차 너의 주(州)가 강등되어 작은 현이 되는 꼴을 보려는 것이냐?"

라고 하였더니, 읍리(邑吏)들이 소리 지르며 달려들어 결박을 풀고 도와주었고, 이에 정지상은 마침내 무리를 이끌고 야사불화와 홍원철을 사로잡아 가두고는 야사불화가 차고 있던 금패를 뺏아 서울로 달려 오던 중, 공주(公州)를 지나면서 응여(應呂)를 잡아 철퇴로 치니 며칠 만에 죽어 버렸다. 정지상은 왕에게 이를 보고하니, 왕이 경악하여 순군(巡軍)을 내려보내고, 행성원외랑(行省員外郞) 정휘(鄭暉)에게 명하여 전주목사(全州牧使) 최영기(崔英起) 및 읍리(邑吏) 등을 체포하고 또 차포온(車蒲溫)을 보내어 야사불화에게 내온(內醞:하사 술)을 주고 위로하며 그 패를 돌

려주었다. 원나라는 단사관(斷事官) 매주(買住)를 보내와 정지상을 국문(鞫問)케 하였다. 서기 1356년 여름 4월에 왕은 뭇 기씨를 주살하고는 정지상을 석방하여 순군제공(巡軍提控)을 삼았다. 다시 호부시랑(戶部侍郎) 어사중승(御使中丞)을 거쳐 벼슬이 판사(判事)에 이르러 죽었다. 성품이 엄격하여 대개 큰 죄를 다스릴 때에는 그를 보내었다. 정지상의 처는 과부로 담양(潭陽)에 살다가 왜인(倭人)의 해를 입어 죽으니, 아들이 서기 1389년에 박위(朴葳)를 따라 대마도(對馬島)를 정벌했다.414)

서기 1356년, 천수(天授)기원 439년, 경호왕(敬孝王) 5년 여름 4월 정유(丁酉)일에, 기철(奇轍), 권겸(權謙), 노이(盧頤) 등이 모반하다가 주살되었다. 정지상(鄭之祥)을 석방하여 순군제공(巡軍提控)을 삼고 정동행성(征東行省)의 이문소(理問所)를 물리치게 하였다. 이때 원나라는 매우 쇠폐하여 오왕(吳王) 장사성(張士誠)은 강소(江蘇)에서 기병하였고, 여러 가지 일로 소란했다. 최영(崔瑩) 등은 이때 고우(高郵)로부터 돌아왔다. 임금께서는 처음 최영 등과 함께 의논하시어 서북지방 회복의 계획을 정하고, 먼저 정동행성을 격파하였다. 이어서 인당(印璫), 최영 등 여러 장수들을 보내어 압록강 이서의 8첩(帖)을 공격하여 격파하였다. 또 유인우(柳仁雨), 공천보(貢天甫), 김원봉(金元鳳) 등을 보내어 쌍성(雙城) 등의 땅을 수복하도록 하였다. 415)

〈쌍성총관부 폐지〉

서기 1356년에 원나라 연호를 폐지하고 3성6부제의 관제를 회복시켰다. 탐관오리를 처벌하고, 원나라가 화주 이북을 통치하기 위하여 설치했던 쌍성총관부를 폐지하였다. 공민왕은 인당과 강중경을 불러 서북면 병마사로 임명하여 압록강 건너 땅을 수복하도록 하여, 인당은 압록강 건너의 파파부 등 세 곳의 원 수비대를 격파

---

414) 전게 한단고기 〈태백일사/고려국본기〉, 332~333쪽 참조

415) 전게 한단고기 〈태백일사/고려국본기〉, 337쪽 참조

했다. 이에 원나라는 공민왕을 협박하였는데, 공민왕은 서북면 일대의 방비를 철저히 하였다.

원나라에 반란이 일어나자 최유는 원나라 순제에게 고려에 군사를 청하라고 간하여 반란진압군 10만을 고려에 와서 전하였다. 얼마 후 다시 최유가 원나라 중상감승 자격으로 고려에 와서 요구하였다. 이후 공민왕이 기황후의 오빠인 기철을 제거하자 최유는 기황후에게 접근하여 공민왕을 폐하고 덕흥군 왕혜를 즉위시키려 모의하였다. 이에 기황후가 공민왕의 옥새가 가짜라며 순제에게 고자질하자 순제가 최유를 고려의 좌정승, 연경의 고려인들을 고려의 대신에 임명하였는데, 최유가 고려로 침입하였으나 최영의 군대에게 참패하였고, 원나라로 쫓겨 간 최유는 순제에게 고려를 정벌하도록 간하였으나, 원나라는 이미 국력이 쇠하여 고려를 정벌할 힘이 없어졌다. 이에 원나라는 고려와의 관계가 나빠질 것을 우려하여 원나라 신하들의 반대로 고려정벌이 취소되었다. 이후 최유는 공민왕의 요청으로 몽골로 압송되어 처형되었다.

〈홍건적 제1차 침입〉

서기 1359년에 홍건적(홍두적)의 난이 일어났다(1359~1361). 홍건적이 요동을 정벌하고 송나라를 세우자 이에 원나라가 총공격을 하였고, 이때 홍건적은 세 갈래로 나누어 도망하였는데, 모거경이 이끄는 4만 명의 홍건적이 고려로 침입하였던 것이다. 압록강을 넘어온 홍건적이 철주, 서경 등지를 함락시키자, 공민왕은 2만여 군사를 동원하여 홍건적을 압록강 너머로 축출하였다.

〈홍건적 제2차 침입〉

서기 1361년, 경효왕 10년 겨울 10월에, 홍두적(紅頭賊)인 번성(藩誠), 사유(沙劉), 주원장(朱元璋) 등 10만의 무리가 2차 침입을 하여 압록강을 건너 삭주(朔州)를 침략해 왔다. 개경을 함락시키고 궁궐을 완전히 불태웠다. 이때 홍건적을 소탕하는 데 이성계의 활약이 컸다.

서기 1362년 홍두적은 안주(安州)를 습격하니 상장군(上將軍) 이음(李蔭)과 조천주(趙天柱)가 이 싸움에서 죽었다. 겨울 12월에 임금께서는 복주(福州:안동)에 이르러 정세운(鄭世雲)으로 총병관(總兵官)을 삼으니, 정세운은 성품이 충성스럽고 깨끗하여 파천(播遷) 이래 낮밤으로 울분하며 우려하여 홍두적을 소탕하여 경성(京城)을 회복하는 것을 자기의 임무로 생각하였으니, 임금께서도 그를 신임하셨다.

정세운은 종종 임금께 고하여 애통의 뜻을 조서로 내리고 민심을 가엾이 여기실 것을 청하고 사신을 각 도에 보내 병력을 독려하도록 청하였다. 임금께서 마침내 조서를 내리시니 수문하시중 이암(李嵒)이 전하여 말하기를,

"천하가 편안하면 뜻을 쏟아 백성을 다스리고 천하가 어지러우면 뜻을 쏟아 장수를 따라야 하리니, 나는 문신이기에 약해 빠져 군에 몸담지는 못한다. 그대는 내 뜻을 알고 힘을 다하라!"

하였다.

이에 정세운은 도당(都堂)을 뵙고 분개하는 말로 소리를 높여 유숙(柳淑)에게,

"군대를 점검하라. 뒤로 미루었다가는 문책을 당하리라!"

라고 하였다. 이때 막 떠나려는 정세운에게 이암 선생이 말하기를,

"지금 강력한 적들이 갑자기 황성에 밀어닥쳐 이를 지키지 못하고 수레를 타고 파천하였으니 천하의 웃음거리요 삼한의 치욕이라 할 것이다. 공은 대의를 부르짖어 무장하고 군을 통솔하라. 사직의 안녕과 왕업의 중흥은 이번 공의 이 일거에 달려 있으니, 우리 임금과 신하들은 밤낮으로 공의 개선만을 빌 것이오!"

라고 하였다.

이암 선생은 이렇게 격려하여 정세운을 보내고 매일 제장(諸將)을 독려하게 하였다. 의(義)를 부르짖으며 모의에 나아가서 계책을 주어 이를 도왔다. 이암 선생의 종질 순(珣:希泌)과 한방신(韓方信) 등의 장수들이 이에 종군하여 공을 세웠다.[416]

서기 1362년에 최영이 20만 군사로 홍건적을 압록강 이북으로 축출하였다.

공민왕은 개경으로 돌아왔으나 궁궐이 불타 흥왕사에 머물렀다. 홍건적의 침입으로 원나라와 연합할 필요를 느끼어 반원정책을 포기하고 관제도 원나라의 체제로 돌렸다.

서기 1363년에 공민왕의 신임을 받고 있던 김용이 반란을 일으켜 흥왕사를 습격하였는데, 내시 이강달이 공민왕을 업고 대비전으로 달려가 밀실에 숨게 하였고 내시 안도치가 공민왕 대신 누워 있다가 대신 죽었다. 나중에 김용은 공민왕이 죽지 않았다는 것을 알았고, 이때 개경의 최영과 오인택이 반란소식을 듣고 흥왕사로 떠나려다 서둘러 개경에 돌아온 김용의 말을 듣고 뒤따라갔는데, 김용이 흥왕사를 지키고 있던 자신들의 부하들을 모조리 죽여 버렸다. 이에 김용이 1등공신이 되었으나, 반란군의 잔당에 의하여 사실이 드러나 김용은 밀양으로 유배되었다가 경주로 옮겨져 죽음을 당하였다.

서기 1363년, 경효대왕(敬孝大王) 12년 계묘년(癸卯年) 10월 3일에 홍행촌의 늙은이 이암 선생께서 강도(江都)의 해운당(海雲堂)에서 단군세기(檀君世紀)를 썼다.[417]

서기 1366년에 문익점이 원나라에서 목화씨를 가져왔다.

서기 1366년에 공민왕은 신임하던 신돈에게 나랏일을 맡기자, 신돈이 전민변정도감을 설치하여 토지와 노비 개혁을 하였다. 이어 신돈은 성균관을 열어 유학을 발

---

416) 전게 한단고기 〈태백일사/고려국본기〉, 337~338쪽 참조
417) 전게 한단고기, 54쪽 참조

전시키고 이를 통하여 유학자들이 배출되기 시작하였다.

그러나, 신돈은 권력을 독점하면서 점점 타락하기 시작하였다. 신돈은 따르는 무리를 모아 파당을 만들었고, 신돈을 제거할 계획을 세우다 발각되어 많은 사람들이 죽거나 유배당하였다. 이에 신돈은 공민왕의 신임을 잃었다. 신돈은 역모를 꾸몄으나 모든 것이 탄로나 그를 따르던 무리들과 함께 처형되었다.

서기 1370년에 이성계가 왜구를 소탕하였다.

서기 1370년경 원동중(元董仲) 선생이 삼성기(三聖記) 하편(下篇)을 지었다.418) 삼성기 상편은 신라시대인 서기 600년경에 안함로(安含老)가 썼다.

서기 1370년경 휴애거사(休崖居士) 범장(范樟) 선생이 북부여기(北夫餘紀) 상, 하와 가섭원부여기(迦葉原夫餘紀)를 지었다.419)

서기 1371년, 경효왕(敬孝王) 20년 신해년(辛亥年) 2월 갑술(甲戌)일에, 여진(女眞)의 천호(千戶) 이두란(李豆蘭), 첩목아(帖木兒)는 백호(百戶) 보개(甫介)에게 백 가구를 보내어 투항해 왔다.

서기 1371년 윤 3월 기미(己未)일에 북원(北元) 요양성(遼陽省)의 평장사(平章事) 유익(劉益)과 왕우승(王右丞)은 요양이 본래 고려의 땅이라는 뜻에서 우리나라에 투항하려고 사람을 보내어 이를 청해 왔다. 이때에 조정의 의견이 통일되지 못하였고 국사는 매우 어지러웠다. 그렇지만 임금은 정몽주(鄭夢周)를 명나라에 파견하여 촉(蜀)을 평정함을 축하하도록 하였다. 김의(金義)는 명나라 사신 채빈(蔡斌)을 죽여 버렸지만 조야가 모두 조용할 뿐, 이 일을 말하려는 자가 거의 없었다. 이 때문에 명나라에 이 사실을 회보하지도 못하고 있었다. 유익 등은 마침내 금주(金州), 복주(復州), 개평(蓋平), 해성(海城), 요양(遼陽) 등지를 가지고 명나라에 투항하여 버렸다.420)

---

418) 원동중은 고려 말기의 인물로 추정된다.

419) 전계 한단고기, 10쪽 및 331쪽 참조

서기 1374년에 공민왕은 우 왕자를 강녕대군에 봉하고 백문보(白文寶)[421], 이임임 등에게 학문을 가르치게 하였다. 왕자 우는 공민왕이 신돈의 여종이던 반야에게서 얻은 아들이었는데, 신돈이 죽자 우 왕자를 궁으로 데려와 명덕태후에게 맡겼다. 그러나 명덕태후는 우 왕자가 공민왕의 아들로 믿지 않았다. 공민왕은 귀족의 아들 홍륜 등과 어울리며 방탕한 생활을 하고 있었다.

서기 1374년에 홍륜은 내시 최만생 등과 공모하여 공민왕을 살해하였다. 이때 공민왕은 45세였다. 이에 이인임은 홍륜과 최만생을 체포하여 처형하고 조정의 권력을 잡고 우 왕자를 즉위시키려 강력히 주장하였다. 그러나, 명덕태후는 우왕의 즉위를 반대하였다. 그러다가 이인임의 지지로 우 왕자가 10세로 즉위하였다.

34. 제32대 우왕(禑王:강릉왕(江陵王):서기 1374년~서기 1388년)

공민왕의 아들인 우 왕자가 10세로 즉위하였다.

서기 1374년에 강릉왕(隅)이 경효왕(敬孝王:공민왕)의 명을 받아 즉위하였다. 이때 요동도사(遼東都司)가 승차(承差) 이사경(李思敬) 등을 보내어 압록강에 이르러 방을 붙여 가로되,

> "철령(鐵嶺) 이북 이동 이서는 본래 개원(開原)의 소관에 속한다. 군인(軍人), 한인(漢人), 여진(女眞), 달달(達達), 고려(高麗)는 곧 요동에 속한다."

라고 운운 하였는데, 조정의 논의는 분분하여 하나같지 않더니 마침내 전쟁을 결정하여 사방에 병마를 징발하고 최영(崔瑩)을 팔도도통사로 삼았다.

---

420) 전게 한단고기 〈태백일사/고려국본기〉, 339쪽 참조
421) 고려말 공민왕(서기 1352년~서기 1374년) 때의 충신이다.

〈왜구 정벌〉

서기 1376년에 최영이 홍산(논산)[422]에서 왜구를 토벌하여 대승을 거두었다.

〈화통도감〉

서기 1377년에 최무선이 화통도감을 설치할 것을 건의하였다.

이성계가 지리산까지 쳐들어 온 왜구를 물리쳤다.

〈금판 불경 완성〉

서기 1377년에 〈금판 천지팔양신주경〉, 〈금판 부모은중경〉이 완성되었다.

서기 1377년에 〈직지심경〉을 인쇄하였다.

서기 1378년, 강릉왕(江陵王) 우(禑)의 5년 3월 신미(辛未)일에, 사자를 보내어 참성단(塹城壇)에 제사를 올리도록 명하고 대제학(大提學) 권근(權近:서기 1352년~서기 1409년)이 서고문(誓告文)을 지어 바치니 그 글에 가로되,

"초헌(初獻)에, 바다 위의 산은 높고, 인간의 번요(煩擾)를 멀리 끊었도다. 단(壇) 가운데 하늘 가까이 가히 신선(神仙)의 강림을 맞으며, 조촐한 공물(拱物)를 진설하니 밝은 신이 계시는 듯하다. 재헌(再獻)에, 신의 들으심은 미혹되지 아니하시어 사람의 원을 들으시며, 하늘의 덮으심은 사사로움이 없으시어 비추어 땅에 임하여 내리시니, 예(禮)로써 섬기면 느끼시어 마침내 통할지로다. 그윽이 생각하건대, 마리산(摩利山)은 단군께서 제사하시던 곳, 성조(聖祖)로부터 백성을 위하여 극(極)[423]을 세우시고, 옛 것을 이어 휴식을 드리우셨네. 후손된 왕은 오랑캐를 피하

---

422) 논산(論山)을 황산(黃山)이라고도 하는데, 홍산(紅山)으로 불린 것이 된다. 백제말기에 계백 장군이 5,000 결사대로 신라의 김유신 군대를 맞이하여 최후를 바친 곳이 바로 황산벌인 논산이다. 논산은 놀뫼로 발음하며, 놀뫼는 곧 노랗다의 어근의 준말인 놀과 산을 뜻하는 뫼의 합성어이다.

423) 황극(皇極) 즉 임금 자리를 가리킨다.

여 도읍을 옮겼으나 역시 여기를 의지하여 근본에 보답하는 까닭으로 우리 가문이 이를 지켜 끊기지 않았습니다. 짐, 소자는 이를 계승하여 더욱더 경건하였습니다. 하늘이 어찌 바깥의 개 같은 도적들로 우리 백성을 물고기젓으로 만들게 하겠나이까? 비록 먼 나라의 수모를 받는다 할지라도, 오직 표(表)를 허락하시고 들으시도다! 하물며 저 읍이 침략을 당함을 그러려니 참고 보시겠으며, 어찌 밝은 위엄이 없으시겠는가? 실로 덕이 좋지 아니함이 아니로다. 참말로 남에게서 구하기 어렵고 오직 자신의 책임에 있나니, 그러한 즉 사람이 만약 그 업을 편안하게 하지 아니하면 신장(神將)께서 돌려 줄 곳이 없게 되노라. 이에 옛 법을 따름으로 인하여 감히 현재의 우환(憂患)을 고하노니, 저의 정성(卑忱)은 참되고 참되며, 보배 같은 규범은 밝고 밝아서, 바다로 하여금 파도를 일게 하지 않음에 이르면서, 물을 건너 항해함에 바람이 한 곳으로 몰려들어 크게 효과를 누리니, 하늘이시어, 목숨의 빛을 펼치시고, 사직의 편안한 반석을 마련해 주소서!"

라고 하였다.424)

서기 1380년에 최무선이 화약으로 왜구의 500여척을 불살랐다. 이해에 이성계가 황산에서 왜구를 전멸시켰다.

고려는 나흥유, 정몽주 등을 일본 조정으로 보내어 왜구 토벌을 요청하였고, 왜구에게 잡혀간 고려인 포로 수백 명을 귀환시켰다.

서기 1368년에 건국된 명나라가 원나라를 북으로 쫓아내고 중국대륙을 차지하였는데, 고려는 원나라에 사신을 왕래시키며 관계를 유지하고 있었으나, 명나라가 고려에게 원나라와의 관계를 끊고 명나라에 조공을 요구하였다.

서기 1388년에 명나라는 고려에 철령위를 설치하였음을 통보하였다. 이때 최영 장군이 부정부패를 저지른 이인임을 쫓아냈고, 우왕에게 요동정벌을 간하였다.

서기 1388년 4월에 최영을 8도 도통사, 조민수를 좌군 도통사, 이성계를 우군 도

---

424) 전계 한단고기 〈태백일사/고려국본기〉, 336~337쪽 참조

통사로 삼았다. 이에 이성계가 사불가론을 내세웠고 최영은 이에 반박하였는데, 최영의 주장이 받아들여졌다.

〈요동정벌 4대 불가론〉

1. 작은 나라가 큰 나라를 치는 것은 승산이 없다.
2. 농사철에 군사를 일으키는 것은 농사를 망친다.
3. 요동정벌을 틈타 왜구가 쳐들어올지도 모른다.
4. 장마철이라 아교에 먹인 활이 풀리며 병사들이 병에 걸릴 염려가 있다.

〈요동정벌 3대 가론〉

1. 명나라가 비록 크긴 하나 북원이 아직 버티고 있어 방비가 허술하다.
2. 요동 땅은 기름져 가을에 군량을 얻을 수 있다.
3. 명나라 군사는 장마철에 싸우기 싫어하여 요동정벌이 가능하다.

〈위화도 회군〉

서기 1388년 5월에 이성계와 조민수는 함께 5만의 군사를 이끌고 압록강 안의 위화도까지 진격하였으나, 물이 지나치게 불어나 더 진군할 수 없고 병사들도 지쳐, 우왕에게 회군할 것을 요청하였다.

우왕은 허락하지 않았으나, 이성계와 조민수는 협의하여 회군하기로 하였다.

이에 이성계는 군사를 돌려 개경으로 쳐들어갔다. 우왕의 명을 받은 최영은 이성계의 반란군을 진압하려 하였으나 실패하였다. 이성계는 최영을 유배시켰다가 처형하였다.

서기 1388년에 이성계는 우왕을 폐위시키고 9세의 창 왕자를 즉위시켰다.

35. 제33대 창왕(昌王:서기 1388년)

이성계에 의하여 우왕의 왕자 창이 9세로 즉위하였다.

김저와 정득후는 유배생활을 하던 우왕과 함께 모의하여 예의판서 곽충보를 찾아갔으나, 곽충보는 이를 이성계에게 알렸고, 이성계는 김저 등 자신의 뜻에 반대하는 신하들을 조정에서 내쫓고 조정을 완전히 장악하였다.

〈대마도 정벌〉

서기 1389년에 박위가 대마도(쓰시마섬:쯔시+마+섬)[425]를 정벌하였다.

서기 1389년에 이성계는 1년 5개월 만에 창왕을 폐위시키고 강화도로 귀양 보냈다. 이에 제20대왕 신종의 7대손인 정창군 요를 즉위시켰다.

36. 제34대 공양왕(恭讓王:서기 1389년~서기 1392년)

정창군 요가 즉위하였다.

이성계는 계속하여 반대파를 제거하였다. 이색과 조민수를 쫓아냈다. 우왕과 창왕이 유배지에서 살해되었다.

이성계는 권력을 완전히 장악하고 문하시중에 올라 급진개혁 정책을 실시하였다. 경연제도를 도입하고 원나라 관제를 폐지하고 6부제로 바꾸었다. 불교를 배척하고 유교를 숭상하도록 하였다. 토지개혁을 실시하였다. 그러나 이성계는 구세력인 권문세족의 토지문서를 불태우는 방법으로 토지를 몰수하여 자기 일파에게 나누어 주었다.

남은, 조준, 정도전 등은 이성계를 왕으로 추대하려 하자, 정몽주, 이숭인, 이종학 등이 막았다.

서기 1392년에 명나라에서 돌아오던 세자를 마중 나갔다가 이성계가 말에서 떨어져 개경으로 돌아오지 못하자 정몽주는 조준, 남은, 정도전을 탄핵하여 귀양 보냈

---

425) 對馬島는 對馬의 발음이 쯔시마로, "쯔시+마"인데 이는 돌(對) 마(馬)의 변음으로서 "드히마 -〉 쯔히마 -〉 쯔시마"로 된 것이 확실하다. 대마도는 "닿아 있는 머리의 섬, 즉 닿 머리 섬"이라는 말이다.

다. 이에 이성계의 아들 이방원이 이 사실을 이성계에게 알리자 급히 개경으로 돌아왔고 귀양갔던 정도전, 조준 등이 유배에서 풀려났다. 이번에는 정몽주, 이숭인, 이종학, 김진양 등이 귀양을 갔다. 이방원은 심복 조영규를 시켜 정몽주를 살해하였다.

서기 1392년 7월에 정도전, 남은, 조준, 배극렴 등 이성계 일파는 공양왕을 폐위시켜 원주로 쫓아내고, 58세의 이성계를 즉위시켰다.

서기 1394년에 폐위되어 유배됐던 공양왕은 이성계의 명으로 죽음을 당하였다.

이리하여 고려역사는 서기 918년부터 서기 1392년까지 역대로는 36대, 인물로는 34대 475년이다.

고려-요금원 남북국시대
요-금-원(遼金元) 등 연대기

1. 거란(契丹:요(遼))

거란은 단군조선의 구려국(句麗國)이던 땅에서 출현하여 고구려 때 부족을 이루어 광개토호태황 시대 이후 고구려에 복속되기도 하였으며, 고구려가 망한 후 고구려 왕족인 고씨(高氏)가 거란의 왕족이 되었고, 서기 926년에 대진국(발해)을 멸망시킨 후 고려와의 관계에서 고구려의 계승국임을 서로 주장한 것이 된다.

거란은 대진국을 멸망시켰으나 거란이 서기 1125년 금나라에 망할 때까지 대진국 마지막 애제를 비롯한 대진국 출신의 관료들이 줄곧 부흥을 꾀하였으며, 여진의 금나라가 일어나 여진과 발해는 같은 집안이라는 기치 하에서, 금나라로 통합되었던 것이 된다.

거란(契丹)이라는 말은 단단한 쇠라는 뜻을 가지며, 우리말인 글단, 계단의 다른 소리가 키단이 되고, 키단이라는 말이 키타이로 변음된 것으로 되는데, 키타이는 중국 항공사의 하나로서 고대중국을 가리키는 말이 되어 있다.

(1) 제1대 태조(太祖:서기 907~926)

서기 907년에 야율아보기(耶律阿保機)가 즉위하였다. 야율씨는 원래 고구려 왕족 고씨에서 나왔다. 즉 요(遼)나라의 왕족 야율씨는 고구려 왕족 고씨 출신인 것이다. 아보기(阿保機)426)는 아버지, 아부지의 이두식 표기에 해당한다.

태조는 연호를 신책(神冊)과 천찬(天贊)을 사용하였다.

서기 915년(神冊연간) 10월에 고려(高麗)는 사신을 보내어 보검(寶劍)을 진상하였다. 이때는 궁예의 후고구려가 된다.

천찬(天贊) 3년에 고려(高麗)가 조공하였다. 서기 916년 이후가 된다.

서기 917년에 발해가 사신을 보내 공물을 바쳤다.

서기 919년에 요양(遼陽) 고성을 수리하고 발해 사람으로 채웠다.

서기 924년에 발해가 요주자사(遼州刺史) 장수실(張秀實)을 죽이고 그 백성들을 약탈하였다.

서기 925년 12월에 요의 태조가 몸소 발해 왕 대인선을 치러갔다. 정사일에 상령에 머물면서 밤에 부여부를 에워쌌다.

서기 926년 봄 정월 경신일에 부여부를 빼앗았다. 병인일에 대인선의 노상이 거느린 군사를 격파하였다. 그날 밤 태조(야율배)가 대원수인 아우 요골 등과 함께 대진국의 홀한성을 포위하자, 신미일에 대진국 대인선(애제:哀帝)가 신료와 혈족 300여명을 거느리고 성 밖으로 나와 항복하였다.427) 태조가 예로써 대우하고 석방하였다.

서기전 926년 봄 정월 갑술일에 발해 군현에 조칙을 보내 타일렀다. 병자일에 요의 사람 13명이 홀한성으로 들어가 병기를 찾아내도록 하였으나, 이들은 나졸들에게 살해되었다. 대인선이 다시 배반하여 그 성을 공격하여 파하였다. 태조의 어가가 성중에 가자 대인선이 말 앞에서 죄를 청하였고, 병사들로 하여금 대인선과 그 혈족

---

426) 안파견(按巴堅)이라고도 한다. 안파견도 아버지를 이두식으로 적은 글자가 된다. 받침을 떼서 읽으면 아파치에 가까운 소리가 된다.

427) 전계 한단고기 〈태백일사/고려국본기〉, 310쪽 및 이병주 감수/남주성 역주, 흠정만주원류고 상권, 글모아 출판, 2010, 250~251쪽

을 호위하여 나가도록 하였다.

　서기 926년 2월 갑오일에 태조가 홀한성에 머물며 성의 이름을 천복성(天福城)으로 바꾸었고, 발해국을 동단국(東丹國)으로 고치고, 황태자 패(貝:장자 야율배: 耶律倍)를 인황왕(人皇王:926~952)으로 삼았다.428) 연호를 감로(甘露)라 하였다. 천자의 관복을 준용하고 12류(旒)의 면류관(冕旒冠)을 쓰고 모두 용(龍)의 형상을 그렸으니 바로 대진국의 옛날 제도이다.

　인황왕은 숙부 질자(迭刺)를 좌대상(左大相)으로 삼고, 대진(大震)의 노상(老相)을 우대상(右大相)으로 삼았으며, 대진(大震)의 사도(司徒) 대소현(大素賢)을 좌차상(左次相)으로 삼고, 야율우지(耶律羽支)를 우차상(右次相)으로 삼았다. 나라 안의 사형 이하의 죄인을 사면하고 해마다 포(布) 10만단(萬端), 말 1,000필(匹)을 공물로 할 것을 약속케 하였다.429)

　서기 926년 3월에 액이기묵, 강묵기 등을 보내어 장령부(長嶺府)를 공격하도록 하였다. 기사일에 안변, 막힐, 정리 등 3부가 배반하여 아돈을 보내어 토벌하도록 하였다. 을유일에 대인선의 일족을 토벌하였다.

　서기 926년 5월에 남해와 정리 등 2부가 다시 배반하여 대원수 요고제(요골)가 토벌하였다.

　서기 926년 7월에 철주자사 위균이 배반하여 요고제가 격파하였다.

　서기 926년 8월에 강묵기 등이 장령부를 공격하고 요고제가 여러 주를 토벌하여 평정하였다.430)

　서기 927년에 열만화(烈萬華)가 정안국(定安國:927~985)을 세웠다.

---

428) 전게 흠정만주원류고, 251쪽
429) 전게 한단고기 〈태백일사/대진국본기〉, 311쪽 참조
430) 이상, 전게 흠정만주원류고, 251~252쪽

(2) 제2대 태종(太宗:서기 927~947)

태종은 연호를 천현(天顯), 회동(會同), 대동(大同)을 사용하였다.

서기 928년에 고려가 조공하였다.

서기 929년에 동단(부여성)의 주민을 동평으로 옮겨 채웠다. 그 백성들이 신라와 여진으로 도망가기도 하였다.

(3) 제3대 세종(世宗:서기 947~951)

국호를 요(遼)라 하였다. 연호로 천록(天祿)을 사용하였다.

서기 952년, 동단국 감로(甘露) 27년 겨울 12월 경진일(庚辰日)에 요나라는 동경중대성(東京中臺省)을 파하니 동단국이 없어졌다.[431]

(4) 제4대 목종(穆宗:서기 951~969)

연호로 응력(應曆)을 사용하였다.

(5) 제5대 경종(景宗:서기 969~982)

(6) 제6대 성종(聖宗:서기 982~1031)

성종은 연호로 통화(統和), 개태(開泰), 태평(太平)를 사용하였다. 통화 3년은 서기 985년에 해당하므로 성종의 즉위는 서기 983년으로 계산된다.

서기 985년 통화 3년 가을 7월에 각 도에 조서를 내려 병기를 완비 하도록 하여 동쪽으로 고려(高麗)를 칠 준비를 하게 하였다.

서기 985년에 요나라가 정안국(定安國)을 멸하였다.

서기 986년에 탁주에서 송나라와 싸울 때 발해의 소교(小校) 관해(貫海) 등이 배

---

431) 전계 한단고기 〈태백일사/고려국본기〉, 311쪽 참조

반하여 송나라로 들어갔다.

서기 993년에 동경유수 소항덕(蕭恒德)432)이 고려를 정벌하였다.

서기 993년에 왕치(王治:고려 제6대 성종)가 박양유를 보내어 표를 올리고 죄를 청하였는데, 조서를 내려 여직국(女直國)을 취하게 하여 압록강의 동쪽 수백 리의 땅을 하사하였다.

서기 994년에 고려가 조공하였다.

서기 996년에 발해의 아필(雅必) 등이 철리(鐵驪)로 쳐들어 왔다. 이에 해왕 화석 노 등을 보내어 치도록 하였으나 이기지 못하였으므로 화석노의 관직을 빼앗았다. 여기서 70년이 지나는 이때까지도 발해의 잔존세력이 요(거란)나라에 항거한 것이 된다.

서기 997년 11월에 고려의 치(治:성종)가 훙하였는데, 그 조카 송(誦:고려 제7대 목종)이 왕동영(王同潁)을 보내와서 알렸다. 12월에 사신을 보내어 제사를 지내게 하고 그 조카 송(誦)에게 권지국사로 조서를 내렸다.

서기 998년에 사신을 보내어 고려의 송(誦)을 왕으로 책봉하였다.

서기 1002년 4월에 발해부에서 사신을 보내어 조공하였다. 고려 왕 송이 사신을 보내와 송나라를 정벌한 것을 하례하였으며, 7월에 본국(고려)의 지리도(地理圖)를 바쳤다.

서기 1005년에 고려가 요나라와 송나라가 화통함을 듣고서 사신을 보내와 하례 하였다.

서기 1009년에 승천황태후가 붕하니 사신을 고려에 보내어 나라의 슬픔을 알 렸다.

서기 1010년에 고려 왕 송이 위수우(魏守愚) 등을 보내어 제사를 지내고, 3월에 사신이 와서 장사에 참석하였다. 5월에 고려의 서경유수 강조(康肇)가 고려왕 송을

---

432) 거란 장수 소손녕을 가리키는 것이 된다.

시해하고 송의 종형인 순(詢)을 세웠다. 8월에 성종이 몸소 이끌고 고려를 치니 고려 왕 순이 표를 받들어 군사를 파할 것을 애걸하였으나, 허락하지 않았다. 11월에 대군이 압록강을 건너니, 강조가 동주(銅州)에서 항전하다 패하여 달아났으나 사로잡혔다.

서기 1012년부터 요나라는 개태(開泰) 연호를 사용한 것이 된다. 고려 왕 순이 채충순을 보내와 예전처럼 신라로 칭할 것을 애걸하므로, 조서를 내려 친히 조알하도록 하였으나, 8월에 고려왕이 전공지를 보내어 표를 올리고 병을 핑계로 내입조하지 않는데, 조서를 내려 6주를 다시 취하게 하였다.

서기 1019년에 동경발해에 승봉관, 도지, 압반 등의 관리를 영주(寧州)의 발해 주민을 요하(遼河)와 토하(土河) 두 강 사이로 옮겼다.

서기 1021년부터 요나라는 연호를 태평(太平)[433]이라 한 것이 된다.

서기 1028년에 발해 재상 나한(羅漢)을 권동경통군사로 임명하였다.[434]

서기 1029년 8월에 대연림(大延林)이 흥요(興遼)를 세우고 연호를 천경(天慶)이라 하며 수도를 동경(東京)에 두었다.

이에 요 성종은 곧바로 군사를 모아 치러갔으며, 이때 소비륵적의 치소가 대연림과 가까워서 먼저 군사를 이끌고 주요 거점을 차지하고 대연림이 서쪽으로 강을 건너려는 계책을 막았다.

발해태보 하행미는 보주를 지키고 있었는데, 연림이 몰래 서신을 보내어 도통사 야율포이고를 이용하라고 하였다. 그런데 행미가 배반하여 포이고에게 사실을 알려 주었고, 포이고는 마침내 발해병 800명을 죽이고 동쪽으로 가는 길을 막았다. 이에 대연림은 황룡과 보주가 모두 자기편에 붙지 아니한 것으로 알고는 군사를 나누

---

433) 서기 1021년부터 태평 연호를 사용한 것이라 하는데, 태평 8년에 고려 현종이 훙하였다 하는 바, 이해는 실제로는 서기 1031년으로 3년 차이가 발생한다.

434) 이상 전제 흠정만주원류고 〈상권〉, 252~253쪽 참조

어 서쪽 심주(瀋州)를 치러갔다.

절도부사 장걸은 대연림에게 항복하겠다고 소리쳐 말했으며, 이에 대연림은 급하게 공격하지 아니하였고, 그것이 거짓인 것을 알았을 때에는 이미 방어준비를 갖춘 뒤여서 공격을 하였으나 이기지 못하고 돌아갔다 이때 남북의 여진은 모두 대연림을 따랐다. 여러 도의 군사도 모두 왔다. 대연림은 성을 둘러서 지키고 있었는데, 요 성종이 소효목에게 성을 치도록 명을 내렸다.

서기 1030년 10월 8일에 대연림의 발해가 평정되었다.[435] 즉, 거란의 요나라 시대에 대진국(발해)은 서기 926년에 다만 애제 대인선이 요나라에 항복하였을 뿐이며, 이후 완전히 망하지 않고 지역별로 끝까지 항거한 것이 된다.

서기 1031년 태평(太平) 8년에 고려 왕 순(詢:제8대 현종)이 훙하였는데, 사신을 보내와 왕위를 이었다고 보고하였으며, 이에 사신을 보내어 왕흠(王欽:제9대 덕종)을 왕으로 책봉하였다.

서기 1032년에 고려왕 흠에게 선물을 하사하였다.

서기 1034년에 성종이 붕하여 고려에 사신을 보내어 슬픔을 알리니 7월에 사신이 위문하러 와서 제를 올렸다.[436]

(7) 제7대 흥종(興宗:서기 1031~1055)

서기 1031년부터 연호를 경복(景福)이라하고, 서기 1032년부터 중희(重熙)를 사용하였다.

서기 1038년 중희(重熙) 7년에 고려에서 와서 조공하였다.

서기 1046년 3월에 고려왕에게 존호를 더해 주니 와서 하례하였다.

---

435) 이상 전제 흠정만주원류고 〈상권〉, 253~254쪽

436) 서기 1131년에 제7대 흥종이 즉위하는데, 서기 1034년에 성종이 붕하였다고 하는 것과는 논리상 맞지 아니한다. 역사적 사실 여부를 확인함이 필요하겠다.

서기 1047년에 고려가 사신을 보내와 조공하였다.

서기 1048년 3월에 고려가 와서 조공하였다.

서기 1049년에 고려가 조공하였고, 8월에 고려왕 왕흠이 훙(薨)[437]하였다고 사신을 보내와 알렸다. 왕흠인 제9대 덕종이 서기 1034년에 병으로 붕(崩)하고, 제10대 정종이 서기 1046년에 병으로 붕하였는데, 이때는 제11대 문종(王徽) 때가 된다. 즉 서기 1047년에 즉위한 문종이 요나라에 고려의 왕이 바뀐 것을 알린 것이 된다.

서기 1050년에 고려가 조공하였다.

서기 1051년에 고려가 조공하였다.

서기 1053년에 고려가 조공하였다. 6월에 사신을 보내와 요나라가 하(夏)를 정벌한 것을 하례하였다.

서기 1056년에 고려가 조공하였다.

서기 1057년 4월에 고려왕 왕휘(제11대 문종)가 그 아들에게 벼슬을 달라 청하니 조서를 내려 검교태위(檢校太尉)를 더하였다.

서기 1059년에 흥종이 붕하고 도종이 즉위하였다.[438]

(8) 제8대 도종(道宗:서기 1055년~서기 1101년)

서기 1055년부터 연호를 청녕(淸寧), 서기 1065년부터 함옹(咸雍), 서기 1075년부터 태강(太康), 서기 1085년부터 대안(大安), 서기 1095년부터 수창(壽昌)을 사용하였다.

서기 1055년 청녕(淸寧) 원년 8월에 고려에 사신을 보내어 나라의 슬픔을 알리

---

437) 신하인 제후(諸侯)가 죽은 것을 훙(薨)이라 하고 임금이 돌아가신 것을 붕(崩)이라 한다. 요나라는 고려를 신하의 나라로 기록하고 있는 것이 된다.

438) 서기 1055년에 제8대 도종이 즉위하는데, 서기 1059년에 흥종이 붕하였다고 하는 것과는 논리상 맞지 않다. 역사적 사실 여부를 확인함이 필요하겠다.

고, 흥종이 남긴 유물을 하사하였는데, 11월에 사신이 와서 장례에 참석하였다.

서기 1060년에 고려가 조공을 하였다.

서기 1061년에 고려가 조공을 하였다.

서기 1062년 봄에 사신을 고려에 보내어 태황태후가 돌아가심을 알렸고, 5월에 사신이 와서 장례에 참석하였다.

서기 1063년에 요나라가 고려에 대장경을 하사하였다.

서기 1077년 3월에 황태후가 붕하여 고려에 사신을 보내어 슬픔을 알렸으며, 6월에 사신을 보내와 제를 올렸다.

서기 1078년에 고려왕 왕휘(제11대 문종)가 압록강 동쪽 땅을 달라고 애걸하였으나 허락하지 않았다.

서기 1083년 8월에 고려왕 왕휘가 훙하고 그 아들 삼한국공(三韓國公) 훈(勳)이 권지국사(權知國事)가 되었다. 12월에 훈(제12대 순종)이 훙하였다.

서기 1085년 대안(大安) 원년에 고려왕 훈의 아들 운(제13대 선종)을 국왕으로 책봉하였다. 고려가 사신을 보내와 책봉한 데 대하여 사례하였다.

서기 1086년에 고려가 조공하였다.

서기 1087년 3월에 고려에게 해마다 하는 조공을 면제하여 주었다.

서기 1088년에 고려가 조공하였다.

서기 1089년에 고려가 조공하였다.

서기 1093년에 고려왕 왕운(제13대 선종)에게 양(羊)을 하사하였다.

서기 1094년에 고려왕 왕운이 훙하였다고 아들 왕욱(제16대 예종)이 사신을 보내와 알리니, 부조를 하였다.

서기 1100년 수륭(壽隆)[439] 원년에 고려가 조공을 하였다. 11월에 고려왕 왕욱이 병들어 그 아들 우를 권지국사에 명하였다. 여기서 고려왕 왕욱은 제14대 헌종

---

439) 수창(壽昌)이라고도 적는다.

(獻宗:昱:서기 1094년~서기 1095년)을 가리키며, 이때 고려왕은 제15대 숙종(肅宗:서기 1096년~서기 1105년) 왕희이다. 제14대 헌종(獻宗:昱:서기 1094년~서기 1095년)은 서기 1095년에 병을 핑계로 제15대 숙종(肅宗:희:서기 1096년~서기 1105년)에게 양위하였던 것이다.

서기 1101년에 고려가 조공을 하였다.

서기 1102년 3월에 고려왕 왕욱이 훙하였다.

서기 1104년에 왕우가 책봉하여 줄 것을 애걸하였다.

서기 1105년에 왕우를 삼한국공에 봉하였다. 왕우가 고려 제16대 예종(睿宗) 문효대왕(文孝大王:우:서기 1105년~서기 1122년)이다.

서기 1106년에 도종이 붕하고 천조제가 즉위하였다.[440]

(9) 제9대 천조제(天祚帝:서기 1101~1125)

서기 1101년에 개원하여 건통(乾統)이라 하고 도종이 붕하였음을 고려에 알렸고, 고려는 사신을 보내와 위문하고 제를 올렸다. 12월에 사신을 보내와 하례하였다.

서기 1115년 1월 1일에 발해 사람인 고영창(高永昌)이 대발해국(大渤海國)을 세우고 연호를 융기(隆基)라 하며 수도를 동경(東京)으로 삼았다.[441]

서기 1115년 1월 윤달에, 귀덕주 수비장수 야율이도가 광주발해를 들고 고영창에게 붙었다.

서기 1115년 2월에 장가노가 요주발해를 꾀어 고주를 공파하였다. 요주발해의 고유(古裕) 등이 스스로 대왕이라 불렀다. 소색불호 등으로 하여금 치도록 하였으나 고유에게 졌다. 남면부부서 소도사합을 도통으로 삼아 부임시켰다.

---

440) 서기 1101년에 젤9대 천조제가 즉위하는데, 서기 1106년에 도종이 붕하였다는 것과는 논리상 맞지 않다. 역사적 사실 여부를 확인함이 필요하겠다.

441) 전계 한단고기 〈태백일사/고려국본기〉, 309~310쪽 및 이상 전제 흠정만주원류고 〈상권〉, 254~255쪽

서기 1115년 3월에 요주를 평정하였다.

서기 1115년 5월에 고유를 이겼으며, 병진일에 고유 등 16명을 사로잡았다. 이 달에 금군(金軍)이 동경을 공격하여 격파하고 고영창을 사로잡았다.

서기 1115년 7월에 춘추발해가 반란을 일으켰으나 결국 항복하였다.[442] 이때까지 거란의 요나라는 대진국(발해) 유민들의 항거와 반란을 겪었던 것이 된다. 즉 발해는 완전히 망하지 않았으며, 서기 1115년에 일어나 여진과 발해는 본래 같은 집안이다라고 한 여진(女眞)의 금(金)나라로 흡수된 것이 된다.

서기 1117년 천경(天慶) 2년에 고려왕 왕우의 모가 훙하여, 고려가 와서 알렸으며 이에 사신을 보내어 제를 지내게 하였다. 서기 1117년 3월에 금나라 태조 아골타가 고려에 국서를 보내와, 금나라를 형의 나라로 모시라고 하였다. 이에 고려는 금나라를 형님의 나라로 인정하고 형제관계로서 조공을 약속하였다.

서기 1118년에 고려가 사신을 보내와 사례를 하였다.

서기 1125년에 고려에 군사를 요청하여 금나라를 막았으나, 금나라가 책임을 물었다. 이에 이르러 요나라가 망하니 9대 219년간 이어졌다.

2. 정안국(定安國)

(1) 제1대 열만화 (927~970경)

서기 927년 열만화(烈萬華)가 정안국(定安國)을 세웠다.

서기 970년 열만화는 송나라에 입공하는 여진에게 부탁하여 표문을 올려 공물을 바쳤다.[443]

---

442) 이상 전계 흠정만주원류고 〈상권〉, 254~255쪽
443) 전계 한단고기 〈태백일사/대진국본기〉, 310~311쪽 및 전계 흠정만주원류고 〈상권〉, 248쪽 참조

(2) 제2대 오현명(烏玄明)444) (970경~985)

서기 973년 겨울에 오현명445)이 다시 여진을 통해 송나라에 올린 표문에,

"신(臣)은 본래 고구려의 옛 땅인 발해의 유민입니다. 나라의 한 모퉁이를 차지하고 있으면서 세월을 보내고 있었습니다. 그런데, 거란이 영토를 침범하여 성채를 쳐서 무너뜨리고 백성들을 잡아갔습니다. 돌아가신 신의 할아버지도 절개를 지켜 항복하지 않았고, 백성들과 더불어 외진 곳에서 겨우 목숨만 부지하며 오늘에 이르렀습니다. 그런데, 부여부가 어제 거란을 배반하고 본국에 돌아왔는데446), 장차 재난과 화가 닥칠 터인데, 이보다 더 큰 일이 없습니다. 마땅히 군사를 이끌고 공격하는 것을 도와서 반드시 적에게 보복을 하겠습니다."

라고 하였다. 이에 송 태종이 조서로 답하기를,

"힘을 모아서 같이 거란을 치도록 하시오"

라고 하였다.447)

서기 985년에 요(遼)의 군사에게 멸망하였다.

서기 991년에 오현명의 왕자 대원(大元)이 송나라에 표문을 올리고 그 뒤에는 다시 없었다.

---

444) 오원명(烏元明)이라고도 한다.

445) 오씨는 발해의 저명한 성씨라고 한다.

446) 이 기사는 요사에 기록되어 있지 않다고 한다.

447) 전계 한단고기 〈태백일사/대진국본기〉, 310~311쪽 및 전계 흠정만주원류고 〈상권〉, 249쪽 참조

3. 흥요(興遼)

[대연림 (1029~1030)]

서기전 1029년 고려 현종 원문대왕 20년에 거란의 동경장군이자 대조영 태조고황제의 7세손인 대연림(大延林)이 흥요(興遼)를 세우고 천경(天慶)을 연호로 삼았으며[448], 수도를 동경(東京)에 삼았다. 유수부마 소효극과 남양공주를 사로잡고, 호부사 한소훈 등을 죽이고 즉위하였으며, 고길덕을 고려(高麗)에 파견하여 건국을 알리고 겸하여 원조를 청했다.[449]

서기 1030년 10월 8일에 요(遼)나라 군사에게 망하였다.

4. 대발해국(大渤海國)

[고영창(高永昌)]

서기 1115년 고려 예종 문효대왕 11년 1월 1일에 동경의 비장이며 발해 사람인 고영창(高永昌)이 대발해국을 세우고 황제라 칭하고 연호를 융기(隆基)라 하고 수도를 동경(東京)에 삼아, 요동(遼東) 50여주를 다스렸다.

당시 요동의 유수 수보가 정치를 혹독하게 하였는데, 고영창이 수십 인과 술김에 용기를 내어 칼을 들고 울타리 담장을 넘어 들어가 등청하여 유수가 있는 곳을 묻고 거짓으로 외부의 군대가 쳐들어 왔다고 하며 대비를 해야겠다고 청하니 수보가 먼저 나오므로 먼저 죽이고 가유수 대공정과 부유수 고정신은 싸우다 이길 수 없자 서쪽 문을 뚫고 나와 요나라로 도망하였다.[450]

---

448) 전계 한단고기 〈태백일사/대진국본기〉, 309쪽 참조
449) 전계 한단고기 〈태백일사/대진국본기〉, 309쪽 및 전계 흠정만주원류고 ,상권〉, 253쪽 참조
450) 전계 한단고기 〈태백일사/대진국본기〉, 309쪽 및 전계 흠정만주원류고 〈상권〉, 254~255쪽 참조

5. 여진(女眞:금(金))

금나라 시조 김함보(金函普)는 본래 신라(新羅:고려시대)에서 왔고 성은 완안씨(完顔氏)이다. 서기 935년에 신라가 고려에 귀복하였으므로 이미 고려시대가 되는데, 김함보는 신라 출신의 김씨가 된다.

1세 김함보의 아들은 오로(烏魯)와 알로(斡魯)이며 완안부 사람이 되었고, 2세 오로의 아들은 아합(雅哈:洋海)이며, 3세 아합의 아들은 소혁(蘇赫:隨闊)이고, 4세 소혁의 아들은 실로(實魯)이며, 5세 실로의 아들이 호란(呼蘭:胡來)이고, 6세 호란의 아들이 화륵박(和勒博:胲里頗), 부륵소(富勒蘇), 이극(伊克:楊割:伊克太師)451)이며, 7세 화륵박의 아들이 태사 오로사(烏魯斯:오랄사:吳剌束:오야속烏耶束), 태조(太祖:아골타), 태종(太宗), 새음(塞音:살음:撒音)이다.452) 태조 아골타에 이르기까지 8세이며, 10명의 황제를 거쳐 태조에 이르렀다.453)

금(金)나라는 여진족(女眞族)의 나라라 하는데, 여진(女眞)이라는 말은 단군조선의 제후국이던 숙신(肅愼)이 변음 된 소리를 글자로 적은 것이 된다. 한편, 여진이라는 말소리가 고구려(高句麗)의 려(麗)와 대진국(大震國)의 진(震)을 합친 명칭인 려진(麗震) 또는 리진(里眞)과도 소리가 유사한 글자가 된다.454) 금나라의 본 이름이 주리진(珠里眞)이며, 만주에 소속된 것을 주신(珠申)이라 불렀는데, 주리진(珠里

---

451) 태사 영가(盈歌)라고도 한다.

452) 전게 흠정만주원류고 〈상권〉, 274쪽 참조

453) 전게 흠정만주원류고 〈상권〉, 280쪽 참조. 8세에 이르기까지 이극 태사와 오야속 태사를 합쳐 10대에 걸쳐 다스린 것이 되며, 이후 아골타가 금나라 태조가 된다.

454) 숙신(肅愼)이 주신(珠申)이 되고 주신(珠申)이 주리진(珠里眞)으로 되었다가, 주리진이 리진(里眞)으로 변음 되어 마지막으로 여진(女眞)으로 전해진 것으로 보인다. 여기서 주리진의 리진은 고구려(高句麗)와 대진(大震)의 려(麗)와 진(震)이 조합된 려진(麗震)이 리진(里眞) 또는 여진(女眞)으로 변음 되어 전해졌을 가능성이 많다고 보인다. 주리진은 곧 만주(滿珠)의 리진(麗震)이라는 의미가 된다. 麗는 려(고울 려) 또는 리(땅 이름 리)로 소리 나는데 려(麗)는 우리말의 두음법칙현상에 의하여 여(女)로 쉽게 변음 된다. 중국어 발음은 두음법칙이 없다.

眞)과 발음이 비슷하다. 여기서 주신과 주리진은 곧 숙신의 발음이 변한 것이 된다. 즉, 그 뒤에 잘못 전해져 여진(女眞)으로 불린 것이다.455)

여진족은 5대(代)456) 시대에 거란(요)457)에 편입된 남쪽의 여진은 숙여진으로, 요나라에 편입되지 아니한 북쪽의 여진은 생여진이라 불렸다. 생여진은 백두산과 흑룡강 사이의 여진을 가리키며, 숙여진은 서쪽으로 거란의 통치를 받은 여진을 가리킨다.

서기 1103년 계미년(癸未年) 목종(穆宗)458) 10년에 아속(阿疎:오야속)이 요(遼)나라로부터 달기(達紀)를 갈뢰전(曷懶甸)으로 보내왔으며, 갈뢰전 사람이 그를 잡았다. 목종이 달기를 고려(高麗)에 보내어,

"이 이전에 국경에서 난을 일으킨 자가 모두 이들 무리이다!"

라고 말하고, 소해리(蕭海里)를 공파하고서 알로한(斡魯罕)을 고려에 보내어 격파하였음을 알리게 하니, 고려가 사신을 보내와 하례하였다. 목종이 죽고 강종(康宗)이 이었다.

서기 1104년 갑신년(甲申年) 강종(康宗) 2년에 여진의 추장 오야속이 고려의 동북쪽 국경을 침범하여, 이에 고려의 숙종이 임간을 동북면 병마사로 임명하여 보냈으나, 여진족에게 패하여 정주성으로 달아났으며, 여진은 정주성까지 쫓아와 성안의 백성들을 무참히 살해하였다. 임간의 부하 척춘경이 기습하여 정주성을 수복하였다. 이에 고려의 윤관이 군사를 이끌고 여진군을 정벌하러 갔으나 군사력이 만만

---

455) 이병주 감수/남주성 역주, 흠정만주원류고 〈상권〉, 글모아 출판, 2010, 269쪽 참조

456) 5대는 당나라가 망한 후 세워졌던 후량(907~923), 후당(923~936), 후진(936~947), 후한(947~951), 후주(951~960)을 가리킨다. 이후 송나라가 세워졌다.

457) 서기 970년부터 서기 1125년까지 9대를 이었다.

458) 태조 아골타 이전의 임금 10명 중에 목종, 강종(康宗) 등이 기록되고 있다.

치 않아 일단 화친을 시도하여 여진의 추장 오아속에게 사람을 보냈다. 여진이 국가로 인정해 달라는 조건으로 물러갔다.

서기 1106년 병술년(丙戌年) 강종 4년에 고려가 사신 흑환방석(黑歡方石)을 보내와 강종이 대를 이은 것을 하례하였고, 이에 강종은 배로(盃魯)를 사신으로 보내어 답례하고,

"이전의 약속으로 도망한 망명한 백성들을 돌려받고자 한다!"

하니, 고려가 이를 허락하며,

"사신을 보내어 국경 상에서 인수하라!"

고 하여, 강종이 믿고서 완안부의 아화와 오림답부의 승곤을 국경상에 보내어 인수하게 하였는데, 강종이 마기령(馬紀嶺) 을척촌(乙隻村)에서 사냥하며 기다렸고 아화와 승곤이 국경상에 이르니, 고려가 사람을 보내어 이들을 죽이고 갈뢰전(曷懶甸)에 군사를 보내어 9성(城)을 축조하였다.

강종이 무리들에게 가니 모두가 말하기를,

"군사를 일으킬 수 없습니다. 요나라 사람이 장차 우리를 벌할까 두렵습니다."

라고 하였으나, (태조)아골타가 홀로 말하기를,

"거병을 하지 않고 어찌 갈뢰전을 찾을 것인가! 저들 부락이 모두 우리의 땅이 아니던가!"

하였다. 강종이 그렇다 하고 알새(斡塞)로 하여금 군사를 이끌고 가서 치게 하여 고려의 군사를 크게 격파하였다. 6월에 고려가 무리를 이끌고 와서 싸우니 알새가 패퇴시키고 그 성을 둘러쌌다. 7월에 고려가 다시 화평을 청하니, 강종이 약조를 지키면 화평하리라 하니, 고려가 망명한 자들을 돌려보내기를 허락하고 9성을 지키는 것을 파하고(서기 1108년), 침략하였던 옛 땅을 되돌리니, 드디어 화평이 이루어졌다.

(1) 제1대 태조(太祖:김아골타(金阿骨打)(서기 1115~1122)

서기 1115년 1월 1일 임신일에 김아골타(金阿骨打)가 황제로 즉위하고 연호를 수국(收國)이라 하였다. 아골타는 원래 고려 평산(平山) 사람 김준(金俊:일명 김함보:金函普)의 후손459)이다. 아골타(阿骨打)는 아뼈치로서 아버지의 이두식 표기가 된다.

금 태조는,

> "요나라는 강철460)로서 나라 이름을 지었으니, 그 단단함을 딴 것이다. 강철이 비록 단단하나 끝내는 변하여 녹슬고 만다. 오직 금(金)은 변하지도 녹슬지도 않는다. 금은 흰색461)이고 완안부는 흰색462)을 숭상한다. 이에 나라 이름을 대금(大金)으로 한다."

---

459) 함보를 합부(哈富)라고도 적는다.

460) 거란(契丹)이 단단한 강철을 의미하는 것이 된다. 거란은 글단, 글안, 키탄, 키타이라고 불리는데, 계단, 글단, 키탄이라는 말이 契丹의 원래 소리에 가까운 것 같다. 契이라는 글자는 합치다, 맺다라는 의미가 있고 丹이라는 글자는 알맹이, 단금질과 관련 있는 뜻이 된다.

461) 금(金)은 오행(五行)으로 서방(西方)에 해당하여 흰색(白色)과 통한다.

462) 양털가죽 등으로 만든 흰옷을 많이 입었던 것이 될 것이다.

라고 하였다.463)

서기 1115년에 태조의 아우 오기매를 안반패륵으로, 국상 살합을 고륜패륵으로 삼고, 소포혁을 애만패륵으로 삼고, 아우 사음을 고륜패륵으로 삼았다.

서기 1115년 5월에 금나라 군사가 요나라의 동경을 쳐서 거란에 항거하여 대발해국을 세웠던 고영창(高永昌)을 사로잡았다. 갑술일에 하늘에 제사를 지내고 사류(射柳)를 하였다. 예전부터 5월 5일, 7월 15일, 9월 9일에 하늘에 제사지내고 사류를 하였는데 매년 상례로 하였다.

서기 1115년 8월에 고륜패륵 살합을 고륜오혁리패륵으로, 아리합을 고륜영실패륵이라 하였다.

서기 1115년 9월에 태조가 황룡부(黃龍府)를 이기고 가고살갈(加古撒喝)에게 보주(保州)464)를 치도록 하였다. 보주는 고려에 가까우며 요나라가 고려를 침범하여 보주를 설치하였던 것인데, 이에 이르러 살갈에게 명하여 취하게 한 것이다.

서기 1116년 5월에 덕특패륵 액국혼이 요나라 군사를 조소성에서 쳐부수고, 고륜오패륵 사음이 태주를 빼앗았다.

서기 1116년 윤월에 고려의 예종이 사신을 보내 금(金)나라에 청하기를,

"포주는 본래 우리의 옛 땅이다. 바라건대 요(遼)나라를 이 때문에 만나 뵙고자 한다!"

라고 하니, 금(金)나라 왕(태조 김아골타)이 사자에게 말하기를,

"그대가 그 땅 내원성(來遠城)을 직접 취하라"

---

463) 전게 흠정만주원류고 〈상권〉, 277쪽 참조
464) 고려 기록에서는 포주(抱州)라 적고 있다.

고 하였다.465)

서기 1117년 초에 고려는 요나라가 지배하고 있던 압록강 유역의 포주성과 내원성을 되찾아 이름을 의주로 고쳤다. 이해 연호를 천보(天輔)라 하였다.

서기 1117년 3월에 금나라 태조 아골타가 고려에 국서를 보내어, 금나라를 형의 나라로 모시라고 하였다. 이에 고려는 금나라를 형님의 나라로 인정하고 형제관계로서 조공을 약속하였다.

서기 1118년 천보(天輔) 2년 12월에 고려 국왕(예종)에게 조서를 내려 유시하기를,

> "짐이 처음 군사를 일으켜 요(遼)나라를 칠 때, 이미 일찍이 하늘의 도움이 있음을 널리 알리고서 여러 차례에 걸쳐 적병들을 패퇴시켜, 북의 상경(上京)으로부터 남으로 바다에 이르렀으며, 그간에 서울(京府)과 주현(州縣)과 부족(部族)의 백성들이 실로 모두 안무되고 평정되었는데, 이제 패근(孛菫)을 보내어 알리고 깨우치며 이에 말 1필을 하사하니, 가히 따를 지로다!"

하였다.

서기 1119년 천보 3년 8월에 태조의 명을 받은 완안희윤이 한인의 해서를 모방하고 거란의 문자 제도를 그대로 하여 본국 말에 적합하도록 여진 문자(大字)를 완성하니, 태조가 크게 기뻐하여 이를 반포하여 시행토록 하였다.

이해에 고려가 장성(長成)을 3척(尺)을 증축하니, 변경의 관리가 군사를 발동하여 그치게 하였으나 따르지 아니하고 보고하기를,

> "옛날의 성을 보수한 것입니다!"

---

465) 〈高麗史〉 참조

하였다. 갈뢰전(葛瀨甸)의 패근(孛菫)인 호자고(胡刺古)와 습현(習顯)으로부터 듣고서 조서를 내려 이르기를,

"침공하여 부딪치지 말고 다만 신중히 병영과 보루를 견고하게 하라고 널리 알릴 따름이다!"

하였다.

서기 1120년에 함주로(咸州路) 도통사(都統使)가 군사를 나누어 보주(保州)와 필리위(畢里圍)의 2성에 주둔하고 군사를 늘리기를 청하니 조서를 내려,

"너희들은 군사를 나누어 주둔하고서 굳게 받들어 지키기를 심히 잘하라! 고려가 여러 세대에 걸쳐 요나라에 신하로서 섬겼으니, 혹시라도 교통하게 될지 모르니, 항상 사람을 보내어 정탐하라!"

하였다.

서기 1121년에 해로도통사를 설치하고, 발해 군사로 8개 명안을 조직하고, 명안 위에 군수를 두고, 군수 위에 만호를 두고, 만호 위에 도통을 두었다.

(2) 제2대 태종(太宗:서기 1123~1135)

연호는 천회(天會)이다.

고수(高隨)466)와 사야(斜野)가 고려에 사신으로 가다 국경에 이르니, 그 접대하는 예의가 불손하여 고수 등은 감히 가지 않으므로, 태종이 이르기를,

---

466) 고구려 고씨(高氏) 출신이 될 것이다. 물론 거란의 요(遼)나라 왕족이 되는 야율씨도 원래는 고구려 고씨 출신이다.

"고려는 요나라를 섬겼으니 당연히 요에게 한 예의로써 우리를 섬겨야 하나, 우리나라에 초상이 생겨 요나라 왕이 아직 잡히지 아니하였으니, 강압적으로 하지 말라!"

하고, 고수등에게 명하여 돌아오게 하였다.

서기 1124년 천회(天會) 2년에 문도혼을 아사한패륵으로 삼아 국정에 참여하도록 하였다. 이해에 동지남로도통(同知南路都統) 골실답(鶻實荅)이 상주하기를,

"고려가 배반하여 도망하고 변경의 방비를 강화하니 반드시 다른 의도가 있습니다!"

하니, 조서를 내려 이르기를,

"무릇 통하여 묻고 하면 통상의 의식에 어긋남이 없으니, 혹여 침략해 오게 되면 군사들을 정돈하여 그에 응하라! 감히 먼저 저들을 침범하는 가는 비록 승리하더라도 반드시 벌할 것이니라!"

하였으며, 도모(闍母)에게 조서를 내려 갑사(甲士) 1,000명으로 해도(海島)를 지키게 하여 방비토록 하였다.

서기 1125년 천회 3년에 엽로를 불러 경사에서 여진 글자를 가르치도록 하였다.

서기 1125년에 요나라를 멸하였다. 이때 거란의 팔만대장경이 실종되었다.

서기 1126년 천회 4년에 고려의 국왕 왕해(王楷:제17대 인종)가 사신을 보내어 표를 올리고 번(藩)467)을 칭하자, 태종이 흡족하여 조서를 내려 답하였다. 임금께서 고백숙과 오지충을 사신으로 삼아 고려에 사신으로 보냈다. 무릇 사신을 보내어 왕래함은 마땅히 요나라 때의 옛것을 따라야 하니, 이에 보주로와 저들 경계에 있는

---

467) 변두리를 지키는 신하(제후)라는 뜻이 된다.

변경지역의 사람들을 모름지기 모두 돌아가게 하도록, 고백숙에게 칙서를 내려 이르기를,

"만약에 한번이라도 들으면 즉시 보주의 땅을 하사하라!"

하였는데, 고백숙이 고려에 이르자, 왕해(고려 제17대 인종)가 표를 붙여 사례하였고, 요나라에 한 옛 법으로 섬겼다.

이때부터 금나라는 고려(高麗)를 신하의 나라로 삼은 것이 된다. 이때는 고려왕은 제17대 인종(仁宗)으로 이자겸이 세력을 가졌던 시대이다.

서기 1127년에 송(宋)나라를 쳐서 남쪽으로 몰아내니 남송(南宋)이라 하고 신하국으로 삼았다.

서기 1130년에 고려 왕 해(제17대 인종)가 표를 올려,

"보주(保州)에서 변경으로 도망하여 들어간 자들을 수색하는 것을 면해 달라!"

애걸하였다. 이해에 고려사람 10여인이 고기를 잡다가 태풍으로 표류하여 해안에 닿았는데, 갈소관(曷蘇館)의 사람이 그들을 잡았으나 조서로써 고려로 돌려보내고서, 욱(勗)이 표를 올려 보주(保州)에서 고려로 도망하여 들어간 호구를 수색하지 말라 청하니, 태종이 이를 따랐는데, 이때부터 보주는 봉역(封域)으로서 처음 정해졌다.

서기 1132년에 좌국원수 종한 등이 입조하여, 안반패륵의 자리에 합라를 세우는 것이 합당하다 건의하므로, 태종이 이에 따랐다.

(3) 제3대 희종(熙宗:서기 1135~1149)

연호는 천회(天會), 천권(天卷), 황통(皇統)을 사용하였다.

서기 1138년 천권 원년에 여진 소자(小字)를 반포하였다.

서기 1141년부터 연호로 황통(皇統)을 쓴 것이 된다.

서기 1142년 황통(皇統) 2년에 조서를 내려 고려 국왕 해(楷)에게 개부의동삼사 상주국(開府儀同三司上柱國)을 더하였다.

서기 1145년에 요동의 한인과 발해의 명안과 목곤이 세습하는 제도를 없앴다. 병권을 나라 사람에게로 옮기고 명안과 목곤을 상중하 세 등급으로 나누었다.

서기 1146년에 고려 국왕 해(楷)가 훙하고 아들 현(晛:제18대 의종)이 대를 이었다.

(4) 제4대 해릉왕(海陵王:서기 1149~1161)

연호는 천덕(天德), 정원(貞元), 정륭(正隆)을 사용하였다.

서기 1151년에 만호의 관직을 없앴다.

(5) 제5대 세종(世宗:서기 1161~1189)

연호는 대정(大定)이다.

서기 1163년에 조칙으로 하북과 산동의 한인 장정을 뽑아 이륵희로 충원하는 것을 허락하였다. 9월 9일에 북쪽 교외에서 하늘에 제사를 지냈다.

서기 1164년 대정(大定) 4년부터 여진 대소자로 상서(尙書)를 번역하여 배포하고 읽도록 하였다. 뒤에 명안과 목곤 집안의 자재를 학생으로 받아들이자 모두 3천 명이나 왔다. 그 중에서 뛰어난 자 1백명을 경사에 오게 하여 편수관 온특혁과 길달로 하여금 이들을 가르치게 하였다. 이해에 압록강의 보루가 침입을 당하여 불살라 졌다.

서기 1169년에 우수한 인재 1백 명을 선발하여 경사에 추천하도록 하고 이들에게 봉급을 주고 고서(古書)를 가르치도록 하였다.

서기 1170년 대정 10년에 고려의 왕 현(晛)의 아우인 익양공(翼陽公) 호(晧)가 현을 폐하고 스스로 즉위하였다. 10월에 고려 왕 현의 생일에 대종정승을 사신으로 보내어 국경에 이르렀는데, 고려의 변경 관리가 전 임금이 양위하였다 하면서 사신을 받지 아니하였다. 이때 고려는 실제로는 정중부가 난을 일으켜 왕을 바꾸었던 것이 된다.

서기 1171년 대정 11년에 처음으로 여진 진사과를 설치하였다.

서기 1173년 대정 13년 3월 을묘일에 임금께서 재신들에게 이르기를,

"짐이 어렸을 적에는 여진의 풍속을 보았는데 지금까지 잊지 못한다. 지금 연회 때의 음악은 모두 한풍을 닮아 대체로 예를 갖추고 있으나 짐이 좋아하는 바가 아니다. 동궁은 여진의 풍속을 알지 못한다. 짐이 죽고 나서도 그대로 존속하여야 할 텐데 일시에 이 풍속을 버릴까 두렵다, 한번 회령에 가서 자손들로 하여금 옛 풍속을 보여주고 싶다"

하였다.

서기 1173년 4월 을해일에 임금이 예사전에 가서 노래 부르는 자에게 여진말로 부르도록 하고, 황태자와 여러 왕들을 둘러보고 이르기를,

"짐은 선조들이 하신 일을 잠시도 잊은 것이 없다. 그러므로 이 가사를 들을 때마다 너희들이 이것을 알도록 하고 싶었다. 너희들은 어릴 때부터 한인의 풍속을 배웠기에 여진의 순실한 풍속을 알지 못한다. 문자와 언어에 있어서도 잘 알지 못하는 것이 있으니, 이것은 근본을 잊어버리는 것이다. 너희들은 마땅히 짐의 뜻을 체득하고 자손에 이르기까지도 짐의 가르침을 준수하도록 해야 한다"

고 하였다.

서기 1174년에 책론(策論)으로 선비를 선발하고 처음으로 여진 국자학을 설치하였다. 제로(諸路)에는 여진부학(女眞府學)을 설치하고 신진 선비들로 교수를 삼았다.

서기 1174년 5월 무술일에 여진인들이 한(漢)식 성으로 바꾸어 쓰지 못하게 하였다.

서기 1174년에 위사(衛士)가 여진어에 익숙하지 못할 경우에 강제로 배우게 하여 익히도록 하고 이후에는 한어를 사용하지 못하도록 하였다. 조칙으로 명안과 목곤의 백성들에게 이후에는 가축을 죽여서 제사에 바치는 것을 금하고 명절과 하늘에 제사를 지내는 날에는 허용하니 모여서 먹도록 하라고 하였다.

서기 1175년에 명안과 목곤의 호수를 다시 정하였다. 각 목곤의 호수는 3백을 넘지 않도록 하고 7~10목곤을 1명안으로 하였다.

서기 1175년 대정 15년 9월에 고려의 서경유수 조위총이 고려 왕(제19대 명종)을 반역하였는데 서언 등을 96인을 보내어 임금께 상주하기를,

"자비령 서쪽과 압록강 동쪽의 40여성을 바치고자 하며 군사로서 원조를 청합니다!"

하였으나, 임금께서,

"왕호(고려 제19대 명종)는 이미 봉책을 받았고, 조위총은 감히 병란을 칭하고 땅을 내놓으려 하나, 짐은 만방을 돌아보며 안무하여야 하니, 어찌 반역한 신하의 해악을 돕겠느냐?"

하면서, 조서를 내려 서언들을 고려로 보내었다. 이에 왕호(고려 명종)가 조위총

의 난을 평정하고 사신을 보내어 상주하여 사례하였다.

서기 1176년에 재신들에게 조칙을 내려 왕들의 이름을 여진말로 지어 올려라고 명하였다.

서기 1176년 정월에 임금이 재신들과 고금의 흥망사를 토론하면서 이르기를,

"여진의 옛 풍속이 가장 순직하다. 비록 글을 알지 못하나 천지에 제를 지내고 친척을 공경하며 노인들을 존대한다. 손님을 접대하고 친구 간에 믿음이 있으며 예의로써 정성을 나타내니, 이 모든 것은 자연스럽게 나오는 것이다. 착한 것은 고사에 실린 것과 다름이 없다. 그대들은 마땅히 이러한 것을 배우고 익혀야 한다. 옛 풍속을 잊으면 아니 된다"

고 하였다.

서기 1180년에 천하에 조칙을 내려 명안과 목곤을 고치도록 하였다.

서기 1181년에 조칙을 내려 하북과 하동의 두 명안을 옮기도록 하였다. 세종이 이르기를, "짐이 처음 명을 내려 이곳에 옮기도록 한 것은 여진 사람들과 서로 섞이어 오래 살게 되면 자연스럽게 서로 혼인을 하여 친척관계가 되어 다른 뜻을 품지 않도록 하고자 함이었다. 이것은 먼 장래를 위하여 이로운 것이다"라고 하였다.

서기 1182년에 산동 동로의 8개 목곤을 하간에 옮겨 살도록 하였다.

서기 1184년에 상경의 쇄화륜 지역이 넓고 기름지므로 부고의 돈으로 이주비용을 대도록 하여 솔빈의 1명안, 호이합의 2명안 24목곤을 옮겨 채웠다.

서기 1185년 대정 25년 4월에 상경에 행차하여 황무전에서 종실들을 위한 연회를 열고 술을 마시고 음악을 들었다. 임금이 군신들에게 이르기를,

"상경의 풍물은 짐이 스스로 즐거워하는 바다. 환도를 주청하는 것을 들을 때마다 번번이 감창한 생각이 든다. 조종의 옛 나라를 버리고 떠나지 못하겠다"

하였다. 또 종실의 친속들에게 이르기를,

"태평세월이 오래되어 너희들은 모두 사치 방종하여 왕왕 가난하게 되니 짐은 이것
을 안타깝게 생각한다. 마땅히 검약에 힘써 선조들이 어렵고 힘들게 애쓴 것을 잊지
말아야 한다."

고 하였다.

서기 1188년 만춘절에 세종이 여진말로 국가의 기업과 만세무궁의 내용으로 곡
을 지었다. 4월에 여진 대학을 세우도록 명하였다.

서기 1189년 도광(道光) 5년 정월에, 세종이 설날 사신이 조알하자 유시하기를,

"변경이 사소하여 근심이 없으나, 너희 임금이 사신을 보내어 진상하는데 신하가 그
리하느냐? 만약 신하가 그리한다면 너희 임금이 역시 당연히 징계를 할 것이다!"

하였다. 처음에 고려의 사자가 별도로 개인적으로 예물을 진상하는 것을 상례(常
禮)으로 삼더니, 이해 만춘절에 임금께서 사자가 개인적으로 진상하는 것을 받아들
이지 아니하고 조서를 내려 파하였다.

(6) 제6대 장종(章宗:서기 1190~1208)

연호는 명창(明昌), 승안(承安), 태화(泰和)를 사용하였다.

서기 1191년 명창(明昌) 2년 4월에 유사에게 이르기를,

"이제부터 여진 글자를 한자로 직역하되 국사원에서 오로지 거란 문자로 쓰던 것을
폐지하라"

하였다.

서기 1193년 명창 4년에 봉선현에 행차를 하여 신미일에 현의 서쪽에서 하늘에 절을 하였다.

서기 1194년 명창 5년 정월에 엽로와 고신이 처음으로 여진 글자를 만든 것을 기려서 조칙으로 봉증을 더하였으며, 창힐의 묘를 주질에 세운 전례에 따라 상경에 사당을 세우고 매년 철마다 제를 지내도록 하였다. 6월에 사냥을 하고 하늘에 절을 하였다.

서기 1197년 승안(承安) 2년에 고려왕 호(晧:제19대 명종)가 표를 올려 스스로 쇠약하고 병이 들어 아우 탁(晫:제20대 신종)에게 양위하였다 하고 탁이 나랏일을 본다라고 하였는데, 이해에 호가 폐하여지고 탁이 대를 이어 즉위하였다. 실제로는 최충헌이 명종을 폐하고 신종을 세웠던 것이 된다.

서기 1200년에 나라의 혼인 제도를 정하였다.

서기 1120년 5월에 장종이 유사에게 여진과 한인의 절하는 방법에 관하여 서로 따라서 할 수 있는 방안을 의논해 보라고 하였는데, 예관 등의 의견을 들은 후, 명을 내려 이번 5월 5일 배천(拜天) 때에는 관복을 입었을 때는 조배를 하고 모든 색인들이 편복을 하였을 때는 우리 왕조의 절하는 방법대로 하라고 하였다.

서기 1203년 태화(泰和) 3년 5월 5일에 배천사류(拜天射柳)를 하였다. 임금께서 세 발을 쏘아 모두 맞혔다.

서기 1204년 태화 4년에 고려의 왕탁(王晫:신종)이 훙하고 아들 영(韺)이 대를 이었다.

서기 1207년 정월에 송나라를 정벌하였다. 하(夏)나라도 일이 있어 고려가 홀로 설날 사신을 보내왔으나 조서를 내려 잔치를 베풀지 않았다. 또, 천수절(天壽節)에 하나라와 고려의 사자가 모두 있어 유사(有司)가 상주하기를,

　　"대정(大定:서기 1161년~) 초에 송나라가 아직 화평을 청하지 아니하였을 때, 하나

라와 고려의 사자에게 잔치를 베풀었으니, 이제 대정의 옛 일에 의거하여 청합니다!"

하니, 조서를 내려 이를 따르게 하였다.

(7) 제7대 동해후(東海侯:위소(衛紹):서기 1208~1213)

서기 1209년부터 연호 대안(大安), 숭경(崇慶), 지령(至寧)을 사용하였다.

서기 1211년 대안 3년 12월 계묘일에 고려의 최충헌이 왕 영(제21대 희종)을 폐하고 강화현에 옮겨진 한남공 정을 받들어 왕(제22대 강종)으로 세웠다.

서기 1212년 지령(至寧) 원년 8월에 고려왕이던 영이 훙하였다.

(8) 제8대 선종(宣宗:서기 1213~1223)

서기 1213년 정우 3년 9월에 즉위하고 윤9월에 안정전에서 배일(拜日)을 하였다. 이때부터 매월 초하루에 행하는 것을 상례로 하였다.[468]

연호는 정우(貞祐), 흥정(興定), 원광(元光)이다.

서기 1214년에 선종이 변(汴)으로 천도하였고, 요동(遼東)의 도로가 통하지 아니하였다.

서기 1216년에 포선만노가 대진국(大眞國)을 세웠다. 이해에 야사부가 대요수국(大遼收國)을 세웠다.

(9) 제9대 애종(哀宗:서기 1223~1234)

연호는 정대(正大), 개흥(開興), 천흥(天興)이다.

---

468) 이상 전게 흠정만주원류고 〈하권〉, 364~431쪽 참조

(10) 제10대 승린(承麟:1234~1234)

연호는 성창(盛昌)이다.

서기 1234년에 금나라가 원(元)나라에 망하니 10대 120년이다.

6. 원(元)

몽고는 서기전 2137년에 단군조선의 한 군국(君國)으로서 출발하였으며, 단군조선이 망한 후 서기전 6세기경부터는 흉노에 속하게 되었고, 고구려와 대진국 시대에 해당하는 시기에 존재하였던 돌궐의 시대에는 돌궐이 되었으며, 서기 907년 이후 거란의 시대에는 거란이 되었다가, 여진의 금나라 말기에 세력이 강해지기 시작하여 금나라를 멸망시키고 유럽까지 진출하면서 세계역사상 정복국가로서 최대의 대제국을 이루었던 나라이다.

몽고지역은 서기전 7197년경부터 시작된 한국(桓國)시대로 보면 초기와 중기가 되는 서기전 7197년경부터 서기전 5000년경 사이에는 그 중심지가 되어 몸골[469]과 같은 존재였던 것이 되며, 서기전 5000년 이후 한인씨의 한국이 지금의 백두산과 흑룡강 사이 지역을 그 중심지로 삼으면서 서쪽에 위치한 것이 되며, 대흥안령 서쪽으로 한국시대의 12한국 중에서 구다천국(句茶川國), 매구여국(賣勾餘國:稷臼多國), 객현한국(客賢汗國), 구모액국(勾牟額國), 선비국(鮮卑國), 구막한국(寇莫汗國), 양운국(養雲國) 등이 위치하였던 곳이 된다.

---

469) 몸체인 고을 또는 마을이라는 뜻임. 실제 몽고지역은 한국(桓國) 초중기에 지금의 천산(天山)과 알타이산이 나라의 제천단을 두었던 곳으로서 수도가 자리한 곳이며, 나라의 중심지였던 것이 된다. 후기인 서기전 5000년경에 한인천제(桓因天帝)의 한국 수도가 대흥안령의 동쪽인 지금의 만주지역으로 옮겨진 것이 된다.

(1) 제1대 태조(太祖:鐵木眞:징기스칸:서기 1206~1228)

서기 1206년에 징기스칸이 몽고를 통일하였다.

〈거란의 고려 침입〉

서기 1216년에 야사부가 세운 거란(대요수국)의 원수 육가(六哥) 등이 무리 9만여 명을 거느리고 고려의 의주와 삭주 등 북쪽 지방을 휩쓸며 약탈하였다. 변방의 군사들이 도망을 하였고, 이에 백성들은 거란군을 피하여 피난을 떠났고 거란군이 쳐들어와 개경까지 내려왔다.

〈거란의 강동성 점거〉

서기 1217년 9월에 고려의 김취려 장군에 의하여 거란군이 물러갔다가 다시 여진과 합세하여 쳐들어 왔는데, 김취려와 조충의 군사에게 쫓겨 강동성을 공격하여 들어가 거점으로 삼았다. 이때 몽고에서 사신을 보내와 고려를 도와주려 하였다.

〈거란 토멸〉

서기 1218년에 태조가 합지길(哈只吉)과 답자(劄剌) 등을 보내어 군사를 거느리고 가서 정벌하도록 하였는데, 고려의 홍대선(洪大宣)이 합지길 등과 함께 공격하여 포위하였다. 고려왕이 추밀원사 겸 이부상서 겸 상장군 겸 한림학사 승지인 조충(趙沖)을 보내니, 함께 육가를 토멸시켰다. 답자와 조충은 형제를 맺었다. 서기 1219년에 고려의 김취려가 몽고군과 함께 강동성을 공격하여 거란의 항복을 받은 것을 가리키는 것이 된다.

서기 1221년 8월에 저고여가 고려에 사신으로 갔다.

서기 1222년 10월에 태조가 조서를 내려 저고여 등 12인을 고려로 보내어 공납의 실제여부를 조사하게 하였다.

이처럼 몽고가 고려와 형제국이 된 후 고려에 지나친 조공을 요구하였다. 이때 압록강 근처 만주 지방의 여진족들이 사신을 보내와 함께 몽고를 치자하였으나 거절하였다.

서기 1224년 2월에 저고여 등이 다시 고려에 사신으로 왔다.

〈저고여 피살〉

서기 1224년 12월에 몽고의 사신 저고여가 고려를 방문하고 돌아가는 길에 압록강 근처에서 살해당하니 몽고는 고려와의 외교관계를 7년간 끊었다.

(2) 제2대 태종(太宗:오고타이:서기 1228~1241)

〈제1차 고려 침입〉

서기 1231년 태종 3년, 고려의 고종 안효대왕 18년 8월에 몽고의 태종(오고타이)이 살례탑(撒禮塔:살리타이)을 보내어 제1차 침입하였다. 이때 고려사람 홍복원(洪福源)이 군사를 영접하며 항복을 하였고, 홍복원을 얻어 백성 1,500호와 인근 주군에서 따라온 자를 편대하여 살리타이(撒禮塔)는 홍복원과 함께 다른 주군(州郡)을 공격하였다.

이때 고려의 문대(文大)는 낭장(郎將)으로 서창현(瑞昌縣)에 있다가 몽고병에게 잡혔는데, 몽고병이 철산성(鐵山城) 밑에 이르러 문대로 하여금 성 안의 사람들을 큰소리로 설득하게 하였다. 몽고병이 문대에게 "진짜 몽고병이 왔다. 재빨리 나와서 항복하라"고 시켰으나, 이에 문대는 "가짜 몽고병이다. 그러니 나와서 항복하지 말라"라고 하였다, 이에 몽고병이 그를 죽이려 하다가 다시 한 번 시켜보니 다시 똑같이 하므로 마침내 문대를 죽였다. 몽고병이 성을 아주 급하게 공격하였다. 성에는 양곡이 떨어지니 마침내 지키지 못하고 함락되려고 하였다. 이때 판관(判官) 이희적(李希績)이 성 안의 부녀자와 어리이들을 모아서 창고에 들어가게 한 다음 창고에 불을 지르고는 장정들을 인솔하여 모두 자결하였다.

고려의 귀주성에서 서북면 병마사 박서와 김경손이 결사대12명을 구성하여 싸우는 등 성을 굳게 지키니 몽고군은 귀주성을 포기하고 돌아가서 다른 성들을 함락시키고 개경을 포위하였다.

이어 살리타이는 아아독(阿兒禿)과 홍복원을 고려의 왕성으로 사신으로 보내어 고려왕을 부르게 하니, 고려왕은 그 아우 회안공(懷安公) 왕정(王侹)을 보내어 화평을 청하였고, 이를 허락하여 경(京), 부(府), 현(縣)에 다루가치 72인을 설치하여 감독하게 하고는 군사를 돌렸다. 이때 고려는 최우가 실권자였으며, 그 주도하에 몽고와 화친을 청하여 항복하였던 것이 된다.

몽고군은 고려에 다루가치 72명을 두고, 돌아가는 길에 다시 귀주성을 총공격하였으나 항복하지 않으므로 살리타이가 고종에게 사람을 보내어 항복하라는 어명을 내리게 하였고 이에 귀주성이 항복하였다.

이해 11월에 원수 포도, 적거, 당고 등이 군사를 거느리고 고려의 왕성에 이르니 고려왕이 사신을 술로 영접하였다.

이해 12월 1일에 다시 사신을 병영으로 보내어 원수를 위로하였다. 다음날 사신과 원수는 40여명의 무리를 왕성으로 들여보냈고, 그 다음날 고려왕은 왕정 등을 보내어 사례타이가 머무는 곳을 예방하여 군사들에게 음식을 대접하였다.

서기 1232년 정월에 태종이 고려에 사신을 보내어 옥새문서로서 유시하였다.

서기 1232년 3월에 고려왕이 중랑장 지의원(池義源)과 녹사(錄事) 홍거원(洪巨源)과 김겸(金謙) 등을 보내어 살례타이 주둔지에 문첩을 보냈다.

서기 1232년 4월에 고려왕이 장군 조숙창(趙叔昌)과 어사(御使) 설신(薛愼) 등을 보내어 표를 받들어 입조하게 하였다.

서기 1232년 5월에 다시 조서를 내려 유시하였다.

〈고려가 다루가치를 죽이고, 강화로 천도하다〉

서기 1232년 6월에 고려왕이 조정에서 설치한 다루가치 72인을 모두 죽여 반역하고, 드디어 왕성과 여러 주현의 백성들을 이끌고 해도(海島:강화도)로 들어갔다.

홍복원은 남은 무리를 모아 대군(大軍)이 오기를 기다렸다. 이때 고려의 최우는 몽고군이 수전에 약한 것을 알고 강화도로 수도를 옮겼던 것이며, 개경의 약 10만 민가도 강제로 이주시켰던 것이다.

〈제2차 고려 침입〉

서기 1232년 8월에 태종은 다시 살리타이를 보내어 군사를 거느리고 가서 토벌하게 하였다. 이것이 몽고의 2차 침입이다.

〈살리타이가 죽다〉

살리타이가 이끈 몽고군은 서경과 개성을 거쳐 처인성(용인)까지 진격하였으나 승려 김윤후가 이끄는 의병이 공격을 막았다. 다음날 몽고군은 2차 공격을 하다가 살리타이가 고려군이 쏜 화살에 맞아 죽고 전의를 상실한 몽고군은 별장9別將) 철가(鐵哥)가 회군시켰으며, 이미 항복한 사람들은 홍복원에게 거느리게 하였다.

서기 1232년 10월에 고려왕이 장군 김보정(金寶鼎)과 낭중(郎中) 조서장(趙瑞章)을 보내어 표를 올리고 정황을 설명하였다.

서기 1233년 4월에 조서를 내려 고려왕에게 과오를 유시하고 내조하게 하였으며, 5가지 죄를 열거하였다. 10월에 고려왕이 다시 군사를 보내어 이미 내부하였던 서경 등을 공격하여 함락하여 백성들을 항복시키고 홍복원의 집을 빼앗았다.

서기 1234년 홍복원이 청을 올려 받아들여져, 그 항복하였던 백성들을 거느리고 동경(東京)으로 옮겨 살게 하고 금부(金符)를 하사하여 패용하게 하였다.

〈제3차 고려 침입〉

서기 1235년에 당고(唐古)에게 명하여 홍복원과 함께 군사를 이끌고 가서 고려를 정벌하게 하였다. 이에 몽고군은 제3차 침입을 하여 경주까지 진격하였고, 고려는 황룡사 9층탑과 대구 부인사의 대장경판이 불타는 등 많은 문화재가 손실되었다.

서기 1237년에 고려의 용강(龍岡), 함종(咸從) 등 10여 성을 빼앗았다.

서기 1238년 5월에 고려의 조현습(趙玄習), 이원우(李元祐) 등이 2,000명을 이끌고 와서 항복하여 동경(東京)에 살도록 하고서 홍복원의 절제를 받도록 하였으며, 또 어전의 은부(銀符)를 하사하여 현습 등에게 패용하도록 하였고, 아직 항복하지 아니한 민호들을 부르게 하니, 이군식(李君式) 등 12인이 와서 항복하였는데 현습과 같이 하도록 하였다. 12월에 고려왕이 장군 김보정과 어사 송언기 등을 보내어 표를 받들고 원나라에 입조하게 하였다.

서기 1239년 5월에 조서를 내려 고려왕을 불러 입조하도록 하였는데, 고려왕은 모상을 당하였다고 말하였다. 6월에 예빈경(禮賓卿) 노연(盧演)과 예빈소경 김겸(金謙)을 보내어 표를 받들고 입조하게 하였다. 10월에 고려왕에게 교지를 내려 유시하여 내년에는 친히 입조하라고 하였으며, 12월에는 고려왕이 신안공(新安公) 왕전(王佺)과 김보정, 송언기 등 148인을 보내어 표를 받들고 조공하게 하였다. 고려의 기록으로는, 고려의 항복을 기다리다 지친 몽고는 고려 희종에게 직접 항복하려고 몽고에 입조하면 물러가겠다 하였는데, 고려는 왕족 영녕공을 태자라 속이고 몽고로 보냈다고 기록하고 있다.

서기 1240년 3월에 고려왕은 우간의대부(右諫議大夫) 조수(趙修)와 합문기후(閤門祇侯) 김성보(金成寶) 등을 보내어 표를 받들고 조공하게 하였다.

서기 1240년 5월에 태종이 다시 조서를 내려 고려왕에게 유시하였다.

서기 1240년 12월에 고려왕이 예빈소경 송언기와 시어사 권위를 보내어 조공하였으며, 이해에 원나라는 창주(昌州)와 삭주(朔州) 등을 빼앗았다.

서기 1241년 13년 가을에 고려왕이 조카 준(綧)을 아들이라 하여 인질로 잡혔다.

지금까지 고려의 외교상 전략전술은 몽고가 진이 빠지도록 잘도 회피한 것이 되는데, 몽고의 침입도 끈질기긴 마찬가지가 된다.

(3) 제3대 후(后:서기 1241~1245)

(4) 제4대 정종(定宗:구조:서기 1246~1249)

정종의 시대에 고려는 새해 조공을 하지 않았다.

〈제4차 고려 침입〉

서기 1247년 몽고는 제4차 침입을 하여 고려왕이 몽고에 입조하고 개경환도를 요구하였다. 고려 조정이 끝까지 버티자 몽고군은 소득 없이 돌아갔다. 김윤후는 충주산성 방호별감으로 있으면서 몽고의 제4차 침입을 맞아 충주성을 끝까지 지켰다.

서기 1251년에 몽고가 고려에 사신을 보내어 개경환도를 요구하였다.

(5) 제5대 후(后:서기 1249~1252)

이때에 고려는 새해 조공을 하지 않았다.

(6) 제6대 헌종(憲宗:뭉케:서기 1252~1260)

헌종 시대에 고려는 새해 조공을 하지 않았다.

〈제5차 고려 침입〉

서기 1253년에 몽고는 제5차 침입을 하였다.

〈제6차 고려 침입〉

서기 1254년에 몽고는 제6차 침입을 하여, 고려인 20만 명을 끌고 갔다.

서기 1257년에 몽고는 다시 고려의 태자를 입조시키라 요구하였으나, 고려는 태자 대신 다른 사람을 보냈다.

〈제7차 고려 침입〉

서기 1257년에 몽고는 제7차 침입을 하였다.

〈고려의 최씨 정권 붕괴〉

서기 1258년에 고려의 유경, 김준, 임연 등이 최의를 살해하고 대사성 유경이 제 1인자가 되고 김준은 제2인자가 되었다. 고려조정은 몽고에 사신을 보내고 개경환 도와 태자입조를 약속하니 몽고군이 회군하였다.

서기 1258년에 몽고는 고려에 쌍성총관부를 설치하였다.

서기 1259년에 고려 태자 전(佴)과 40여명의 신하들이 몽고에 입조하였다. 정종 2년인 서기 1247년 이후 헌종 8년인 서기 1259년까지 4회에 걸쳐 고려를 정벌하 였으며 14성을 빼앗았다.

(7) 제7대 세조(世祖:쿠빌라이:서기 1260~1295)

연호는 중통(中統), 지원(至元)을 사용하였다.

서기 1260년 중통(中統) 원년 3월에 고려왕(고종)이 졸하여, 전(佴:고려 고종의 태자)을 명하여 귀국하게 하고 고려왕으로 삼았으며 군사로 호송하게 하고 국경 에 이르러 풀어 주었다. 이 고려왕이 제24대 원종이다.

서기 1260년 6월에 고려왕 전(佴)은 아들 영안공(永安公) 희(僖), 판사재사(判司 宰事) 한즉(韓卽)을 보내어 입조시켜 즉위를 하례하도록 하여 국왕으로 책봉되고 왕 인(王印)과 호부(虎符)를 하사받았다. 이달에 또 조서를 내려 안무하고 유시하였다.

서기 1260년에 고려의 김준이 유경을 밀어내고 제1인자가 되었다.

서기 1261년 3월에 고려왕이 사신을 보내어 조공하였다. 4월에 고려왕 전이 입 조하였다. 6월에 고려왕이 세자 심(愖)을 보내어 표를 받들어 하문하게 하였다. 8월 에 고려왕에게 옥대 하나를 하사하고, 시어장군(侍御將軍) 패리찰(孛里察), 예부낭 중 고일민(高逸民)을 보내어 심(愖)을 호위하여 환국시켰다. 9월에 고려왕인 시어 사 장일(張鎰)을 보내어 표를 받들고 입조하여 사례하게 하였다. 10월에 세조가 아 적미실(阿的迷失), 초천익(焦天翼)을 고려에 보내어 조서를 지니고 유시하도록 하였다.

서기 1262년 정월에 호시(互市)를 파하고, 왕(王) 탑찰아(塔察兒)가 철야(鐵冶)를 설치할 것을 청하여 그리하도록 하였고, 호시를 세우도록 청한 것은 따르지 않았다. 고려왕에게 책력을 하사하였고 고려왕은 사신을 보내어 입조하여 사례하니 조서로서 답하였다. 4월에 고려왕이 좌간의대부(左諫議大夫) 박륜(朴倫), 낭장 신홍성(辛洪成) 등을 보내어 표를 받들고 입조하게 하였다. 6월에 고려왕이 사신을 보내어 조공하였다. 8월에 박륜 등이 고려로 돌아갔는데, 서금(西錦) 3단(段)과 간금숙릉(間金熟綾) 6단을 하사하였다. 10월에 조서를 내려 고려왕에게 유시하여 백성들의 호적을 정리하여 군사를 내게 하고, 식량을 수송하여 군대를 돕게 하였다. 이달에 고려왕이 사신을 보내어 조공하였다.

서기 1263년 2월에 고려왕이 조서에 답하지 않아 그 사자를 질책하였다. 고려왕이 표를 올려 백성들의 생활이 조금 나아진 후일 명을 따를 것이라 기다려 달라 애걸하니, 세조가 그 말한 뜻이 간절하고 신실하여 윤허하였다. 3월부터 6월까지 고려왕은 3차례 사신을 보내어 조공하였고, 고려왕에게 양 500마리를 하사하였다. 11월에 고려왕에게 역참호적(驛站戶籍)을 설치하는 등의 일을 면하게 하니, 한림학사 한취(韓就)를 보내어 표를 받들고 입조하여 사례하였다.

서기 1264년 정월 정축삭에 고려왕이 사신을 보내어 표를 받들고 입조하여 하례하게 하였으며, 사신을 유시하여 돌아가게 하고, 고려왕이 직접 경사(京師)에 입조하도록 명하였다. 4월에 필도적(必闍赤) 고을독(古乙獨)을 보내어 고려왕이 입조하도록 하게 하였다. 5월에 고려왕이 차국자제주(借國子祭酒) 장일(張鎰)을 보내어 고을독을 따라 입조하게 하였다. 6월에 고려왕이 직접 입조하였다. 9월에 세조가 중통(中統) 5년을 고쳐 지원(至元) 원년이라 하였으며, 낭중 로득성(路得成)을 보내어 사면령을 지니고 고려왕과 낭장 강윤소(康允紹)와 함께 가서 반포하도록 하였다. 10월에 고려왕이 입조하였다. 12월에 고려왕을 고려로 돌아가게 하였다. 서기 1290년까지 고려는 36차례 조공하였다.

서기 1266년 지원(至元) 2월에 심주(瀋州)를 설치하고 고려의 항복한 백성들이 사도록 하였다. 세조가 일본과 우호통상하려 하였는데, 고려가 일본과 이웃 나라이므로 향도가 될 수 있어, 8월에 국신사(國信使) 병부시랑 흑적(黑的), 예부시랑 은홍(殷弘), 계의관(計議官) 백덕효선(伯德孝先) 등을 일본에 사신으로 보냈는데, 먼저 고려에 이르러 유지를 전하였다. 12월에 고려왕이 추밀원부사 송군비(宋君斐), 차예부시랑(借禮部侍郎) 김찬(金贊) 등을 보내어 조서를 받은 사신인 흑적, 은홍 등을 일본으로 가도록 향도하였으나, 이르지 못하고 돌아왔다.

서기 1267년 정월에 고려왕이 송군비 등을 보내어 표를 받들고 흑적을 따라 입조하였다. 6월에 세조가 고려왕에게 말씀을 내리고 사신들을 돌아가게 하였으며 다시 흑적을 송군비 등과 함께 보내어 조서로써 고려왕에게 유시하여 일본에 관한 일을 위임하고 반드시 이루도록 하였다. 9월에 고려왕이 기거사인(起居舍人) 반부(潘阜), 서장관(書狀官) 이정(李挺)을 나라 사신의 일을 완수하도록 서신을 지니고 일본으로 가게 하였다.

서기 1268년 정월에 고려왕이 그 아우 창(淐)을 보내어 입조하게 하였다. 세조가 고려왕이 창을 보내어 속인 것이라 하여 그러한 일을 수차례 접하고는 질책하였으며, 특별히 북경로(北京路) 총관(總管) 겸 대정부윤(大定府尹) 우야손탈(于也孫脫), 예부낭중 맹갑(孟甲)을 보내어 조서를 가지고 고려왕에게 유시하도록 하였다. 그 유시에는,

"향후에는 철병을 청하니 즉시 철병하라. 3년 내에 물을 건너 땅으로 나오면 이전의 말은 죄를 묻지 않겠다. 또, 태조의 법제에는 예속국은 인질을 잡히고 군사를 도우며 식량을 내고, 역참을 설치하며 호적(戶籍)을 편찬하고 장관(長官)을 설치하였으니, 이미 일찍이 명백히 유시하였지만 지금까지 이르러 끝내 말처럼 이루어지지 않았다. 태종 때 왕준(王綧) 등이 이미 인질로 잡히고 역참이 역시 설치되었으나, 나머지는 아직 받들어 행하지 아니하였으니, 이제 장차 송나라에 죄를 물을 것인 즉,

그 사졸주함(士卒舟艦)을 도운 것이 얼마더냐? 식량을 내어 비축하고 관(官)을 설치하는 것과 호판(戶版)의 일로 볼 때, 그 뜻이 무엇을 말함이냐? 고로 문책하는 것이니라!"

하였다. 3월에 우야손탈(于也孫脫) 등이 고려에 이르렀다.

서기 1268년 4월에 고려왕이 문하시랑 이장용(李藏用)을 보내어 표를 받들고 우야손탈 등과 함께 입조하였다. 5월에 세조가 이장용에게 칙서를 내리기를,

"너희 왕에게 유시하노니, 속히 군사의 수를 실제대로 보고하라. 사람을 보내어 감독하게 하리라. 이제 군사를 내면 너희들은 반드시 장차 어디로 낼 것인지, 남송으로 낼 것인지 일본으로 낼 것인지 의아해 할 것이다. 너희 왕은 당연히 배 1,000을 내면 능히 큰 바다를 건널 수 있을 것이며, 4,000석을 실을 수 있을 것이다."

하였다. 이장용이 아뢰기를,

"주함(舟艦)의 일은 즉시 당연히 명을 따르지만, 백성이 너무 적어서 기한을 맞추지 못할까 두렵습니다. 신의 나라에는 군사가 4만이나 30여 년간의 병역으로 죽어 이제 호패를 가진 자가 50호, 100호, 1,000호 등이라는 것은 허명이며 실재가 아니어서 군졸이 없습니다."

하였다. 세조가 이르기를,

"죽은 것도 있고 산 것도 역시 있다."

하였다. 이장용이 이르기를,

"성덕(聖德)을 믿사옵니다. 철병한 이래로 나고 자란 것이 근근이 10살밖에 안되옵니다."

하였다. 세조가 또 이르기를,

"너희 온자들이 말하기를, 바다의 일은 송나라는 편풍을 얻으면 3일이면 이를 수 있고, 일본은 아침에 출발하면 저녁에 이른다 하였다. 배 안에 살이 실려 있고 바다에서 고기를 잡고 먹으면 되는데, 어찌 행하지 않는가?"

하며 칙서를 내리어 이장용에게 이르기를,

"돌아가서 이 말로써 너희 왕에게 유시하라!"

하였다.

서기 1260년 7월에 조서를 내려 도통령(都統領) 탈내아(脫乃兒), 무덕장군통령 9武德將軍統領) 왕국창(王國昌), 무략장군부통령(武略將軍副統領) 유걸(劉傑) 등을 고려에 사신으로 보내어, 입조한 대장군 최동수(崔東秀)와 함께 가게 하였다. 8월에 고려에 이르자 고려왕이 승천부(昇天府)로 나와 영접하였으며, 군사를 열병하고 배를 만들도록 유시하였다. 9월에 고려왕이 반부(潘阜) 등이 사신으로 갔으나 아무 공이 없이 되돌아 왔다라고 상주하므로, 다시 흑적(黑的) 등을 일본에 사신으로 보냈으며, 고려왕에게 조서를 내려 중신을 보내어 길을 안내하게 하였다. 12월에 고려왕이 지문하성사(知門下省事) 신사전(申思佺), 예부시랑 진정(陳井), 기거사인 반부 등을 보내어 국신사(國信使) 흑적 등을 따라 일본으로 갔으며, 차예부시랑(借禮部侍郎) 장일(張鎰)은 표를 받들고 탈내아를 따라 입조하였다.

서기 1269년 정월에 고려왕 원종이 대장군 강윤소를 보내어 표를 받들고 권신

(權臣) 김준(金俊) 등을 주살하라 상주하였다. 3월에 고려왕이 신사전을 보내어 표를 받들고 흑적을 따라 입조하였다. 6월에 고려왕이 세자 심을 입조시켰는데, 고려왕에게 옥대 하나를 하사하고, 심에게는 금 50냥을 하사하였으며 따라온 관리에게는 은폐를 하사하여 차이가 있게 하였다. 7월에 세조가 명위장군 도통령 탈내아, 무덕장군 통령 왕국창, 무략장군 부통령 유걸을 보내어 탐라 등의 도로를 살피게 하였으며, 고려왕에게 조서를 내려 관리를 선발하여 인도하게 하였는데, 사람들이 말하기를 탐라는 바닷길로 남송과 일본으로 가는 아주 쉬운 곳이라 하였다.

서기 1269년 8월에 세자 심이 조정에 이르러 본국(고려)의 신하가 고려왕을 마음대로 폐하고 그 아우 안경공(安慶公) 창(淐)을 세운 일을 상주하니, 조서를 내려 사신 알내사불화(斡内思不花), 이악(李諤) 등을 사신으로 보내어 고려에 이르러 상세히 묻게 하였다. 9월에 추밀원부사 김방경이 표를 받들고 알내사불화 등을 따라 입조하였는데, 추밀원어사대가 상주하고, 세자 심이 말하기를,

"조정에서 만약 출정하면 능히 군사 3,000을 나눌 수 있고 식량은 5개월분이 준비되며, 관군이 국경에 들어서면 신이 마땅히 함께 갈 것이니 모든 것이 우려될 것이 없습니다!"

하였다. 세조는 그렇다 하여, 조서를 내려 세자에게 고려왕을 제수하고 상주국으로 특진시키고는, 심에게 칙서를 내려 군사 3,000을 이끌고 가서 고려의 난을 알리게 하였으며, 초불화(抄不花)에게 명하여 고려를 정벌하게 하였는데, 병으로 과업을 수행하지 못하므로 조서를 내려 몽가도(蒙哥都)를 보내어 대신하게 하였다.

고려 원종은 왕권회복을 위하여 태자 심을 몽고에 보내어 개경환도가 김준 등의 무신들의 반대로 이루어지지 못하고 있다 고하였던 것이고, 이에 몽고는 사신을 보내어 송나라를 칠 테니 김준 부자가 구원병을 이끌고 몽고로 오게 하였던 것이다. 이에 김준이 사신을 죽이려 하였으나 이를 눈치 챈 원종이 임연에게 김준을 죽이게

하였고, 김준을 죽인 임연도 개경환도를 반대하게 되었으며, 원종을 상왕으로 삼아 폐위시키고 안경공 창을 즉위시켰던 것이다. 이에 몽고에 있던 태자가 몽고 세조(쿠빌라이)에게 고하였던 것이 된다.

서기 1269년 10월에 세조가 고려왕, 창이 폐하여지고 임연(林衍)이 저지른 일로써, 중헌대부 병부시랑 흑적(黑的), 치래로(淄萊路), 총관부 판관 서세웅(徐世雄)을 보내어 조서를 내려 고려왕(원종), 창, 임연 등을 12월에 함께 불러 올려, 면전에서 사실정황을 진술하게 하여 그 시시비비를 경청할 것이라 하였으며, 또. 국왕 두연가(頭輦哥) 등을 보내어 병사를 이끌고 가서 국경을 진압하고 즉시 직접 실권층의 악을 다스리게 하였으며, 조벽(趙璧)에게 명하여 동경(東京)에 중서성(中書省)을 맡도록 하고 조서를 내려 고려국의 군민(君民)을 유시하도록 하였다. 11월에 고려 도통령 최저 등이 임연의 작란으로 서성의 50여성을 격파하고 입성하였으며, 단사관(斷事官) 별동와(別同瓦)를 보내어 왕준(王綧), 홍다구(仁茶丘)가 맡은 첨군(僉軍)으로 말을 달려 동경에 이르러, 추밀원으로 보내어 3,300명을 얻었으며, 고려의 서경 도통 이연령(李延齡)은 병사를 더해 줄 것을 청하므로, 망가도(忙哥都)를 보내어 병사 2,000을 이끌고 가도록 하였다.

이때 몽고로 갔던 원종은 임연의 아들 임유간을 두려워하여 폐위사건의 진상을 털어놓지 못하였는데, 원종을 따라갔던 이장용이 이 사실을 알리자 몽고 세조가 임유간을 감옥에 가두었던 것이 되고, 이 소식을 들은 임연은 고민하다 병이 나서 죽고 맏아들 임유무가 권력을 물려받았던 것이 된다.

추밀원의 신하들이 고려를 정벌하는 일을 논의하였다. 처음에 마형(馬亨)이 말하기를,

"고려는 본래 기자(箕子)가 봉해진 땅이며, 한(漢)과 진(晉)에 모두 군현이 되었다470). 지금 비록 조공을 하러 오지만 그 마음은 헤아리기 어렵다. 위엄을 갖춘 군사로 길을 빌려 일본을 취한다는 명분을 삼고, 세를 타서 그 나라를 격습하여 군현으로

삼아야 하는 것입니다!"

라고 하였고, 또 말하기를,

"이제 대개 조그만 틈끝이 있으면 의당히 군사를 보내어 치지 말아야 합니다. 만일 이기지 못하면 위로는 국위를 손상시키고 아래로는 사졸들에게 손해를 주게 됩니다. 저들이 혹 표를 올려 사정을 말하면 의당히 그 죄를 사면하고 공납을 줄여주어 그 백성들을 안무함으로써, 모두 성스런 교화에 감동되어 승모할 것입니다. 남송이 평정되기를 기다려 저들이 다른 뜻이 있다면 군사를 돌려 주살하여야 하는 바, 역시 아직 늦지 않습니다!"

하였다. 전에 추밀원을 지낸 마희기(馬希驥)가 역시 말하기를,

"지금의 고려는 옛 신라, 백제, 고구려의 삼국이 병합되어 하나로 된 나라입니다.471) 대저 번진(藩鎭)의 권한의 분할변동의 법칙은 제후가 강성하면 신하를 어렵게 하고, 저들 지역의 군사와 백성들의 많고 적음을 보면, 분리되어 둘이 되어 나

---

470) 이미 고대중국의 날조된 기록을 당연한 역사로 인식하고 인용하고 있는데, 이는 기자가 조선(朝鮮)의 서쪽지역의 일부 땅에 정착하여 단군조선의 제후가 되었던 것인데, 주나라 무왕이 봉한 것이 역사적 사실의 전부인 양 기록된 것에서 연유하는 것이다. 주나라 무왕이 은왕족이자 자신에게 홍범구주를 가르쳐 준 스승이기도 한 기자가 주나라의 신하가 되어 주나라에 살지 않고 단군조선 영역으로 피하여 가서 정착한 것이 역사적 사실인 바, 단군조선의 제후가 되는 천자(天子)에 불과한 주나라 무왕이 단군조선 영역에 정착한 기자를 제후로 봉한다는 자체가 대역죄에 해당하는 것이므로 이치에 맞지 않고, 다만 고대중국 역사기록에서 은기자를 조선왕에 봉하였다는 것은 단군조선 땅에 정착한 기자의 나라를 인정한 것으로 이해하면 되는 것이다. 기자는 황하 북부의 태항산맥의 서쪽으로 지금의 태원 이북지역에 정착한 것이 되는데, 태항산 동쪽으로 지금의 북경과 천진을 중심으로 하여 발해만 유역에 걸쳐 고죽국이 위치하고 있어, 고죽국의 서편에 기자(箕子)의 기후국(箕侯國)이 있었던 것이 된다.
471) 고려가 고구려와 신라, 백제를 통합한 나라임이 역사적으로 인식되고 있는 것이 된다.

라를 나누어 다스리고, 권력으로 하여금 세력을 꾀하게 하는 등 스스로 제도를 만들어 모두 의논하고 도모하여, 역시 쉽게 구역(區域)을 삼을 따름입니다!"472)

하였다.

서기 1269년 12월에 고려왕이 경사(京師)에 입조하였다.

서기 1270년 정월에 사신을 보내어 이르기를,

"조서를 받들라. 신(臣)이 이미 복위되었으니 700인을 따라 입조하여 알현하기를 명하노라."

하였다.

조서에서는 400인을 따라 오라고 하였으며, 나머지는 서경(西京)에 머물라 하였다. 조서에서 서경에 속한 것을 동령부(東寧府)로 고치고 자비령(慈悲嶺)을 그어 경계로 삼았으며, 망가도(忙哥都)를 안무사(按撫使)로 삼고 호부(虎符)를 패용하도록 하고 병사를 서쪽의 경계로 이끌고 가도록 하였다. 조서에서 유시하기를, 고려의 신료와 군민(軍民)이 임연(林衍)을 토벌하라 하였는데, 그 대략적인 글은,

"짐이 즉위한 이래로 너희 나라가 오랜 동안 병란을 겪은 것에 애석해하며, 너희 임금을 책봉하여 정하니 군사를 철수하여 돌아오라. 10년 동안 안전을 안무하고 보호하였던 것인바, 복종하지 아니하였다. 역신 임연을 도모하지 않으며, 스스로 조용히 있지 않고 마음대로 너희 국왕 전(倎)을 폐하고 안경공 창을 위협하여 세우므로, 조서로써 명령을 내려 궁궐로 돌아가라 하였으나, 다시 지연하며 나오지 아니하니, 어찌 군사를 풀어 주살하지 않을 것인가? 이미 행성(行省)을 보내어 군사를 이끌고 동쪽으로 내려갔으니, 오직 임연 한놈을 토벌하는 것이라. 안경공 창은 본래 부득이

---

472) 고려가 당시에 무신정권(武臣政權)으로 몽고에 대항하고 있었음을 보여주고 있다.

한 것이어서 너그러이 용서함은 스스로 위협에 따라 잘못을 따랐음에 남음이 있으니 하나라도 묻지 아니하노라!"

하였다.

서기 1270년 2월에 군사로 하여금 전(倎)를 보내어 고려왕이 되게 하고, 조서로써 고려국의 관리와 군민에게 유시하기를,

"짐은, 신하가 임금을 섬김에 죽더라도 둘이 아니라고 생각하노라. 불의한 너희 나라의 권신은 감히 나라의 주인을 폐하고 저들이 이미 군사와 무리를 몰아붙이니, 장차 너희 무리들이 위험과 근심과 불안에 이를 것이어서, 모든 것을 고려한 까닭으로, 특별히 병사로 하여금 국왕 전(倎)을 호송케 하여 나라로 돌아가게 하고 옛 수도에 머물게 하노니, 다루가치에게 명하여 함께 가서 진압하여 안무하여, 너희 나라를 편안하게 하라. 오직 너희 동쪽 땅의 사람들은 나의 뜻을 알지 못하는 까닭으로 반드시 의심과 두려움이 생길 것이나, 너희 무리들은 모두 마땅히 두려워하지 말고 안도하라. 이미 별도로 장수에게 칙서를 내려 병사들을 엄히 훈계하여 명령을 준수하게 하였으니, 너희들이 혹시라도 망동(妄動)하면 너희의 처자와 너희의 몸은 마땅히 포로되고 약탈당할 것이니, 의당히 살펴 생각할 것이로다!"

하였다.

처음에 두연가(頭輦哥)[473] 행성(行省)에게 명하여 서경(西京)에 주둔하게 하고, 망가도와 조양필을 안무사로 하여 전(倎)과 함께 고려의 수도로 들어가게 하였다. 이미 다시 행성에게 명령을 내려 왕경(王京)에 들어가도록 하여 탈내아가 고려의 다루가치가 되었다. 안무사를 파하였다.

서기 1270년 4월에 동경의 행상서성(行尙書省)의 군대가 서경(西京)에 가까워,

---

473) 국왕(國王)의 직책에 있는 사람이다.

철철도(徹徹都) 등을 보내어 전(倎)의 신하 정자여(鄭子璵) 등과 함께 성답(省劄)을 지니고 고려국의 영공(令公) 임연(林衍)을 소환하니 사신이 돌아와 말하기를,

"임연은 이미 죽고, 아들 유무(惟茂)가 영공의 자리를 세습하였으며, 고려의 시랑 홍문계(洪文系)와 상서 송종례(宋宗禮)가 임유무와 임연의 사위 최종소(崔宗紹)를 죽였으며, 임연의 무리 배중손(裵仲孫) 등이 다시 남은 무리를 모아, 전(倎)의 서족(庶族)인 승화후(承化侯)를 세워 왕으로 삼고 진도(珍島)로 숨어 들어갔습니다."

하였다.

대군이 왕경(王京)의 서관성(西關城)에 행차하였는데, 사람을 보내어 임연의 처자를 목매달게 하였다. 행성(行省)이 고려왕 전(倎)과 의논하여 강화도에 사는 백성들을 왕경(王京)으로 옮기도록 하였는데 이에 조서를 선포하여 안무하니, 전(倎)이 따르지 않다가 옛 수도(개경)에 들어가 살게 되니, 처음으로 행성의 의사에 따랐다.

즉, 원종은 고려로 돌아왔으나 강화로 가지 않고 개경에 머물렀던 것이며, 이에 임유무가 군사들을 이끌고 개경으로 향하였는데, 원종이 송종례와 홍문계에게 임유무를 제거하라 명하여, 이에 임유무가 살해되었던 것이다. 이로써 100년 가까이 지속된 무신정권이 막을 내렸던 것이 된다.[474] 원종은 반몽파를 쫓아내고 친몽파를 중용하였다.

〈삼별초의 항전〉

원종이 강화의 삼별초(좌별초, 우별초, 신의군)를 해산시키려 하였는데, 이에 배중손은 왕족인 승화후 온을 즉위시키고 대몽항전을 시작하였다. 원종은 김방경을 불러 어명을 내려 몽고군과 합쳐 삼별초를 토벌하게 하였다. 이에 배중손은 강화도

---

474) 정중부-경대승-이의민-최충헌-최우-최항-최의-유경-김준-임연-임유무

를 버리고 남해의 진도를 근거지로 삼았다.

김방경은 아해, 홍다구 등의 몽고 장수와 여몽연합군을 구성하여 진도를 공격하였으나 번번이 실패하였다.

서기 1271년에 김방경은 아해 대신 출전한 몽고 장수 흔도와 홍다구 등과 함께 대군을 이끌고 진도를 총공격하여 함락시켰는데, 배중손은 전사하고 승화후 온은 살해되었다. 진도에서 제주도로 옮긴 김통정의 삼별초는 항전을 계속하였다.

서기 1271년에 국호를 원(元)이라 하였다. 몽고는 수도를 연경으로 옮겼다.

서기 1273년에 1만 명의 여몽연합군이 탐라(제주도)를 공격하여 김통정의 삼별초를 진압하였다.

서기 1274년에 몽고는 남편이 없는 여자들을 보내라 하여 고려에서는 결혼도감을 설치하여 혼자 사는 여자와 남편 없는 여자, 역적의 아내, 노비의 딸 등을 원나라에 보냈다. 원나라는 고려의 묘호에 왕과 충을 붙이도록 하고 폐하를 전하로, 태자를 세자로 강등하도록 하였고, 관제도 바꾸었다. 또 고려의 세자를 원나라 공주와 혼인하도록 하였다. 원종의 태자 심이 원나라 세조(쿠빌라이)의 딸과 혼인하여 이후 고려는 원나라의 부마국이 되었다.

서기 1274년에 고려의 원종이 붕하고 세자 심이 원나라에서 돌아와 즉위하였다.

〈여원 제1차 일본 정벌〉

서기 1274년에 원나라 세조 쿠빌라이는 일본을 정벌하려, 고려에게 병선 900척을 만들게 하고, 도원수 흔도와 부원수 홍다구에게 2만5천의 군사를 주어 고려로 보냈다. 이에 김방경을 총대장으로 삼아 8천여 명의 군사를 동원하고 수군 6천7백 명을 붙여 총 4만여 명의 여원연합군이 일본 정벌길에 올랐다. 일본의 대마도와 이키섬을 점령하는 등 대승을 거두었다. 한밤중에 태풍이 불어 배가 부서지고 수많은 군사들이 물에 빠져 죽었다.

서기 1275년에 몽고는 응방을 설치하고 매를 잡아 바치게 하였다.

서기 1279년에 남송(南宋)을 멸하였다.

서기 1280년에 원나라 세조는 일본정벌을 위하여 정동행성을 고려에 설치하였다.

〈여원 제2차 일본 정벌〉

서기 1281년에 원나라는 15만의 군사를 내어 일본 2차정벌에 나섰고 고려는 김방경이 1만 군사로 합세하였다. 또다시 태풍으로 여원연합군 16만 중에서 1만9천명만 살아 돌아왔다. 서기 1295년에 원나라는 세조가 죽자 일본정벌을 포기하였다. 정동행성은 그대로 남아 고려의 내정을 간섭하였다.

(8) 제8대 성종(成宗:서기 1295~1308)

연호는 원정(元貞), 대덕(大德)을 사용하였다.

서기 1297년에 제국공주가 갑자기 병이 들어 죽었다. 이에 원나라에서 세자 원이 돌아와 충렬왕의 총애를 받고 있던 궁녀 무비를 처형하고 무비의 측근 40여명을 죽이거나 귀양 보냈다. 세자 원이 원나라로 돌아가자 충렬왕은 스스로 왕위에서 물러나겠다고 원나라 황제에게 전했다.

〈고려 충렬왕 복위〉

고려의 충선왕은 즉위하자마자 대대적인 개혁을 하여 인사를 담당하던 정방을 폐지하고 관제개혁을 하였다. 충선왕은 이전의 세자비였던 조비를 사랑하고 있었다. 이에 왕비 계국공주는 이 사실들을 원나라 황태후에게 일러 바쳤다. 이리하여 조비의 아비 조인규와 그 아내, 조비 등이 원나라로 압송되었다. 이리하여 충선왕은 7개월만에 쫓겨나 원나라로 호송되고, 충령왕이 복위되었다. 충선왕은 조맹부, 염복, 요봉 등의 원나라 학자들과 사귀며 복위의 날을 기다렸다.

서기 1305년에 원나라에서는 성종 티무르가 병이 들어 황족들 간에 황위 다툼이 심했다.

서기 1307년에 고려의 충선왕은 황족 중에서 하야스를 도왔는데 그가 즉위하여 무종이 되었다.

(9) 제9대 무종(武宗:서기 1308 · 1312)

연호는 지대(至大)를 사용하였다.

서기 1308년에 고려의 충렬왕이 죽자 충선왕이 고려로 돌아와 복위하였다.

고려의 충선왕은 개혁정치가 잘 먹히지 않자 결국 정치에 뜻을 잃고 숙부인 제안공에게 정치를 맡기고 원나라 연경으로 떠났다. 이에 고려 신하들은 연경과 개경을 오가며 충선왕의 재가를 받았다. 이때 충선왕은 원나라 무종의 신임을 얻어 남만주에 있는 고려의 유민을 다스리는 심양왕의 직위에 있었다.

서기 1310년에 고려의 조정대신들이 충선왕의 귀국을 간하다가 거부당하여 세자를 즉위시키려 하자 충선왕은 세자 감과 측근 신하들을 모두 죽여 버렸다. 이후 고려조정은 끈질기게 충선왕의 귀국을 조르자, 충선왕은 서기 1313년 3월에 둘째 아들 강릉대군에게 선양하였다.

(10) 제10대 인종(仁宗:서기 1312~1321)

연호는 황경(皇慶), 연우(延祐)를 사용하였다.

서기 1314년에 고려의 충선왕은 연경에 만권당을 설치하였다.

서기 1316년에 고려의 충숙왕은 원나라 영왕의 딸인 복국장 공주와 혼인하였다. 충숙왕은 쫓겨난 덕비를 잊지 못해 자주 덕비를 찾아갔다.

서기 1319년에 복국장 공주가 갑자기 죽었다. 이에 원나라는 이상지에게 진상조사를 시켰고 복국장 공주의 궁녀와 요리사 한만복이 원나라로 압송되어 다시 조사를 받았다.

서기 1320년에 원나라 인종(仁宗)이 암살되었다.

(11) 제11대 영종(英宗:서기 1321~1324)

연호는 지치(至治)를 사용하였다.

서기 1321년에 심양왕 왕고가 원나라 영종(英宗)에게 고려 충숙왕의 폐위를 간하였고, 충숙왕은 밤마다 연회를 즐겼다. 이은 심양왕 왕고의 고자질로 원나라 영종은 충숙왕을 입조하게 하였다. 이에 충숙왕은 연경으로 갔다.

서기 1324년에 심양왕 왕고를 신임하던 원나라 영종이 죽고 태정제가 즉위하였다. 2월에 충숙왕은 고려로 돌아왔다.

(12) 제12대 진종(晉宗:泰定帝:서기 1324~1328)

연호는 태정(泰定), 치화(致和)를 사용하였다.

서기 1325년에 조국장 공주는 아들을 낳은 뒤 죽었다.

심양왕 왕고의 사주를 받은 유청신과 오잠이 원나라 태정제에게 고하였고, 태정제는 신하 매려를 고려로 보내어 유청신과 오잠의 말이 사실인지 알아보게 하였는데, 결국 거짓으로 드러나 왕고는 황제의 신임을 잃고 세력이 급격히 약해졌다. 이틈에 충숙왕이 왕고의 지지세력을 감옥에 가두거나 귀양 보냈다.

(13) 제13대 천순제(天順帝:서기 1328)

덕효황제(德孝皇帝)로 연호는 천순(天順)이라 하였다.

(14) 제14대 문종(文宗:서기 1328~1329)

연호를 천력(天曆)이라 하였다.

(15) 제15대 명종(明宗:서기 1329)

(16) 제16대 문종(文宗:서기 1329~1332)

문종이 복위하여 서기 1330년부터 연호를 지순(至順)이라 하였다.

서기 1330년에 고려 충숙왕이 몸이 약해져 16세의 세자에게 왕위를 물려주고 상왕이 되어 원나라에 머물렀다.

(15) 제17대 영종(寧宗:서기 1332~2개월)

(16) 제18대 혜종(惠宗:順帝:서기 1332~1368)

연호는 원통(元統:1333~1335), 지원(至元:1335~1340), 지정(至正:1341~1368)이라 하였다.

서기 1333년에 고려의 충혜왕이 나랏일을 배전, 주주 등에게 맡기로 사냥과 씨름을 즐기자, 이에 원나라는 충혜왕을 연경으로 불러들여 근신시키고 충숙왕을 복위시켰다.

서기 1340년에 원나라에 있던 충혜왕이 고려로 돌아와 복위하였다. 그러나, 충혜왕은 다시 선왕의 후비와 신하의 아내까지 희롱하였다. 매일 잔치를 열고 사냥과 수박 경기를 즐겼으며 연회장을 만들기 위하여 재물을 빼앗고 강제 부역을 시켰다. 충혜왕의 잘못은 원나라에 낱낱이 보고되었다.

서기 1344년에 고려 충혜왕의 잘못을 문책하려 보내어진 원나라에서 오던 사신들을, 이러한 사정을 모르고 충혜왕이 정동성에 마중 나갔다가 원나라로 바로 압송되었다. 이에 충혜왕은 게양현으로 귀양 가던 중 30세의 나이에 독살되었다.

서기 1345년에 고려 충혜왕의 세자 흔이 8세로 즉위하였다. 이에 어머니 덕녕공주가 섭정을 하였다. 덕녕공주는 원나라 무정왕의 딸이며 서기 1330년에 충혜왕이 세자로 있을 때 혼인하였다.

덕녕공주는 나라의 기강을 바로 잡으려 애썼다. 충혜왕이 신축하였던 궁을 헐고 그 자리에 숭문관을 세웠다. 또, 충숙왕 때 지어진 고려왕조 역사책인 편년강목을 보충하도록 하고, 이제현과 안축에게 충렬왕, 충선왕, 충숙왕의 3대 실록을 편찬토록 하였다.

서기 1349년에 고려 충혜왕의 차남인 희비 윤씨의 아들 저 왕자가 12세로 즉위하였다. 이에 희비윤씨와 덕녕공주가 세력 다툼을 하게 되었다.

서기 1351년에 원나라는 충정왕을 폐위시켜 강화도로 귀양 보내고 충혜왕의 아우인 강릉대군을 왕으로 세웠다.

서기 1351년에 홍건적 난이 일어났다. 원나라 마지막 제16대 순제(順帝)가 라마교에 빠져 요승들과 어울리며 나랏일을 돌보지 아니하여 나라는 날로 어지러워졌으며 한족들이 곳곳에서 반란을 일으키기 시작하였으니, 홍건적도 그 중의 하나였다.

고려의 공민왕은 개혁을 시작하였다. 정방을 폐지하고, 몽고풍의 옷, 머리, 풍속을 폐지하였다. 이때 고려 조정에서는 기철을 포함한 친원세력이 득세하고 있었다. 기철의 여동생인 기황후는 원래 원나라에 팔려간 공녀였으나 순제의 눈에 띄어 황후가 되었던 것이다.

서기 1355년에 고려의 정지상(鄭之祥)이 전라도 안렴사가 되어서 전주(全州)에서 야사불화(埜思不華)라는 자를 체포하는 일이 벌어졌다. 정지상은 마침내 무리를 이끌고 야사불화와 홍원철을 사로잡아 가두고는 야사불화가 차고 있던 금패를 뺏아 서울로 달려 오던 중, 공주(公州)를 지나면서 응여(應呂)를 잡아 철퇴로 치니 며칠만에 죽어 버렸다. 정지상은 고려 공민왕에게 이를 보고하니, 왕이 경악하여 순군(巡軍)을 내려 보내고, 행성원외랑(行省員外郞) 정휘(鄭暉)에게 명하여 전주목사(全州牧使) 최영기(崔英起) 및 읍리(邑吏) 등을 체포하고 또 차포온(車蒲溫)을 보내어 야사불화에게 내온(內醞:하사 술)을 주고 위로하며 그 패를 돌려 주었다. 원나라는 단사관(斷事官) 매주(買住)를 보내와 정지상을 국문(鞫問)케 하였다.

서기 1356년 여름 4월에 고려 공민왕이 기철(奇轍), 권겸(權謙), 노이(盧頣) 등 뭇 기씨를 주살하고는 정지상을 석방하여 순군제공(巡軍提控)을 삼고 정동행성(征

東行省)의 이문소(理問所)를 물리치게 하였다. 이때 원나라는 매우 쇠폐하여 오왕(吳王) 장사성(張士誠)은 강소(江蘇)에서 기병하였고, 여러 가지 일로 소란했다. 최영(崔瑩) 등은 이때 고우(高郵)로부터 돌아왔다. 임금께서는 처음 최영 등과 함께 의논하시어 서북지방 회복의 계획을 정하고, 먼저 정동행성을 격파하였다. 이어서 인당(印璫), 최영 등 여러 장수들을 보내어 압록강 이서의 8첩(帖)을 공격하여 격파하였다. 또 유인우(柳仁雨), 공천보(貢天甫), 김원봉(金元鳳) 등을 보내어 쌍성(雙城) 등의 땅을 수복하도록 하였다.

〈고려의 쌍성총관부 폐지〉

서기 1356년에 고려가 원나라 연호를 폐지하고 3성6부제의 관제를 회복시켰다. 탐관오리를 처벌하고, 원나라가 화주 이북을 통치하기 위하여 설치했던 쌍성총관부를 폐지하였다. 공민왕은 인당과 강중경을 불러 서북면 병마사로 임명하여 압록강 건너 땅을 수복하도록 하여, 인당은 압록강 건너의 파파부 등 세곳의 원 수비대를 격파했다. 이에 원나라는 공민왕을 협박하였는데, 공민왕은 서북면 일대의 방비를 철저히 하였다.

원나라에 반란이 일어나자 최유는 원나라 순제에게 고려에 군사를 청하라고 간하여 반란진압군 10만을 고려에 와서 전하였다. 얼마 후 다시 최유가 원나라 중상감승 자격으로 고려에 와서 요구하였다. 이후 공민왕이 기황후의 오빠인 기철을 제거하자 최유는 기황후에게 접근하여 공민왕을 폐하고 덕흥군 왕혜를 즉위시키려 모의하였다. 이에 기황후가 공민왕의 옥새가 가짜라며 순제에게 고자질하자 순제가 최유를 고려의 좌정승에, 연경의 고려인들을 고려의 대신에 임명하였는데, 최유가 고려로 침입하였으나 최영의 군대에게 참패하였고, 원나라로 쫓겨 간 최유는 순제에게 고려를 정벌하도록 간하였으나, 원나라는 이미 국력이 쇠하여 고려를 정벌할 힘이 없어졌다. 이에 원나라는 고려와의 관계가 나빠질 것을 우려하여 원나라 신하들의 반대로 고려정벌이 취소되었다. 이후 최유는 공민왕의 요청으로 몽골로 압송되어 처형되었다.

　서기 1359년에 홍건적(홍두적)의 난이 일어났다(1359~1361). 홍건적이 요동을 정벌하고 송나라를 세우자 이에 원나라가 총공격을 하였고, 이때 홍건적은 세 갈래로 나누어 도망하였는데, 모거경이 이끄는 4만 명의 홍건적이 고려로 침입하였던 것이다. 압록강을 넘어온 홍건적이 철주, 서경 등지를 함락시키자, 공민왕은 2만여 군사를 동원하여 홍건적을 압록강 너머로 축출하였다.

　서기 1362년에 고려의 최영이 20만 군사로 홍건적을 압록강 이북으로 축출하였다. 고려의 공민왕은 개경으로 돌아왔으나 궁궐이 불타 흥왕사에 머물렀다. 홍건적의 침입으로 원나라와 연합할 필요를 느끼어 반원정책을 포기하고 관제도 원나라의 체제로 돌렸다.

　서기 1366년에 문익점이 원나라에서 목화씨를 가져왔다.

　서기 1368년에 주원장이 명나라를 건국하였고, 원나라는 명나라에 쫓기어 가니 북원(北元)이라 불린다. 원(元)나라는 16대 163년이다.

　서기 1371년 윤3월 기미(己未)일에 북원(北元) 요양성(遼陽省)의 평장사(平章事) 유익(劉益)과 왕우승(王右丞)은 요양이 본래 고려의 땅이라는 뜻에서 우리나라에 투항하려고 사람을 보내어 이를 청해 왔다. 이때에 조정의 의견이 통일되지 못하였고 국사는 매우 어지러웠다. 그렇지만 임금은 정몽주(鄭夢周)를 명나라에 파견하여 촉(蜀)을 평정함을 축하하도록 하였다. 김의(金義)는 명나라 사신 채빈(蔡斌)을 죽여 버렸지만 조야가 모두 조용할 뿐, 이 일을 말하려는 자가 거의 없었다. 이 때문에 명나라에 이 사실을 회보하지도 못하고 있었다. 유익 등은 마침내 금주(金州), 복주(復州), 개평(蓋平), 해성(海城), 요양(遼陽) 등지를 가지고 명나라에 투항하여 버렸다.

홍익인간 7만년 역사

역사 연대기 중심 총망라

홍익인간

7만년역사

韓中日
역사 연대기 중심 총망라

제9편

조선(朝鮮)-대청(大淸) 제3남북국시대 연대기

1862년 조선땅 대마도

조선-대청
남북국시대 역사 개관

고려 말기의 신흥 사대부 세력에 의하여 서기 1392년에 건국된 조선(朝鮮)은, 서기 1616년에 금(金)나라 시조인 김아골타의 후예가 되는 김누루하치[475]가 세운 후금(後金) 즉 청(淸)나라와 우리 역사상 제3차 남북국 시대를 이룬다.

청나라는 만주족의 나라이다. 만주족은 그 선대가 여진족이며, 여진족은 곧 고구려와 대진국의 후예가 된다. 금나라의 왕족은 신라 출신의 김씨이다. 그리하여 청나라의 왕족도 또한 김씨인 것이다.

청나라가 만주에서 시작되어 중원의 명나라를 멸망시키고 중국의 왕조가 되었으나 엄연히 단군조선의 후예로서 혈연적으로 조선의 북국의 나라가 되는 것이다,

한편, 명(明)나라는 주원장이 세운 나라인데, 주원장은 소위 한족(漢族) 즉 송(宋)나라 출신이 아니라 고려 출신임이 거의 확실한 바, 앞으로 주원장[476]이 고려 출신

---

475) 누루하치의 누루는 색이 누런 金을 가리키고 하치는 김알지의 알지와 같이 아지, 아기, 후손이라는 뜻을 가져 '김의 후예'라는 뜻으로 보인다.

476) 신교총화(神敎總話)라는 책에 주원장(朱元璋)이 고주몽(高朱蒙)의 후손이라고 기록되어 있다 한다. 상춘(눌견,눌현=늘봄)에 주가성자(朱家城子)가 있다라고 하는바 이는 고주몽이 고구려 개국 후 졸본(卒本,忽本) 다음으로 수도를 삼은 곳이기도 하다.

임이 증명된다면 고려와 조선의 북국으로서 남북국 시대로 기술하여야 할 것이다. 여기서는 명나라 또한 포괄적 배달겨레의 지손의 역사가 되나 다음 기회로 미루고 생략하기로 한다.

1. 조선(朝鮮) 역사 개관

가. 건국

서기 1392년 7월에 정도전, 남은, 조준, 배극렴 등 이성계 일파는 공양왕을 폐위시키고 58세의 이성계를 즉위시켰으며, 이에 조선이 건국되었다.

나. 수도

조선의 수도는 서기 1396년에 한양으로 천도한 이후 줄곧 한양(漢陽)인 지금의 서울이었다.

다. 과정

서기 1419년에 왜구가 충남 서천과 황해도 해주로 쳐들어오니, 상왕이던 태종이 이종무를 총치휘관으로 삼아 왜구를 정벌하게 하였다.

서기 1437년에 김종서가 4군을 설치하고 윤관이 6진을 설치하여 국경을 정립하였다.

서기 14443년에 훈민정음을 신제(新制)하고, 3년 후인 서기 1446년에 반포하였다. 훈민정음은 처음으로 만든 창제가 아니라 새로이 만든 신제(新制)이며, 이것은 옛날에 이미 소리글자가 있었음을 훈민정음 해례본 정인지 서문에서 밝히고 있는 데서 증명되고 있는 바, 그 옛 소리글자가 곧 단군조선의 정음(正音)인 가림토(加臨土) 글자인 것이다.

서기 1592년 4월에 임진왜란이 일어나 한산도대첩과, 서기 1593년 행주대첩을 이끌었고, 서기 1597년의 명량해전에서 승리하여 왜란을 끝냈다. 인조 때 후금배척 정책으로 서기 1627년 정묘호란을 겪고, 청나라의 군신관계 요구를 거절하여 서기 1636년 병자호란을 겪었다. 병자호란 때 인조는 남한산성으로 피하여 45일간 항전하였으나 결국 삼전도에서 굴욕적인 조약을 맺었다.

서기 1712년에 청나라와 함께 백두산정계비를 세웠다. 이로써 백두산에서 서쪽으로는 압록강을 국경으로 하고, 동쪽으로는 토문강을 국경으로 하여 동간도가 조선 땅으로 인정되었다. 토문강은 두만강이 아니며 북쪽의 송화강으로 이어지는 강이다.

서기 1861년에 김종호가 대동여지전도를 제작하였다. 이 지도에는 대마도와 울릉도 및 독도가 조선의 영토로 명확히 표시되어 있다.

서기 1897년에 대한제국을 선포하였다.

서기 1905년에 일제(日帝)가 을사늑약을 강요하였다.

서기 1909년에 안중근 장군이 하얼빈에서 이토 히로부미를 사살하였다. 이해에 일제는 안동(단동)과 봉천(심양) 사이의 철도부설권을 얻는 대가로 간도가 청의 영토라고 인정하는 간도협약을 청나라와 권한 없이 체결하였다.

〈왜놈 국권침탈 폭정기〉

서기 1910년에 왜(倭)에게 국권을 강탈당한 후 미국의 원폭투하로 왜(日本帝國)가 항복한 서기 1945년까지 폭정을 겪었다.

라. 역년

서기 1392년에 건국된 조선은, 서기 1910년 경술년 8월에 일제(日帝)가 한일 합병 조약으로 대한제국(大韓帝國)을 강제 합병하여 국권을 빼앗음으로써 망하였다. 이리하여 조선은 27대 519년의 역사를 가진다.

2. 대청(大淸) 역사 개관

가. 건국

청나라는 서기 1616년에 누루하치가 후금(後金)을 세운 데서 시작된다. 후금은 금나라의 계승국이라는 의미이며, 김씨의 나라임을 나타내고 있다. 서기 1636년 제2대 태종 황태극(皇太極:홍타이지) 때 국호를 대청(大淸)이라 하였다.

누루하치는 황금의 색이 누르다는 누르와 후손이라는 뜻을 가진 하치로 이루어지 말이 되는데, 김의 아기, 후손이라는 김알지와 일맥상통하는 말이 된다. 즉 누루하치의 성씨는 김씨인 것이다.

청나라 왕족의 성씨를 애신각라(愛新覺羅)라 적는데, 이 애신각라는 아이신쥐러라는 말로서 김씨(金氏), 김족(金族)이라는 말이 된다.

나. 수도

서기 1616년에 태조 누르하치가 흥경(興京)을 수도로 하여 후금을 건국하였고, 서기 1619년에 수도를 요양(遼陽)으로 옮겼으며, 이어 심양(瀋陽)으로 옮겼고, 제3대 세조 순치제 때 다시 북경(北京)으로 옮겼다.

다. 과정

서기 1644년에 명나라는 이자성의 난으로 망하였다.

서기 1650년에 제3대 세조 순치제가 친정을 하면서 명나라의 관제를 답습하고 한인관료의 활동이 두드러졌는데 이는 권력강화의 일환이었다.

제4대 성종 강희제(成宗:康熙帝:서기 1661~1722)가 친정을 하면서 한인을 포섭하는 방향으로 나아갔으며, 명사(明史) 편찬사업을 펴 한인 학자들을 참여시켰다.

강희제로부터 제5대 옹정제를 거쳐 제6대 건륭제까지 3대 130년간은 중국지배가 안정된 기반을 가지게 되어 태평성대라 불리며 이때 대외적인 영토의 확장이 이루어졌다. 건륭제 때 최대의 판도가 되었는데, 오늘날의 중국 전체와 러시아령 연해주 및 몽고인민공화국을 포함하였다.

청나라는 한인에 대하여 변발(辮髮)을 강요하고 화이(華夷)사상을 엄금하였으며, 소수민족인 만주족을 보호하기 위하여 만주족과 한족의 분리거주, 만한간의 혼인금지, 만주어 사용, 팔기에 대한 토지급여, 만주지역에 대한 봉쇄 등의 정책을 폈다.

한편으로는 회유책을 병행하여 명나라의 교육제도와 과거제를 답습하고, 정치제도도 일정부분 청나라 특유의 것을 제외하고는 명나라의 것을 거의 답습하였다.

이후 청나라는 태평성대를 지나 민란이 빈번하게 일어났으며, 이어 영국을 필두로 아시아에 나타난 서양세력과 전쟁이나 불평등한 조약을 맺게 되었고, 태평천국의 난으로 혼란에 빠졌다가 양무운동으로 자강을 이루려 하였으나 실패하였다.

청일전쟁 이후 열강의 침략에 대응하여 제도개혁을 목표로 한 변법운동이 일어났으나 수구파의 정변으로 실패하고, 러일전쟁 이후에는 입헌운동을 추진하였으나 성과를 거두지 못하였으며, 반기독교운동에서 나아가 의화단의 반외세운동으로 발전하였으나 서양8개국이 수도 북경을 점령하면서 굴욕적인 조약을 맺은 후 반외세 풍조는 사라지고 개혁정치가 전개 되었다.

의화단 사건 이후 청나라를 타도하고 공화정을 수립하자는 혁명운동이 확산되었고, 서기 1911년 신해년 10월에 무창에서 봉기하자 입헌파가 혁명에 가담하였는데, 서기 1912년 2월 12일에 원세개가 손문이 임시대총통으로 있던 혁명군과 타협하여 선통제(宣統帝)를 퇴위시키고 총통이 되어 중화민국이 수립되었다.

라. 역년

청나라는 서기 1616년부터 한족이 멸만흥한의 기치를 내세운 서기 1911년 신해혁명으로 인하여 서기 1912년에 중화민국이 성립하여 망하기까지 12대 296년의 역사를 가진다.

조선−대청 남북국시대
조선(朝鮮) 연대기

1. 제1대 태조(太祖:서기 1392년~서기 1398년)

서기 1392년 7월에 이성계(李成桂)가 고려 34대 공양왕(恭讓王)을 폐하고 58세로 즉위하였다.

서기 1394년에 수도를 한양(漢陽)으로 옮겼다.

서기 1396년 9월에 종묘와 궁궐의 도성이 모두 완성되었다. 궁문으로 남문은 광화문, 북문은 신무문, 동문은 건춘문, 서문은 영추문이라 하였다. 성의 출입문으로 4대문은 남대문인 숭례문, 북쪽의 숙청문, 동대문인 흥인문, 서대문인 돈의문을 두었고, 4소문은 동북쪽의 혜화문, 서북쪽의 창의문, 동남쪽의 광희문, 서남쪽의 소의문을 두었다.

서기 1398년 태조 7년에 서기 1251년 9월에 완성되어 강화 선원사(禪源寺)에 보관 중이던 고려대장경을 해인사로 옮겼다.

〈제1차 왕자의 난〉

서기 1398년 8월에 이방원은 안산군수 이숙번과 함께 들고 일어나, 제1차 왕자의 난을 일으켰다. 이때 정도전, 남은 등이 죽음을 당하고 세자 방석과 방번도 유배

도중에 이숙번에게 살해당했다.

1398년 9월에 태조가 왕위를 둘째 아들 방과에게 물려주었다.

2. 제2대 정종(定宗:서기 1398년~서기 1400년)

태조의 둘째 아들 방과가 즉위하였다.

태조는 함흥으로 떠났다.

수도를 개성으로 옮겼다.

〈제2차 왕자의 난〉

서기 1400년 1월에 방간과 방원이 싸우는 제2차 왕자의 난이 일어났다. 방간이 패하여 토산으로 귀양 가고 박포 일당은 처형되었다.

서기 1400년 2월에 정종은 방원을 왕세제로 삼았다.

서기 1400년 11월에 정종은 방원에게 왕위를 물려주었다.

3. 제3대 태종(太宗:서기 1400년~서기 1418년)

서기 1400년 11월에 방원이 즉위하였다.

서기 1401년에 태조가 궁궐로 돌아와 옥새를 싸들고 다시 함흥으로 떠났다.

태종은 함흥으로 차사를 보냈으나 태조는 이들을 모두 죽여 돌아가지 못하게 하였다.

태종은 사병을 없앴다.

서기 1403년에 맏왕자 양녕대군을 왕세자로 책봉하였다. 주자소를 설치하였다.

서기 1404년에 수도를 한성으로 옮겼다.

서기 1405년에 토지조사를 실시하여 숨겨진 토지 60만결을 찾아내니 국가수입이 두 배로 늘어났다.

서기 1413년에 호패법을 실시하였다. 조선 8도의 지방행정 조직을 완성하였다. 의정부의 기능을 강화시켰다.

무학대사가 함흥으로 가서 태조를 설득하여 개성으로 모셔오니, 태종이 개성 밖까지 나가서 태조를 맞이했다. 이에 태조는 옥새를 태종에게 넘겨주었다.

서기 1418년에 태종은 양녕대군을 폐세자하고 셋째 왕자 충녕대군을 왕세자로 책봉하였다. 둘째 왕자 효령대군은 스님이 되었다.

서기 1418년에 태종은 충녕대군에게 왕위를 물려주었다.

4. 제4대 세종(世宗:서기 1418년~서기 1450년)

태종의 둘째아들 왕세자 충녕대군이 22세로 즉위하였다.

〈대마도 정벌〉

서기 1419년에 왜구가 충남 서천과 황해도 해주로 쳐들어왔다. 이에 상왕이던 태종이 이종무를 총치휘관으로 삼아 왜구를 정벌하게 하였다. 이종무는 9명의 절제사와 군사 1만7천여 명을 이끌고 대마도 정벌에 나서, 왜구의 배 129척을 빼앗고 100여척의 배와 2천여 채의 집을 불태웠다.

서기 1420년에 집현전을 확장하였다.

서기 1422년 2월에 태종의 유언을 받들어 귀양 가 있던 황희를 불러들였다. 5월에 태종이 붕하였다.

서기 1429년에 정초가 녹사직설을 편찬하였다.

서기 1434년에 삼강행실도를 편찬하였다.

서기 1437년에 윤관이 6진을 설치하였다.

하급관리와 기술직 관리를 뽑는 취재제도를 실시하고, 흉년에 백성들에게 곡식을 나눠주는 의창제도를 실시하였으며, 죽을죄를 지
은 죄인에게도 삼심제도를 실시하고, 노비에게 함부
로 형벌을 주는 것을 금하였다.

　노비출신의 장영실을 관리로 등용하여 천문시계
인 혼천의 등 여러 가지 기구를 만들게 하였다.

혼천의 천문시계 (만원 지폐)

　서기 1441년에 측우기를 제작하였다.

　서기 1443년에 훈민정음을 신제(新制)하였다.

　서기 1445년에 세종의 명으로 세자가 나라의 중요한 일을 처리하였다. 용비어천
가를 편찬하였다.

　서기 1446년에 훈민정음을 반포하였다.

　서기 1450년에 세종이 붕하고 세자가 즉위하였다.

5. 제5대 문종(文宗:서기 1450년~서기 1452년)

　문종은 병이 들어 즉위한지 2년 3개월 만에 붕하고, 세자가 12세로 즉위하였다.
서기 1451년에 고려사를 완성하였다.

6. 제6대 단종(端宗:서기 1453년~서기 1456년)

　문종의 세자가 12세로 즉위하였다.

〈계유정란〉

　서기 1453년 단종 1년 계유년 10월에 세종의 둘째 아들 수양대군이 무사들을 데
리고 우의정 김종서의 집으로 쳐들어가 김종서 부자를 죽였다. 이어 왕의 부름을 받
고 궁궐로 들어오던 당대 최고의 권력자인 영의정 황보인, 이양, 민신 등이 차례로
죽임을 당하였다. 이리하여 수양대군이 병권과 정권을 모두 잡았다.

　서기 1455년에 수양대군은 조카 단종을 폐위시키고 즉위하였다.

7. 제7대 세조(世祖:서기 1456년~서기 1468년)

세종의 둘째 아들 수양대군이 조카 단종을 폐위시키고 즉위하였다.

〈사육신과 김문기〉

서기 1456년 6월에 명나라 사신을 위한 잔치가 열린 창덕궁에서 성삼문, 박팽년, 김문기, 유응부, 이개 , 하위지, 유성원, 김질, 윤영손 등이 세조를 처단하기로 하였다. 별운검 유응부가 궁에 들어오지 못하여 계획이 연기되었는데, 윤영손이 신숙주를 죽이려 하자 성삼문과 박팽년이 말렸다. 김질이 장인인 우찬성 정창손에게 단종 복위계획을 고발하니, 정창손은 한명회에게 달려가 고하고, 한명회는 세조에게 고하였다. 이에 성삼문, 박팽년, 이개, 하위지, 유성원, 유응부는 고문으로 죽거나 처형당하였고, 김시습은 이들의 시체를 거두어 노량진 언덕에 묻어 주었다. 후대에는 이들 사육신에 김문기가 추가되었다.

서기 1457년에 6월경에 정인지, 정창손, 신숙주가 세조에게 단종을 유배시키라 하였고 결국 세조는 단종을 강원도 영월로 유배시켰고, 단종은 유배된 지 4개월만인 10월에 죽임을 당하였다.

궁에 잠실을 설치하여 왕비와 세자빈도 직접 누에를 치게 하였다.

양성지에게 팔도지리지, 농잠서, 축목서 등을 발간하게 하였다.

정인지, 신숙주 등에게 국조보감을 편찬케 하였다.

물가조절기관인 상평창을 설치하였다.

의정부 서사제를 폐지하고 6조가 직접 왕에게 보고토록 하였다.

중앙군을 5위로 편성하였다.

호패법을 정비하고 대대적인 호적조사를 실시하였다.

서기 1460년에 야인(여진)들이 강원도까지 쳐들어왔으나 신숙주가 군대를 이끌고 가서 물리쳤다.

경상, 전라, 충청 도민의 북방이주가 실시되었다.

서기 1466년에 직전법을 실시하였다.

〈이시애 난〉

서기 1467년에 함길도에서 이시애가 반란을 일으켜 함길도 절도사 강효문을 죽였다. 이에 세조는 종친인 귀성군 준을 토벌군 도총사로, 강순과 남이를 대장군으로 임명하였다. 27세의 남이가 길주에서 반란군을 완전히 소탕하였다. 이에 남이는 병조판서에 임명되었다. 남이의 어머니는 태종의 넷째 딸인 정선공주이다.

서기 1468년 9월에 세조가 붕하였다.

8. 제8대 예종(睿宗:서기 1468년~서기 1469년)

세조의 둘째 아들인 세자가 19세로 즉위하였다.

남이의 출세를 시기하고 있던 유자광이 남이를 반란을 꽈한다고 모함하니, 예종은 남이를 옥에 가두었다. 남이는 고문에 영의정 강순과 역모하였다 거짓 자백하니, 남이, 강순, 남이의 부하들이 죽임을 당하였다. 일부 왕족도 귀양을 갔다.

서기 1469년에 경국대전을 완성하였다.

예종이 재위 1년 2개월 만에 붕하니, 정희대비(세조부인)가 도원대군의 둘째 아들인 13세의 잘산군을 즉위시켰다.

9. 제9대 성종(成宗:서기 1469년~서기 1494년)

잘산군이 13세로 즉위하였다. 정희대비가 성종을 도왔다.

서기 1493년에 국조오례의, 상국사절요, 동문선, 동국통감, 동국여지승람, 악학궤범 등을 완성하였다.

경국대전을 두 번에 걸쳐 수정하여 반포하였다.

후궁들이 왕비 윤씨를 미워하는 인수대비(성종의 어머니, 소혜왕후)와 가깝게 지내면서 시기와 질투를 일삼아 결국 왕비 윤씨를 폐비시켰다. 이후 폐비는 후궁들의 모의로 성종으로부터 사약을 받아 죽었다.

훈구파와 사림파로 나뉘어 대립하였다. 훈구파의 유자광이 사림파의 시조격인 김종직에게 개인적인 원한이 많았다. 훈구파인 이극돈은 김종직의 제자인 김일손에게 원한이 많았다.

10. 제10대 연산군(燕山君:서기 1494년~서기 1506년)

성종의 세자 연산군이 즉위하였다.

〈무오사화〉

서기 1498년 무오년(戊午年)에 훈구파의 이극돈이 성종실록의 편찬을 위하여 사림파의 김일손이 쓴 사초를 정리하던 중, 사림파의 시조격인 김종직이 세조의 왕위찬탈을 욕하는 조의제문을 발견하고는, 훈구파인 유자광을 찾아가 알렸고, 이에 연산군이 사림파에게 불만이 많던 중에 유자광과 이극돈의 청을 받아들여 사림파 김일손 등 인사들을 처형하고 유배시켜 축출하였다. 이때 김종직은 부관참시를 당하였다.

연산군이 사치와 향락에 빠졌다.

〈갑자사화〉

서기 1504년 갑자년(甲子年)에 훈구파이던 임사홍과 신수근이 출세를 위하여 폐비윤씨의 어머니 신씨가 유배에서 풀려나자, 임사홍이 신씨를 연산군에게 데려갔다. 이에 연산군은 폐비윤씨가 사약을 받은 경위를 알고서는 임사홍의 계략대로 복수를 하였다. 폐비에 찬성한 사람들뿐 아니라 성종의 후궁들과 그 자손, 침묵을 지켰던 중신들 중 많은 사람들이 처형당하였다. 이때 한명회, 정창손 등은 부관참시를 당하였다. 무오사화 때의 일을 다시 조사하게 하여 무오사화 때 화를 면했던 사림파들도 처형시키거나 귀양을 보냈다.

서기 1504년 갑자년(甲子年)에 이맥(李陌) 선생이 괴산(槐山)에 유배되었다. 연산군의 폭정을 욕하는 언문투서 사건이 발생하여, 많은 사람들이 한글을 안다는 이유로 옥에 갇혔다. 범인이 잡히지 않자 언문 사용을 금하고, 한글로 된 책은 모조리 불태워졌다.

〈중종반정〉

서기 1506년 9월에 연산군의 미움을 사 관직에서 쫓겨났던 전 이조참판 성희안과 지중추 부사 박원종, 이조판서 유순정 등은 거사를 모의하였고, 박원종이 영의정 유순, 우의정 김수동, 좌의정 신수근에게 이 사실을 알려 유순과 김수동의 동의를 얻고 심수근이 세자를 기다리자 하였는데, 결국 박원종과 성희안 등은 거사를 일으켰다. 연산군은 강화도 교동으로 귀양 갔다가 이해에 병을 죽었다. 19세의 성종의 둘째 아들인 진성대군이 즉위하였다.

11. 제11대 중종(中宗:서기 1507년~서기 1544년)

성종의 둘째 아들 진성대군이 19세로 즉위하였다.

연산군이 없앴던 경연을 다시 열고, 무오사화 때 화를 입었던 김종직, 김일손 등에게서 빼앗았던 재산을 돌려주고, 그 자손들에게 벼슬을 주었다. 또, 왕조실록을 만들 때 사초의 내용을 누설하는 자를 엄벌하는 법을 만들었다.

〈삼포왜란〉

서기 1510년에 3포 왜란이 일어났다.

〈임신조약〉

서기 1512년에 일본과 임신조약을 맺었다.

서기 1519년에 향약을 실시하였다. 청년 도학자 조광조 등의 사림파가 다시 등용되었다. 조광조는 여씨향약이라는 책을 만들고, 전국에 향약을 실시하게 하였다. 조광조는 훈구파들이 과거시험을 주관하여 사림파 인재들이 합격하기 힘들어 현량과를 설치하도록 하여 사림파 학자들을 많이 뽑으니 훈구파 대신들이 강력히 반대하였다.

서기 1519년에 홍문과, 한성부, 예문광 등의 관원이 도교의 본관인 소격서를 없애자 하여 중종이 반대하였으나, 조광조가 밤새도록 간청하여 결국 소격서를 없앴다.

〈기묘사화〉

서기 1519년 기묘년(己卯年)에 조광조는 중종을 설득하여 공신 가운데 3/4의 공신칭호를 박탈하고 토지와 노비를 몰수하였다. 이에 훈구파의 남곤, 심정, 홍경주 등이 조광조를 몰아내고자 희빈 홍씨와 모의하여 주초위왕을 위작하여 중중이 알게 하니, 이에 중종이 조광조 일당을 모두 잡아들였다. 영의정 정광필과 성균관 유생들이 조광조의 무죄를 주장하자 중종은 조광조, 김구, 김식, 김정 등 사림파를 귀양 보냈다가 훈구파에 밀려 결국 조광조는 사약을 받았다. 이에 훈구파는 현량과를 폐지시켰다.

서기 1520년 경진년(庚辰年)에 일십당주인(一十堂主人) 이맥(李陌)477) 선생이 찬수관(撰修官)으로 뽑히어 내각(內閣)의 비밀 서적들을 얻어 읽고 이전의 원고에 곁들여 편차(編次)하고, 태백일사(太白逸史)를 완성하였다. 태백일사에는 삼신오

---

477) 호가 일십당, 자는 정천(井天). 단군세기를 쓴 행촌 이암(李嵒)의 현손이다. 연산군(서기 1494년~서기 1506년) 때에 문과에 등과하여 왕족들의 친목회 업무를 관장하는 직책을 맡았다가 강직한 성품을 지녀 직간을 하다 연산군의 노여움을 사서 괴산으로 유배되었으나 중종(서기 1506년~서기 1544년) 때에 소환되어 1520년에 찬수관이 됨으로써 내각의 많은 비장서적을 접할 수 있었던 것이 된다.

제본기 제1, 한국본기 제2, 신시본기 제3, 삼한관경본기 제4, 소도경전본훈 제5, 고구려국본기 제6, 대진국본기 제7, 고려국본기 제8이 포함되어 있으며 실로 방대한 내용이다. 이맥 선생은 고려시대 이암(李嵒) 선생의 현손(玄孫)이며, 성격이 강직하여 연산군에게 직간을 하였다가 서기 1504년에 충청도 괴산에 유배되었고, 거기에서 많은 사서를 보고 평일에는 노인들로부터 들은 것을 적어두었던 것이며, 16년 후인 중종 15년인 서기 1520년에 찬수관이 되어 내각에 수장된 사서를 접하여 태백일사를 지었던 것인데, 몰래 숨겨오다가 한말 이기(李沂:1848~1909)[478] 선생

---

478) 전북 김제 출신으로 한말의 실학사상가, 계몽운동가. 개항 이전의 실학사상을 계승하고 개항 이후에 나타난 근대 서양사상을 수용함으로써 당시의 역사적 과제의 해결에 접근했다. 본관은 고성(固城). 자는 백증(伯曾), 호는 해학(海鶴), 질재(質齋), 재곡(梓谷). 몰락양반의 가문에서 태어나 서당에서 수학하여 과거를 준비하는 한편, 시재(詩才)로서 호남지방에서 이름을 날렸다. 수차에 걸쳐 낙방한 뒤 과거를 포기하고 실학자들의 저술을 연구하는 한편 천문, 지리, 복술 등을 공부했다. 1882년부터 10년 동안 김제, 순창, 구례, 대구 등지를 유랑하다 병을 얻어 귀가한 후 1892년 구례로 옮겨 감과 밤을 심어 생계를 유지했다. 1894년 갑오농민전쟁이 일어나자 금구에 있던 전봉준을 찾아가 서울로 쳐들어가 민씨정부를 몰아내고 나라를 바로 잡자면서 농민군의 모사가 될 것을 자청해 전봉준의 응낙을 받았으나, 남원의 김개남(金開南)은 이를 받아들이지 않고 죽이려 하자 도망하였다. 농민군이 양반을 욕보이고 민가의 재물을 노략질하자 구례에서 군대를 조직, 농민군을 토벌하는 데 앞장서 그 공으로 갑오군공록(甲午軍功錄)에 올랐다. 1895년 서울로 올라와 전제개혁을 주장한 전제망언(田制妄言)을 탁지부대신 어윤중에게 제출하였다. 1896년 3월 안동 의병을 토벌하러 가는 관찰차 이남규의 막료로 군공을 세워 안동부주사가 되었으나, 수개월 후 이남규가 사직하자 파직되었다. 1899년 양지아문(量地衙門)이 설치되자 양무위원이 되어 충청도 아산의 양전을 실시했다. 1902년부터 언론활동을 통해 항일운동을 전개했다. 1904년 6월 일본이 황무지개척권을 요구하자 이를 규탄하는 선언서를 발표하고 상소를 올렸다. 1905년 러일전쟁에서 일본이 승리하자 나인영과 함께 미국으로 건너가 일본의 침략을 호소하려 했으나 실패하고, 일본으로 건너가 일본의 정계요인들에게 한국의 보호국화를 취소하라는 탄원서를 제출했다. 이때 망명중인 박영효를 비롯하여 일본의 대륙낭인계와 접촉하여 단발을 하고 신학문교육과 신산흥업의 중요성을 인식하는 한편, 일본의 발전에 감명을 받았다. 귀국 후 한성사범학교 교관을 지냈다. 1906년 장지연, 윤효정 등과 함께 대한자강회를 조직하였으며, 각종 계몽단체의 회보에 기고했다. 한편 국가를 바로잡기 위해서는 민족 내부의 적을 먼저 제거해야 한다고 보고 자신회(自新會)를 조직하고 을사오적의 처단을 준비하여 선언문과 참간장(斬奸狀)을 썼다. 그러나 거사가 실패로 돌아가고 이 일로 체포되어 전라도 진도에 유배되었다가 1년 뒤 풀려났다. 석방 후 다시 서울로 돌아와 호남학회의 간부로서 계몽적 글들을 발표했다. 그는 유학

에 의하여 계연수(桂延壽:?~1920)[479] 선생에게 전해져 한단고기(桓檀古記)에 실린 것이다.[480]

서기 1543년에 주세붕 선생이 백운동 서원을 설립하였다.

12. 제12대 인종(仁宗:서기 1544년~서기 1545년)

중종의 세자 호가 30세로 즉위하였다. 윤임의 세력인 대윤이 권력을 잡았다. 세자 호는 서기 1515년에 장경왕후 윤씨의 아들로 외삼촌인 윤임이 보호하여 이를 따르는 무리를 대윤이라 하고, 서기 1534년에 계비 문정왕후 윤씨가 낳은 경원대군을 낳으니 경원대군의 외삼촌 윤원형을 따르는 무리를 소윤이라 하였다.

인종이 재위 8개월 만에 붕하고 12세이던 경원대군이 즉위하였다.

13. 제13대 명종(明宗:서기 1545년~서기 1567년)

중종의 계비인 문정왕후 윤씨가 낳은 경원대군이 12세로 즉위하였다. 문정왕후가 수렴청정을 하였다. 이에 윤원형의 무리인 소윤이 권력을 잡았다.

을 바탕으로 신학문을 수용하려 했으며, 양계초의 영향을 받아 사회진화론을 수용하고 있었다. 1909년에는 뒤에 대종교로 개칭된 단군교를 창립하는 데 가담했고, 그해 7월 서울의 여사(旅舍)에서 죽었다. 저서로는 해학유서(海鶴遺書)가 있다. 〈이상 브리태니커 인용〉

479) 1916년에 태백산 석벽에 계시된 천부경(天符經)을 대종교 제3대 교주인 윤세복(尹世復)에게 전하였고, 이 천부경이 윤세복에 의하여 종문지남(倧門指南)에 수록되었다〈브리태니커 참조〉. 계연수는 1911년 5월 2일 단군왕검 탄신일에 묘향산 단굴암에서, 신라의 승려 암함로와 고려시대의 원동중이 전한 삼성기, 고려 말 문정공 이암 행촌선생이 전한 단군세기, 고려 말 학자인 범장(범세동)이 전한 북부여기, 조선시대 연산군과 중종 때의 학자인 이맥선생이 전한 태백일사 등의 사서(史書)를 하나로 묶어 이기(李沂) 해학선생이 감수를 거쳐, 필사하여 한단고기(桓檀古記)라 하였는데, 홍범도(洪範圖)와 오동진(吳東振)이 돈을 마련하여 인쇄하였다. 계연수는 광복운동을 하다 서기 1920년에 일본제국의 경찰에 의하여 육신이 난도질 당하여 압록강에 버려졌다고 전해진다.

480) 전게 한단고기, 10쪽 및 340쪽 참조

〈을사사화〉

서기 1454년 명종 즉위 원년 을사년(乙巳年)에 윤원형의 무리인 정순봉은 중종이 붕하자 윤임이 계림군을 내세웠다고 모함하여 윤임, 유관, 유인숙 등 수많은 사람이 죽음을 당하고 귀양갔다.

을사사화 직후에 경기도 광주 양재역에서 대비를 욕하는 벽서가 발견되니, 윤원형, 정순봉이 다시 윤임의 잔당들의 짓이라 고하자, 대비가 이에 응하여 을사사화 때 화를 면했던 사람들 중 20여명이 죽거나 귀양을 갔다. 이후 윤원형의 무리는 벼슬을 팔아 재물을 모으는 등 온갖 비리를 저질렀다.

서기 1554년에 비변사를 설치하였다.

〈을묘왜변〉

서기 1555년에 을묘왜변이 일어났다.

서기 1559년에 임꺽정이 출현하였다.

서기 1562년 1월에 임꺽정의 무리가 토포군에 의하여 소탕되었다. 임꺽정은 황해도를 중심으로 평안도, 강원도, 개성 등지에서 활동하면서 욕심많은 부자와 탐관오리의 재물이나 봉물짐을 주로 빼앗아 가난한 백성들을 도와 주어 백성들은 그들을 의적이라 불렀다.

서기 1565년에 대비 문정왕후가 죽자 백성들이 윤원형의 집으로 몰려갔으며 이에 명종은 신하들의 청을 들어 벌주려 하였는데, 윤원형은 강원도 강음 땅으로 피신하였다가 금부도사가 잡으러 온다는 말에 자살하였다. 이에 윤원형을 따르던 무리들이 축출되었다.

명종은 퇴계 이황을 조정으로 불러들였다.

서기 1567년에 명종은 34세로 붕하였다. 명종에게 아들이 없어 중종의 7자인 덕흥군의 셋째 아들인 하성군이 16세로 즉위하였다.

14. 제14대 선조(宣祖:서기 1567년~서기 1608년)

중종의 7자인 덕흥군의 셋째 아들인 하성군이 16세로 즉위하였다. 왕대비(명종의 왕비) 인순왕후가 수렴청정 하였다.

즉위 직후부터 선조는 사림파를 등용하였다. 이황에게 대제학의 벼슬을 내렸다. 억울한 죽음을 당한 조광조에게 영의정을 추서하였다. 사화를 일으킨 남곤, 윤원형 등의 벼슬과 공신칭호를 박탈하였다.

현량과를 부활시켰다.

서쪽에 집이 있던 구세력의 심의겸을 중심으로 하는 서인과 동쪽에 집이 있던 신세력의 김효원을 중심으로 하는 동인이 대립하였다.

서기 1583년에 이이가 시무육조를 올렸다. 이이가 10만 양병설을 건의하였다.

〈정여립의 난과 기축옥사〉

서기 1589년 기축년(己丑年)에 이율곡의 제자로 서인이던 정여립이 이율곡이 죽자 동인으로 변절하였는데, 선조가 스승을 버렸다 하여 관직에서 내쫓았다. 이에 정여립은 고향 전주로 내려가 무사들과 노비들을 모아 대동계를 조직하여 무술훈련을 시켰으며, 반란을 꾀하였다가, 사전에 발각되어 정여립은 자살하였다. 이에 서인들이 동인들을 배척하였는데, 정여립과 친하게 지냈다는 이유만으로 죽거나 귀양을 갔다.

기축옥사 이후로 동인들은 강경파인 북인과 온건파인 남인으로 갈라져 대립하였다.

서기 1590년에 일본의 전국시대를 마감시키고 통일한 도요토미 히데요시가 군함을 만들고 군량을 모으기 시작하였는데, 서인인 황윤길을 정사로, 동인인 김성일을 부사로 임명하여 일본에 통신사로 보내어 왜의 정세를 살펴보게 하였다.

서기 1501년 3월에 통신사 일행이 서울로 돌아왔는데, 서인 황윤길은 침략가능성이 있다고 하고, 동인 김성일은 침략가능성이 없다라고 하였는데, 대비를 하지 않았다.

〈임진왜란〉

서기 1592년 4월 13일에 수만의 왜군이 부산 앞바다로 쳐들어 온 임진왜란이 일어났다. 부산 첨사 정발과 동래부사 송상현이 저항하였으나 모두 전사하였다. 왜군은 세 갈래로 한성을 향하였다. 여진족을 물리친 신립장군이 명을 받고 왜군에 맞섰으나 패하여 자살하였다.

선조는 한성을 떠나 평양을 향하였다. 개성에 이른 선조는 동인을 축출하고 서인들을 중요한 자리에 임명했다. 명나라에 구원을 요청하였으나 7천의 군사만 왔다. 왜군이 한성을 거쳐 평양까지 점령하였다, 이때 김경서가 만여 명의 군사로 평양 서쪽을 기습하여 왜의 부장을 죽였다.

〈한산대첩〉

전라좌수사로 있던 이순신이 군량을 확보하고 왜의 침략에 대비하였는데, 임진왜란이 일어나자 함대를 출동시켜 옥포해전과 적진포해전에서 대승하였다. 사천해전에서 거북선을 처음 등장시켜 왜선을 격침시켰다. 이순신은 왜군의 함대가 견내량에 모여 있다는 소식을 듣고 전라우수사 이억기, 경상우수사 원균의 함대와 함께 진을 쳤는데, 견내량이 지형이 좁고 암초가 많아 왜군을 한산도 앞바다로 유인하여 학익진 전법을 펼쳐 적선 50여척을 침몰시켰다.

왜장 가토 기요마사가 함경도로 들어와 영흥을 점령하고 회령 근처까지 진격하였다. 이때 선조의 맏이 임해군이 회령 근처에서 피난살이 중에 노비들을 시켜 백성들의 재물을 약탈하니 회령 사람들이 임해군을 미워하였다. 회령의 아전 국경인과 국세필이 모의하여 부하들을 이끌고 회령 관아로 쳐들어가 임해군, 순화군, 회령부사를 사로잡고, 왜장 가토 기요마사가 회령으로 들어오자 바치고는 회령의 책임자로 임명되었다. 이에 의병장 정문부가 격분하여 회령의 유생 오윤적에게 지시하여 국경인 등을 죽이게 하였다.

경상도 의령에서 홍의장군 곽재우가 의병을 일으켜 낙동강 서쪽을 장악하여 전라도 지방으로 진격하려는 왜군을 막았다. 전라도 담양에서는 고경명이 의병을 일으켜 왜군을 무찔렀다. 조헌은 옥천에서 의병을 일으켜 승병장 영규대사와 함께 빼앗겼던 청주를 되찾았다. 평안도 묘향산의 휴정(서산대사), 강원도 금강산의 유정(사명당), 청주의 영규대사, 처영대사 등 승려들도 나라를 지키는 데 일조하였다.

서기 1592년 12월에 명나라 장수 이여송이 4만3천의 군사를 이끌고 조선으로 왔다.

서기 1593년 1월에 조명 연합군은 평양성을 포위 공격하여 수복하였다. 이에 황해도 등 한성 이북의 왜군은 모두 후퇴하여 한성에 집결하였다. 조명 연합군이 한성 탈환을 하기 위해 진격하다 왜군의 기습공격에 놀란 명장 이여송이 군사를 돌려 후퇴하였다. 이에 왜군은 전세를 역전시키고자 행주산성을 공격하였다.

〈행주대첩〉

서기 1593년에 권율 장군은 행주산성에서 2천여 명의 군사와 백성으로 왜군에 맞서 싸웠는데, 부녀자들도 돌을 담아 날라 왜군을 물리쳤다.

이후 왜군은 경상도 일대 머물면서 명나라와 휴전회담을 진행하였으나, 전라도를 공격하고 진주성을 점령하였다. 명나라와 왜의 회담은 5년 가까이 끌다가 성공하지 못하였다.

〈정유재란〉

서기 1597년 정유년(丁酉年)에 왜는 14만의 대군으로 다시 침략하였다. 이때 삼도 수군 통제사 이순신은 서인 세력의 모함으로 감옥에 갇혀 있었다. 원균이 삼도 수군 통제사가 되어 바다를 지키고 있었으나 왜군에게 대패하고 습격당하여 죽었다.

서기 1597년 8월, 왜군은 총공격을 개시하여 경상도 남서부와 전라도, 충청도까지 쳐들어왔는데, 조명 연합군과 소사평 전투에서 패하여 더 이상 북진하지 못하였다.

〈명량대첩〉

조정에서는 이순신을 삼도수군통제사로 복직시키고 출전시켜야 한다고 간하여, 이순신은 남아 있는 12척의 배를 모아 진도 벽파진에 진을 치고는, 바닷물의 흐름을 이용하여 133척의 왜선을 격침시켰다.

서기 1598년에 조명 연합군의 공격이 더욱 거세지고 이순신의 계속된 승리로 왜군은 군량 공급이 끊기어 사기가 많이 떨어졌다. 8월에 도요토미 히데요시가 죽었다.

〈노량대첩〉

서기 1598년 11월 18일에 왜군은 노량 앞바다에 모두 모였는데, 이순신은 도망치려는 왜군들을 명나라 군사와 함께 가로막고 200여척의 적선을 부수었다. 그러나 이순신은 적의 총탄에 맞아 전사하였다. 이리하여 7년의 전쟁이 끝났다.

왜란의 시기에 남인의 우두머리 유성룡이 조정의 실권을 잡았으나 전쟁 말기에 왜군과 화해를 권하였다가 나중에 북인들의 공격을 받아 삭탈관직 당하여 낙향하였고, 이에 북인들이 정권을 잡았다. 이후 북인은 영창대군을 지지하는 소북과 광해군을 지지하는 대북으로 나뉘어 대립하였다.

선조는 서기 1606년에 인목왕후에게서 얻은 영창대군을 세자로 세우려는 소북 편을 들어 광해군을 지지하는 대북의 이이첨, 정인홍 등을 귀양 보냈다.

서기 1608년에 선조가 갑자기 붕하고 세자 광해군이 즉위하였다.

15. 제15대 광해군(光海君:서기 1608년~서기 1623년)

선조의 세자 광해군이 즉위하였다.

서기 1608년에 대동법을 실시하고 선혜청을 설치하였다.

광해군은 귀양 갔던 대북의 이이첨, 정인홍 등을 등용하였다. 소북의 유영경이 영창대군을 내세워 역모를 꾸민다고 모함을 당하여 죽음을 당하였다.

〈기유약조〉

서기 1609년에 일본과 기유약조를 체결하였다.

서기 1610년에 허준이 동의보감이 완성되었다.

〈계축화옥〉

서기 1613년에 영창대군의 외할아버지 김제남이 역모를 꾸몄다 하여 영창대군은 유배되었다가 죽고, 인목대비는 서궁에 갇혔다. 임해군도 사약을 받았다.

서기 1616년에 여진족의 누르하치가 후금을 세웠다. 일본으로부터 담배가 들어왔다. 선조 말에 시작한 창덕궁 재건 공사를 완료하고, 이어 경덕궁, 이경궁, 자수궁을 중건하였다.

〈이괄과 인조반정〉

서기 1623년에 서인인 이서, 이귀, 김유 등이 함경북도 병마절도사 이괄 등 군사를 거느리고 있는 지방의 수령들을 모아 홍제원(홍제동)에서 모여 궁궐로 쳐들어가기로 하였다가 총지휘를 맡기로 한 김유가 늦게 오는 바람에 이괄이 앞장을 섰다. 이에 광해군은 도망을 치다가 체포되어 강화도로 귀양갔다. 이에 서인들은 선조의 5자인 정원군의 아들 능양군을 왕으로 옹립하였다.

16. 제16대 인조(仁祖:서기 1623년~서기 1649년)

서인들에 의하여 선조의 5자인 정원군의 아들 능양군이 즉위하였다. 이에 대북파는 모두 조정에서 축출되었다. 반정의 주역들은 모두 1등공신이 되었는데, 이괄은 2등공신으로 한성판윤에 봉해졌으나 불만이 많았다. 이에 이괄은 평안도 병마절도사가 되어 영변으로 쫓겨났다. 이후 이괄은 자신과 아들 전 등이 역모를 꾀하였다는 소식이 들려오자 군사를 모으기 시작하였다. 이에 인조는 금부도사를 보내어 이괄을 체포하게 하였다.

〈이괄의 난〉

서기 1624년 1월에 이괄은 금부도사를 죽이고 반란을 일으켰다. 이괄은 1만여 군사를 이끌고 도원수 장만이 머무는 평양을 피하여 한성으로 향하였고, 황주에서 관군을 격파하였다. 이어 이괄의 군대는 개성을 지나 임진강을 지키던 관군까지 격파하였다. 이에 인조와 신하들은 공주로 피난하였다. 2월 11일에 이괄은 백성들의 환영을 받으며 한성으로 들어왔다. 이괄은 선조의 10자인 흥안군을 즉위시켰다. 이괄은 죄수들을 풀어주고 곡식을 가난한 백성들에게 나누어 주었다. 평양을 지키고 있던 도원수 장만이 군사를 모아 한성을 향하였는데, 길마재(무악재)에서 이괄의 군사와 전투가 벌어졌다. 여기서 크게 패한 이괄은 기익현, 이수백 등의 부하를 이끌고 경기도 광주로 도망쳤다. 그런데, 부하 기익현과 이수백이 이괄을 살해하였다. 이에 이괄의 부하들은 모두 흩어지고 왕이 되었던 흥안군도 도망치다 잡혀 죽어 이괄의 난은 완전히 평정되었다.

서기 1626년에 후금의 태조 누르하치가 죽고 아들 태종 홍태제가 즉위하였다. 이괄과 함께 반란을 일으켰던 한윤이 후금으로 도망쳤는데, 후금의 태종은 광해군을 위하여 복수를 한다는 구실로 조선침략을 결정했다.

〈정묘호란〉

서기 1627년 1월에 후금의 이민은 3만여 군사로 조선을 쳐들어 왔다. 후금의 군사는 용천, 곽산, 정주를 점령하고, 평안도 병마절도사 남이흥은 전사하였으며, 정봉수, 이립 등의 의병이 일어나 활약하였으나 결국 평양성이 함락되었다. 후금의 군대가 황해도 황주에 이르자 인조는 강화도로 피난 갔다. 유도대장으로 서울을 지키던 김상용은 후금에게 빼앗길 것을 우려하여 국고와 병조, 호조의 창고 등에 불을 질렀다. 이괄의 난을 평정한 장만은 적에게 쫓기는 신세가 되었다. 2월 9일에 후금의 부장 유해가 강화도로 찾아와 화친을 청하였다. 최명길과 이귀 등이 화친을 간하여 3월 3일 화친조약을 맺었다. 후금과 조선은 형제관계가 되었다.

서기 1628년에 벨테브레가 제주도에 표착하였다.

서기 1631년에 정두원이 명나라에서 천리경, 자명종, 화포 등을 수입하였다.

서기 1632년에 후금이 사신을 보내와 조선을 신하의 나라로 삼았다.

서기 1636년에 왕비 한씨가 죽자 후금의 용골대, 마부대 등이 조의를 표하러 왔다가 조선은 후금을 섬기라 하자 조선의 신하들의 위협으로 겁에 질려 달아났다. 이해에 후금은 국호를 대청(大淸)이라 바꾸었다.

〈병자호란〉

서기 1636년 12월 초에 청 태종은 직접 12만의 군사를 이끌고 조선을 침략하였다. 12월 9일에는 압록강을 건넜으며, 13일에는 평양까지 도달하였고, 14일에는 장단(파주)까지 이르렀다. 적군이 홍제원에 이르자, 인조와 세자는 남한산성으로 피하였다. 산성에는 1만2천여 군사와 50일분의 식량 밖에 없었다.

〈삼전도 항복〉

서기 1637년 1월 초에 청의 12만 대군이 남한산성을 포위하였는데. 이때 조정은 척화파와 주화파로 나뉘어 대립하고 있었다. 그 사이 청나라 군사들은 강화도로 피난 갔던 세손과 왕자들을 모두 잡아왔다. 1월 30일에 인조는 서울 송파구 삼전동인 삼전도로 나아가 청 태종 앞에 무릎을 꿇고 항복하였다.

〈청의 조건〉

1. 조선은 앞으로 청나라와 임금과 신하의 관계이다.

2. 명나라와 당장 국교를 끊는다.

3. 세자와 왕자 및 신하들을 청나라에 인질로 보낸다.

4. 명나라를 정벌할 때 군사를 보낸다.

5. 성을 보수하거나 쌓지 말 것

6. 매년 원하는 만큼 조공을 바친다.

7. 서로 국제결혼을 권할 것 기타 등등

이리하여 소현세자와 봉림대군, 척화파로 삼학사인 홍익한, 윤집, 오달제는 청나라로 끌려갔다. 청나라는 삼학사를 달래었으나 척화론을 포기하지 않자 협박과 고문으로 죽였다.

서기 1645년에 청나라가 명나라를 멸망시키고 중국을 통일하자 소현세자와 봉림대군은 조선으로 보내주었다. 청 태종은 최명길과 김상헌이 충신임을 알고서 귀국시켰다. 명나라로 도망하였던 임경업은 청나라가 명나라 도읍인 북경을 점령하자 청나라에 붙잡혔는데, 청 태종이 임경업이 아까워 설득하였으나 귀복하지 않자 감옥에 가두었다가, 조선에서는 김자점이 반대파를 제거하고 실권을 잡으려 하던 중에 임경업을 도망시킨 심기원이 역모에 연루되어, 김자점이 청나라에 임경업을 요구하여 귀국시켰고, 이에 고문을 이기지 못한 임경업은 53세의 나이로 죽었다.

서기 1646년에 소현세자가 청나라에서 서양서적을 수입하였다. 소현세자는 청나라를 본받아야 한다고 간하다가 인조의 미움을 받아 귀국한지 3개월 만에 병으로 죽고 말았다. 이에 봉림대군이 세자로 책봉되었다.

17. 제17대 효종(孝宗:서기 1649년~서기 1659년)

인조의 둘째 아들로 세자인 봉림대군이 즉위하였다.

효종은 서인인 송시열과 송준길을 등용하였다. 군사의 수도 늘리고 군비를 강화하였다. 효종은 이완과 북벌계획을 세웠다. 이에 이완은 훈련대장이 되어 군사를 훈런시켰다. 네덜란드 사람으로 귀화한 박연이 명나라에서 수입된 홍이포의 제작법과 조종법을 가르쳤다.

서기 1653년에 하멜이 제주도에 표착하였다.

서기 1658년에 제2차 나선(러시아)정벌에 나섰다.

서기 1659년에 효종은 북벌을 결심하였다. 5월 5일에 출발하여 하였으나 5월 4일 밤에 발등에 난 종기가 낫지 않고 커져 결국 북벌을 포기하였다. 이에 효종이 41세로 붕하였다.

18. 제18대 현종(玄宗:서기 1659년~서기 1674년)

효종의 세자가 즉위하였다. 즉위하자마자 현종은 예론논쟁에 휘말렸다. 효종의 계비인 자의대비가 죽은 둘째 아들 효종을 위하여 몇 년간 상복을 입어야 하는가 하는 문제였다. 송시열과 송준길 등 서인들의 주장대로 장자가 아니라서 일단 1년으로 정해졌다.

서기 1674년에 효종의 왕비 인선왕후가 죽자 시어머니인 자의대비가 며느리를 위하여 상복을 몇 년간 입어야 하는가 하는 예론논쟁이 다시 생겼다. 이때 서인들은 9개월이라 하고 남인들은 효종을 장자로 인정하여 1년이라 주장하였다. 현종은 남인 편을 들어 1년으로 결정하였다.

서기 1674년 8월에 현종이 38세로 붕하고 세자가 14세로 즉위하였다.

19. 제19대 숙종(肅宗:서기 1674년~서기 1720년)

현종의 세자가 14세로 즉위하였다. 이에 또다시 예론논쟁이 벌어져 결국 남인들이 정권을 잡았다. 남인은 송시열의 처리문제를 놓고, 처형해야 한다는 허목의 청남파와 귀양을 보내면 된다는 허적의 탁남파로 대립하였는데 허적이 승리하여 송시열은 귀양을 갔다.

서기 1678년에 상평통보를 주조하였다.

서기 1680년에 숙종이 허적의 조부에게 시호를 내리는 날에 비가 오므로 유악(기름 바른 천막)을 갖다 주도록 하였는데, 이미 가져갔다 하므로 괘씸하게 여기어, 화가 난 숙종은 남인들을 쫓아내고 서인들을 조정에 불러들였다. 이때 남인들은 허적의 아들인 허견의 역모사건으로 상처를 입었다. 서인들도 남인의 처리문제로 노장파와 소장파로 대립하였다.

인경왕후가 20세로 병들어 죽자 숙종은 나인 장씨와 가까이 지냈다. 이에 숙종의 어머니 명성대비는 이 사실을 알고 장씨를 궁에서 내쫓았다. 이에 숙종은 서인 민유중의 딸을 왕비로 맞았는데 인현왕후이다.

서기 1682년에 명성대비가 죽자 숙종은 서인들의 반대를 물리치고 장씨를 불러들여 정2품의 후궁인 소의에 봉하였다. 이에 장씨를 불러들이는 데 가장 공이 큰 남인 조사석이 우의정이 되었다. 장씨 소의의 오라비 장희재를 금군별장에 임명하였다. 이때 서포 김만중이 상소를 올리자 숙종은 김만중을 귀양보냈다.

서기 1688년 10월에 장씨 소의가 왕자 균을 낳았다.

서기 1689년 1월에 숙종은 왕자 균을 원자로 삼고 장씨는 정1품 희빈으로 승격되었다. 이에 송시열이 상소를 올렸다. 숙종은 송시열을 귀양 보내고 남인인 권대운을 영의정에 임명하니 남인들의 세상이 되었다. 이리하여 송시열은 사약을 받아 죽었다. 희빈 장씨가 왕비 민씨 인현왕후를 모함하니 왕비 민씨는 폐비되었고 장씨가 왕후가 되었다.

〈안용복과 독도〉

서기 1693년에 조선 수군 안용복이 훈련중 폭풍을 만나 울릉도에 피신하였는데, 왜선 7척을 발견하고는 물러가라 하였으나, 왜인들이 안용복을 납치하여 일본으로 끌고갔다. 이에 안용복은 관백에게서 울릉도가 일본 땅이 아니라는 문서를 받아 조선으로 향하였는데, 왜인들이 다시 납치하여 대마도로 끌고 갔다.

그러자 대마도 도주는 일본 조정에 연락하였다가 안용복을 조선으로 돌려보내라는 연락을 받고서는 오히려 문서를 빼앗고 50일 뒤에야 안용복을 동래에 있는 왜관으로 보냈고 왜관에서는 다시 40일간 붙잡아 두었다가 동래부사에게 넘겼다. 이때 왜인이 안옹복이 일본에서 말썽을 피웠으니 벌주라고 하였고, 이에 동래부사는 왜인의 말만 듣고 안용복을 2년이나 옥에 가두었다.

서기 1694년 3월에 우의정 민암과 함이완이 서인을 없앨 음모를 꾸미다 이를 안궁녀가 숙종에게 고하자, 숙종은 민암, 권대운 등의 남인들을 내쫓고 서인들을 다시 등용하였다. 이에 인현왕후가 복위되고 장씨는 다시 후궁이 되었다.

서기 1696년에 풀려난 안용복은 사람들을 모아 다시 울릉도로 갔는데, 예상대로 왜인들이 고기를 잡고 있으므로 쫓아냈고 다음날 독도481)로 들어가니 전날의 왜인들이 있으므로 또한 이 왜인들을 쫓아 일본으로 가서 따지게 되었다.

서기 1697년에 대마도주가 울릉도가 조선 땅임을 확인하는 문서를 보내왔다.

서기 1701년에 인현왕후가 죽자 희빈 장씨의 저주 탓이라 하여 사약을 내리고, 장씨 처리문제로 대립하던 노론과 소론 중 반대했던 소론과 남인들을 귀양보냈다.

대동법을 전국적으로 실시하였다. 광해군 이래 토지의 넓이를 측정하던 양전을 마무리 지었다.

서기 1708년에 전국적으로 대동법을 실시하였다.

서기 1712년에 백두산 정계비를 건립하였다.

---

481) 독도는 우산국인 울릉도에 속하는 섬으로서 신라시대부터 관리하여 온 대한민국 고유의 영토인 바, 일제의 강탈행위를 정당화 하려는 지금의 일본은 각성하고 반성하여 차후에는 양국간의 우호관계에 장애가 없도록 스스로 자제하도록 하여야 할 것이다. 만약 일본 일각에서 독도 영유권을 계속적으로 억지 주장한다면, 이는 대한민국 국민들에게 심각한 정신적 피해를 주는 것이므로, 이러한 일본의 불법행위에 대하여 대한민국은 적극적으로 국제법적으로 대응하는 방책을 강구하여야 할 것이다.

20. 제20대 경종(景宗:서기 1720년~서기 1724년)

숙종의 세자인 희빈 장씨의 아들이 33세로 즉위하였다. 경종이 즉위하자 노론에서 경종의 이복동생인 연잉군을 왕세제로 하는 후계자 문제를 꺼내니, 소론이 거세게 반대하였다.

서기 1721년에 연잉군을 왕세제로 봉하였다.

노론이 연잉군으로 하여금 대리 청정 문제로 소론과 싸우니, 소론이 노론을 반역으로 몰아 노론의 김창집, 이이명, 조태채, 이건명 등이 사약을 받고 많은 사람이 귀양을 갔다.

서기 1724년에 경종이 병으로 붕하자 연잉군이 즉위하였다.

21. 제21대 영조(英祖:서기 1724년~서기 1776년)

무수리 출신이던 숙빈 최씨의 아들인 왕세제 연잉군이 즉위하였다. 이에 소론이 밀려나고 노론이 등용되었다.

서기 1725년에 탕평책을 실시하였다.

노론이 옛일을 들추어 소론을 보복하려 하자 영조는 노론을 쫓아내고 소론을 등용하였다.

서기 1727년 영조는 암행어사 박문수를 시켜 탐관오리를 벌주게 하였다. 이때 박문수는 경상도를 시찰하다가 홍수가 나자, 조정에 장계를 올렸으나 조정에 장계를 올리면 10일이나 걸리므로 먼저 경상도에서 곡식 천여석을 모아 세적의 배에 싣고 강원도로 가서 나누어 주었다. 이때 명을 받은 경상감사가 박문수의 죄상을 고발하니 노론인 대사헌 이병상이 소론인 박문수를 벌하라 간하였으나, 영조는 돌아와서 조치한 내용을 보고한 박문수에게 벌을 주지 않았다.

서기 1728년 3월에 소론과 남인측의 이인좌, 심유현, 이유익 등은 영조를 숙종의 아들이 아니라 하고 소현세자의 증손자인 밀풍군을 옹립하려, 평안병사 이사성, 금군별장 남태징 등 군사력이 있는 무리들과 함께 반란을 일으켰다. 이인좌는 청주성을 공격하여 충청병사 이봉상을 죽인 후 전국에 격문을 돌렸다. 이때 조정에서는 병조판서 오명항을 청주로 보냈는데, 이때 종사관 박문수가 따라갔다. 안성에서 반란군과 관군이 격렬하게 싸웠는데, 전투에서 밀린 반란군이 산으로 후퇴하여 지원군을 기다리다 종사관 박문수가 이끄는 관군이 나타나 격파되고 이인좌는 갑옷과 투구를 벗어던지고 달아나다가 붙잡혀 그의 무리 수십 명과 함께 처형당하였다.

영조는 노론의 우두머리 민진원과 소론의 우두머리 이광자를 불러 화해하도록 주선하였고, 이들이 화해를 받아들여 영조는 노론인 홍치중을 영의정에, 소론인 이태좌를 좌의정에 임명했다.

서기 1736년에 박세당이 색경을 저술하였다.

서기 1742년에 영조는 성균관 앞에 탕평비를 세웠다.

서기 1749년에 영조는 15세가 된 장헌세자에게 섭정을 맡겼다. 이에 세자를 싫어하던 노론들과 영조의 계비 정순왕후, 후궁 숙의문씨 등이 세자를 모함하기 시작하였다.

서기 1750년에 군포를 2필에서 1필로 줄이는 균역법을 실시하였다. 세금 부족분을 메우기 위하여 어업세, 염세, 선박세 등을 국가에서 직접 거두어 들였다. 토지 1결당 2두씩 거두어 들였다. 농민들이 가뭄으로 피해를 보자 저수지 등 수리시설을 고치거나 새로 쌓게 하였다.

서기 1756년에 박문수가 66세로 졸하였다.

서기 1758년 7월에 술 만드는 것을 금하였다.

서기 1762년에 형조판서 윤급의 집을 드나들던 나경언이 형조에 세자를 모함하는 내용으로 투서하였다. 이에 세자의 장인 영의정 홍봉한과 세자를 따르던 신하들이 나경언이 모함한다고 간하여 나경언은 투옥되었고, 이때 세자는 맨발로 경희궁 뜰에 엎드려 사죄하였다. 영조는 세자를 미워하여 뒤주에 가두니 8일 만에 세자가 죽었다(서기 1763년). 이후 영조는 벽파의 모함으로 쫓겨났던 홍봉한을 불러들였고, 세자에게 죽음을 애도하는 뜻으로 사도라는 시호를 내렸다.

서기 1763년에 성호 이익 선생이 돌아가셨다. 고구마가 전래되었다.

서기 1776년에 영조가 붕하자 대리청정을 하던 세손이 즉위하였다.

22. 제22대 정조(正祖:서기 1776년~서기 1800년)

사도세자(장헌세자)의 아들인 세손이 즉위하였다. 세손의 즉위를 방해하고 사도세자를 죽이는 데 앞장선 홍인한, 숙의문씨, 정후겸 등이 처형당하고 홍술해와 김귀주는 흑산도로 귀양 갔다.

서기 1776년에 규장각을 설치하였다.

서기 1777년 8월에 홍씨 일파가 정조를 시해하기 위하여 50명의 자객을 궁궐 안으로 들여보냈는데, 모두 수비병에게 붙잡혔다. 이에 홍상범 일당과 은전군이 사약을 받았다. 이에 정조는 홍국영을 도승지 겸 숙위대장으로 삼아 나랏일을 맡겼다. 홍국영은 누이를 정조의 후궁으로 들여보냈으나 얼마 되지 않아 죽었다. 정조의 동생인 은언군의 아들 상계군이 홍국영의 죽은 누이인 원빈홍씨의 제사를 받들게 되자 홍국영이 상계군을 정조에게 양자로 삼을 것을 간하기도 하고 상계군을 가까이 두었는데, 사헌부에서 홍국영을 견제하기 위해 들고 일어나니, 정조는 홍국영을 물러나게 하였고, 이후 홍국영은 권력을 자기 위하여 왕후를 독살하려 하다가 사전에 들통 나 가산을 몰수당하고 강릉으로 쫓겨났다.

서기 1783년에 박지원이 열하일기를 저술하였다.

서기 1784년에 이승훈이 천주교를 전도하였다.

서기 1786년에 천주교 금지령을 발표하였다.

서기 1789년에 정조는 아버지 장헌세자의 능을 양주에서 수원으로 옮긴 후 철따라 참배하였다. 정조는 정약용에게 수원성을 신축하도록 하였다.

서기 1791년에 전라도 진산에서 윤지충, 권상연 등이 어머니 상을 당하여 상복과 위패를 불태우고 천주교식으로 장례를 치르는 일이 벌어졌다. 이에 윤지충과 권상연이 처형당하고 이승훈이 삭탈관직당하는 천주교 박해사건이 발생하였다.

서기 1792년에 정약용이 거중기를 발명하였다.

서기 1794년에 청나라 신부 주문모가 들어와 활동하여 신도 수가 만여 명이 되었다.

서기 1796년에 정약용은 거중기를 발명하여 수원성을 완공하였다.

서기 1800년 정조가 몸에 종기가 나 49세로 붕하고 11세의 어린 세자가 즉위하였다.

23. 제23대 순조(純祖:서기 1801년~서기 1834년)

정조의 세자가 11세로 즉위하였다. 이에 대왕대비인 정순왕후가 수렴청정 하였다. 정순왕후는 친정 6촌오빠인 김관주를 이조참판에 앉히고 노론벽파를 대거 등용하였다.

〈신유박해: 신유사옥〉

서기 1801년 1월에 정순왕후가 천주교를 국법으로 금하라 하였고, 2월에 수많은 천주교 신자들이 체포되는 신유박해가 일어났다. 이가환과 권철신은 옥사하였고, 이승훈과 정약종 등 수많은 사람들이 처형을 당하였으며, 정약용은 천주교를 배교할 것을 약속하여 귀양을 갔다. 이때 숨어서 전도하던 주문모가 감옥에 갇힌 신자들을 구하려고 의금부에 자수하였다가 결국 처형당하였다. 또 은언군의 부인 송씨와 며느리 신씨가 천주교 신자라는 밝혀져 송씨와 신씨가 사약을 받았고, 강화도에 귀양 갔던 은언군도 사약을 받았다. 은언군의 아들 전계군과 철종은 강화도로 쫓겨났다.

서기 1802년에 순조는 시파인 안동김씨 김조선의 딸을 왕비로 맞이하였다.

서기 1803년에 김만중이 구운몽을 저술하였다.

서기 1805년에 정순왕후가 죽자 순조의 장인인 김조순이 세도정치를 시작하였다. 김조순은 벽파를 몰아내고 남인과 시파 및 안동김씨를 대거 등용하였다.

평안도 출신인 홍경래가 과거시험에 번번이 실패하자 서자 출신의 우군칙을 만나 세상을 바로 잡기로 하고, 가산의 부자 이희저와 곽산의 진사 김창시 등을 동지로 삼았고, 이제초, 김사용, 홍총각 등의 동지를 모아 가산군 다복동을 근거지로 삼아 군사훈련을 하였다.

〈홍경래 난〉

서기 1811년 12월에 홍경래의 난이 일어났다. 일주일 만에 가산, 곽산, 정주, 선천 등을 점령하여 청천강 이북을 모두 손에 넣으니, 김삿갓 김병연의 할아버지인 선천부사 김익순과 철산부사는 싸우지도 않고 항복하였다. 12월 25일에 박천의 송림에서 반란군이 승리하였으나, 29일에는 관군에게 밀려 정주성으로 후퇴하였다. 서기 1812년 4월까지 치열한 전투를 벌였다. 4월 19일에 관군이 성 밑으로 땅굴을 파고 화약 1,800근을 묻은 다음 정주성을 폭파시켰다. 홍경래는 관군에 맞서 싸우다 총에 맞아 죽고 반란은 4개월 만에 진압되었다. 관군은 여자와 어린애는 풀어주고 정주성 주민 2,000명을 모두 죽였다. 홍경래군에게 항복하였던 선천부사 김익순은 참형을 당하였다. 김익순의 손자 김병연이 그 사실을 모른 채 향시에서 조부를 욕하는 시로 장원을 하였는데 후에 이 사실을 알고는 충격을 받아 집을 떠나 전국을 떠도는 방랑시인이 되었다.

서기 1818년에 정약용이 목민심서를 완성하였다.
서기 1831년에 천주교가 조선 교구를 설정하였다.
서기 1834년에 순조가 45세로 붕하자, 일찍 죽은 효명세자의 아들인 세손이 8세로 즉위하였다.

24. 제24대 헌종(憲宗:서기 1834년~서기 1849년)

효명세자의 아들인 세손이 8세로 즉위하였다. 이에 대왕대비 순원왕후가 수렴청정 하였다. 한때 헌종의 외가인 풍양조씨가 권세를 쥐었으나 다시 안동김씨의 세도

정치가 이어졌다.

〈기해박해〉

서기 1839년에 기해박해가 일어나고 이양선이 출몰하였다.

서기 1846년에 김대건 신부가 순교하였다.

서기 1849년에 헌종이 23세에 갑자기 붕하자 안동 김씨들은 헌종의 7촌 숙부가 되는 이원범을 즉위 시켰다. 이원범은 정조의 아우인 은언군의 손자이다.

25. 제25대 철종(哲宗:서기 1849년~서기 1863년)

정조의 아우인 은언군의 손자가 19세로 즉위하였다. 철종은 헌종의 재종숙(再從叔)인데 종묘에서는 조카에게 제사를 지내며 절을 하는 일이 생기게 되었다.

서기 1851년에 철종은 안동김씨 철인왕후를 왕비로 맞이하였다. 이에 철종의 장인인 김문근이 권력을 잡았다.

서기 1860년에 최제우가 동학을 창시하였다.

서기 1861년에 김정호가 대동여지도를 제작하였다.

〈임술민란〉

서기 1862년에 임술민란이 일어났다.

서기 1863년에 철종이 붕하자 딸 영혜옹주를 제외하고는 다섯 아들과 다섯 딸들이 모두 일찍 죽었으므로, 헌종의 어머니인 대왕대비 조씨가 흥선군과 미리 짠 계획대로 흥선군의 둘째 아들을 양자로 삼아 왕위를 잇게 하였다. 흥선군은 장헌세자의 셋째 아들 은신군의 손자이자 남연군의 아들이다. 은신군의 형이 은언군이며 장남이 정조이다. 순조는 정조의 아들이며 헌종은 순조의 손자이고, 철종은 은언군의 손자이다.

26. 제26대 고종(高宗:서기 1863년~서기 1906년)

흥선군의 둘째 아들 명복이 12세로 즉위하였다.

서기 1863년에 흥선 대원군이 집권하였다. 흥선 대원군은 안동김씨들을 조정에서 내쫓고 개혁정치를 시작하였다. 흥선 대원군은 당파에 관계없이 인재를 고루 등용하였고 탐관오리를 가려내어 처벌하였다. 군정과 환곡을 개혁하였다.

서기 1864년에 동학 창시자 최제우가 처형당했다.

서기 1864년 7월에 고종의 생일을 맞아 죄수들을 조사하여 억울한 자는 모두 풀어 주었다. 대원군은 문제가 많던 서원의 철폐령을 내렸고, 이에 항의하는 유생들을 감옥에 가두었다.

서기 1865년 4월부터 대원군의 명령으로 경복궁 중건이 시작되었다. 처음에는 원납전이라 하여 기부금을 걷었으나 건설자금이 모자라 강제로 돈을 거두고 세금을 올렸고, 당백전을 사용하여 건축비로 사용하니 백성들의 원망이 높아지게 되었다.

서기 1866년에 대원군은 아버지가 일찍 죽고 형제가 없어 외척이 득세할 가능성이 없는 민씨를 왕비로 결정하였다.

〈병인박해〉

서기 1866년 1월에 천주교 신자 체포령이 내려지자, 9명의 프랑스 신부와 남종삼, 홍봉주 등 주요인물들이 모두 잡혀 처형되는 병인박해가 일어났다. 이때 살아남은 프랑스인 리델 신부가 중국의 천진으로 탈출하여 프랑스 공사 벨로네와 극동 함대 사령관 로즈에게 알렸다.

서기 1866년 8월경에 미국 상선 제너럴셔먼호가 대동강에 나타나 평양 가까이서 조선 사람을 납치하고 통상을 요구하였는데, 평양 주민들과 군사들이 힘을 합쳐 제너럴셔먼호를 불태우고 24명을 죽였다.

〈병인양요〉

서기 1866년 10월에 프랑스의 로즈 제독이 군함 7척과 천여 명의 군사를 이끌고 강화도 앞바다에 나타나 초지진을 공격하여 함락하였고, 프랑스군은 강화읍으로 몰려들어 민가를 약탈하였으나, 양헌수가 이끈 문수산성과 정족산성의 싸움에서 패하여 물러났다. 프랑스군은 돌아가면서 민가와 관청에 불을 지르고 무고한 백성들을 죽였다. 특히 강화도에 있던 외규장각을 불태우고 보관돼 있던 귀중한 문화재와 보물들을 강탈하였다.

서기 1867년에 경복궁 근정전과 경회루가 완공되었다.

서기 1868년에 독일 상인 오페르트가 조선에 몇 차례 통상을 요구하다 거절당하자 대원군의 아버지인 남연군의 묘를 도굴하였다.

〈신미양요〉

서기 1871년에 미국 군함이 제너럴셔먼 호 사건에 대한 진상규명과 통상을 요구하며 강화도를 점령하는 신미양요가 일어났다.

서기 1871년에 전국에 척화비를 세웠다.

서기 1873년에 고종이 22세로 직접 나라를 다스리려 하였는데, 10월에 왕비 민씨가 최익현을 시켜 대원군을 탄핵하는 상소를 올리게 하였다. 11월에 고종은 친정을 선포하였다. 이에 대원군은 궁궐출입이 금지되었고 대원군은 경기도 양주 곧은골로 가서 머물렀다.

〈운요호 사건〉

서기 1775년 9월에 일본 배 운요호가 강화도에 침입하자 조선군이 포격을 하였고, 이에 운요호도 대포를 쏘아 초지진을 파괴하고 인천 앞바다의 영종도를 점령하여 방화와 약탈을 하고 돌아갔다가, 12월에 군함을 이끌고 부산에 와서 운요호에 먼저 발포한 것을 문제 삼고 협박하였다.

〈강화도조약: 병자수호조약〉

서기 1876년 2월에 조선은 일본과 강화도 조약을 맺었다.

1. 조선은 자주국으로서 일본과 평등한 권리를 갖는다.

2. 부산과 2개의 항구를 개항한다.

3. 일본은 조선의 연해를 자유로이 측량할 수 있다.

4. 조선에서 범죄를 저지른 일본인은 일본 관리가 재판한다. 등

〈보충 협약〉

서기 1876년 7월에 일본과 조선은 몇 가지 보충 협약을 맺었다.

1. 개항장에서 일본인의 통행거리를 정한다.

2. 일본 화폐를 사용할 수 있게 한다.

3. 일본 선박의 항해세를 면제한다.

4. 일본 상품에 대하여 관세를 물리지 않는다.

서기 1879년에 지석영이 종두법을 실시하였다.

서기 1881년에 신사유람단과 영선사를 파견하였다.

〈임오군란〉

서기 1882년에 월급을 13개월째 받지 못하던 구식의 군대가, 선혜청에서 모래가 섞인 쌀을 한 달 치 월급으로 나누어 주자, 분노가 폭발하여 선혜청 창고에서 소동을 벌이고 민겸호의 집으로 몰려갔으며 이어 대원군의 집인 운현궁으로 몰려갔는데, 이때 대원군은 심복 허욱을 불러 병사들을 지휘하게 하였다. 허욱의 지휘로 병사들은 무기고를 습격하여 총검으로 무장한 뒤, 일본 공사관과 별기군 훈련소로 쳐들어갔다. 이에 일본 공사 하나부사는 무사히 도망쳤으나 별기군 일본인 교관과 조선어를 배우던 일본 학생 3명이 죽음을 당했다. 다시 고종이 있는 창덕궁으로 몰

려가니 결국 고종이 대원군을 불러 사태 수습을 맡겼다. 대원군이 창덕궁으로 들어가자 병사들이 환영하였으며 이때 곁에 있던 민겸호는 살해되었다. 병사들이 민비를 찾았으나, 이미 민비는 변장한 뒤 무예별감 홍재희의 등에 업혀 창덕궁을 빠져나간 뒤였다. 병사들이 계속 민비를 찾으려 다니자 백성들이 불안해하므로 대원군이 사태수습을 위해 민비가 죽었다고 거짓 발표를 하고 장례를 치렀고, 다시 실권을 잡은 대원군은 정부제도를 바꾸고 민씨 일파를 조정에서 쫓아냈다.

민비와 김홍집 등 개화파의 요청으로 청나라와 일본은 군대를 파견하였다. 대원군은 청나라의 마건충에게 속아 그만 납치되었다. 이에 조선 병사들이 다시 들고 일어났으나 청나라 군사의 무자비한 진압작전으로 실패하고 많은 병사들이 체포되어 처형당했다. 민비 세력이 다시 조정을 장악하였다. 사태가 해결된 뒤에도 청나라와 일본의 군대는 철수하지 않았다.

조선 조정은 청나라에 의지한 민비와 민씨 일파의 사대당, 일본을 본받자는 김옥균과 박영효 등의 젊은 지식인들을 중심으로 한 개화당으로 갈렸다.

서기 1882년에 미국, 영국, 독일 등과 통상조약을 맺었다.

서기 1883년에 한성순보를 발간하였다. 전환국을 설치하였다. 원산학사를 설립하였다. 태극기를 사용하였다.

〈갑신정변〉

서기 1884년 갑신년에 사대당으로부터 위기를 느낀 개화당이 우정국 개국 축하연에서 정변을 일으켰다. 이때 민태호, 조영하 등이 죽음을 당하고 민씨 일파는 조정에서 쫓겨났다. 김옥균과 박영효 등 개화당이 조정을 장악하였다. 이때 개화당은 정강14조를 발표하였다.

사흘 뒤, 민비의 요청으로 청나라 군대가 창덕궁으로 쳐들어오니, 개화당과 일본군이 대적하였지만 10배가 넘는 청나라 군대를 이기지 못하고, 일본군과 김옥균,

박영효 등은 일본 공사관으로 피신하였다가 인천을 거쳐 일본으로 망명하였다. 이에 민씨 일파와 사대당이 다시 정권을 쥐었다.

서기 1885년에 일본과 청나라는 천진(톈진)조약을 체결하고 각각 군대를 철수시켰다.

서기 1885년에 영국의 거문도 점령사건이 일어났다. 광혜원을 설립하였다. 서울과 인천 간의 전신이 개통되었다.

서기 1886년에 육영공원과 이화학당이 설립되었다.

서기 1889년에 함경도에 방곡령이 실시되었다.

〈동학 농민 운동〉

서기 1892년에 삼례에서 동학교도 구천 명이 대규모 집회를 열고 충청과 전라 감사에게 요구조건을 말하였다.

1. 동학교도에 대한 탄압 중지
2. 초대 교주 최제우의 명예회복

전라도 고부군수 조병갑이 부역을 시키고 세금을 더 많이 걷어가는 등 폭정을 하자 농민들이 전창혁을 대표로 뽑아 군수와 담판하게 하였으나, 감옥에 갇히게 되었는데, 이에 농민들이 서기 1894년 1월에 전창혁의 아들이자 동학교도인 전봉준의 지휘 하에 들고 일어났다. 이때 조병갑은 전주 감영으로 도망하였다. 조정에서 조병갑의 벼슬을 빼앗고 박원명을 새 군수로 보냈다. 그러나, 군사를 이끌고 나타난 안핵사 이용태가 동학교도들과 농민들을 체포하고 집을 불태우는 만행을 저질렀다. 이에 전봉준은 동학교도인 손화중, 김개남과 농민군을 조직하여 다시 들고 일어났다. 조정에서는 홍계훈을 초토사로 임명하여 보냈으나 농민군은 장성 황룡촌에서 관군을 물리치고 전주성에 입성하였다. 사태가 심각해지자 조정에서는 청나라에 원군을 요청하고 한편으로 농민군과 휴전을 하였다.

서기 1894년 6월에 농민군은 관군과 화해하면서 조건을 걸었다.

1. 탐관오리 처벌할 것
2. 노비문서 소각할 것
3. 과부의 재혼 허락할 것
4. 못된 부자 벌할 것
5. 불필요한 세금 없앨 것
6. 외국인과 내통하는 자 벌줄 것
7. 땅을 골고루 나누어 농사짓게 할 것 등

조선 조정의 요청으로 청나라 군대가 들어왔고, 이 사실을 일본은 공사관과 일본인 보호를 내세우고서 일본 군대를 들여왔다.

〈갑오경장: 갑오개혁〉

서기 1894년 7월 23일에 일본군은 경복궁을 점령하고서 사대당 민씨 일파를 몰아내고서 대원군을 앞세운 김홍집 중심의 친일 정권을 수립하였다. 일본은 오토리 공사를 불러들이고 조선을 잘 아는 이노우에 가오루를 새 공사 임명하였다. 이노우에는 먼저 반일 의식이 강한 대원군을 쫓아냈다. 일본의 강요에 의하여 개화파 중심으로 정치, 경제, 사회에 대한 개혁이 실시되었다. 궁내부와 의정부로 나누어 의정부를 왕보다 권한을 크게 하고, 과거제도를 폐지하고, 신분제를 철폐하고, 연좌법을 폐지하고, 조혼을 금지하고, 모든 세금을 화폐로 내게 했다. 또 홍범14조를 발표하였다.

청일전쟁(1894~1895)이 일어났다.

서기 1894년 9월 중순에 전봉준과 손병희는 일본을 물리치고 나라를 구하기 위하여 농민군을 이끌고 들고 일어났으나 우금치 싸움에서 크게 패하고 전봉준은 다음해 4월에 처형되었다.

민비는 러시아의 힘을 빌어 일본 세력을 물리칠 계획으로 친러내각을 조직하였다. 이에 일본은 이노우에 공사를 해임하고 군인 출신의 미우라를 공사로 파견하였다.

〈을미왜변: 을미사변: 민비 시해 사건〉

서기 1895년 8월에, 미우라 공사의 명을 받은 일본군 수비대와 폭도들이 경복궁으로 쳐들어가 고종의 침실이 있는 건천궁까지 침입하였으며, 숨어 있던 민비를 찾아내어 살해하고 불태워 버렸다.

이후 다시 정권을 잡은 친일 개화파는 전국에 단발령을 내렸다.

민비시해와 단발령으로 전국 각지에서 의병들이 들고 일어났다. 충청도 제천의 유인석, 강원도의 이소응, 전라도 장성과 나주의 기우만 등이 크게 일어났다. 유길준이 서유견문을 지었다.

〈독립신문과 독립협회〉

서기 1896년에 독립신문이 발간되고 독립협회가 설립되었다.

〈아관파천〉

서기 1896년 2월에 친러파 이완용과 이범진은 정권을 잡기 위하여 고종을 속여 러시아 공관으로 옮기게 하였다. 이에 친일 세력이 모두 쫓겨나고 친러파가 정권을 잡았다. 이에 러시아는 고종을 보호한다는 구실로 광산개발과 산림채벌권 등 각종 이권을 챙겼다.

서기 1897년 2월에 독립협회의 고종 환궁 운동과 백성들의 요청 및 러시아의 소행을 못마땅하게 여긴 서구열강의 압력으로 고종은 경운궁으로 돌아왔다.

〈대한제국〉

서기 1897년에 고종은 국호를 대한제국(大韓帝國)이라 하고 황제즉위식을 가졌다.

서기 1898년에 만민공동회를 개최하였다. 황성신문이 발간되었다. 명동성당이 준공되었다.

서기 1899년에 경인선이 개통되었다.

서기 1900년 만국 우편 연합에 가입하였다.

서기 1902년에 서울과 인천 간의 전화가 개통되었다.

서기 1903년에 YMCA가 발족되었다.

〈한일의정서〉

서기 1904년에 한일의정서를 맺었다. 경부선이 준공되었다.

〈러일전쟁〉

서기 1904년 2월에 러일전쟁이 일어나 일본이 승리하였다. 이에 일본이 조선에서 주도권을 되찾았다. 일본은 미국과 영국과 협정을 맺고 조선 지배를 승인받았다.

〈을사늑약〉

서기 1905년 일본 국왕의 특사 이토 히로부미가 고종 황제의 거부에도 불구하고, 내각의 대신들을 총칼로 위협하여 이완용, 이지용, 이근택, 박제순, 권중현으로부터 찬성을 얻어내어 을사조약을 체결하였다. 이리하여 조선은 외교권을 완전히 잃었다. 고종은 통치권을 다시 찾기 위하여 은밀히 상해와 미국 등지에 특사를 보내기 시작하였다.

서기 1905년에 경부선이 개통되었다.

서기 1906년에 통감부를 설치하였다.

서기 1907년에 국채보상운동이 전개되었다.

서기 1907년 6월에 고종황제는 헤이그에서 열리는 만국평화회의에 이상설, 이준, 이위종 등 3명을 특사로 파견하였다. 이때 일본의 방해로 회의에 참석하지 못하였다.

서기 1907년 7월에, 일본은 헤이그 특사 사건을 빌미로 친일파인 송병준과 이완용을 앞세워 고종을 강제로 물러나게 하였으며, 이에 황태자가 즉위하였다.

27. 제27대 순종(純宗:서기 1907년~서기 1910년)

일본과 친일파의 압력으로 고종 황제가 퇴위하고, 고종황제의 황태자가 즉위하였다.

〈한일 신협약: 정미 7조약〉

서기 1907년에 일본은 통감부가 행정, 사법 등 모든 것을 맡는다는 한일 신협약을 강제로 체결하고 군대를 해산시켰다.

서기 1907년에 신민회가 설립되었다.

서기 1908년에 의병들이 서울 진공작전을 펼쳤다.

서기 1909년에 일본과 청이 간도협약을 맺었다. 대한제국 안중근 장군이 하얼빈에서 이토 히로부미를 사살하였다. 나철 선생이 대종교를 창시하였다.

〈경술국치〉

서기 1910년 경술년 8월에 왜구(일제)의 한일 합병 늑약으로 대한제국(大韓帝國)은 국권을 뺏겼다.

이리하여 조선은 27대 519년의 역사로 마감하였다. 이후 1919년 4월 11일 대한민국 임시정부가 수립되어 수많은 대일항쟁을 치렀는데, 1945년 8월 15일까지 왜구(倭寇) 폭정기를 겪었다.

〈대일항쟁〉

서기 1914년에 대한광복군 정부를 수립하였다.

서기 1918년에 신한 청년단이 조직되었다.

서기 1919년 3월 1일에 3·1 대일항쟁 사건이 일어났다.

〈대한민국 임시정부〉

서기 1919년 4월 11일[482] 상해에 대한민국 정부가 수립되었다. 이승만이 초대 대통령으로 취임하였다.

서기 1920년에 청산리대첩이 있었다. 조선물산장려회가 창립되었다. 조선일보, 동아일보가 창간되었다.

서기 1924년에 조선 청년 총동맹이 조직되었다.

서기 1926년 6월 10일 만세운동이 일어났다.

서기 1927년에 신간회가 창립되었다. 조선 농민 총동맹이 결성되었다.

서기 1929년 광주 학생 항일운동이 일어났다.

서기 1932년에 이봉창 의사, 윤봉길 의사의 대일항쟁 의거가 있었다.

서기 1934년에 진단학회가 조직되었다.

서기 1936년에 손기정이 베를린 올림픽 대회 마라톤에서 우승하였다.

서기 1938년에 한글 교육이 금지되었다.

서기 1939년에 국민 징용령이 실시되었다.

서기 1940년에 한국광복군이 결성되었다.

서기 1941년에 대한민국 정부가 대일선전포고를 하였다.

서기 1942년에 조선어학회 사건이 일어났다.

서기 1943년에 일제 징병령이 실시되었다.

---

482) 1919년 4월 13일이라고도 한다.

서기 1945년 8월 15일 왜구(일제)가 국제연합군에 패전 항복하여, 나라를 회복하였다.

〈국권회복 후 대한민국 정부 수립〉
서기 1948년 8월 15일 본토에서 대한민국 정부를 수립하였다.

이리하여 서기 1392년에 건국된 조선(朝鮮)은 서기 1897년에 대한제국으로 국호가 변경된 후, 서기 1910년 8월에 왜구(일제)에게 국권을 강탈당하였으나, 서기 1919년 4월 11일에 대한민국 정부가 수립된 후 대일항쟁을 지속적으로 전개하여 1945년 8월 15일 왜구가 패전으로 항복함으로써, 역사 속으로 사라질 뻔한 단군조선 삼한 정통후예의 국가적 역사가 대한민국으로 이어지게 된 것이다.

물론 단군왕검께서 제족자치(諸族自治)로써 홍익인간 세상을 베푸신 역사적 정통성에 대한 인식을 가졌던 대일항쟁가, 대한민국 군인들은 물론 그러한 역사인식을 하게 되었을 잠재적 대일항쟁가들이 일본제국주의에 끊임없이 항거하고 목숨을 희생하는 전쟁을 계속 수행함으로써 끝내는 본토에서 대한민국 정부를 수립하는 국권회복을 달성하였으리라 의심치 않는 바이다. 만약, 지금까지도 대한민국 정부가 일제와 전쟁을 계속 수행하고 있는 상황이라면 필자는 물론 대부분의 한국인들은 문(文)으로써 아니면 목숨을 던져서라도 당연히 대일전쟁에 참여하였을 것이며, 일제의 패망을 앞당기고 대한민국 국권 회복에 이바지하였을 것이다.

그러나, 지금도 일본의 독도망발과 대마도 함구로 일본과의 역사전쟁은 끝나지 않았으며, 만리장성의 동단(東端)을 고구려와 대진국(발해)의 성(城)까지 갖다 붙이는 소위 동북공정으로 역사날조를 서슴지 않는 지금의 중국과도 역사전쟁이 계속되고 있어, 우리 역사의 올바른 정립이 어느 때보다도 시급하고도 중요하다.

조선-대청 남북국시대
대청(大淸) 연대기

청(淸)[483]나라는 소위 만주족(滿洲族)이 세운 나라이다. 만주(滿洲)라는 말은 지명이나 원래는 만주(滿珠)라는 족속의 명칭에서 나온 것이다. 만주(滿珠)는 주신(珠申)이라고도 불리는 숙신(肅愼)의 후예이다. 숙신은 곧 단군조선 초기에 마가(馬加) 신지(神誌)가 송화강 동쪽 지역에 봉해진 제후국인 것이다.

숙신은 이후 말갈, 읍루, 여진으로 불렸다가 역사상 마지막으로 만주(滿洲)로 불리고 있는 것이 된다.

청나라 왕족의 성씨인 애신각라(愛新覺羅)는 애신(愛新)의 만주말이 금(金)을 가리키며 신라 김씨에서 파생된 김씨(金氏)임을 나타내는 것이 된다. 즉 역사적으로 여진족의 금(金)나라와 만주족의 청(淸)나라의 왕족인 김씨는 신라(新羅) 출신 김씨의 후예가 되는 것이다. 청나라 시조 누르하치는 금아지라는 말로서 신라 김씨 시조인 김알지와 같이 금(金)의 후손(後孫)이라는 뜻이 된다.

청나라가 명나라를 공격하여 멸망시킨 것은 명나라가 만주족에게 7가지 큰 한(恨)을 품게 하였기 때문에 청 태조가 복수한 것이라고 서기 1777년에 지어진 흠정

---

483) 맑을 청이란 글자는 말갈의 말갈(맑을)을 한자로 나타낸 이두식 표기가 된다.

만주원류고에서 그 명분을 밝히고 있다.

청나라는 소위 한족(漢族)의 땅을 비롯한 거대한 영토를 차지한 정복국가(征服國家)이다.

1. 제1대 태조(太祖:金努爾哈赤(누르하치):서기 1616~1626)

연호를 천명(天命)이라 하였다.

서기 1616년에 김아골타의 후손인 누루하치가 후금(後金)을 세웠다. 누르하치의 누르는 황금색을 나타내는 말로서 금(金)이며, 하치는 아지, 아기라는 말로서 후손을 뜻하는 것이 된다.

서기 1619년 천명(天命) 4년에 조선의 왕 이혼(李琿:광해군)이 장수 강홍립(姜弘立)을 보내어 군사를 이끌고 명나라를 도왔는데, 부찰(富察)의 들에서 전쟁하였으나 크게 패하였으며, 강홍립은 5,000명의 군사로 항복하였다. 태조는 강홍립을 머물게 하고 그 부장 장응경(張應京) 등 10여 명을 조선으로 돌아가게 하였으며, 이혼(조선왕)에게 글을 보내어 이르기를,

> "옛날 그대 나라가 왜란을 만나 명나라가 군사로써 그대 나라를 구하였으므로 그대 나라도 역시 군사로써 명나라를 돕는 것이나, 세력이 부득이한 것이지 나와 원한이 있는 것이 아니로다. 이제 장수와 병졸들을 잡았는바 항복한 까닭으로 석방하여 돌아가게 하였으니, 거취의 기회로 삼아 왕은 잘 살펴 택하시오!"

라고 하였다. 조선이 보답하여 사례하지 아니하고 국경을 넘어서 와이객(瓦爾喀)의 군사를 치므로, 오랍(烏拉)패륵 포점태가 조선을 쳤는데, 태조가 포점태와 만나서 유시하여 군사들을 그치게 하였으나, 조선이 역시 사례를 하지 않았고, 태조가 붕하였는데도 사신을 보내어 조문을 하지 않았다. 명나라 총병 모문룡(毛文龍)이 요(遼)나라 백성 수만으로 피도(皮島)를 지키고 조선과 함께 여러 차례 군사를 내어

연해(沿海)의 성새(城塞)를 습격하였다.

2. 제2대 태종 황태극(太宗:皇太極:홍타이지:서기 1627~1643)

서기 1626년에 후금의 태조 누르하치가 죽고 아들 태종 황태극(홍타이지)이 즉위하였다. 연호를 천총(天總:1626~1636), 숭덕(崇德:1636~ 1643)이라 하였다.

서기 1627년 천총(天聰) 원년에 이괄과 함께 반란을 일으켰던 조선의 한윤(韓潤)과 정매(鄭梅)가 후금으로 도망쳐 귀순하였는데, 태종에게 청하여 향도가 되어 군사를 꾸렸다. 이에 후금의 태종은 광해군을 위하여 복수한다는 구실로 조선침략을 결정했던 것이 된다.

서기 1627년 1월에 패륵 아민(阿敏) 등에게 명하여 3만여 군사를 이끌고 조선을 치게 하였다. 후금의 군사는 압록강을 건너 명나라 모문룡의 군사를 철산(鐵山)에서 패퇴시키고, 피도(皮島)를 돌아서 의주(義州), 정주(定州)와 한산성(漢山城)를 이기고 그 군민들 수만을 도륙하였으며, 식량 백여 만섬을 불태우고 진격하여 청천강(淸川江)을 건너 안주를 이기고 평양으로 군사를 진격시켜 성중의 관민이 모두 도망하였다. 이때 후금의 군사들은 용천, 곽산, 정주를 점령하고, 평안도 병마절도사 남이흥을 전사시켰다. 이에 정봉수, 이립 등의 의병이 일어나 활약하였으나 결국 평양성이 함락되었다.

대동강을 건너 중화에 이르렀는데, 이종(李倧:조선왕 인조)은 심히 당황하여 사신으로 구성(求成)을 보냈는데, 아민이 여러 죄로 문책하였다.

서기 1627년 2월에 후금의 군사가 황해도 황주(黃州)에 이르자 나라 안이 공포에 떨었고, 사신 구성(求成)이 길을 찾아 드디어 왕경을 핍박하였는데, 이종(조선 인조)은 강화도로 피난 갔다. 유도대장으로 서울을 지키던 김상용은 후금에게 빼앗길 것을 우려하여 국고와 병조, 호조의 창고 등에 불을 질렀다. 이괄의 난을 평정한 장만은 쫓기는 신세가 되었다.

이종(조선왕 인조)이,

"마을이 모두 부서져 도망하였으니 죄가 없습니다. 오직 상국의 명을 따르고자
합니다."

하였고, 이에 화친을 허락하였다.

이해 2월 9일에 사신으로 부장 유해를 강화도로 보내어 이종에게 유시하게 하였
으며, 군사는 평산(平山)에 주둔시켜 대기시켰다. 이에 이종은 최명길과 이귀 등이
화친을 간하여 화친을 맺게 되었는데, 족제(族弟) 원창군(原昌君), 이각(李覺) 등을
보내어 말(馬) 백필, 호표(虎豹) 가죽 백장, 비단(錦綢)과 모시베(苧布) 400단, 베
(布) 15,000단을 바치니, 이에 유흥조(劉興祚), 파극십(巴克什)을 강화도로 보내어
동맹을 맺게 하였다.

이해 3월 경오일(3일)에 흰 말과 검은 소를 잡아 천지에 알리고 화친이 성립되었
으니, 후금과 조선은 형제의 나라가 되었다. 처음에 조선의 사신인 구성이 패륵 등
과 의논하기를, 명나라와 몽고의 양국은 둘레에서 엿보고 있으며 군사들은 멀리 있
지 아니하며, 붙잡은 포로들이 이미 많으니, 의당히 허락해 달라 하였으나, 아민은
조선 국성의 성곽과 궁전의 웅장함을 흠모하여 군사를 돌리지 않았다. 패륵 제이합
랑과 악탁, 석탁이 비밀히 의논하여 아민에게 평산에 군사를 주둔시키게 하고서, 먼
저 조선과 동맹을 맺어 일이 성사된 후에 아민에게 알렸다. 아민은 이를 예정된 맹
약이 아니라 하며 군사를 풀어 사방을 약탈하게 하였고 이에 다시 이각(李覺)과 아
민이 평양성에서 맹약을 하였다. 태종이 아민에게 재촉하여 유시하기를,

"다시는 추호도 염려말라!"

하며 군사 3,000을 나누어 의주(義州)를 지키게 하고서 군사를 회군하였고, 이각
도 돌아갔다.

이해 9월에 이종(李倧:조선왕 인조)의 청을 받아들여 의주(義州)의 군사를 돌아

오게 하였고, 아울러 포로들을 풀어주게 하고서, 춘추의 세폐(歲幣)를 수송하는 것과 호시(互市)를 의논하여 정하였다.

서기 1628년 천총 2년 2월에 중강(中江)에 개시(開市)를 열었다.

서기 1628년에 명나라 경략가인 원숭환(袁崇煥)이 피도(皮島)에서 모문룡(毛文龍)을 죽이니 모든 섬에는 주인이 없어졌다.

서기 1631년 천총 5년에 피도를 비롯한 모든 섬을 치려고 조선으로부터 병선(兵船)을 징수하고자 사신이 조선에 이르렀는데, 3일째에 이종(인조)이 글을 보고 말하기를,

"명나라는 우리의 아버지 나라이다. 남을 도와 어찌 우리 아버지의 나라를 공격하겠는가? 배로서 구실 삼을 수 없다!"

하였다. 이로부터 동맹이 점점 느슨해졌다.

서기 1632년 천총 6년에 파도례와 찰합라 등이 조선에 사신으로 가서, 조공의 액수를 정하였다. 돌아와서 말하기를, 조선왕 이종이 조공의 액수를 정한 것에 금은(金銀)과 우각(牛角)이 나라에서 나지 아니한다 하여 따르려 하지 않았다 하였다.

서기 1633년 천총 7년 정월에 이종(인조)에게 글을 내려 세폐의 액수를 감하고, 인삼과 가축을 빼돌리며, 도망한 자들을 숨기는 등의 죄와 사신을 보내는 것을 파하여 호시(互市)에 전념하려는 것을 문책하였다.

서기 1633년 2월에 비어(備禦) 낭격(郎格) 등을 회령성 호시에 보냈으나 이종이 거부하였다. 이해 여름에 명나라 모문룡의 부장 공유덕(孔有德), 경중명(耿仲明) 등이 명나라를 배반하여 배로 군사 2만을 이끌고 바다를 건너 투항하였으며, 태종이 조선으로 사신을 보내어 식량을 징수하고, 아울러 회령성과 와이객의 도망자와 포점태 사람들을 수색하였는데, 이종이 수차례 글을 올려 변명하고, 다시 경기, 황해, 평안의 삼도에 백마(白馬) 등의 12성을 축조하므로, 태종이 여러 차례 의주(義州)

호시(互市)의 약조를 이행하도록 하였다.

서기 1634년 천총 8년 봄에 태종이 이종(인조)과 명나라 간의 화의를 중개하고 자 하여, 이종에게 피도(皮島)를 지키도록 글로써 알려주었으나 끝내 화의가 이루어지지 않았다. 겨울에 이종(인조)이 사신 나덕헌(羅德憲)을 보내어 와서는 도망자들과 호시를 수색하는 것에 항거하였는데, 글이 심히 화를 돋우고 또 만주의 사신을 조선의 대신의 아래에 놓으려 하므로, 태종이 노하여 폐물을 받지 아니하고 나덕헌을 억류하여 보내지 아니하고는 이종에게 글로써 유시하였다.

서기 1635년 천총 9년에 찰합이(察哈爾)와 임단한(林丹汗)을 평정하여 원(元)나라에서 내려온 국새(國璽)를 얻었다. 8명의 화석패륵과 외번 몽고의 49명 패륵이 표로써 존호를 청하여 올렸다. 태종이 이르기를,

"조선은 형제의 나라이니 의당히 함께 그것을 논의해야 한다."

하였다. 이에 내외의 모든 패륵들이 각각 글을 써서 사신을 보내어 조선도 함께 추대하도록 약속하였는데, 조선의 모든 신하들이 말을 다투다 불가하다 하였으며 또 사신들을 병사로 지키게 하였다. 사신 영아이대(英俄爾岱)가 무리를 이끌고 말을 빼앗아 문으로 돌진하자 조선왕 이종이 사람을 보내어 따라와서는 글로 알렸는데, 또 글에 변경의 신하들의 경계가 엄하다고 유시하였으며,

"정묘년에 맺은 강화(講和)에 잘못이 있어 이제 마땅히 끊기로 결정한다."

라는 말이 있어, 영아이대가 아울러 그것을 빼앗아다가 바쳤다.

서기 1636년 천총 10년 4월에 숭덕(崇德)이라 개원하고 국호를 청(淸)이라 하였다. 조선은 사신 이곽(李廓) 등을 보내어 와서 조정에 하례하였으나 절은 하지 않았고, 태종이 조선에 글로 질자(質子)를 보내라 명을 내렸으나 또 응답하지 않았다.

서기 1636년에 조선의 왕비 한씨가 죽자 후금의 용골대, 마부대 등이 조의를 표하러 왔다가, 조선이 후금을 섬기라 하자 조선의 신하들의 위협으로 겁에 질려 달아났던 것이 되고, 후금은 국호를 대청(大清)이라 바꾸었던 것이 된다.

서기 1636년 11월에 태종은 조선과의 맹약을 깨뜨리고, 대군을 이끌고 직접 정벌하기로 하였다. 먼저 조선의 사신 이곽 등을 보내어 돌아가게 하여 조선왕에게 글을 남기고 아울러 조선의 관민들에게 격문을 붙였다.

서기 1636년 12월 신미삭(辛未朔:1일)에 정친왕(鄭親王) 제이합랑(濟爾哈郎)에게 명하여 머물러 지키게 하고, 무영군왕(武英郡王) 아제격(阿濟格), 다라요여패륵(多羅饒餘貝勒) 아파태(阿巴泰)는 요하(遼河) 해구(海口)에 나누어 주둔하여 명나라의 해군이 원조하여 기습하는 길을 방비하도록 하였다. 예친왕(睿親王) 다이곤(多爾袞), 패륵 호격(豪格)은 왼쪽 날개의 만주(滿洲)와 몽고병을 나누어 통솔하여 관전(寬甸)을 따라 장산구(長山口)로 들어가고, 호부승정(戶部承政) 마복탑(馬福塔) 등을 보내어 병사 300인을 이끌고 잠입하여 가서 조선(朝鮮)의 왕경(王京)을 포위토록 하였으며, 예친왕(豫親王)은 호군(護軍) 1,000명을 이끌고서 뒤를 잇게 하였다. 패륵 악탁(岳託) 등은 병사 3,000명으로써 군사를 구제하게 하고, 태종은 친히 예친왕(禮親王) 대선(代善)의 모든 군사를 이끌고 전진 출발하였다.

9일이 지난 경진(庚辰:12월 10일)에 진강(鎭江)을 건너고, 임오(壬午:12월 12일)에 곽산성(郭山城)에 행차하고 정주(定州), 안주(安州)를 항복시켰으며, 정유(丁酉:12월 27일)에 임진강에 행차하였다. 임진강은 조선국의 도성의 북쪽 100여리에 있으며 도성 남쪽의 한강(漢江)과 더불어 왕성을 껴 받들고 있다. 이때 강의 얼음이 흡족하지 않았으나 차와 가마가 이르자 얼음이 재빨리 굳어 여섯 군대가 모두 건넜다. 마복탑 등은 이달 갑신(甲申:12월 14일)에 왕경을 잠입 습격하여 조선의 정병 수천을 패배시켰는데, 이종(李倧:인조)은 갑자기 사신을 보내어 성외의 관병들을 영접하여 위로하고는, 그 처자를 강화도로 옮기고 스스로는 친병을 이끌고 강을 건너 남한산성(南漢山城)을 지켰다.484)

대군이 도성에 들어가고 다택과 악탁이 역시 평양을 평정하고 왕경에 이르러 군사를 합하여 강을 건너 남한산성을 포위하였으며, 조선의 각 도에서 온 원군들을 연패시켰다. 태종이 이르러 군사를 나누어 도성을 수색하고 친히 대군을 이끌고 강을 건너 군사를 더하여 남한산성을 포위하였다.

서기 1637년 숭덕(崇德) 2년 1월 임인(壬寅:2일)에 전라도 원병을 격파하고, 사신을 보내어 칙서로써 조선의 대신들에게 유시하였다. 갑진(甲辰:1월 4일)에 대군이 북쪽에서 한강을 건너 왕경(王京)의 동쪽 20리의 강 언덕에 병영을 설치하였다. 정미(丁未:1월 7일)에 전라도, 충청도의 군사들을 격파하였다. 다이곤과 호격의 왼쪽 날개의 군사는 장산구를 거쳐 창주성을 이기고 안주(安州)와 황주(黃州)의 군사 500과 영변성의 병사 1,000을 패배시켜 원병 15,000의 군사를 죽였고, 이에 이르러 와서 군사에 합쳤다.

남한산성을 포위하여 더욱 급박하자 계축(癸丑:1월 13일)에 이종(인조)이 청하였으나 허락하지 않았다. 기미(己未:1월 19일)에 다시 청하였고 경신(庚申:1월 20일)에 항복하여, 칙령으로 성을 나와 친근(親覲)하게 하였으며, 아울러 논란을 일으키고 동맹을 파기한 모든 신하들을 포박하였다. 이날에 이종(인조)이 처음으로 상주(上奏)하여 신하를 칭하고 성을 나가는 것을 면해 달라 구걸하였다. 태종은 다이곤에게 명하여 작은 배를 당겨서 육지를 거쳐 바다로 나가게 하여 큰 함선(艦船) 30척을 포탄으로 침몰시키고, 작은 배로 건너서 섬으로 들어가 왕비, 왕자, 종실 76인, 신하 166가구를 잡아다가 별실에 묵게 하였다.

갑자(甲子:1월 24일)에 이종(인조)에게 이전의 조서를 속히 준수하여 성을 나와 알현하도록 유시하였다. 이에 이종은 논란을 일으키고 동맹을 파기토록 내세운 홍

---

484) 여기서 조선의 기록은 서기 1636년 12월 초에 청 태종은 직접 12만의 군사를 이끌고 조선을 침략하였다. 12월 9일에는 압록강을 건넜으며, 13일에는 평양까지 도달하였고, 14일에는 장단 (파주)까지 이르렀으며, 적군이 홍제원에 이르자, 인조와 세자는 남한산성으로 피하였다. 산성에는 1만2천여 군사와 50일분의 식량 밖에 없었다고 적고 있다.

문관(弘文館) 교리(校理) 윤집(尹集), 수찬(修撰) 오달제(吳達濟), 대간관(臺諫官) 홍익한(洪翼漢)을 군대 앞으로 보내어 바쳤다.

태종은 칙령을 내려 명나라 연호를 없애고 명나라가 하사한 고명책인(誥命冊印) 은 그냥 두었으며, 두 아들을 인질로 잡고 대청국의 정삭(만수절과 중궁황자의 천추, 동지, 원단 및 모든 경조사)을 받들게 하고 함께 공납(貢納)의 예를 행하게 하였다.

이종은 성에서 홀로 되고 처자는 포로가 되었으며, 팔도의 병사들은 모두 붕괴되어 흩어지고, 종묘사직이 끊기게 되니, 이에 머리를 조아리고 명을 받았다. 경오(庚午:1월 30일)에 수십의 기병(騎兵)을 따라 나와 항복하였다.[485]

서기 1637년 2월에 한강의 동쪽 언덕인 삼전도(三田渡)에 단을 축조하고 누런 천막을 설치하였으며, 태종이 의장대와 호위를 거느리고 강을 건너 단에 올라 즐거워하였으며, 장수와 사졸들은 둥그렇게 엄숙히 사열하였고, 이종(인조)은 여러 신하를 이끌고 남한산으로부터 5리에서 걷도록 허락을 받았는데, 영아이대와 마복탑에게 명하여 1리 밖에서 영접하도록 하여 의장대 아래에 서게 인도하였고, 태종은 자리에서 내려와 이종(인조)과 그의 여러 아들을 데리고서 하늘에 절을 올렸다. 예를 끝내고 태종은 자리에 돌아와 앉았으며, 이종은 따르는 무리들과 땅에 엎드려 죄를 청하였는데, 조서를 내려 사면하고는, 단 아래 왼쪽에 앉게 하고 서쪽을 향하게 하여 모든 왕들의 위에 자리하게 하였다.

연회를 끝내고 군신(君臣)의 가속(家屬)들을 돌려보내고 모든 도(道)의 병사들을 모두 회군시키고는 군사를 움직여 서쪽으로 향하였다. 조서를 내려 조선이 병란을 회복하도록 하여 우선 정축년(서기 1637년)과 무인년(서기 1638년)의 공물을 면제하고 기묘년(서기 1639년)의 가을부터 시작으로 삼아 힘을 다하여 지체하지 않

---

485) 조선의 기록은, 서기 1637년 1월 초에 청의 12만 대군이 남한산성을 포위하였는데. 이때 조선 조정은 척화파와 주화파로 나뉘어 대립하고 있었으며, 그 사이 청나라 군사들은 강화도로 피난 갔던 세손과 왕자들을 모두 잡아왔고, 1월 30일에 인조는 서울 송파구 삼전동인 삼전도로 나아가 청 태종 앞에 무릎을 꿇고 항복하였다라고 적는다.

도록 하며, 임박할 때는 빼앗는다 하였다. 조선의 신하와 백성들은 삼전도의 단 아래에 비를 세워 태종의 덕을 노래하였다.

〈청의 조건〉
1. 조선은 앞으로 청나라와 임금과 신하의 관계이다.
2. 명나라와 당장 국교를 끊는다.
3. 세자와 왕자 및 신하들을 청나라에 인질로 보낸다.
4. 명나라를 정벌할 때 군사를 보낸다.
5. 성을 보수하거나 쌓지 말 것
6. 매년 원하는 만큼 조공을 바친다.
7. 서로 국제결혼을 권할 것 기타 등등

이리하여 서기 1637년 4월에 조선의 소현세자와 봉림대군, 척화파로 삼학사인 홍익한, 윤집, 오달제는 청나라로 끌려갔다. 이후 청나라는 삼학사를 달래었으나 척화론을 포기하지 않자 협박과 고문으로 죽였다.

서기 1637년 5월에 조선이 병선(兵船)으로 피도를 공격하는 것을 도운 공으로 조선왕 이종(인종)에게 은폐와 말 4필을 하사하였다. 10월에 영아이대와 마복탑과 달운 등을 보내어 인조를 조선국왕(朝鮮國王)으로 봉하였다. 11월에 이종은 배신을 보내어 표를 올리고 만수절을 하례하였고, 동지에 방물을 공납하였다. 12월에 원단(元旦)을 하례하였다. 무릇 만수성절과 원단과 동지는 모두 배신을 보내어 하례를 표하도록 하고 방물을 바치는 것을 해마다 상례로 하였다. 이해에 공납의 길을 정하여 봉황성(鳳凰城)을 경유하게 하였다. 호시에 관한 약조는 무릇 봉황성의 모든 관원 등이 의주의 시장에 가는 것을 매년 2차로 한정하여 봄철에는 2월에, 가을철에는 8월로 정하였고, 영고탑 사람은 회령의 시장에 가는 것을 매년 1회로 하며, 고이객(庫爾喀) 사람이 경원(慶源)의 시장에 가는 것은 매 2년에 1회로 하였다. 부차 조선의 동사관 2인과 영고탑의 관요기교(官驍騎校)와 필점식(筆帖式) 각 1인은 먼저 가서 감시하고 20일을 한도로 하여 돌아오는 것으로 정하였다.

서기 1638년에 조선의 군사를 징병하여 명나라를 정벌하는데 따르게 하였는데 기한을 맞추지 못하여 조서를 내려 질책하였다.

서기 1639년 6월에 사신을 보내어 이종의 계실 조씨(趙氏)를 조선왕비로 봉하였다. 동쪽의 고이객이 반하여 동해의 웅도(熊島)로 들어가니, 조선에 명하여 토벌하게 하였는데, 이종이 장수를 보내어 경흥(慶興), 서수라(西水羅), 전포(前浦)를 거쳐 군사를 진격시켰다.

서기 1639년 7월에 반란의 수괴 가합선을 잡아와서 바쳤는데, 이종에게 은 200냥을 하사하였다.

서기 1640년 10월에 탄신을 기하여 이종에게 은혜를 베풀어 세공(歲貢)으로 쌀 9,000포를 감해 주었다.

서기 1641년 정월에 명나라의 금주(錦州)를 공격하고 조선에 배 5,000척과 식량 1만석을 운반하게 하였는데, 이종이 진언하여 군선과 식량운반선 32척이 표류하여 침몰하여 사라졌다하므로, 임금(태종)이 글을 꾸민 것을 알고는 조서를 내려 질책하였고, 기한을 정하여 독촉하니 다시 식량 1만석을 운반하고 배 155척을 대소릉하(大小凌河)의 하구를 거쳐 삼산도(三山島)에 이르렀는데, 도중에 풍랑을 맞아 좌초되어 50여척이 파괴되었으며, 이에 명나라의 수군의 공격을 받아 근근이 52척이 남게 되었고, 개주(蓋州)에 이르러 앞으로 나아갈 수 없어 육지로 운반하고자 청하였는데, 조선의 3척의 배가 명나라 경계의 통신소에 표류하여 들어가자 명나라의 병선이 적으로 대하지 않고 또 수로를 거쳐 나아가지 않으므로 조서를 내려 엄중히 배척하였다. 조선의 신하 임경업(林慶業)이 크게 두려워하여 수로를 나가는 것을 모험하고자 청하니, 임금께서 이에 허락하여 육지를 따라가게 하고 정병 1,000은 머물게 하고 졸병 500을 이끌고 가게하여 나머지 병사는 돌아오게 하였는데, 이미 식량 운반하는 사졸과 말이 오랫동안 이르지 아니하여 사신을 보내어 꾸짖었다.

서기 1641년 3월에 처음으로 조선의 총병 유림(柳琳)과 부장 작하량(勻何良) 등이 병사를 이끌고 금주(錦州)의 군대에 이르게 되었다. 6월에 이종은 배신(陪臣) 이완(李浣) 등을 보내어 신라(新羅)의 서금(瑞金)을 바치고, 함양군의 신계서원에 대하여 진언하였는데, 신라의 고찰에 사는 백성 원년(袁年)이 땅을 파다가 와담(瓦罈: 기와 술단지) 한장을 얻으니, 덮개에는 "一千年(일천년)"이라는 세 글자가 새겨지고 안에는 황금 20근이 들어있고 그 하나에는 "宣春大吉(선춘대길)"이라는 네 글자가 새겨져 있어, 특별히 조서를 내려 답하고 황금은 가지고 돌아가게 하였다.

서기 1642년에 금주대첩으로 명나라가 사신을 보내어 강화를 청하므로, 임금께서 칙령으로 조선왕 이종에게 의견을 진술하라 하였는데, 이종이 "지살안민(止殺安民) 상부천의(上符天意)[486]"라고 대답하였다. 이미 다시 명나라의 병선 2척이 조선의 경계에 이른 것을 정탐하고는 임금께서 대노하였고, 아울러 각신(閣臣)인 최명길(崔鳴吉)과 병사(兵使) 임경업이 명나라와 몰래 통하여 국서를 왕래하므로 체포하여 신문하고 죄를 다스렸다.

서기 1643년 9월에 조선이 명나라의 천진에서 정탐하는 병선 한 척을 잡으므로 이종(李倧:인조)에게 은(銀)을 하사하였다.

3. 제3대 세조 순치제(世祖:順治帝:서기 1643~1661)

연호를 순치(順治)라 하였다

서기 1644년에 성씨를 애신각라(愛新覺羅:각라 김씨)라고 하다.

서기 1644년에 이자성의 난이 일어났다.

서기 1645년에 청나라가 명나라를 멸망시키고 중국을 통일하자 소현세자와 봉림대군은 조선으로 보내주었다. 청 태종은 최명길과 김상헌이 충신임을 알고서 귀국시켰다. 명나라로 도망하였던 임경업은 청나라가 명나라 도읍인 북경을 점령하

---

486) "살상을 멈추어 백성을 편안하게 하는 것이 위로 하늘의 뜻과 부합한다."라는 의미이다.

자 청나라에 붙잡혔는데, 청 태종이 임경업이 아까워 설득하였으나 귀복하지 않자 감옥에 가두었다가, 조선에서는 김자점이 반대파를 제거하고 실권을 잡으려 하던 중에 임경업을 도망시킨 심기원이 역모에 연루되어, 김자점이 청나라에 임경업을 요구하여 귀국시켰고, 이에 고문을 이기지 못한 임경업은 53세의 나이로 죽었다.

서기 1646년에 소현세자가 청나라에서 서양서적을 수입하였다. 소현세자는 청나라를 본받아야 한다고 간하다가 인조의 미움을 받아 귀국한지 3개월 만에 병으로 죽고 말았다.

서기 1649년 6월에 이종(조선왕 인조)이 훙하였다.

서기 1649년 8월에 예신(禮臣) 계심랑(啓心郞) 악혁(渥赫) 등을 조선에 보내어 이종(조선왕 인조)의 제사를 유시하도록 하고 시호를 장목(莊穆)이라 하사하였고, 또 호부 계심랑 포단(布丹), 시위 철이대(撤爾岱)를 정부사(正副使)로 보내어 칙서로 알려 세자 호(淏)를 조선국왕으로 봉하고, 처 장씨는 왕비로 하였다.

서기 1650년 정월에 호(淏:조선왕 효종)가 상주하기를,

"근래에 일본이 밀서로 통상할 것을 비추어 정황이 가히 두려우니, 성을 축조하고 훈련시켜 방어하는 계책으로 삼을 것을 청합니다!"

하므로, 사신을 보내어 신문(訊問)하니 경상도 관찰사와 동래부(東萊府) 노협(盧協)이 함께 말하기를,

"조선과 일본은 본래 화통하고 있으며 이전에 올린 상주는 실재가 아닙니다!"

라고 하므로, 조서를 내려 호(淏:조선왕 효종)를 질책하였으며, 호의 신하 이경여(李敬輿), 이경석(李景奭), 조동(趙洞) 등을 면직시켰다.

서기 1652년 정월에 호(효종)가 표를 올려 소성자수황태후(昭聖慈壽皇太后)께

하례하므로 휘호(徽號)를 더하여 주었다. 5월에 조선 사람 조조원(趙照元) 등이 반역을 모의하므로 주살하였다라고 사신을 보내어 상주하였다.

서기 1653년 3월에 조선국왕에게 청나라 문자로 된 인장은 있으나 한(漢) 나라 전자(篆字)로 된 것이 없으므로, 예부에 명하여 주조글자를 고치게 하여 청나라와 한나라 글자가 겸해진 인장을 만들어 하사하였다. 12월에 호(효종)의 아들 연(棩)을 세자로 봉하였다.

서기 1658년 2월에 나찰(羅刹)[487]이 변경을 침범하므로 조선(朝鮮)에 유시하여 간단하게 조창수(鳥槍手) 200을 보내어 정벌하도록 하였다. 이는 서기 1658년에 조선으로 하여금 제2차 나선(러시아)정벌에 나서게 한 것을 가리키는 것이 된다.

서기 1659년 5월에 이호(李淏:조선왕 효종)가 훙하였다. 9월에 공부상서 곽과(郭科) 등을 보내어 제사를 유시하게 하였고 시호를 충선(忠宣)이라 하사하였으며, 또 대학사 장혁덕(蔣赫德)과 이부시랑 각라박석회(覺羅博碩會)를 보내어 정부사로 삼아 세자 연(棩)을 조선국왕으로 봉하게 하고, 그 처 김씨를 왕비로 봉하게 하였다.

서기 1661년에 성조(聖祖)[488]께서 즉위하니, 연(조선왕 현종)이 배신을 보내어 향을 진상하고 등극을 하례하였다.

4. 제4대 성종 강희제(成宗:康熙帝:서기 1661~1722)

연호를 강희(康熙)라 하였다.

서기 1662년 원년에 조선에 명하여 동지와 만수절을 표를 올려 하례하도록 하고, 세공(歲貢)을 진상함에 조정의 사신들이 모두 행하도록 하였다. 수년에 걸쳐 나라에 큰 잔치가 열려 사신을 보내와 조공하고 하례하였다.

---

487) 라찰 즉 러시아를 가리키는 것이 된다.
488) 청나라 제4대 성종을 가리키는 것이 된다.

서기 1674년 12월에 이연(조선왕 현종)이 훙하여, 예부에 유시하기를,

> "이연은 극진히 번직을 수행하였으므로 가히 우급술전(優給卹典)에 따라 상례의
> 예외로서 제(祭)를 한 차례 더하라!"

하였으며, 시호를 장각(莊恪)이라 하사하였고 내대신 수서특(壽西特)과 시위 상
액은극(桑厄恩克)을 보내어 제사를 유시하게 하고, 겸하여 사자(嗣子) 이돈(李焞)
을 봉하여 조선국왕으로 삼고, 처 김씨를 왕비로 봉하게 하였다.

서기 1671년 11월에 돈(焞: 조선왕 숙종)이 상주하여 말하기를,

> "전에 명(明)나라 십육조기(十六朝紀)의 한 글 중에 본국에서 계해년에 광해군 이
> 혼(李琿)을 폐하고 장목왕 이종(李倧)을 세운 일을 실은 것은 모함으로 바꾼 것인
> 데, 이제 명사(明史)를 찬수(纂修)한다는 것을 들으니, 특별히 시작과 끝을 진술,
> 상주함으로써 고치어 믿을 수 있는 역사를 밝히기를 애걸합니다."

하였는데, 예부에서 의논하여 따라 행하지 않았다.

서기 1681년 정월에 조선의 왕비 김씨가 상을 당하니, 관리를 보내어 제를 지내
게 하였다.

서기 1682년 5월에 사신을 보내어 돈(焞)의 계실(繼室) 민씨를 왕비로 봉하도록
하였다. 이해에 임금께서 조릉(祖陵)을 배알하니, 돈(焞)이 배신(陪臣)을 보내어 성
경(盛京)에 이르러 알현하고 방물을 조공하였다.

서기 1683년에 청나라가 대만(타이완)을 점령하였다.

서기 1685년에 돈(焞:조선왕 숙종)이 상주하여 말하기를,

> "나라 안에 소가 역병으로 많이 죽고, 백성들이 농사지을 종자를 잃었으니 호시를
> 잠시 그치게 해 달라."

고 청하였는데, 예부에서 의논하여 돈(焞)의 청은 망언이라 하므로, 임금께서는 외번(外蕃)으로서 용서하고 이에 명령을 내려 무역을 통상대로 하게 하였다.

서기 1686년에 조선 사람 한득완(韓得完) 등 28인이 강을 건너와 인삼을 채취하였는데, 창(槍)으로 관청의 그림과 지도를 상하게 하여 임금께 고하니 한득완 등 6명의 머리를 배고 나머지는 죽임을 면해주었는데, 이돈(조선왕 숙종)이 표를 올려 사죄하고 함께 방물로써 조공을 하니, 임금(성종)께서 조선왕이 사죄를 하고 조공을 진상하므로 의당히 받지 않으시고 연공(年貢)에 따랐으며, 사죄에 따른 조공을 분명하게 그만두게 하셨다.

서기 1689년경에 청나라에 고증학이 유행하였다.

서기 1691년 7월에 예신(禮臣)이 상주하기를,

"조선국의 조공사신이 일통지(一統志)라는 책을 사사로이 사는 것을 금한 바를 위반하여 내통관 장찬(張燦)이 혁직(革職)에 응하여 변경에 군사를 충원하고, 정사(正使) 이침(李沈)과 부사(副使) 서문중(徐文重) 등은 각찰(覺察)을 하지 않고 혁직에 응하였습니다."

하니, 임금(성종)께서 명하여 너그럽게 혁직(革職)을 면직시키도록 하셨다.

서기 1693년 정월에 조선이 세공(歲貢)하는 것 중에서 황금 100냥과 남청홍목면(藍靑紅木棉)을 면해 주었다.

서기 1697년 7월에 돈(焞:조선왕 숙종)의 아들 균(균)을 세자로 봉하였다. 11월에 돈(숙종)이 중강무역(中江貿易)의 쌀 곡식에 관하여 소청하니 윤허하셨다.

서기 1698년 정월에 시랑 도대(陶岱)를 보내어 쌀 3만석을 조선으로 실어 가게 하여 1만석으로써 구휼하고, 2만석은 통상대로 팔게 하였는데, 〈어제해운진제조선기(御製海運賑濟朝鮮記)〉에 기록되어 있다.

서기 1700년에 돈(조선 숙종)이 표를 올려 유구(琉球)에 표류한 배가 돌아오게 한 은덕에 사례하면서 방물로써 조공하니, 임금께서 유시하여, 표류한 자는 돌려보내며 공물은 받지 아니하니, 이후에 만약 이러한 사례가 있으면 그 조공을 그만두라 하셨다.

서기 1701년 12월에 조선의 왕비 민씨가 상을 당하니 관리를 보내어 제를 올리게 하였다. 이전에 어선과 무역하는 자들이 조선에 이르러 종종 지방을 침범하여 우려하게 하였는데, 이때에 이르러 유시하여 왕령으로 배로 표류하는 자의 수와 성명과 본관을 조사하여 공개하고, 본적을 바꾸어 버리는 지방관은 중죄로 다스리라 하였으며, 아울러 유시하여 각 연해의 지방관을 엄히 안무하여 바다위에서 고기잡이와 무역을 명분으로 하여 외국판매로 왕래하면서 금지된 화물로써 위반하는 경우가 있으면, 엄히 금지시켜라 하셨다.

서기 1702년에 원외랑(員外郞) 등덕감(鄧德監)을 보내어 중강(中江)의 세금을 거두게 하였는데, 4,000냥이 되었다.

서기 1703년 2월에 사신을 보내어 이돈(숙종)의 계실 김씨를 왕비로 봉하게 하였다.

서기 1704년 12월에 돈(조선 숙종)이 풍랑을 당하여 표류하여 잃은 상선을 보내어 오니, 유시를 내리어 포상하였다.

서기 1706년 10월에 대학사에게 유시하여 이르기를,

"조선국왕은 우리 조정을 받들어 마음을 졸이며 공경하고 근신하는데, 그 나라에는 들으니 8도가 있어, 북도(北道)는 와이객(瓦爾喀) 지방의 토문강(土門江)에 접하고, 동도(東道)는 왜자국(倭子國)에 접하며, 서도(西道)는 우리의 봉황성에 접하고, 남도(南道)는 바다 밖에 접하여 여러 작은 섬이 있는데, 태종께서 조선(朝鮮)을 평정하고 그 나라 사람들이 군대 주둔지에 비를 세워 덕을 노래하여 지금에 이르렀다. 명나라 말년에 저들이 처음부터 끝까지 명나라를 섬기어 일찍이 배반하지 않아 실로 예의를 중히 여기는 나라이니, 더욱 취할 만하도다!"

하셨다.

서기 1710년 5월에 조선의 상인 고도필 등이 풍랑을 맞아 배가 부서져 표류하여 해주(海州)에 이르러 구출되었는데, 강소(江蘇)의 순무(巡撫) 장백행(張伯行)이 듣고서 고도필 등에게 유시하여 령을 내리고 문서를 발급하여 주어 말을 타고 귀국하도록 하였다.

서기 1711년 5월에 임금께서 대학사에게 유시하여 이르기를,

"장백산의 서쪽은 중국과 조선이 이미 압록강을 경계로 하고, 토문강은 장백산의 동쪽 변두리에서 흘러 나와 동남쪽으로 바다에 들어가며, 토문강의 서남쪽은 조선에 속하고 그 동북쪽은 중국에 속하며, 역시 강으로 경계를 삼고 있다. 그러나, 압록과 토문의 두 강 사이 지방은 다 알지 못한다."

하셨다. 이에 목극등을 파견하여 보내서 경계를 조사하게 하셨다. 10월에 임금께서 유시하여 조선국왕에게 조공물납의 백금 1,000냥과 홍표피(붉은 표법가죽) 142장을 면해 주시고, 조선국 사신의 연도관사(沿途館舍)를 설치하셨다.

백두산 정계비 비문

烏喇總管穆克登
　旨查邊至此審視 西爲鴨綠
大 東爲土門 故於分水嶺上
　勒石爲記
清 原熙五十一年五月十五日
　筆帖式蘇兩昌通官二哥
朝 朝鮮軍官李義復 趙壹相
　差使官許樑 朴道常
鮮 通官金應瀗 金慶門

오라총관 목극등
지사변지차심시 서위압록
동위토문 고어분수령상
늑석위기
원희51년5월15일
필첩식소우창 통관이가
조선군관 이의복 조일상
차사관 허설 박도상
통관 김응헌 김경문

청태조 원희51년(서기1712년) 조
국(청)의 고지를 받들어 변도(邊島)
조사하고자 여기까지 와서 살펴서 서
쪽은 압록으로 동쪽은 토문으로
새기노라. 원희51년 5월 15일 필첩
식소우창 통관 2명, 조선국관리(?)
군관 이의복 조일상, 차사관 허설,
박도상, 통관 김응헌 김경문

서기 1712년 5월에 돈(조선왕 숙종)이 상주하여 조공을 감해 준 것에 사례하면서 방물을 조공하니, 임금께서 사은예물(謝恩禮物)은 동지(冬至)와 원단(元旦)의 예물에 준하도록 명하셨다. 이해에 목극등이 장백산에 이르러 조선의 접반사(接伴使) 박권(朴權), 관찰사(觀察使) 이선부(李善溥)와 회동하여 소백산(小白山) 위에 비를 세웠다.[489]

서기 1716년에 강희자전이 완성되었다.

서기 1717년에 청나라가 기독교를 금하였다.

서기 1720년 10월에 이돈(조선 숙종)이 훙하니 산질대신 사극단, 예부우시랑 나첨을 보내어 조문하게 하여, 시호를 희순(僖順)이라 하사하고, 겸하여 세자 균(昀)을 조선국왕으로, 계처(繼妻) 어씨(魚氏)를 왕비로 봉하셨다.

서기 1722년 2월에 균(조선 경종)이 상소를 올려 말하기를,

> "신이 위약하고 후사가 없으니 아우 이금(李昑)을 세제(世弟)로 삼아 종묘를 잇게
> 할 수 있도록 청합니다."

하였는데, 임금께서 그 청을 받아들이셨다.

5. 제5대 세종 옹정제(世宗:雍正帝:서기 1722~1735)

연호를 옹정(擁正)이라 하였다.

서기 1723년 7월에 예부(禮部)에 유시하여 조선의 조공물품의 내포 800필, 너구리 가죽 100장, 청맥피 300장, 종이 2,000권을 감하도록 하였다. 조선은 9월에 만수를 비는 표문을 올렸다. 조선왕 균이 배신(陪臣)을 보내어 등극을 하례하였다.

서기 1724년 5월에 조선왕 이균(경종)이 배신(陪臣)을 보내어 황후에게 효공인황후(孝恭仁皇后)라 존호를 올렸다.

서기 1724년 12월에 이균(조선 경종)이 훙하니 산질대신(散秩大臣) 각라서로(覺羅舒魯), 한림원학사 아극돈(阿克敦)을 보내어 조문하게 하였고 시호를 장각(莊恪)이라 하사하였으며, 겸하여 세제 금(昑)을 조선국왕으로, 그 처 서씨(徐氏)를 왕비로 봉하였다.

---

489) 이 비가 소위 백두산정계비가 된다.

서기 1735년 9월에 고종(건륭제)이 즉위하였다.

6. 제6대 고종 건륭제(高宗:乾隆帝:1735~1795)

연호를 건륭(乾隆)이라 하였다.

서기 1737년 11월에 조선왕 이금(영조)이 이선(李愃)을 세자로 봉해줄 것을 청하였는데 이때 이선은 3세였다.

서기 1738년 정월에 조선에 사신을 보내어 이선을 세자로 봉하였다.

서기 1763년에 조선의 세자 이선(李愃:사도세자)이 죽어 관리를 보내어 조문하였고, 7월에 이선의 아들 이성(李省:정조)을 세손으로 봉하였다.

서기 1776년에 조선왕 이금(李昑)이 훙하고 왕비 김씨가 세손 이성(李省)을 국왕으로, 처 김씨를 왕비로 봉해 줄 것을 청하고 아울러 죽은 세자 이선에게 시호를 내려달라 청하니, 유시하여 그와 같이 하라 하셨다. 산질대신 각라만복, 내삭학사 고귀를 보내어 조문하게 하고, 이금(영조)에게 장순(莊順)이라 시호를 내리고 이선(사도세자)은 각민(恪愍)이라 시호를 내렸으며, 이성(정조)을 조선국왕으로, 처 김씨를 왕비로 봉하였다.

서기 1777년 건륭 43년에 흠정만주원류고(欽定滿洲原流考)를 지었다. 여기에는 숙신에서 만주에 이르는 역사에서 만주 땅에 걸쳐 존재하였던 나라의 역사를 이전의 역사서 등을 참고하여 기록하고 있다. 여기서 만주 땅이란 대체적으로 지금의 난하 동쪽 지역이 되며, 이들 나라에는 단군조선의 제후국이던 숙신을 포함하여 부여, 읍루, 삼한, 옥저, 예, 물길, 백제, 신라, 말갈, 발해, 거란(요), 여진(금), 몽고(원) 등을 포함하고 있다.

여기 인용되고 있는 기록으로는 죽서기년, 공자가어, 상서, 사기, 공자세가, 후한서, 회남자, 삼국지, 위서, 진서, 책부원구, 통고, 위략, 양서, 수서, 북사, 통전, 요사, 신당서, 오대사, 대금국지, 한서, 구당서, 송사, 태평환우기, 금사, 북맹록. 송서, 제서, 남사, 후주서, 원사, 전진록, 통지, 수동번풍토기, 당육전, 장구령집, 오대회요,

제번지, 고려도경, 봉사행정록, 거란국지, 팔지지, 후주서, 구오대사, 통감, 송회요, 송설영기, 속통고, 송막기문, 금사세기, 원일통지, 명실록, 당회요, 양서, 당 가탐도리기, 고려재기, 압강행부지, 명일통지, 호교북행기, 북맹회편, 허항종봉사행정록, 요동행부지, 금완안라색비, 전요지, 산해경, 명통지, 수경490), 수경주, 주례직방씨, 북위서, 당육전, 문헌통고, 명회전, 삼국위지, 위지, 국어, 주서, 야율리묘지명, 신록기, 서사회요, 석묵전화 금도통경략낭군행기, 마확 묘재자사, 정대창연번로, 왕증행정록, 철경록 등으로 모두 86종의 기록을 참고하고 있다.491)

서기 1782년에 청나라가 사고전서를 완성하였다.

서기 1786년에 조선의 세자(정조의 아들)가 병으로 죽어 관리를 보내어 조문하였다.

7. 제7대 인종 가경제(仁宗:嘉慶帝:1795~1820)

연호를 가경(嘉慶)이라 하였다.

서기 1796년에 조선왕 이성(정조)이 사신을 보내어 태상황제(太上皇帝:고종 건륭제)가 정치에 복귀한 것에 하례를 올리고 조공을 바쳤다.

서기 1796년에 백련교도의 난이 일어났다(~1803년). 이에 청나라의 국력이 쇠퇴하였다.

서기 1799년 정월에 부도통 장승훈, 예부시랑 항걸(恒傑)을 조선으로 보내어 태상황의 유조(遺詔)를 나누어 주었다. 조선왕 이성이 사신을 보내어 표를 올려 하례하였으며, 고종순황제(高宗純皇帝)492)라 시호를 올리고 조공을 바쳤다.

---

490) 수경(水經)과 수경주(水經注)는 우리 역사상 요동과 요서 지역 및 소위 한사군의 위치를 명확히 알려주는 귀중한 자료인데, 다만 왜곡된 부분이나 시대적으로 지명이 이동된 것을 이동된 지명임을 적시하지 않고 숨기고 기록함으로써 오해를 일으키는 내용이 많을 것이므로 신중한 해석이 필요하다.

491) 이병주 감수/남주성 역주, 흠정 만주원류고 〈상권, 하권〉, 글모아 출판, 2010

서기 1800년에 조선에 사자를 보내어 칙령으로 이성(정조)의 아들을 세자로 봉하고 이때 이성이 훙하여 조선국왕으로 봉하였다.

서기 1815년에 청나라가 아편 밀수를 엄금하였다.

8. 제8대 선종 도광제(宣宗:道光帝:1820~1850)

연호를 도광(道光)이라 하였다.

서기 1822년에 조선왕 순조가 사신을 보내어 표를 올려 인종예황제(仁宗睿皇帝)493)와 황후의 합장(合葬)을 하례하고, 아울러 황태후의 존호(尊號)와 휘호(徽號)를 올렸다.

서기 1829년에 청나라가 외국과의 통상을 금지하였다.

서기 1831년에 조선왕(순조)이 적손(헌종)을 세손(世孫)으로 봉해줄 것을 청하므로 그리하라 하였으며, 사신을 보내어 칙령으로 조선국왕 세손으로 봉하였다.

서기 1835년에 조선왕 순조가 훙하자 왕비 김씨가 세손(헌종)을 세습하여 봉해줄 것을 청하고, 죽은 세자에게 시호를 내려달라 청하였다. 2월에 사신을 보내어 조문하게 하고, 조선왕 순조에게 선각(宣恪)이라 시호를 내리고, 죽은 세자 경(旻:효명세자)을 국왕으로 추증하고 시호를 강목(康穆)이라 하였으며 그 처는 왕비로 삼았다. 칙령으로 세손(헌종)을 조선국왕으로 봉하였다.

서기 1840년에 아편전쟁이 발발하였다(~1842년).

서기 1842년에 난징(남경)조약이 체결되었다.

서기 1849년에 조선왕 헌종이 훙하여 조문하게 하였다. 10월에 칙령으로 이원범(은언군의 아들)을 조선국왕으로 봉하였다.

---

492) 고종 건륭제의 시호인 고종(高宗)은 조선(朝鮮)에서 올린 것이 된다.
493) 인종 가경제이 시호인 인종(仁宗)은 조선(朝鮮)에서 올린 것이 된다.

9. 제9대 문종 함풍제(文宗:咸豊帝:1850~1861)

연호를 함풍(咸豊)이라 하였다.

서기 1851년에 조선왕 이원범(철종)이 표를 올려 하례하여, 효화예황후(孝和睿皇后)와 선종성황제(宣宗成皇帝)[494]의 존호와 시호를 올리고 방물을 바쳤다.

서기 1851년에 태평천국의 난이 일어났다(~1864).

서기 1852년에 조선에 사신을 보내어 칙령으로 이원범(철종)의 처를 왕비로 봉하였다. 조선왕은 표를 올려 효덕황후(孝德皇后)의 책립을 하례하고 방물을 바쳤다.

서기 1853년에 조선왕이 표를 올려 선종성황제와 황후의 합장(合葬)을 하례하였다.

서기 1860년에 베이징(북경)조약이 체결되었다.

10. 제10대 목종 동치제(穆宗:同治帝:1861~1874)

연호를 동치(同治)라 하였다.

서기 1861년에 조선왕 이원범(철종)이 사신을 보내어 표를 올려 등극을 하례하고, 양궁(兩宮)의 황태후들에게 공물을 나누어 바쳤다.

서기 1862년에 조선왕 이원범(철종)이 표를 올려 하례하고 문종현황제(文宗顯皇帝)[495]의 시호와 아울러 양궁(兩宮)의 황태후들에게 존호와 휘호를 올렸다.

서기 1862년에 양무운동이 일어났다. 서기 1863년에 예부의 신하가 조선국 경원(慶源)의 지방관이 양국의 교역관청과 의논하고 도문강(圖們江)을 건너 벽지를 택하여 재목(材木)을 채취한다고 상주(上奏)하였다.

서기 1863년 10월에 조선왕 철종이 훙하고 이종(인조)의 9세손인 고종을 조선왕으로 봉하였다. 이때 고종의 아버지인 대원군(大院君) 이하응(李昰應)이 집권하

---

494) 선종 도광제의 시호인 선종은 조선(朝鮮)이 올린 것이 된다.
495) 문종 함풍제의 시호인 문종은 조선(朝鮮)이 올린 것이 된다.

였다.

서기 1865년에 조선왕 고종이 표를 올려 문종현황제(文宗顯皇帝)의 합묘(合廟)를 하례하고 방물을 바쳤다. 조선에 사신을 보내어 칙령으로 고종의 정실 민씨(閔氏)를 왕비로 봉하였다.

서기 1869년에 조선에 큰 우박이 내려 나라 안이 황폐하여 기근으로 백성들이 떠돌아다니며 중죄를 범하여 도문강(圖們江)을 건너 혼춘(琿春)의 여러 곳에 이르러서 먹을 것을 구걸하였는데, 이것이 조선의 유민들이 최초로 간도를 넘어온 것이며, 이에 임금께서 조선국왕에게 유시하여 장차 백성들이 모두 돌아오게 하도록 약속시켰으며 아울러 스스로 법을 만들어 불러들이게 하고 엄히 금하는 령을 시행하게 하여 다시는 전철을 밟지 않도록 하셨다.

서기 1872년에 조선왕 고종이 사신을 보내어 표를 올려 친정(親政)에 대하여 하례하였고, 아울러 양궁(兩宮)의 황태후에게 휘호를 올리고 방물을 바쳤다.

11. 제11대 덕종 광서제(德宗:光緖帝:1875~1907)

연호를 광서(光緖)라 하였다.

서기 1875년 원년에 조선왕 고종이 사신을 보내어 향을 진상하고 등극을 하례하고 방물을 바쳤다. 또 조선은 목종의황제(穆宗毅皇帝)의 만수성절, 동지, 원단, 영절(令節)에 각 방물을 진상하였다. 조선왕이 세자를 봉해 줄 것을 청하고 방물을 바쳐 임금께서 청을 받아들여 윤허하셨다. 곧 사신을 보내어 칙령으로 이탁(李拓)을 조선국왕의 세자로 봉하였다.

서기 1876년 2년에 조선왕 고종이 사신을 보내어 표를 올리고 목종의황제(穆宗毅皇帝)496) 및 효철의황후(孝哲毅皇后)의 시호를 올리고, 또 표를 올려 양궁(兩宮)의 황태후에게 휘호를 올리고 방물을 바쳤다.

---

496) 목종 동치제의 시호인 목종은 조선(朝鮮)이 올린 것이 된다.

서기 1876년에 조선과 일본이 통상조약을 맺었다.

서기 1880년에 해군을 창설하였다.

서기 1883년에 조선왕 고종이 표를 올려 하례하여 효정현황후(孝貞顯皇后)의 시호를 올리고 자희황태후(慈禧皇太后)에게 공물을 바쳤다.

서기 1884년에 청나라와 프랑스 간의 전쟁이 일어났다.

서기 1894년에 청나라와 일본 간의 전쟁이 일어났다(~1895년).

서기 1895년 21년 3월에 마관조약(馬關條約)이 이루어졌는데, 그 제1관(款)은 중국은 조선이 완전무결한 자주국임을 확인하고, 이전의 조공(朝貢)등과 전례(典禮)를 모두 폐지하는 것이다. 무릇 숭덕(崇德)[497] 2년(서기 1637년)에 조선왕 이종(李倧:인조)이 귀부한 때로부터 조선이 청나라의 속국이 된지 258년간이며, 이에 이르러 드디어 독립자주국이 된 것이다.

서기 1898년에 무술변법을 시행하였다.

서기 1899년에 의화단 운동이 일어났다.

서기 1901년에 신축조약아 체결되었다.

서기 1905년에 중국혁명동맹회가 결성되었다.

12. 제12대 선통제(宣統帝:溥儀:1908~1912.2.12.)

연호를 선통(宣統)이라 하였다.

3세의 어린 나이에 즉위하여 3년간 황제로 재위하였던 선통제 김부의(1906. 2.7~1967)는 서기 1911년에 신해혁명이 일어나 제위에서 물러났다. 이후 북경에 있는 궁전에서 계속 살도록 허용되었으며 스스로 헨리라는 이름을 사용하였다.

이상으로 청나라의 역사는 12대 296년이 된다.

---

497) 청나라 제2대 태종(太宗:서기 1627년~서기 1643년)의 연호(서기 1636년~서기 1643년)이다.

이하 연대기는 참고로 나열한다.

서기 1912년에 중화민국이 성립되었다.

서기 1919년에 5.4운동이 일어났다. 중국 국민당이 성립하였다.

서기 1921년에 중국 공산당이 결성되었다.

서기 1924년에 국공합작이 성립되었다.

김부의는 서기 1924년에 몰래 북경을 떠나 천진에 있는 일본인 조계로 거주지를 옮겼다.

서기 1926년에 중국 국민당 정부가 수립되었다.

서기 1928년에 중국 국민당의 북벌이 완성되었다.

서기 1931년에 만주사변이 일어났다. 이후 서기 1932년 3월 9일에 만주국 집정관이 되었다.

서기 1934년에 일제가 세운 만주국의 황제로 추대되어 연호를 강덕(康德)이라 하였다.

서기 1934년에 중국 공산당의 장정이 시작되었다.

서기 1936년에 중국 시안(서안) 사건이 일어났다.

서기 1937년에 중일전쟁이 일어났다. 제2차 국공합작이 성립하였다. 난징(남경) 학살 사건이 일어났다.

김부의는 제2차 세계대전이 끝날 무렵인 서기 1945년 8월에 소련에 포로로 억류되었다가 서기 1950년 전범재판을 받기 위하여 중국으로 송환되었으며, 1959년 특사로 풀려나 북경으로 갔다.

서기 1949년에 중국인민공화국이 성립하였다.

서기 1965년에 영어로 된 푸이(애신각라부의: 김부의)의 자서전 〈황제에서 시민으로 From Emperor to Citizen〉이 간행되었다.[498]

---

498) 브리태니커 세계 대백과사전 〈23〉, 브리테니커/동아일보 공동출판, 1998, 615쪽

홍익인간 7만년 역사

弘中日

역사 연대기 중심 흥망라

홍익인간
7만년역사
韓中日
역사 연대기 중심 총망라

제10편
대한민국(大韓民國)은 단군조선(檀君朝鮮) 삼한(三韓)의 정통후예국

1. 대한민국 땅은 단군조선 마한(馬韓) 땅이자 후삼한(後三韓) 땅

지금 우리가 살고 있는 대한민국의 땅은 역사적으로 단군조선 시대의 마한 땅이다. 서기전 2333년 무진년 10월 3일에 단군왕검께서 송화강 아사달에 수도를 삼고 구족의 추대에 응하여 임금이 되시어 조선(朝鮮)을 개국하셨다.

단군왕검 천제(天帝)께서는, 천자(天子)가 다스리는 천하(天下)의 나라인 요임금의 당(唐)나라와 구분하여, 천왕격(天王格)의 비왕(裨王)으로 진한(眞韓), 마한(馬韓), 번한(番韓)을 임명하여 각 진한(眞韓), 마한(馬韓), 번한(番韓)을 다스리게 하였으니 곧 단군조선 삼한관경(三韓管境)이라 한다.

서기전 239년 4월 8일에 단군조선의 종실인 천왕랑 해모수가 북부여의 시조가 되어 서기전 232년에 단군조선을 접수하여 북부여시대가 되었으며, 서기전 209년에 마한 땅인 한반도의 동쪽에 소백손(蘇伯孫)이 나라를 세우니 진한(辰韓)이고, 동시대에 남쪽에 나라를 세우니 변한(弁韓)이며, 서기전 194년에 번조선의 기준왕이 위만에게 나라를 잃고 마한 땅의 서쪽으로 망명하여 나라를 세워 마한왕이 되었다가 서기전 193년에 번조선 출신으로 중마한(中馬韓)을 세운 탁(卓)이 기준왕을 이어 이후 후삼한 시대가 되었는바, 이후 마한왕이 후삼한의 진왕(辰王)이 되어 후삼한[499]을 통할하였다.

이리하여, 지금의 대한민국 땅은 단군조선의 마한 땅이자 후삼한의 땅인 것이다.

(1) 단군조선은 동서 2만리 남북 5만리의 영역에 방(方) 6,000리 삼한관경의 나라

단군조선은 배달나라 정통계승국으로서 배달나라의 영토를 계승하였고, 배달나라는 한국(桓國)의 정통계승국이므로 또한 한국의 영토를 계승하였던 것이다.

그리하여 단군조선은 한국의 영토를 계승하였으니, 동서 2만 리이며 남북 5만리

---

499) 북쪽의 북부여에 대하여 남의 삼한 즉 남삼한이라고 할 수 있다.

의 땅을 가진 대제국(大帝國)이었다. 동쪽으로는 동해(東海)지역의 연해주(沿海州)에서 서쪽으로는 파미르고원을 넘어서 수메르지역에 이르며, 남쪽으로는 일본 땅인 삼도(三島)와 중국대륙의 남해안과 인도(印度)지역에 이르고, 북쪽으로는 북극해와 북유럽에 이르는 광대한 지역이다.

연해주는 진한 땅에 속하며, 일본 땅 삼도는 마한 땅에 속하고, 그 외 수메르지역과 인도지역과 중국대륙의 남해안 지역과 북극해 지역과 북유럽 지역은 단군조선의 직할 영역인 삼한관경에는 속하지 않는 천하(天下)에 해당하는 지역이었던 것이다.

동서 2만리와 남북 5만리 안에 단군조선의 직할(直轄) 삼한관경이 있으니, 가로 세로 각각 6,000리의 땅이며, 각 1,000리의 땅이 36개로 모두 36주(州)가 있었던 것이고, 요순하은주 고대중국의 9주(州)에 4배나 되었다. 인구는 평화시대이던 서기전 1666년에 단군조선 천자국(天子國)인 고대중국의 은(殷)나라를 포함하여 모두 1억 8,000만 명이나 되었다.

(2) 단군조선 마한 땅은 한반도와 삼도(三島)

단군조선의 마한 관경에는 한반도와 지금의 일본 땅인 삼도를 포함하였다. 삼도(三島)는 세 개의 섬을 가리키는 것으로서 구주(九州:큐슈), 본주(本州:혼슈), 사국(四國:시코쿠)이다.

구주와 본주와 사국의 삼도는 마한관경에 속하였으며, 본주의 동북지역과 북해도(北海道:홋카이도)는 진한관경 중에서 예(濊)에 속한 땅이었다. 특히 섬나라이므로 단군조선 시대 중죄를 지은 자들의 유배지(流配地)에 해당하였다.

(3) 단군조선 삼한의 백성이 세운 마한 땅의 삼한(三韓)

단군조선이 서기전 232년에 북부여에 접수되어 북부여(北扶餘) 시대가 되고, 서기전 209년에 마한 땅에 단군조선의 백성들이 이동하여 와서 차례로 진한, 변한, 마한이 세워져 후삼한(後三韓) 시대가 되었다.

서기전 209년에 서라벌에 자리 잡고 진한(辰韓)을 세운 소백손(蘇伯孫)은 원래 요(堯)임금 나라의 소성(蘇城)에 봉해졌던 성주(城主)의 후예이며, 이 소성이 단군 조선 초기에 단군조선에 편입된 후 진한(眞韓) 관경에 속하였던 것이고, 진시황의 폭정기 때 만리장성 부근으로 진한관경의 서편에 살던 단군조선 백성들이 난을 피하여 동쪽으로 이동하여 한반도로 유입되었던 것이며, 이에 소백손이 단군조선의 제도를 본떠 왕이라 하지 않고 비왕(裨王)으로서 천왕(天王) 자리를 남겨두고 6부 화백제도(和白制度)로써 자치를 시작하였던 것이다.

한반도에 진한이 세워질 무렵에 낙동강을 중심으로 지리산에 걸치는 남쪽 지역에 변한이 세워졌으며, 이 변한도 또한 왕을 세우지 않고 단군조선의 제도를 본떠 비왕에 해당하는 9간(干)들이 화백(和白)으로 자치를 하였던 것이다.

북부여의 제후국으로 서기전 194년에 위만에게 나라를 빼앗긴 번조선(番朝鮮)의 기준왕(箕準王)이 한반도 마한 땅의 서편의 금마(金馬:익산)에 자리 잡고 마한왕이라 칭하였으며, 이어 서기전 193년에 마한 땅의 중간지역이 되는 목지국(目支國:월지국)에 나라를 세웠던 번조선 상장군 탁(卓)이 기준왕을 이어 제2대 마한왕이 되었으며 마한왕이 대대로 후삼한의 진왕이 되어 통할하였다.

서기전 209년에 세워진 진한과 변한이 서기전 194년에 시작된 마한왕을 진왕(辰王)으로 섬겨 단군조선의 제도에 따랐던 것인데, 진한은 서기전 57년에 이르러 북부여 거서간(居西干)의 아들인 박혁거세를 추대하여 거서간으로 옹립하게 되었던 것이고, 이에 신라는 북부여를 이은 고구려를 태왕의 나라로 섬기게 되었던 것이다.

북부여와 고구려는 천왕, 태왕의 나라이고, 신라는 거서간, 마립간(麻立干), 이사금(尼斯今:매금:寐錦)의 나라이며, 백제는 어라하(於羅瑕:어륙:於陸)의 나라로서 제후국에 해당한다.

2. 단군조선 삼한(三韓)의 후예들

(1) 진한(眞韓)의 후예

단군조선의 마한과 번한을 제외한 나머지 단군조선의 후예들은 모두 진한의 후예라 할 수 있는데, 역사적으로 족속 명으로 기록되는 몽고(몽골), 흉노, 선비, 돌궐, 거란, 여진(숙신, 읍루, 말갈, 물길, 여진, 만주) 등이 모두 단군조선 진한의 후예가 된다.

그리하여 북부여, 고구려, 대진국(발해)은 물론 몽골, 흉노, 선비, 돌궐, 거란, 여진 등이 세운 나라는 모두 우리 역사인 것이다. 그리하여 지금의 몽골과 헝가리와 터키와, 단군조선의 천자국이던 고대중국과 근대 청나라의 땅을 차지한 지금의 중국과 역사를 공유하고 있는 것이 된다.

(2) 번한(番韓)의 후예

단군조선의 번한 땅은 지금의 발해만 유역으로서 대체적으로 지금의 대릉하에서 서쪽으로 영정하 중하류를 거쳐 산동지역과 양자강 하류유역에 이르는 지역이었다.

번한 땅에 있었던 단군조선의 제후국으로는 번한(番韓), 낙랑(樂浪), 고죽(孤竹), 기후국(箕侯國), 남국(藍國), 청구(靑邱), 엄(淹), 서(徐), 회(淮), 래(萊), 개(介), 우(隅), 양(陽), 도(島), 사(泗) 등 군국(君國)과 소위 내륙 9이(夷)의 제후국이 있었다.

주(周) 나라 이후에 내륙8이 또는 9이는 서서히 중국화 되어 갔으며 진시황이 중원대륙을 통일하면서 모두 진한(秦漢)에 흡수되었던 것이다.

서기전 195년에 한(漢) 나라의 연왕 노관이 흉노로 망명하고 그 수하였던 위만(衛滿)은 번조선에 망명하였으나 서기전 194년에 기준왕을 배신하여 나라를 빼앗았고, 서기진 108년에 한(漢) 나라에 망하여 번한 땅은 고구려가 서기 313년 낙랑군과 대방군을 완전히 축출할 때까지 북부여와 고구려의 격전지가 되었다. 번한 땅에는 주로 흉노족, 선비족이 세운 나라가 고구려와 전쟁을 하면서 결국 고구려가 승리하였던 것인데, 요동요서에 명멸한 나라는 곧 단군조선의 후예인 흉노와 선비의 나라로서 우리 역사이기도 한 것이 된다.

번한 땅은 고구려 이후에 대진국(발해)의 영토가 되어 발해, 발해만이라는 명칭이 지금까지 남게 된 것이며, 거란의 요나라, 여진의 금나라와 청나라에 이르기까지 단군조선 진한의 후예가 세운 나라의 땅이 되었던 것이다.

(3) 마한(馬韓)의 후예

단군조선의 마한은 한반도의 대동강 평양을 중심으로 한 나라였는데, 단군왕검 천제(天帝)께서 강화 마리산에 참성단을 세우고 천제(天祭)를 지냈으며, 단군조선의 남쪽에서 보좌(補佐)하였다.

서기전 209년에 마한 땅의 동쪽에 진한이 세워진 이후에 마한 땅에 모두 78개의 나라가 있었는데, 단군조선 시대부터 존속해 온 나라도 있고 진한, 변한, 마한처럼 단군조선 유민들이 새로이 세운 나라도 있는 것이 된다.

기본적으로 한반도와 일본 땅의 삼도는 단군조선 마한의 후예들이 사는 곳이다. 여기에 서기전 209년경부터 이동해 온 단군조선 진한과 단군조선 번한의 백성들이 함께 살게 된 것이다.

서기전 57년에 신라가 단군조선 마한(馬韓) 땅의 진한(辰韓)을 계승하고, 서기 9년에 백제가 마한(馬韓)을 병합하고, 서기 42년에 가야가 단군조선 마한(馬韓) 땅의 변한(弁韓)을 계승하고, 고구려의 남부지역으로서, 이후 신라, 대진국의 남부지역, 고려, 조선, 대한민국 땅의 중심으로 이어져 온 것이 된다.

3. 한화(漢化)된 역사 속 단군조선의 진한(眞韓)과 번한(番韓)

지금의 역사로 볼 때, 대한민국의 영토 외에 있는 단군조선 진한과 번한의 땅은 역사의 흐름에 따라 중국 땅이 되고 단군조선 후예들은 소위 중국화(中國化) 또는 한화(漢化)되었음을 부인할 수 없다.

북부여 시대에 위씨(衛氏)조선 땅에 소위 한사군(漢四郡)이 설치되어 고구려 때까지 요동과 요서 지역은 이 곳에서 명멸하였던 나라와의 격전지가 되었으며, 청나라가 역사 속에서 사라지면서 단군조선의 진한 땅과 번한 땅은 고스란히 지금의 중국에게 내어주게 된 것이다.

다만, 서기 1712년에 백두산정계비로 인하여 백두산을 기점으로 서쪽으로는 압록강, 동쪽으로는 북쪽의 송화강에 합류하는 토문강(土門江)을 조선과 청나라의 국경으로 정하여 동간도와 북간도 땅이 조선 땅으로 인정되었다가, 후에 청나라가 억지로 이를 부정하게 되었고 이어서 일제가 1909년에 철도부설권을 얻는 대신에 아무 권한 없이 간도를 청나라 땅으로 인정하는 간도협약을 맺었는데, 일제가 망한 후 일제가 조선을 배제하고 청나라와 맺은 조약이나 협약이 무효로 선언되었으므로, 백두산 정계비에 따른 동간도와 북간도 땅은 당연히 대한민국의 땅으로 반환받아야 할 처지에 있는 것이 된다.

동간도와 북간도 땅은 지금의 두만강 북쪽, 송화강의 동쪽으로 우수리강에 걸치는 지역이 되는데, 한반도의 두 배나 되는 넓이가 된다.

서기 1945년 8월 15일에 일제가 항복하였으니 이때부터 대한민국은 동간도와 북간도를 도로 찾을 기회를 갖게 되었으나 지금까지 회수하지 못하고 있는 바, 중국은 서기 1909년부터 지금까지 땅을 사용하여 온 대가로서 임차료 상당을 지불하는 것이 마땅한 것이며500) 나아가 간도를 대한민국에 순차적으로 반환하는 절차를 밟

---

500) 청나라와 중국이 서기 1909년부터 서기 2012년까지 약 103년 간 동간도와 북간도의 땅을 사용한 토지사용료는 원칙적 계산으로 약 13경 원이 될 것인데, 그동안 이익을 본 중국이 타당한 범위 내에서 토지사용료와 함께 완전히 반환하는 절차를 이행하여야 할 것이며, 이에 대하여 일본은 과거를 참회하고 반환절차에 앞장서서 해결하여야 할 것이다. 이와 관련하여 대한민국은 절대로 어떠한 권리도 포기하지 말아야 할 것이다.

아야 할 것이고, 이에 일본도 반드시 적극적으로 나서서 결자해지의 차원에서 마땅히 해결하여야 할 것이다.

대한민국은 역사적으로 소유권을 가지고 있는 간도와 관련하여 그 어떠한 권리도 포기해서는 안 될 것이며, 한중일 삼국 간에 해결이 되지 아니할 경우에는 국제법적으로도 해결점을 모색하고 시도하여야 할 것이다.

4. 일본의 불법강점으로 일본화(日本化)된 마한 땅 대마도(對馬島) 문제

대마도는 원래 단군조선의 마한 땅에 속하였으며, 서기 400년에 고구려 광개토호태황이 완전히 고구려에 복속시켰다가 후에 신라가 관할하였으며, 고려와 조선을 이어 서기 1907년까지 대마도는 조선의 영토로서 지도상에 표기되어 왔다.

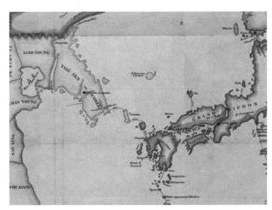

1862년 조선땅 대마도

조선 초기 세종대왕 시절에 이종무가 대마도를 정벌하는 등 대마도는 조선의 관할에 있었고 대마도주는 조선에서 봉함을 받았다.

그런데, 일본이 서기 1877년에 무력으로 대마도를 일본 땅에 강제로 편입시킨 후 지금까지 반환하지 않고 있는 것이 되는데, 일본은 지금까지 135년간 대마도를 사용한 데 대하여 토지사용 임차료를 지불하여야 할 것이다.501)

---

501) 일본과 일제와 지금의 일본은 서기 1877년부터 서기 2012년까지 135년간 대마도를 아무 대가 없이 무단으로 사용하여 왔는 바, 대한민국에 지불하여야 할 토지사용료는 원칙적 계산으로 약 120조 원에 상당한 것이 될 것인데, 그동안 이익을 얻은 일본은 타당한 범위 내에서 토지사용료 지불과 함께 반드시 대마도를 대한민국에게 반환하는 절차를 이행하여야 할 것이며, 이와 관

대마도(對馬島)라는 말 자체도 일본식 용어가 아니다. 즉, 대마(對馬)는 "쯔시+마"라는 말이며 일본식의 진도(津島)가 되는 "쯔+시마"가 아니다. 대마 즉 쯔시마라는 말은 "맞닿아 있는 머리(말)"라는 뜻이 된다. 그래서 대마도(對馬島)는 "맞닿아 있는 머리의 섬"이라는 뜻이다.

5. 대한민국은 7만년 역사를 이어온 홍익인간 정통후예국

대한민국은 현재로서는 단군조선의 정통성을 이은 유일한 나라이며, 단군조선 이후 우리의 방계(傍系)로는 몽골, 그리고 흉노의 후예인 헝가리와 핀란드, 또 견족(견이)의 후예가 되는 돌궐의 후예인 터키 등이 있다. 반면, 지금의 중국은 단군조선의 천자국이던 요순, 하은주를 이은 나라로서 바달나라 이후 우리의 방계(傍系)이며 북부여와 고구려와 병립하였던 나라이고 영토상으로 단군조선의 진한과 번한 땅을 흡수한 나라가 된다.

그리하여 지금으로서는 한배달조선의 혈연적 정신적 영토적 정통후예국으로서 직계가 되는 나라로는 대한민국뿐이라고 할 수 있다. 역사는 스스로 지키지 아니하면 빼앗기거나 사라지거나 다른 나라의 역사에 동화되어 버리기 너무나 쉬운 일이다. 그러하면 혈연적 역사도, 정신적 역사도, 영토적 역사도 잃어버리게 되는 것이다. 세계 역사상 가장 오랜 문명역사와 인간철학과 문화전통을 지닌 우리는 당연히 우리의 역사와 문화와 전통을 계승하고 발전시켜야 할 것이며, 올바른 역사교육으로써 자손만대에 우리의 역사와 문화와 전통이 지속되도록 하여야 할 것이다.

단군조선은 배달나라와 한국(桓國)의 정통 계승국이고, 한국(桓國)은 서기전 70378년 계해년(癸亥年)부터 시작된 마고성(麻姑城) 한국(桓國)의 정통 계승국인

련하여 대한민국은 어떠한 권리도 포기하지 말아야 할 것이다.

바, 서기전 70378년부터 서기 2012년 임진년(壬辰年)은 72,390년이 되는 해이다.

우리는 마고할미 전설을 수없이 간직하고 있는 마고할미의 직계 후예로서 장손족(長孫族)이며, 마고할미는 한국(桓國)의 황궁(黃穹), 유인(有因), 한인(桓因) 천제(天帝)께서 삼신(三神)으로 받드는 최초의 임금이었던 것이다.

이제, 우리는 마고할미 이후 지금까지의 72,390년의 역사를 정립하여 서기전 70378년부터 전수되어온 천부(天符) 즉 천지인(天地人) 홍익인간(弘益人間) 사상을 이 세상에 실현하는 데 책임지고 앞장서야 할 주인공들임을 깨닫고, 온 세상 사람들을 정신적으로 지도하면서 홍익인간 세상을 실현시켜야 할 것이다.

6. 연호(年號) 사용 문제

일부 사람들은 대한민국의 연호 문제와 관련하여, 일제에서 해방되어 대한민국이 정식 수립된 1948년 8월 15일을 건국절(建國節)[502]로 하여야 한다고 주장하나, 이는 우리 역사의 정통맥을 망각하고자 하는 처사이다.

우리 대한민국은 그 역사적 정통맥이 단군조선(檀君朝鮮)을 거쳐 배달나라(檀國:倍達國)와 한국(桓國)을 넘어서서 그 이전의 마고할미의 마고성(麻姑城) 한국(桓國:하늘나라)에 직결되어 있는바, 단군조선의 개국을 기준으로 한 단기(檀紀), 배달나라 개국을 기준으로 한 개천(開天), 한국(桓國)의 건국을 기준으로 한 한기(桓紀), 천부(天符) 사상을 최초로 실현한 마고성(麻姑城) 한국(桓國)[503]의 천부(天符)를 병기하여야 마땅할 것이다.

---

502) 건국절은 단군조선 개국기념일이자 배달나라 개국기념일인 개천절을 포함하여, 한국(桓國)의 건국으로 해야 한다. 즉 서기전 7197년 갑자년을 기준으로 해야 하며, 나아가 천부(天符)라는 연호를 기준으로 건국을 삼는다면, 서기전 70378년 계해년으로 해야 한다. 마고성(麻姑城)은 단순한 성(城)이 아니라 그 당시 중앙조정으로서 수도였던 것이다.
503) 마고성 한국은 전한국(前桓國)이 된다.

그리하여, 서기 2018년 무술년(戊戌年)은 단기(檀紀) 4351년이며, 개천(開天) 5915년이고, 한기(桓紀) 9215년이며, 천부(天符) 72396년이 된다.504)

7. 남북통일과 고토회복 과제

일제강점기를 지나 정치이념 문제로 남북으로 나눠지고 민족상잔을 겪은 상처를 하루빨리 아물게 하려면 우리역사 속에서 면면히 이어온 7만년 정치이념인 천부 홍익인간 사상으로써 남북이 함께 지혜를 모아 인류평화에 기여하는 자유, 평등, 평화, 복지 체제로의 통일이 되어야 할 것이다.

남북이 하나 된 후 우리는 일제가 일방적으로 불법양여한 간도 땅을 회복하는 절차를 밟아 지금까지 발생한 손해에 대하여 일본과 중국에 적절한 배상을 청구하여야 할 것이며505), 또한 지금까지 일본이 불법으로 강점하여 무단 사용하여 온 대마도(對馬島)를 반환 받는 과제를 반드시 완수하여야 할 것이다506).

---

504) 단기(檀紀)는 단군왕검(檀君王儉)의 조선(朝鮮) 개국(開國)을 기준으로 한 것이고(서기전 2333년 무진년 10월 3일), 개천(開天)은 한국(桓國)의 한인천제(桓因天帝)의 명에 의한 한웅천왕(桓雄天王)의 배달나라(檀國) 개국을 기준으로 한 것이며(서기전 3897년 갑자년 10월 3일), 한기(桓紀)는 황궁(黃穹) 천제(天帝)의 개국을 기준으로 한 것이 되고(서기전 7197년 갑자년), 천부(天符)는 마고(麻姑) 삼신(三神)할미에 의한 마고성(麻姑城) 한국(桓國)의 개국을 기준으로 한 것이 된다(서기전 70378년 계해년). 즉, 우리의 역사는 처음부터 천부(天符)의 역사인 것이며, 천지인(天地人) 천부삼인(天符三印) 사상이 바탕이 된 재세이화(在世理化) 홍익인간(弘益人間)의 역사인 것이다.

505) 간도 불법양여에 따른 지금까지의 손해액은 부동산 무단사용에 따른 것만 대략 15경 원(≒133,000 Billion USD)으로 추산된다.

506) 일본의 불법강점에 따른 대마도의 부동산 무단사용에 대한 것만 약 130조 원(≒115 Billion USD)으로 추산된다.